# REISE DURCH DIE NATUR

# REISE DURCH DIE NATUR

DK

DK | Penguin Random House

**Lektorat** Amanda Wyatt, Penny Arlon, Zaina Budaly, Steven Carton, Elizabeth Cook, Jolyon Goddard, Susan Kelly, Mani Ramaswamy, Isabel Thomas, Rachel Fox, Andrew Macintyre, Liz Wheeler, Jonathan Metcalf
**Gestaltung und Bildredaktion** Smiljka Surla, Emma Clayton, Emma Clayton, Tory Gordon-Harris, Hoa Luc, Anna Pond, Rhys Thomas, Steve Crozier, Romaine Werblow, Laura Barwick, Owen Peyton Jones, Karen Self
**Illustrationen** Peter Bull, Stuart Jackson-Carter, KJA, Naomi Murray, Gus Scott
**Umschlaggestaltung** Surabhi Wadhwa-Gandhi, Sophia MTT, Harish Aggarwal, Priyanka Sharma
**Herstellung** Gillian Reid, Meskerem Berhane
**Text** Steven Carton, Tim Harris, Rob Hume, Tom Jackson, Dr. Sarah Jose, Dr. Anthea Lacchia, Georgia Mills, Douglas Palmer, Nicola Temple
**Fachliche Beratung** Dr. Nick Crumpton, Sophie Allan, Dr. Chris Clennett, Douglas Palmer

Für die deutsche Ausgabe:
**Verlagsleitung** Monika Schlitzer
**Programmleitung** Heike Faßbender
**Redaktionsleitung** Martina Glöde
**Herstellungsleitung** Dorothee Whittaker
**Herstellungskoordination** Claudia Rode
**Herstellung** Sabine Hüttenkofer

Titel der englischen Originalausgabe:
Timelines of Nature



**Übersetzung** Eva Sixt
**Lektorat** Birgit Reit

ISBN 978-3-8310-4829-8

**Druck und Bindung** Leo Paper Products, China

FSC MIX Papier | Fördert gute Waldnutzung FSC® C018179

**www.dk-verlag.de**

# DIE ERDE

# INHALT

## PFLANZEN UND PILZE



### Zeitangaben

Die frühesten Ereignisse in diesem Buch fanden vor sehr langer Zeit statt. Meist wird „1 Million Jahre" mit „1 Mio. Jahre" abgekürzt und „1 Milliarde Jahre" mit „1 Mrd. Jahre".

Wenn Jahreszeiten angegeben sind, wie z. B. beim Lebenskreislauf von Tierarten, ist die Jahreszeit auf der entsprechenden Erdhalbkugel gemeint. Wenn ein Tier z. B. auf der Nordhalbkugel der Erde vorkommt, ist dort zur Mitte des Jahres Sommer.

Der Klimawandel wirkt sich auf die Lebenskreisläufe von Pflanzen und Tieren aus. Die Zeiträume, die in diesem Buch genannt werden, gelten zu dem Zeitpunkt, an dem das Buch gedruckt wurde. Bei späteren Auflagen können sie sich ändern.

# TIERE

# DIE ERDE

Wir leben in einem unvorstellbar großen Universum auf dem Planeten Erde, der sich vor etwa 4,5 Milliarden Jahren aus einer dichten Wolke aus Gas und Staub im Sonnensystem gebildet hat. Die Erde brachte eine äußerst vielfältige Natur hervor: Es gibt Ozeane, Seen und Flüsse, die mit flüssigem Wasser gefüllt sind, aber auch staubtrockene Wüsten. Die Erdoberfläche verändert sich ständig, denn die Kontinentalplatten driften auf dem Erdmantel. Dadurch schieben sich gewaltige Gebirgszüge auf und Vulkane brechen aus. Soweit wir bisher wissen, ist die Erde der einzige Ort, an dem sich Leben entwickelt hat.

# Der Urknall

Das Universum begann vor etwa 13,8 Milliarden Jahren mit dem Urknall. Es war kein echter Knall, denn er war lautlos, aber so nennt man die Ereignisse bei der Entstehung des Universums. Zunächst war das gesamte Universum mit seinem heute unvorstellbar großen Raum und allem, was in ihm ist, nur ein winziges Körnchen aus purer Energie. Es wurde unfassbar schnell größer und dehnt sich noch immer aus.

### James-Webb-Weltraumteleskop

Das James-Webb-Weltraumteleskop wurde 2021 in den Weltraum geschickt. Es kann tiefer ins Weltall blicken als alle Teleskope vor ihm. Bereiche des Universums, die 13,6 Mrd. Lichtjahre entfernt sind, werden sichtbar. Dabei sieht es in die Vergangenheit. Das bedeutet, dass das Teleskop so weit in der Zeit zurückblicken kann, wie das Licht gebraucht hat, um zu uns zu gelangen.

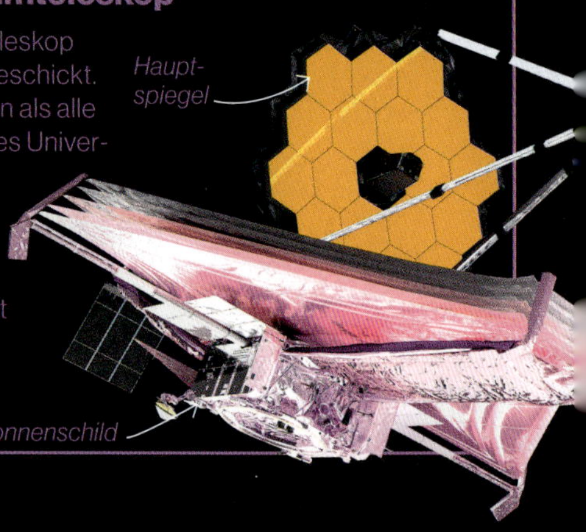


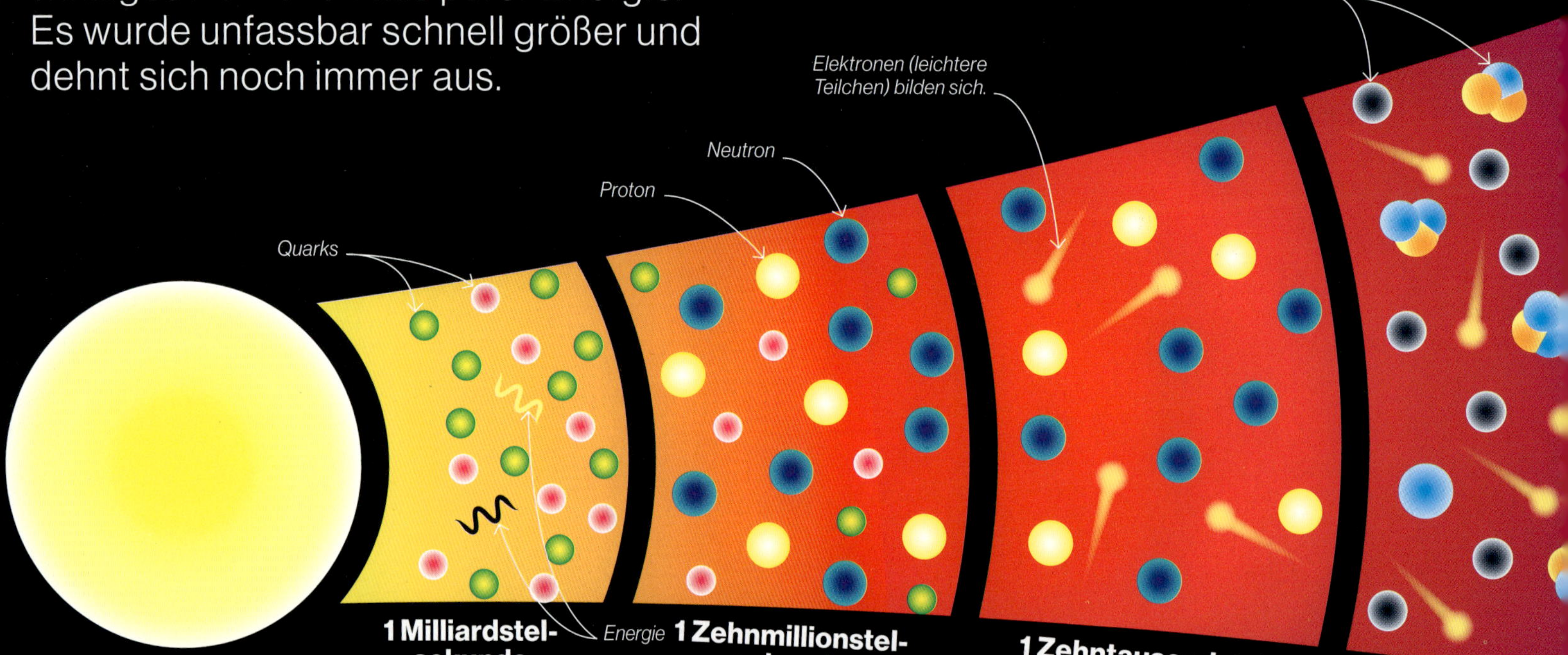


**0 Sekunden**

### Explosion

Das ganze Universum entsteht in einem Augenblick bei einer Explosion. Zunächst ist es kleiner als ein Stecknadelkopf, extrem heiß und energiereich. Im Bruchteil einer Nanosekunde dehnt es sich schneller als mit Lichtgeschwindigkeit zur Größe einer Grapefruit aus.

**1 Milliardstelsekunde**

### Abkühlung

Während sich das Universum ausdehnt, kühlt es gleichzeitig ab. Die wichtigsten Naturkräfte wie die Schwerkraft (Gravitation) treten auf. Sie formen die Energie zu Quarks. Aus diesen Elementarteilchen ist die gesamte Materie im Universum aufgebaut.

**1 Zehnmillionstelsekunde**

### Schwere Teilchen

Bei noch immer unvorstellbar hohen Temperaturen im verdichteten Weltall sausen die Quarks extrem schnell umher. Während sich das Universum weiter ausdehnt und abkühlt, werden die Quarks langsamer und bilden dichtere Bereiche. Diese Ansammlungen verwandeln sich in Protonen, die eine positive elektrische Ladung haben, und in Neutronen, die neutral sind (also keine Ladung haben).

**1 Zehntausendstelsekunde**

### Leichtere Teilchen

Das Universum hat sich deutlich abgekühlt, sodass sich kleinere, leichtere Teilchen wie Elektronen bilden können. Elektronen haben eine negative elektrische Ladung und bewegen sich deshalb natürlicherweise auf Protonen zu.

**3 Minuten**

### Atomkerne

Das Universum ist jetzt so weit abgekühlt, dass sich Protonen und Neutronen annähern. Während es weiter kühler wird, bilden sich aus dem Durcheinander von Teilchen Atomkerne.

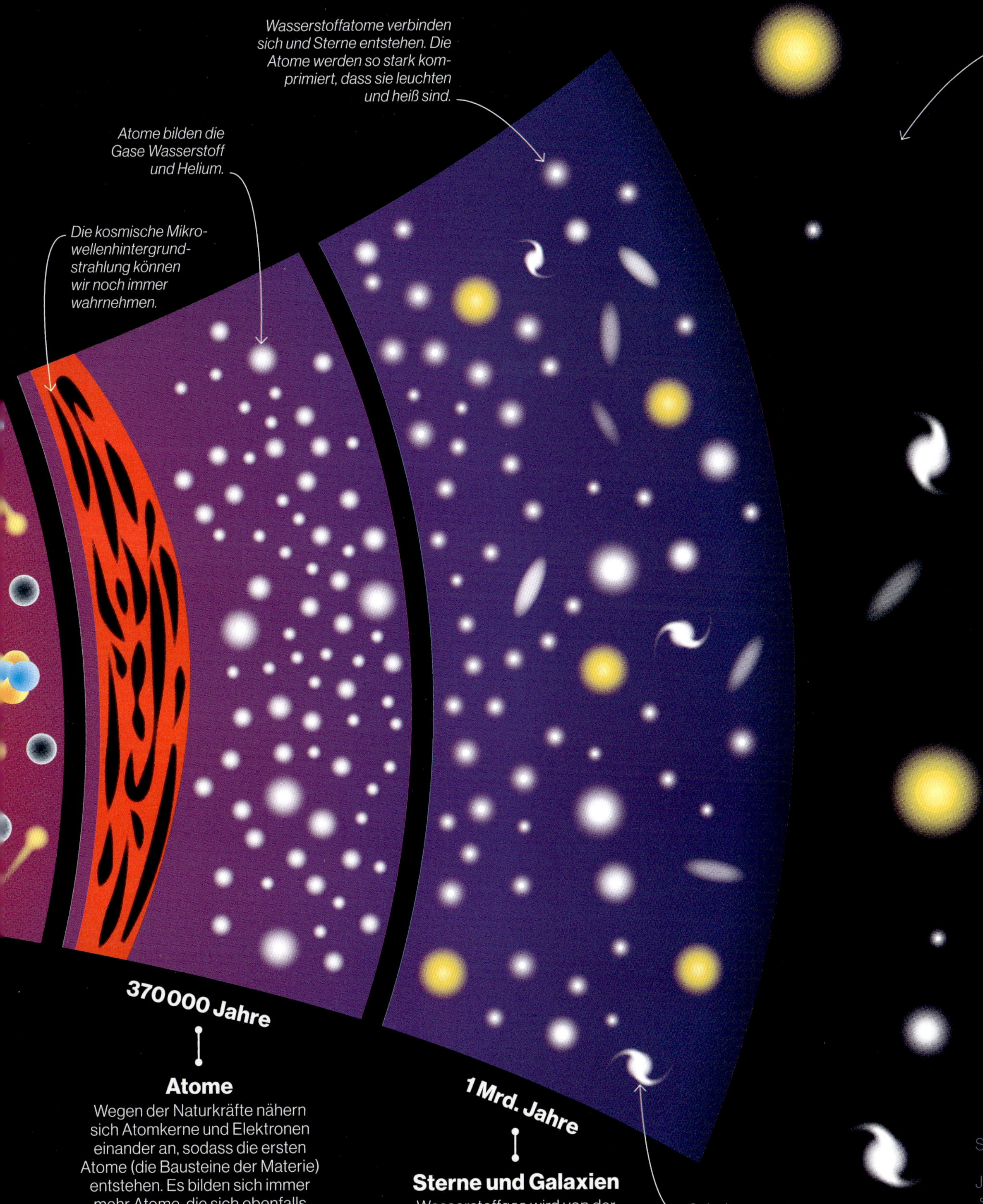


**370 000 Jahre**

### Atome

Wegen der Naturkräfte nähern sich Atomkerne und Elektronen einander an, sodass die ersten Atome (die Bausteine der Materie) entstehen. Es bilden sich immer mehr Atome, die sich ebenfalls einander annähern und die Gase Wasserstoff und Helium bilden – die ersten Elemente. Das Universum hat sich seither so stark abgekühlt, dass wir Überreste der Wärme und des Lichts vom Urknall empfangen können. Wir nennen das die kosmische Hintergrundstrahlung.

**1 Mrd. Jahre**

### Sterne und Galaxien

Wasserstoffgas wird von der Schwerkraft zusammengezogen, sodass Sterne entstehen, die wiederum zusammengezogen werden und Galaxien bilden. Schließlich wird jede Galaxie zu einer Ansammlung aus Milliarden Sternen. Sie alle werden jeweils von einer immensen Schwerkraft zusammengehalten, die von einem riesigen Schwarzen Loch in ihrem Zentrum ausgeht.

### Die Sonne

In unserer Galaxie, der Milchstraße, entsteht ein Stern – die Sonne. Das Universum ist bereits 9 Mrd. Jahre alt und Sterne gibt es seit 8 Mrd. Jahren, sodass die Sonne im Vergleich zu den vielen anderen Sternen, die wir im Weltall sehen können, ein junger Stern ist.

**9 Mrd. Jahre**

**Vor etwa 4,57 Mrd. Jahren**

**Kollabierende Wolke**

In dem kreisenden Nebel entstehen dunkle, kalte Regionen, in denen das Gas und der Staub stärker verdichtet werden. Eine dieser Regionen beginnt zu schrumpfen, weil die Materie unter dem Einfluss der eigenen Schwerkraft zusammengezogen wird.

**Vor etwa 4,5699 Mrd. Jahren**

**Protostern**

Eine rotierende Kugel aus Gas bildet sich in der Mitte der Wolke. Das Gas wird durch die Schwerkraft stärker verdichtet und noch mehr Gas wird angezogen. Wegen der Verdichtung wird die Gaskugel sehr heiß. Schließlich bildet sich der Kern, der zur Sonne werden wird. An den Polen des Protosterns werden elektrisch geladene Gase herausgeschleudert.

**Unbekannt**

**Tod eines Sterns**

Vermutlich beginnt die Entstehung unserer Sonne mit dem Tod eines viel größeren Riesensterns. Kleine Sterne wie unsere Sonne haben eine andere Lebensgeschichte als Riesensterne, die seltener sind. Riesensterne sterben bei einer unvorstellbar gewaltigen Explosion, die man Supernova nennt. Vor Jahrmilliarden trifft die Stoßwelle einer Supernova auf einen Nebel aus Staub und Gas, der sich daraufhin langsam zu drehen beginnt.

# Geburt und Tod der Sonne

Die Sonne ist der Stern, der uns am nächsten ist. Die Kugel aus heißem Gas begann vor 4,6 Milliarden Jahren zu leuchten, einige Millionen Jahre vor der Entstehung der Erde und der anderen Planeten des Sonnensystems. Es gab die Sonne also nicht schon immer, und so, wie sie einen Anfang hatte, wird sie in einigen Milliarden Jahren auch ihr Ende finden.

## Im Inneren der Sonne

Die Wärme und das Licht der Sonne werden bei einem Prozess freigesetzt, den man Kernfusion nennt. Er läuft im Inneren jedes Sterns ab. Bei der Kernfusion werden Wasserstoffatome so stark verdichtet, dass sie zu größeren Heliumatomen verschmelzen. Dabei werden gewaltige Energiemengen frei. In der Sonne fusionieren in jeder Sekunde 5 Mio. Tonnen Wasserstoffgas. Wenn kein Wasserstoff mehr vorhanden ist, verschmilzt anschließend auch das Helium und die Sonne wird zu einem Roten Riesen.

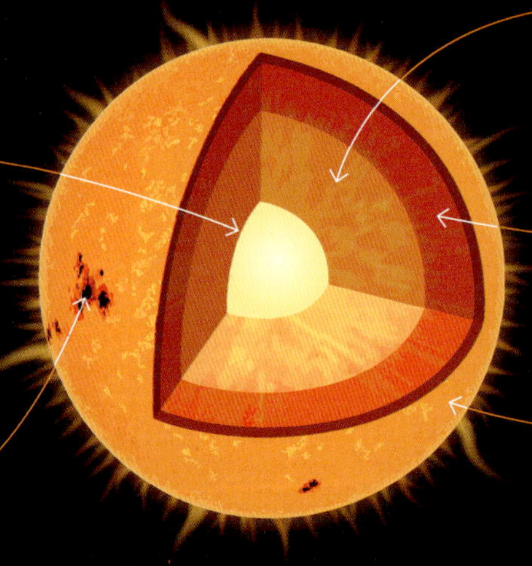

### Vor etwa 4,5599 Mrd. Jahren

**Planeten entstehen**

Die ausströmenden elektrisch geladenen Gase schieben die Gaswolke weg, die den neuen Stern umgibt, sodass das Licht der Sonne ins Universum scheinen kann. Jetzt ist die Sonne ein echter Stern. Von der ursprünglichen Wolke sind nur noch Staub und Gase erhalten, die in einer Scheibe um den Äquator der Sonne kreisen. Aus ihr bilden sich schließlich die Planeten und die anderen Objekte im Sonnensystem.

### Heute

**Ein normaler Stern**

Die heutige Sonne ist ein typischer Stern. Sie ist ein wenig größer und heißer als ein durchschnittlicher Stern in der Milchstraße und hat etwa die Hälfte ihres Lebens hinter sich. Während sie älter wird, wächst sie allmählich. Heute ist sie etwa 30% heller als zu der Zeit, in der sie entstanden ist.

### In 3,5 Mrd. Jahren

**Das Ende der Erde**

Die Sonne ist 40% heller als heute. Die zusätzliche Hitze lässt die Atmosphäre der Erde und die Ozeane allmählich verschwinden, sodass unser Planet zu einem kahlen Gesteinsbrocken ohne Leben wird. Auf der Erdoberfläche ist es mehr als 300°C heiß.

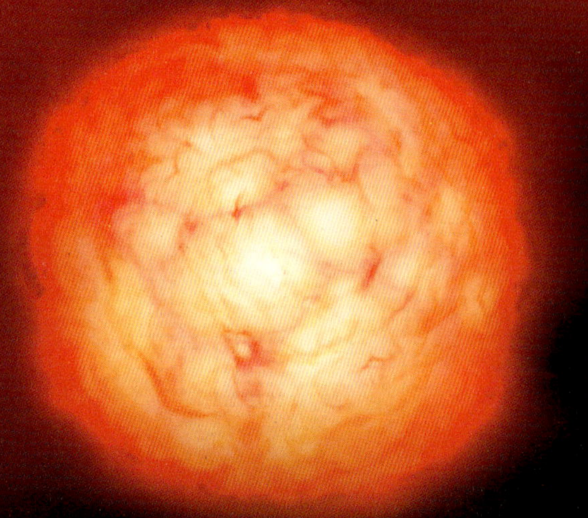

### In 5,4 Mrd. Jahren

**Roter Riese**

Die Sonne hat keinen Wasserstoff mehr und verbrennt nun Helium. Sie hat sich auf den 2300-fachen Umfang der heutigen Sonne aufgebläht und ist zu einem Roten Riesen geworden. Wenn der größte Teil des Brennstoffs verbraucht ist, wird sie zu einem Unterriesen zusammenschrumpfen, aber sie ist dann noch immer 10-mal so groß und 50-mal so hell wie heute.

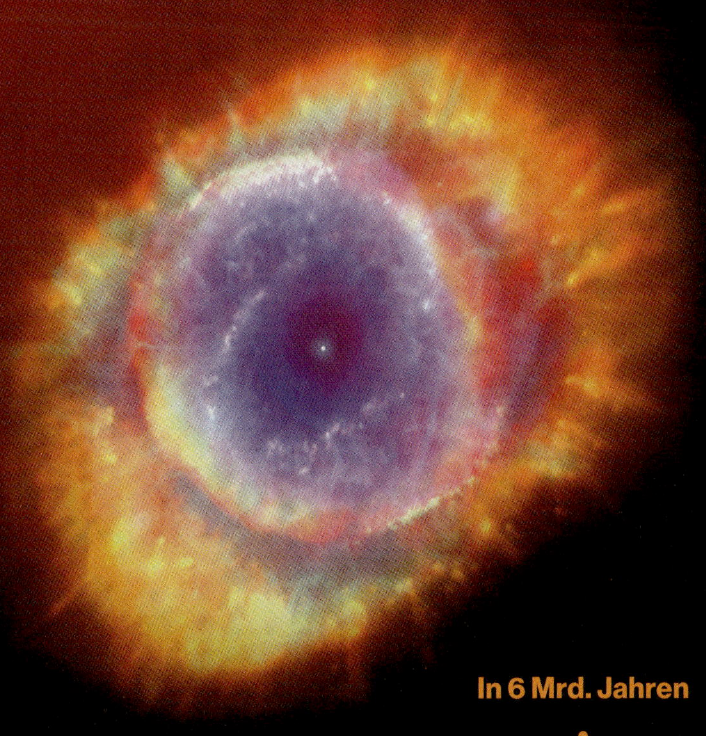

### In 6 Mrd. Jahren

**Planetarischer Nebel**

Nachdem sie sich mehrmals zu einem Roten Riesen aufgebläht hat und dann wieder zu einem Unterriesen geschrumpft ist, hat die Sonne keinen Brennstoff mehr. Die Hälfte ihrer ursprünglichen Materie bildet eine Wolke aus Gas und Staub, die man als planetarischen Nebel bezeichnet.

### Unbekannt

**Weißer Zwerg**

Im Zentrum des planetarischen Nebels befindet sich ein kleiner Stern, ein „Weißer Zwerg". Er ist etwa so groß wie die Erde, wiegt aber 200 000-mal so viel, denn er besteht aus der Hälfte des ursprünglichen Materials der Sonne. Der Weiße Zwerg ist vom Kern der Sonne übrig geblieben. Obwohl er keinen Brennstoff mehr verbrennt, ist er weiterhin sehr heiß und wird noch einige Billiarden Jahre lang leuchten.

# Leben eines Riesensterns

Unsere Sonne ist bei Weitem der größte Himmelskörper in unserer Nähe, und für uns ist sie riesig. Aber im Universum ist die Sonne nur ein kleiner Stern oder Zwergstern. Zwergsterne sind im Vergleich zu anderen Sternen weder sehr groß noch sehr heiß. Sterne, die mindestens 8-mal so groß sind wie die Sonne, nennt man Riesensterne. Sie sind sehr heiß und im Vergleich zu Zwergsternen leben sie nur relativ kurze Zeit.

**Gaswolke**

Alle Sterne bilden sich in einem Nebel. Diese riesigen Wolken aus Staub, Gas und Eis treiben im Weltraum. Von der Größe des Nebels und der Menge der Materie, aus der er besteht, hängt es ab, wie groß der Stern werden kann.

**Geburt**

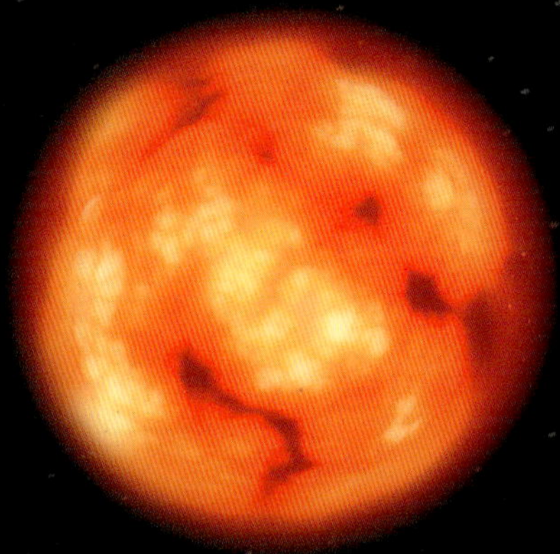

**Roter Überriese**

In einem Riesenstern fusioniert der Vorrat an Wasserstoff unglaublich schnell – viel schneller als in einem Zwergstern. Wenn kein Wasserstoff mehr vorhanden ist, beginnt der Stern, Helium zu verschmelzen, und schwillt zu einem Roten Riesen an, der mindestens den 100-fachen Durchmesser hat. Der größte Rote Riese, den wir im Universum kennen, ist 1800-mal so groß wie die Sonne!

**50 Mio. Jahre später**

**Supernova!**

Schließlich hat der Riesenstern keinen Brennstoff mehr und die Energie, die nach außen wirkt, wird von der Schwerkraft übertroffen, die nach innen wirkt. Die Form des Sterns kann nicht mehr aufrechterhalten werden, sodass er in weniger als einer Sekunde kollabiert. Die übrig gebliebenen Gase prallen bei einer heftigen Explosion aufeinander, die man Supernova nennt. Das Licht der Supernova ist so hell, dass es sogar Galaxien überstrahlen kann.

**10–30 Mio. Jahre später**

*Nach der Supernova bleibt eine Wolke aus Staub und Gas zurück.*

## Anfang eines Sterns

Neue Sterne bilden sich in Bereichen des Nebels, die man Globulen nennt. Dort befindet sich mehr Staub als anderswo. Die Materie einer Globule kollabiert wegen ihrer Schwerkraft und wird zu einer kleineren Gaskugel. Weil das Gas nicht gleichmäßig verteilt ist, beginnt es sich zu drehen.

**2 Mio. Jahre später**

## Protostern

Der Kern aus Gas zieht mehr Materie des Nebels an, sodass er größer und heißer wird. Es bildet sich ein Protostern, der so groß ist, dass er viel Wärme und Licht erzeugen kann.

*Gase werden mit solcher Kraft zur Oberfläche des Protosterns gezogen, dass dabei Wärme frei wird.*

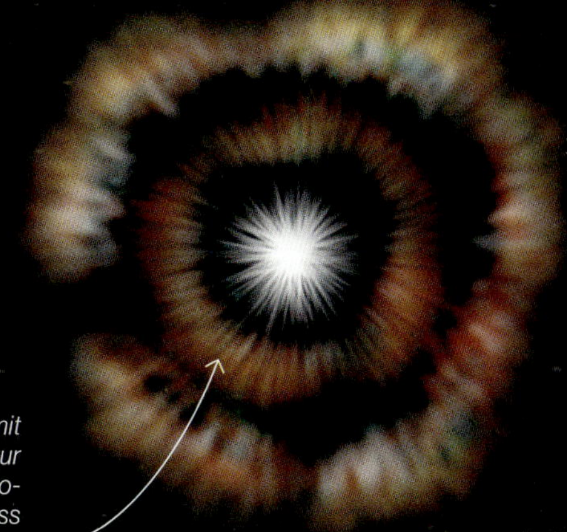

**30 000 Jahre später**

## Magnetfeld

Weil sich der Protostern dreht, entsteht um ihn herum ein Magnetfeld. Es bewirkt, dass Wärme und Gas an den Polen ausgestoßen werden. Dabei werden die Gase, die den neuen Stern umgeben, weggeblasen.

**1 Mio. Jahre später**

## Ein leuchtender Stern

Jetzt ist ein riesiger Stern entstanden, dessen Kern so dicht ist, dass in ihm Kernfusion stattfindet. Dabei werden enorme Mengen Wärme und Licht frei. Wenn die Wolke um den Stern verschwunden ist, leuchtet er hell. Er ist jetzt ein Stern der Hauptreihe und das bedeutet, dass in seinem Kern Wasserstoff zu Helium verschmolzen wird und dass er stabil ist.

**100 000 Jahre später**

**1 Mio. Jahre später**

## Schwarzes Loch

Die größten Sterne enden als Schwarze Löcher. Die Schwerkraft eines Schwarzen Lochs ist so stark, dass ihr nicht einmal Licht entkommen kann: Deshalb erscheint es schwarz. Das Schwarze Loch entsteht bereits eine Sekunde nach der Supernova, aber es dauert Jahrmillionen, bis es wächst.

*Das Schwarze Loch saugt alles in seiner Nähe ein, sogar andere Sterne. Die Materie erhitzt sich, wenn sie hineinfällt, sodass eine leuchtende Scheibe entsteht.*

**1 Mio. Jahre später**

## Neutronenstern

Kleinere Riesensterne kollabieren zu Neutronensternen. Die Atome werden verdichtet und bilden einen Festkörper aus Teilchen, die Neutronen genannt werden. Sie sind kleiner als Atome. Ein Neutronenstern ist nur etwa so groß wie eine Stadt, aber ein Esslöffel seiner Materie wiegt so viel wie der Mount Everest.

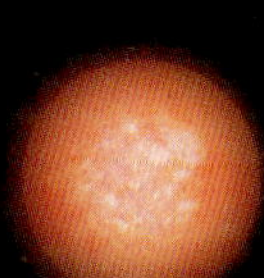

### Sternentypen

Nicht alle Sterne sind gleich beschaffen. Größe, Helligkeit, Farbe, Temperatur und Alter sind unterschiedlich und hängen meist voneinander ab. Ein typischer Riesenstern ist unglaublich heiß und hell, aber er wird nicht sehr alt. Massereichere Sterne der Hauptreihe verwandeln sich in Überriesen und sterben in einer Supernova. Kleinere wie unsere Sonne werden irgendwann zu Roten Riesen, von denen Weiße Zwerge zurückbleiben.

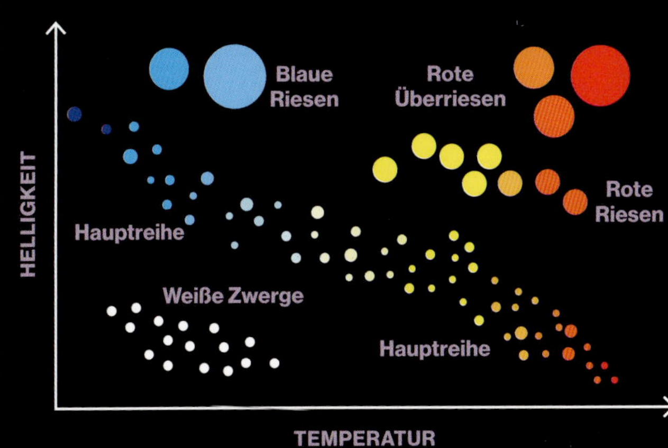

# So entstand das Sonnensystem

Unser Sonnensystem begann vor etwa 4,6 Milliarden Jahren als Wolke aus Gas und Staub. Es gibt mehrere Theorien darüber, wie und wann es sich bildete, aber nach der derzeit besten Theorie kollabierte Materie in der Mitte, begann sich zu drehen und wurde allmählich zur Sonne. Aus der übrig gebliebenen Materie weiter außen bildeten sich die acht Planeten sowie viele Milliarden andere Objekte aus Eis und Gestein, wie Kometen, Asteroiden, Zwergplaneten und Monde.

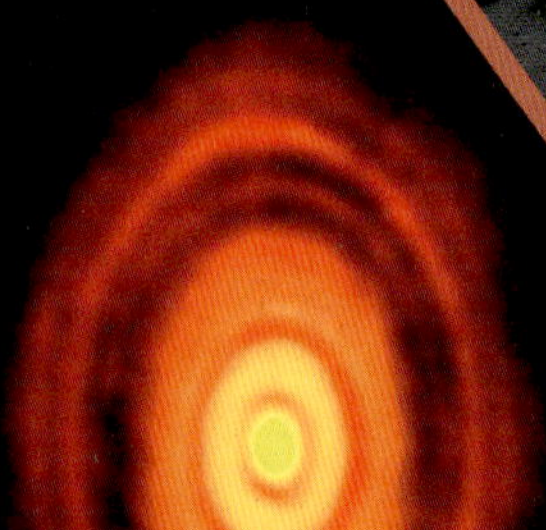

**Rotierende Wolke**
Eine große Wolke aus Staub und Gas stürzt aufgrund der Schwerkraft in sich zusammen. Dabei beginnt sie sich zu drehen und wölbt sich in der Mitte auf. Es entsteht eine Scheibe. Im Zentrum erhitzt sich das kollabierende Gas und bildet einen Protostern – den Vorläufer unserer Sonne.

**Vor etwa 4,6 Mrd. Jahren**

**Asteroiden**
Die kleineren Brocken aus Staub, Eis und Metall verklumpen wegen ihrer eigenen Schwerkraft zu Asteroiden. Die größten Asteroiden haben in dieser Zeit bis zu 200 km Durchmesser.

**Etwa 3 Mio. Jahre später**

**Gasriesen**
In der mittleren Zone der Scheibe ist es kalt. Große Kugeln aus Wasserstoff und Helium bilden sich um Kerne aus Gestein und Eis. Sie werden zu den zwei Gasriesen des Sonnensystems: dem größten Planeten Jupiter und dem zweitgrößten Planeten Saturn.

**Etwa 7 Mio. Jahre später**

**Die Sonne leuchtet**
Aufgrund der Schwerkraft der Sonne haben sich ihre Gase zu einer Kugel verdichtet. Im Zentrum werden sie so stark zusammengepresst und erhitzt, dass Kernfusion stattfindet. Dabei werden Wärme und Licht frei, sodass die Sonne zu leuchten beginnt.

**Etwa 40 Mio. Jahre später**

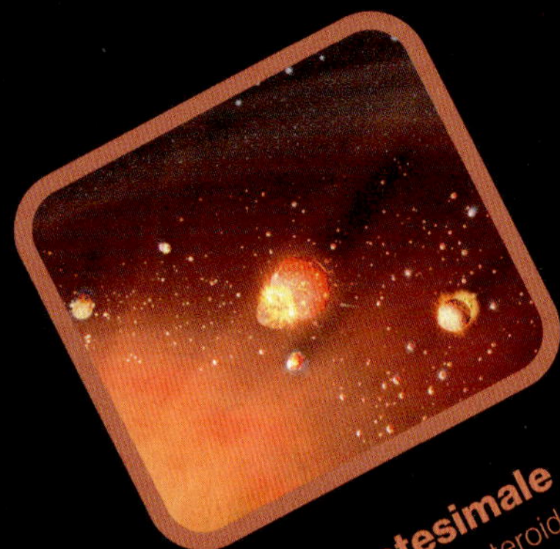

**Planetesimale**
Die größeren Asteroiden der Scheibe haben eine so starke Schwerkraft, dass sie noch mehr Gesteinsbrocken, Eis und Metall anziehen. Sie werden immer größer und entwickeln sich zu Planetesimalen.

**Etwa 1 Mio. Jahre später**

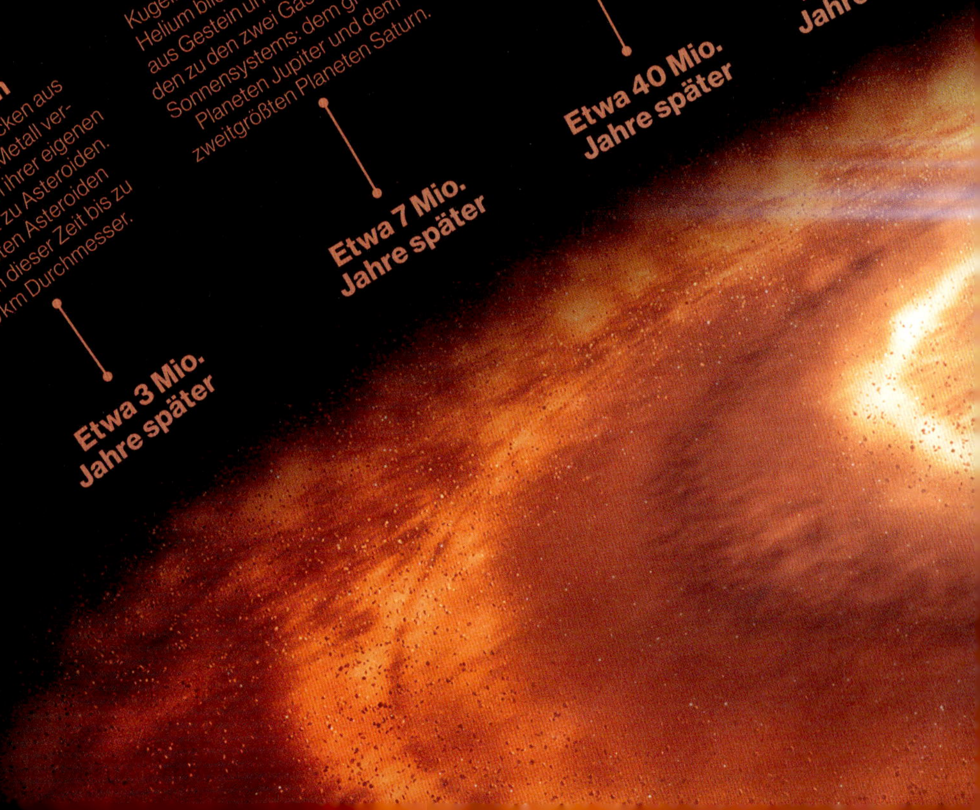

URANUS

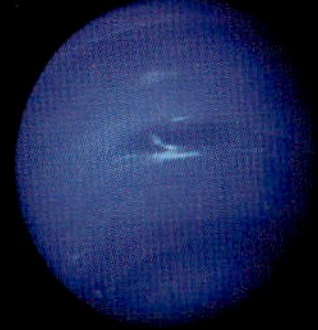

NEPTUN

## Die junge Sonne

Während die junge Sonne größer und heißer wird, sendet sie Gasströme aus. Sie blasen den Staub und Nebel um die Sonne weg und auch alle Gase, die die kleineren Planetesimale umgeben. Die Sonne ist jetzt ein voll entwickelter Stern.

**Etwa 29 Mio. Jahre später**

## Eisriesen

In der Nähe der Sonne bilden sich die Planeten, die später zu Uranus und Neptun werden. Sie bewegen sich allmählich von der Sonne fort. Sie bestehen aus Eis, Gas und Staub um einen Kern aus Gestein und Eis. Heute sind die Eisriesen der dritt- und viertgrößte Planet.

**Etwa 10 Mio. Jahre später**

MARS

## Gesteinsplaneten

Näher an der Sonne wachsen die Planetesimale, indem sie mit anderer Materie zusammenstoßen. Da hier die Sonne so warm ist, schmilzt ein großer Teil des Eises, das in ihnen enthalten ist. Die vier nun entstehenden Gesteinsplaneten Merkur, Venus, Erde und Mars bestehen vor allem aus Gestein und Metallen.

**Etwa 10 Mio. Jahre später**

## Bombardierung

Die Planeten bewegen sich weiter in das Sonnensystem hinaus. Diese Bewegung treibt Millionen Asteroiden (aus Gestein und Metallen) und Kometen (aus Eis, gefrorenen Gasen und Staub) auf die Sonne zu. Viele schlagen auf der Erde und den anderen Gesteinsplaneten ein.

**Etwa 500 Mio. Jahre später**

FRÜHE ERDE

## Wasser auf der Erde

Viele Eiskometen schlagen auf der Erde ein. Dabei bleibt Wasser zurück, das einen Teil der Erdatmosphäre bildet. Die Erde ist jetzt so stark abgekühlt, dass das Wasser als Regen herabfällt. Allmählich bedecken Ozeane die Erdoberfläche.

**Etwa 100 Mio. Jahre später**

## Objekte im Sonnensystem

Astronomen haben bisher über 1 Mio. Objekte in unserem Sonnensystem kartiert, die keine Planeten sind. Unter ihnen sind Asteroiden, Kometen und Zwergplaneten. Mit hervorragenden Teleskopen entdecken wir immer mehr solcher Objekte.

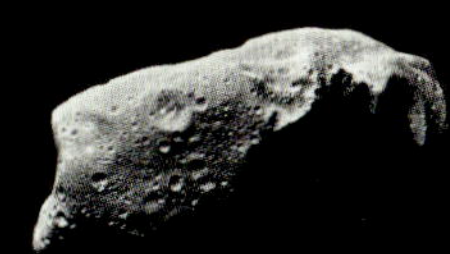

**Asteroiden**
Mehr als 1 Mio. Asteroiden umkreisen die Sonne in einem Gürtel zwischen Mars und Jupiter. Die Asteroiden bestehen vor allem aus Gestein und Metallen.

**Zwergplaneten**
Ein Zwergplanet ist so groß, dass er rund ist, aber auch so klein, dass er nicht das einzige Objekt auf seiner Umlaufbahn ist. Pluto ist der größte Zwergplanet.

**Kometen**
Diese Kugeln aus Eis und Gestein umrunden die Sonne. Kommen sie der Sonne nahe, bekommen sie einen Schweif aus Gas und Staub.

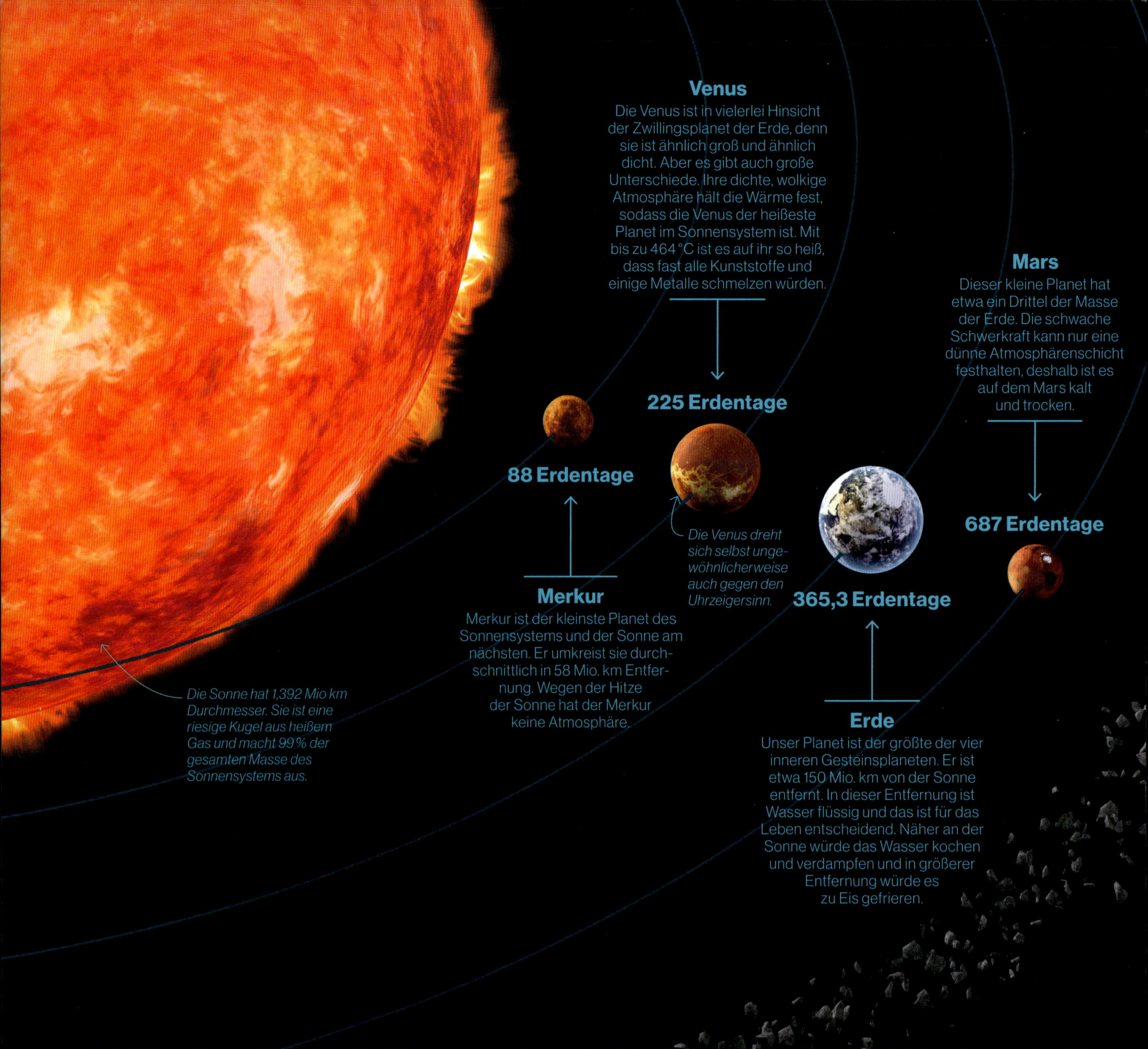

## Venus

Die Venus ist in vielerlei Hinsicht der Zwillingsplanet der Erde, denn sie ist ähnlich groß und ähnlich dicht. Aber es gibt auch große Unterschiede. Ihre dichte, wolkige Atmosphäre hält die Wärme fest, sodass die Venus der heißeste Planet im Sonnensystem ist. Mit bis zu 464 °C ist es auf ihr so heiß, dass fast alle Kunststoffe und einige Metalle schmelzen würden.

**225 Erdentage**

*Die Venus dreht sich selbst ungewöhnlicherweise auch gegen den Uhrzeigersinn.*

## Mars

Dieser kleine Planet hat etwa ein Drittel der Masse der Erde. Die schwache Schwerkraft kann nur eine dünne Atmosphärenschicht festhalten, deshalb ist es auf dem Mars kalt und trocken.

**687 Erdentage**

**88 Erdentage**

## Merkur

Merkur ist der kleinste Planet des Sonnensystems und der Sonne am nächsten. Er umkreist sie durchschnittlich in 58 Mio. km Entfernung. Wegen der Hitze der Sonne hat der Merkur keine Atmosphäre.

*Die Sonne hat 1,392 Mio km Durchmesser. Sie ist eine riesige Kugel aus heißem Gas und macht 99 % der gesamten Masse des Sonnensystems aus.*

**365,3 Erdentage**

## Erde

Unser Planet ist der größte der vier inneren Gesteinsplaneten. Er ist etwa 150 Mio. km von der Sonne entfernt. In dieser Entfernung ist Wasser flüssig und das ist für das Leben entscheidend. Näher an der Sonne würde das Wasser kochen und verdampfen und in größerer Entfernung würde es zu Eis gefrieren.

### Wie lange dauert ein Tag?

Ein Tag dauert so lange, wie sich ein Planet um seine eigene Achse dreht. Die Gasriesen Jupiter und Saturn drehen sich am schnellsten und ihre Tage sind deshalb kürzer als Erdentage. Ein Tag auf dem Mars ist etwa gleich lang wie ein Tag auf der Erde, während sich die Venus so langsam dreht, dass ein Tag dort sogar länger dauert als ein Jahr!

*Die Achse des Saturn ist geneigt, deshalb gibt es auf ihm Jahreszeiten wie auf der Erde.*

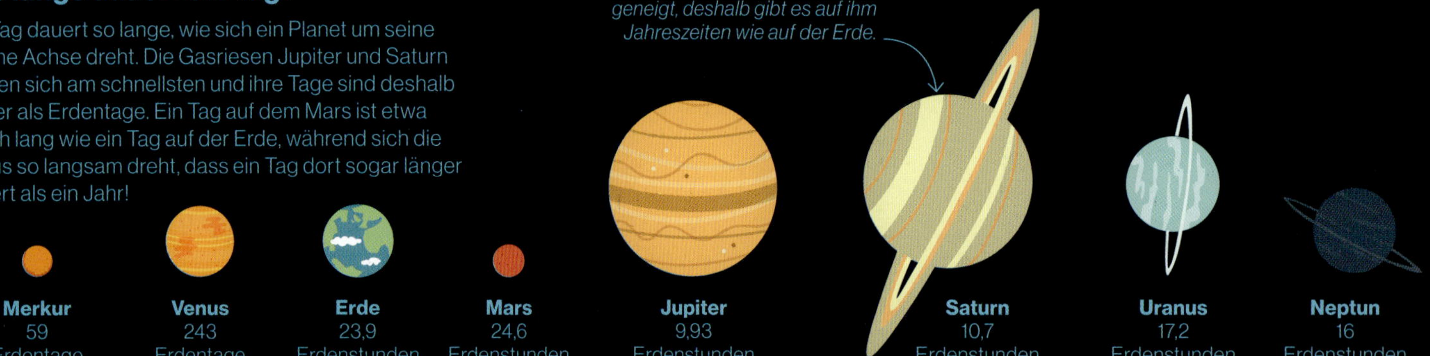

| Merkur | Venus | Erde | Mars | Jupiter | Saturn | Uranus | Neptun |
|---|---|---|---|---|---|---|---|
| 59 Erdentage | 243 Erdentage | 23,9 Erdenstunden | 24,6 Erdenstunden | 9,93 Erdenstunden | 10,7 Erdenstunden | 17,2 Erdenstunden | 16 Erdenstunden |

# Umlaufbahnen

Alles im Sonnensystem, von den Planeten bis hin zu den kleinen Kometen aus Eis und den Asteroiden aus Gestein, wird von der Schwerkraft der Sonne festgehalten. Jeder der acht Planeten des Sonnensystems umkreist die Sonne auf einer Umlaufbahn entgegen dem Uhrzeigersinn. Die Zeit, die ein Planet braucht, um die Sonne einmal zu umrunden, ist auf dem Planeten ein Jahr. Auf der Erde unterteilen wir ein Jahr in 365 Tage zu je 23,9 Erdenstunden. Je weiter ein Planet von der Sonne entfernt ist, desto länger braucht er für eine vollständige Umkreisung.

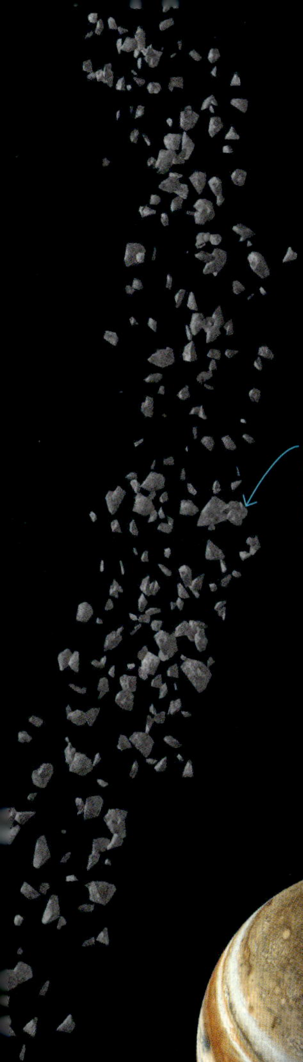

*Die meisten Asteroiden, die die Sonne umkreisen, befinden sich zwischen Mars und Jupiter im Asteroidengürtel.*

*Jupiter hat 79 Monde. Sein Mond Ganymed ist größer als Merkur.*

**4331 Erdentage**

**Jupiter**

Der größte Planet im Sonnensystem braucht knapp 12 Erdenjahre, um die Sonne zu umrunden. Jupiter hat den 11-fachen Durchmesser der Erde und umrundet die Sonne in der 5-fachen Entfernung. Man nennt ihn einen Gasriesen, denn sein Kern aus Gestein und Eis ist von einer dicken Schicht aus Gaswolken umgeben.

**10747 Erdentage**

**Saturn**

Dieser Gasriese umkreist die Sonne in der 10-fachen Entfernung wie die Erde und eine Umrundung dauert fast 30 Erdenjahre. Saturn ist von auffälligen Ringen umgeben, die aus vielen Milliarden Eisbrocken bestehen. Sie haben 270000 km Durchmesser, aber sie sind nirgendwo dicker als 100 m.

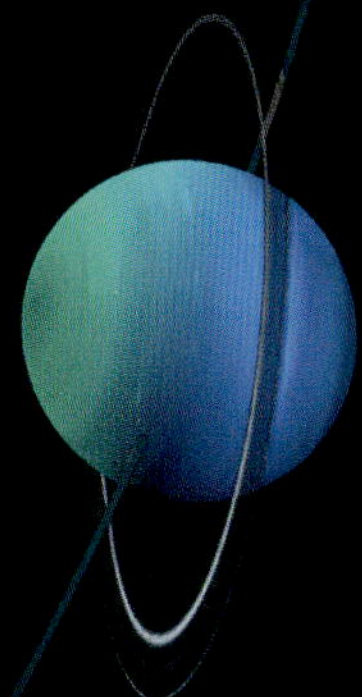

**30589 Erdentage**

**Uranus**

Uranus umrundet die Sonne einmal in 84 Erdenjahren. Der Planet ist ein Eisriese. Sein Kern aus Gestein ist von einem Eisgemisch umgeben. Uranus ist ungewöhnlich, denn seine Rotationsachse ist um mehr als 90° geneigt (er „rollt" sozusagen auf seiner Umlaufbahn).

**Neptun**

Dieser Eisriese ist der äußerste Planet unseres Sonnensystems. Er umkreist die Sonne in 4,5 Mrd. km Entfernung und ist der einzige Planet, den man von der Erde aus nicht mit bloßem Auge sehen kann. Es dauert fast 165 Erdenjahre, bis er die Sonne einmal umrundet hat.

**59800 Erdentage**

**Geburt des Sonnensystems**
Unser Sonnensystem wird geboren, als eine Wolke aus Staub und Gas kollabiert und die Sonne entsteht. Staub- und Eispartikel lagern sich zu den Planeten zusammen, die um die Sonne kreisen. Einer von ihnen ist die Erde.

**Vor etwa 4,6 Mrd. Jahren**

**Theia kommt näher**
Angezogen von der Schwerkraft der Erde nähert sich ihr ein Planet namens Theia, der so groß ist wie der Mars. Die Erde besteht noch aus heißem, geschmolzenem Gestein und ist unregelmäßig geformt. Sie ist fast so groß wie heute und ihr Kern wird von einem Mantel umgeben.

*Theia nähert sich mit 50 500 km/h der Erde.*

*Junge Erde*

**Vor etwa 4,45 Mrd. Jahren**

**Gewaltige Kollision**
Theia prallt heftig mit der Erde zusammen, sodass ein großer Teil beider Planeten zu Gas verdampft. Theia trifft die Erde in einem Winkel und Material aus beiden Planeten wird ins All geschleudert.

**Vor etwa 4,45 Mrd. Jahren**

# So entstand der Mond

Schon immer sind die Menschen fasziniert vom Mond, dem einzigen natürlichen Himmelskörper, der die Erde umkreist. Die Wissenschaft rätselte lange, wie er entstand. Es gibt viele Theorien, aber die derzeit am breitesten anerkannte Hypothese besagt, dass sich der Mond aus Material bildete, das ins All geschleudert wurde, als vor einigen Milliarden Jahren ein anderer Planet mit der Erde zusammenstieß. Untersuchte Mondgesteine untermauern diese Hypothese, denn sie sind ähnlich zusammengesetzt wie die Gesteine im Erdinneren.

**Vor etwa 4–3,9 Mrd. Jahren**

**Asteroidenhagel**
Der Mond und die Erde werden von Asteroiden aus dem Weltall geradezu bombardiert. Die Kruste des Monds wird mit Kratern übersät. Diese unruhige Zeit nennt man „spätes schweres Bombardement“.

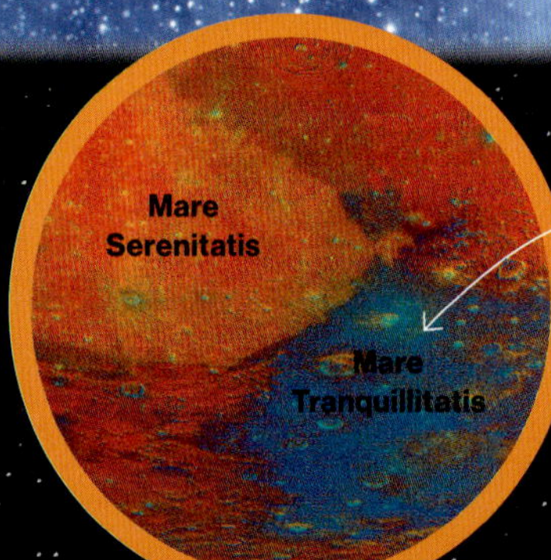

*In der Abbildung wurden die Gesteine zweier benachbarter „Meere“ je nach Zusammensetzung unterschiedlich eingefärbt.*

**„Meere“ auf dem Mond**
Riesige Becken, die beim Einschlag von Asteroiden entstanden, füllen sich mit Lava aus dem Inneren des Monds. Frühe Astronomen hielten sie für Meere und nannten sie *maria* (Lateinisch für „Meere“). Noch 2 Mrd. Jahre lang brechen Vulkane aus, aber nicht mehr so häufig.

**Vor etwa 3,8–3 Mrd. Jahren**

**Asteroideneinschlag**
Viele Asteroiden schlagen auf der erdabgewandten Seite des Monds ein und hinterlassen Krater. Man vermutet, dass die Asteroiden insgesamt die 30- bis 60-fache Masse des Asteroiden hatten, der die Dinosaurier auslöschte, als er vor 65 Mio. Jahren auf der Erde einschlug.

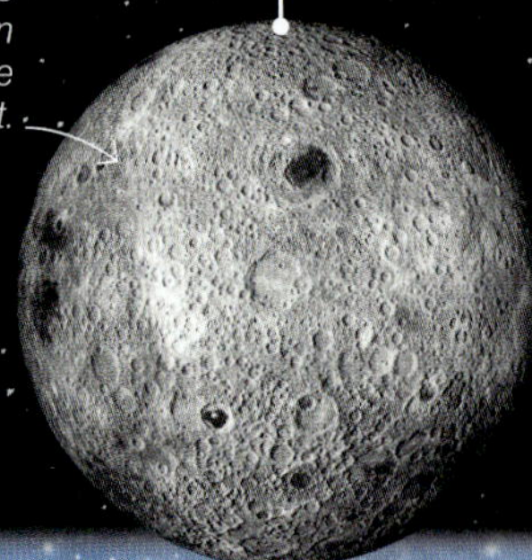
*Die Seite des Monds mit den meisten Kratern ist immer von der Erde abgewandt.*

**Vor etwa 800 Mio. Jahren**

## Zwei Stunden nach dem Einschlag

Heiße Materie wird beim Einschlag ins All geschleudert. Ein Teil davon stammt von Theia und der andere von der Kruste und dem Mantel der Erde.

**Vor etwa 4,45 Mrd. Jahren**

## Ring aus Materie

Die Materie, die beim Einschlag fortgeschleudert wurde, bildet einen Ring, der die Erde zu umkreisen beginnt. Er besteht aus verdampftem und geschmolzenem Gestein.

*Die Schwerkraft der Erde bewirkt, dass die Materie in einer Umlaufbahn bleibt und um sie kreist.*

**Vor etwa 4,45 Mrd. Jahren**

## Der Mond entsteht

Im Lauf von Jahrmillionen wird die Materie des Rings von der Schwerkraft zusammengezogen und bildet eine riesige Masse aus geschmolzener Materie: den Mond. Im Lauf der nächsten 150 bis 200 Mio. Jahre kühlt der Mond ab und die Kruste an der Oberfläche verfestigt sich.

*Die Materie des Rings verschmilzt allmählich zum Mond.*

**Vor etwa 4,425 Mrd. Jahren**

### Mondgestein

Gesteine vom Mond schlagen manchmal als Meteoriten auf der Erde ein. Andere wurden von unbemannten Raumschiffen oder von Astronauten zur Erde gebracht. Sie liefern der Wissenschaft Informationen über die Entstehung des Monds. Harrison Schmitt (hier auf dem Foto) ist der einzige Geologe, der jemals auf dem Mond war.

**MONDGESTEIN**

## Weiterhin aktiv

Der Mond ist immer noch aktiv. Es gibt Mondbeben (vergleichbar mit unseren Erdbeben), bei denen riesige Gesteinsblöcke ihre Lage in der Kruste des Monds verändern.

**Heute**

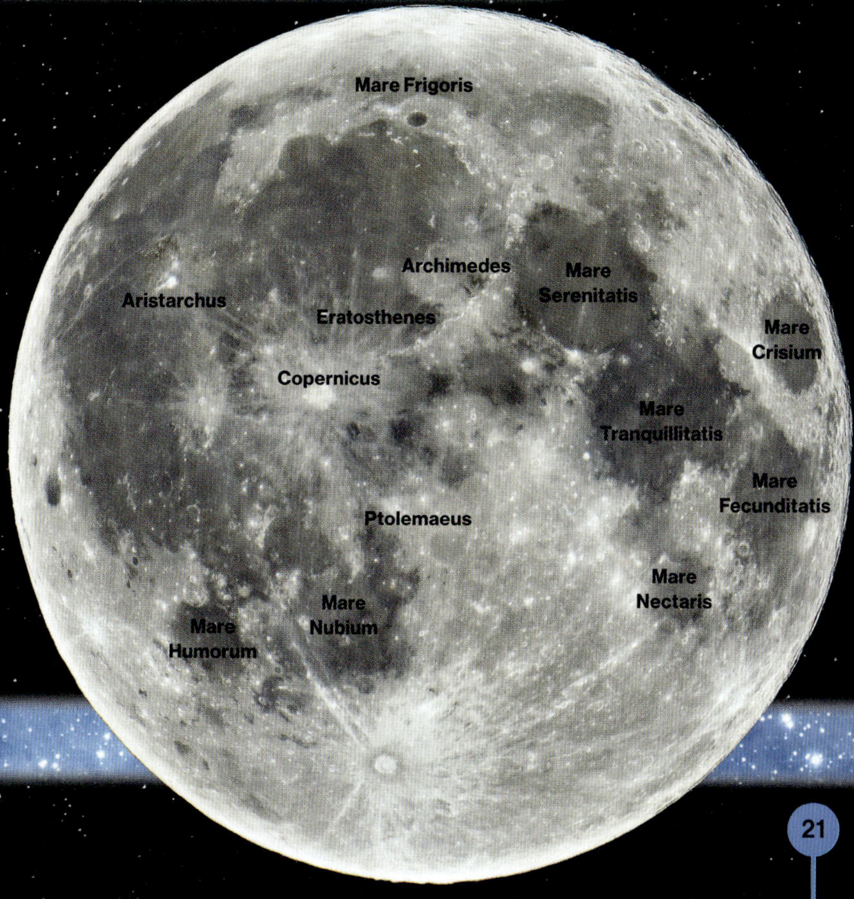

*Wenn die Sonne direkt hinter dem Mond ist, können wir ihn nicht sehen.*

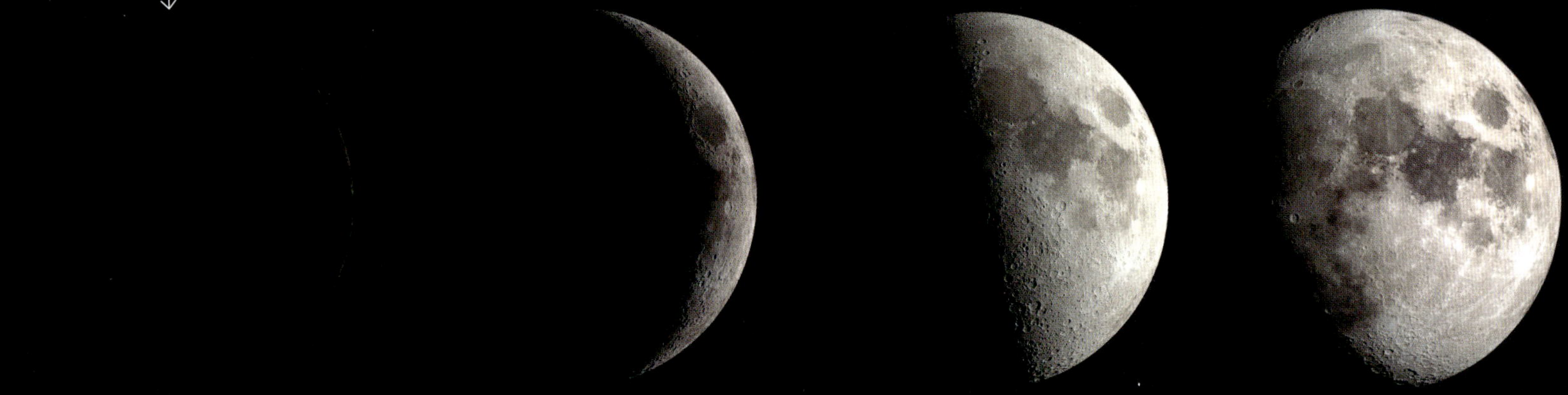

**Neumond** **Zunehmende Sichel** **Zunehmender Halbmond** **Zunehmender Mond**

## Die Mondphasen

Der Mond, der von der Sonne beschienen wird, ist das hellste natürliche Objekt, das wir am Nachthimmel sehen. Er umrundet die Erde alle 29,5 Tage und scheint dabei seine Form zu verändern. Das kommt daher, dass er aus verschiedenen Winkeln von der Sonne beleuchtet wird. Wir nennen diese Veränderungen die Mondphasen. Je nachdem, ob man den Mond von der Nord- oder der Südhalbkugel aus beobachtet, wandert er anders über den Himmel.

**Neumond** **Zunehmende Sichel** **Zunehmender Halbmond** **Zunehmender Mond**

## Nordhalbkugel

Wenn man den Mond von der Nordhalbkugel der Erde aus beobachtet, geht er im Osten auf, wandert dann nach Süden und geht schließlich im Westen unter. Von der Nordhalbkugel aus gesehen, ist der Nordpol des Monds oben.

**Vollmond** **Abnehmender Mond** **Abnehmender Halbmond** **Abnehmende Sichel**

## Südhalbkugel

Südlich des Äquators geht der Mond im Osten auf, wandert dann nach Norden und geht schließlich im Westen unter. Von der Südhalbkugel aus gesehen, ist der Südpol des Monds oben.

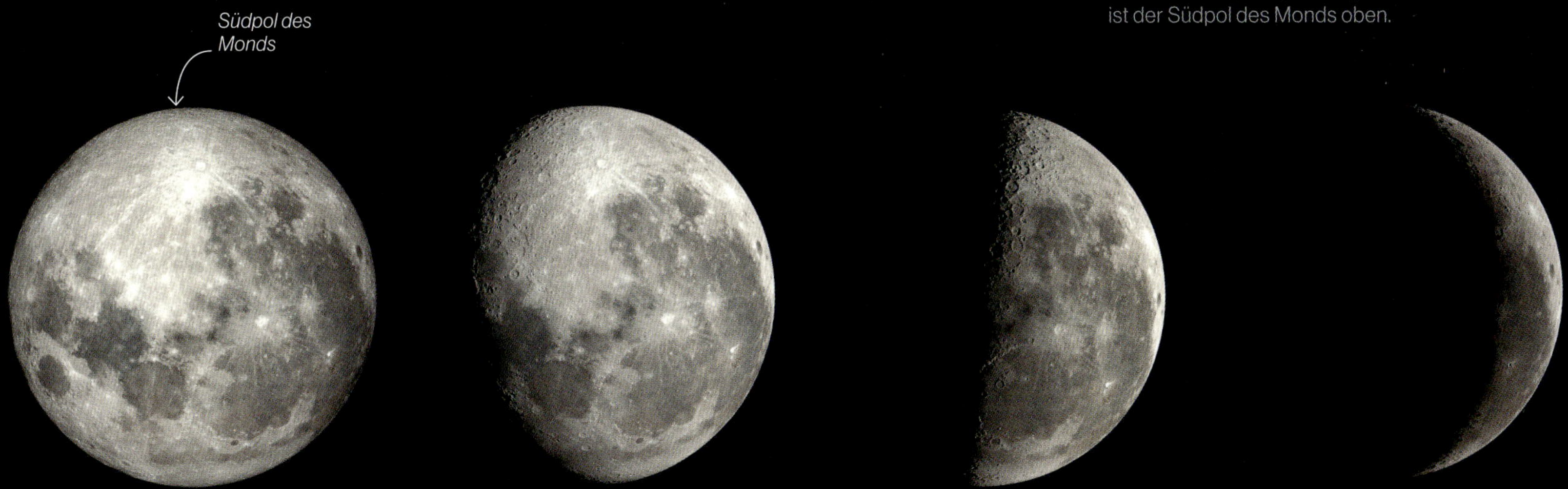


**Vollmond** **Abnehmender Mond** **Abnehmender Halbmond** **Abnehmende Sichel**

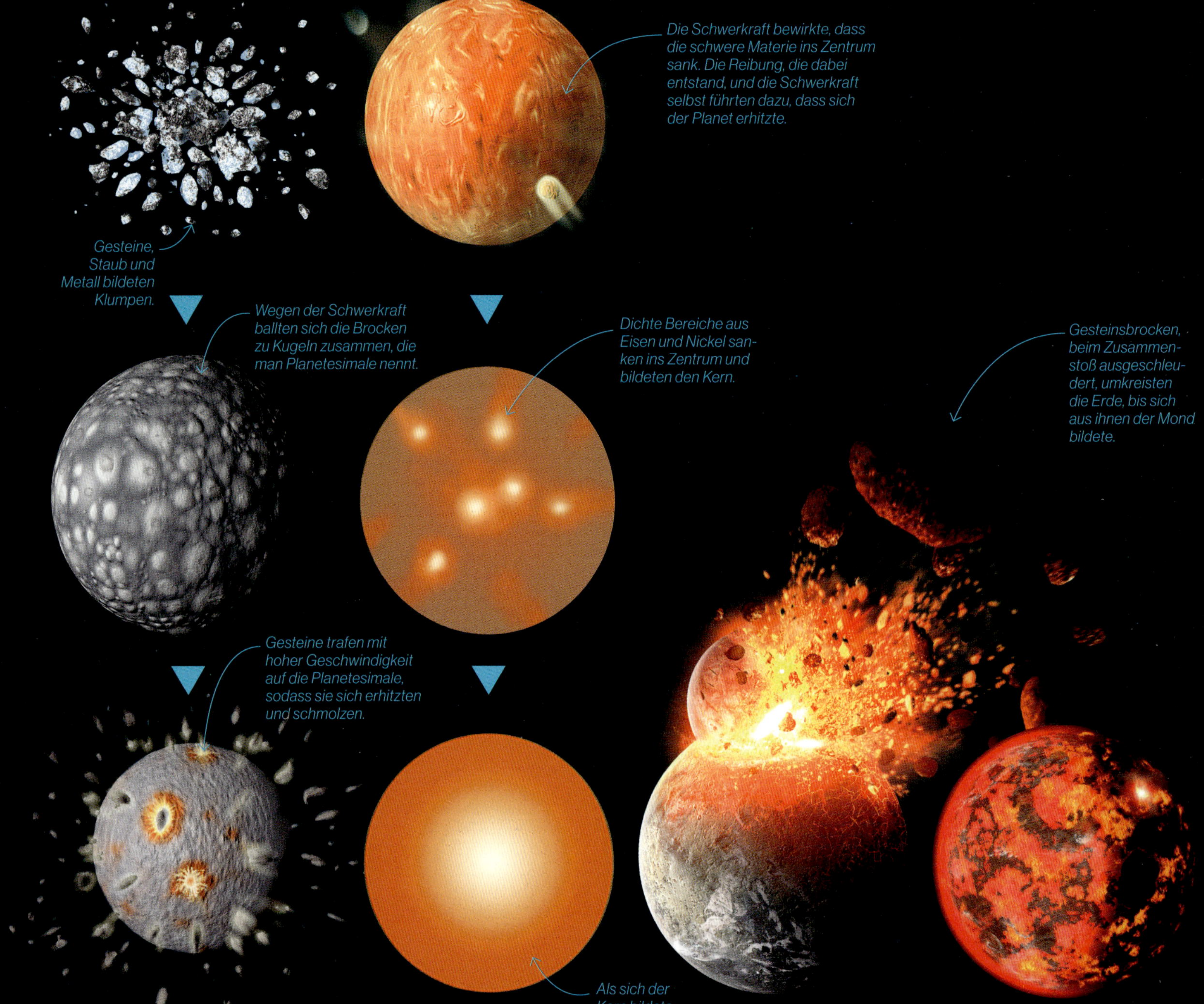


**Vor etwa 4,56 Mrd. Jahren**

### Geburt der Erde

Gestein, Staub und Eis werden von der Schwerkraft zusammengezogen und bilden vier Brocken. Einer ist die frühe Erde, die anderen sind Merkur, Venus und Mars. Immer mehr Gesteinsbrocken schlagen auf der frühen Erde ein, während die Schwerkraft sie zu einer Kugel formt. In ihrem Zentrum wird es immer heißer.

**Vor etwa 4,56–4,5 Mrd. Jahren**

### Superheiße Erde

Die Erde ist jetzt superheiß. Die Schwerkraft zieht schweres Material ins Zentrum, wo es den Kern bildet. Leichteres Material bildet weiter außen den Mantel.

**Vor etwa 4,45 Mrd. Jahren**

### Der Mond

Ein kleiner Planet namens Theia kollidiert mit der Erde und schlägt Teile des Mantels heraus. Dabei bildet sich ein Ring aus Gesteinsbrocken, die die Erde umkreisen. Im Lauf der Zeit verklumpen sie miteinander und werden zum Mond.

**Vor etwa 4,45–4,4 Mrd. Jahren**

### Meteoriteneinschläge

Meteoriten aus dem Weltall schlagen seit der Geburt der Erde auf ihr ein. Die Erdoberfläche ist ein Meer aus heißem, flüssigem Magma. Die Meteoriten fallen hinein und schmelzen ebenfalls.

# So entstand die Erde

Unter den heutigen Bedingungen auf der Erde können Pflanzen und Tiere leben, aber das war in der Vergangenheit nicht immer so. Es gab auch extreme Phasen, zum Beispiel mit ganzen Ozeanen aus heißem, flüssigem Gestein oder Zeiten, in denen die Erde völlig mit Eis bedeckt war. Wir können nur schwer herausfinden, was vor mehreren Milliarden Jahren passiert ist, aber Meteoriten und Mondgestein liefern der Wissenschaft Hinweise. So wissen wir zwar einige Dinge, aber viele sind noch unbekannt.

### Das Erdinnere

Könnte man die Erde wie einen Apfel durchschneiden und in ihr Inneres blicken, würde man drei Schichten erkennen: die Kruste an der Oberfläche, den zähflüssigen Mantel darunter und den Kern im Zentrum. Je näher man dem Zentrum kommt, desto wärmer wird es. Es wird vermutet, dass es im Zentrum der Erde heißer ist als an der Oberfläche der Sonne.

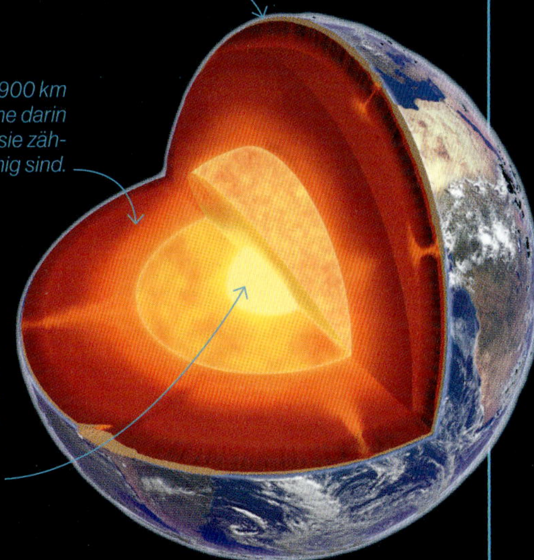

**Vor etwa 4,4–4 Mrd. Jahren**

### Abkühlung

Das Meteoriten-Bombardement wird schwächer und die Erde kühlt langsam ab. Flüssiges Magma wird an der Oberfläche fest und bildet die Kruste. Zum ersten Mal kann Wasser, das mit Meteoriten auf die Erde gelangte, in flüssiger Form existieren. Riesige Vulkane brechen aus und Gase aus dem Mantel gelangen in die Luft. Aus ihnen bildet sich die Atmosphäre.

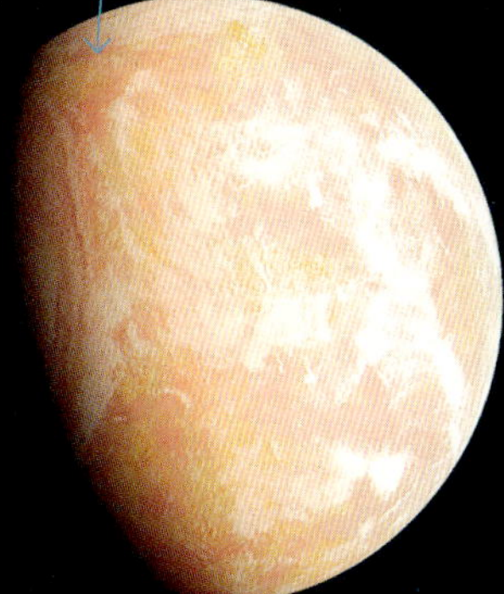


**Vor etwa 3,85–3,5 Mrd. Jahren**

### Die Atmosphäre

Wegen des Lichts der Sonne und der Gase der Atmosphäre umgibt ein orangefarbener Schein die Erde. Die Atmosphäre schirmt einen Teil der Strahlung der Sonne ab, sodass der Planet abkühlt. Sie sorgt auch dafür, dass es an der Oberfläche nicht zu kalt wird. Bei diesen Bedingungen kann sich Leben entwickeln.

**Vor etwa 2,2 Mrd. Jahren**

### Schneeball-Erde

Es kommt zu den ersten Eiszeiten, bei denen der gesamte Planet mit Eis bedeckt ist. Vor etwa 2,2 Mrd. Jahren ereignet sich etwas, dass man als „Schneeball-Erde" bezeichnet. Die Wissenschaft weiß noch nicht, warum es zu dieser Eiszeit kam. Vielleicht waren weniger Treibhausgase in der Atmosphäre oder die Umlaufbahn um die Sonne änderte sich etwas.

**Vor etwa 900–800 Mio. Jahren**

### Rodinia

Der größte Teil der Erde ist mit Wasser bedeckt. Das gesamte Festland bildet den ersten Superkontinent namens Rodinia. Sauerstoff fördert in den Ozeanen die Entwicklung der Lebewesen. Während der nächsten 800 Mio. Jahre werden sich die Landmassen so verschieben und die Lebewesen so entwickeln, wie wir sie heute kennen.

# Klimageschichte der Erde

Als Klima bezeichnen wir das Wetter über einen längeren Zeitraum. Im Lauf der Erdgeschichte gab es große Klimaschwankungen und sehr warme und sehr kalte Zeitabschnitte. Forschende gehen davon aus, dass das unter anderem mit den Gasen in der Atmosphäre zu tun hat. Die sogenannten Treibhausgase halten die Wärme der Sonne fest, sodass sich die Erde wie ein Treibhaus erwärmt. Wenn weniger Treibhausgase in der Atmosphäre sind, kühlt sich das Klima so stark ab, dass eine Eiszeit beginnt.

**Frühe Erde**
In ihren frühen Jahren war die Erde extrem heiß. Wegen der Schwerkraft sank schwere Materie in ihren Kern. Die Erdoberfläche wurde so heiß, dass die Gesteine schmolzen.

**Vor etwa 4,45–4,4 Mrd. Jahren**

**Vor etwa 2,2 Mrd. Jahren**

**Eiseskälte**
Die Temperaturen sanken stark ab und die ganze Erdoberfläche war mit Eis bedeckt. Vom Weltall aus betrachtet hätte die Erde wie ein riesiger Schneeball ausgesehen.

*Eis und Schnee bedeckten die Erdoberfläche.*

**Weitere Eiszeiten**
Es kam zu mindestens zwei weiteren Eiszeiten, aber möglicherweise war die Erde nicht vollständig mit Eis bedeckt. Gletscher bewegten sich langsam von den Polen fort und einige erreichten den Äquator. Wir wissen das, weil man an Gesteinen noch Spuren erkennen kann.

**Vor etwa 850–630 Mio. Jahren**

**Pflanzen und das Klima**
Auf der Erde herrschte 30 Mio. Jahre lang eine Eiszeit. Vielleicht waren die ersten Pflanzen, die sich damals entwickelten, die Ursache. Pflanzen nehmen Kohlendioxid ($CO_2$) aus der Atmosphäre auf, das ein Treibhausgas ist. Es ist möglich, dass die Temperaturen deshalb sanken.

**Vor etwa 460–430 Mio. Jahren**

*Moose gehörten zu den ersten Landpflanzen auf der Erde.*

**Vor etwa 360–260 Mio. Jahren**

**Permokarbones Eiszeitalter**
Diese Eiszeit wurde zuerst nach der Halbwüstenlandschaft Karoo in Südafrika benannt, wo man am Gestein Spuren der Gletscher erkennen kann. Wieder könnte die Ausbreitung von Pflanzen die Ursache gewesen sein, weil sie das Treibhausgas $CO_2$ aufnahmen. Damals wurden Farnbäume bis zu 20 m hoch.

## Tropische Erde

Bei gewaltigen Vulkanausbrüchen gelangte viel $CO_2$ in die Luft. Auf der Erde war es durchschnittlich 10 °C wärmer als heute. Obwohl nirgendwo mehr Eisschilde vorhanden waren, entwickelten sich die Lebewesen auf der Erde gut, unter ihnen die Dinosaurier.

**Vor etwa 250–66 Mio. Jahren**

## Erwärmung

Mehrere Milliarden Tonnen $CO_2$ gelangten in die Atmosphäre, sodass sich die Erde um 8 °C erwärmte. Die Ursache könnten Vulkanausbrüche, ein Kometeneinschlag oder Sedimente am Meeresgrund gewesen sein, die Kohlenstoff und das Treibhausgas Methan freisetzten.

**Vor etwa 55 Mio. Jahren**

## Globale Erwärmung

Die Erde erwärmt sich seit etwa 1850. Diesen Trend nennt man globale Erwärmung oder Klimawandel. Die Wissenschaft ist sich einig, dass fossile Treibstoffe (Gas, Kohle und Öl) die Ursache sind, weil bei deren Verbrennung das Treibhausgas $CO_2$ in die Luft gelangt. Der Klimawandel ist verheerend. Die Lebensräume von Tieren und Pflanzen werden zerstört, der Meeresspiegel steigt und es gibt heftige Überschwemmungen, weil das Eis an den Polen schmilzt. Das Wetter wird insgesamt extremer.

## Das heutige Klima

Heute steigen die Temperaturen auf der Erde und die Gletscher schmelzen weltweit ab, sodass der Meeresspiegel ansteigt. Weil wir fossile Treibstoffe verbrennen, tragen wir dazu bei, dass mehr Treibhausgase in die Atmosphäre gelangen. Seit 1880 sind die Durchschnittstemperaturen auf der Erde um 1 °C gestiegen und seit 1975 erwärmt sich das Klima immer schneller.

**Heute**

*Die letzte Eiszeit ging vor etwa 10 000 Jahren zu Ende.*

**Vor etwa 66 Mio. Jahren**

## Asteroideneinschlag

Ein Asteroid mit 10 km Durchmesser schlug auf der Erde ein. Er wirbelte eine gewaltige Staubwolke auf, die die Sonnenstrahlung abschirmte, sodass es kälter wurde. Der Einschlag führte zum Aussterben der Dinosaurier und vieler anderer Tiere und Pflanzen.

**Vor etwa 34–14 Mio. Jahren**

*Wo Gletscher ins Meer fließen, bilden sich riesige Flächen Schelfeis.*

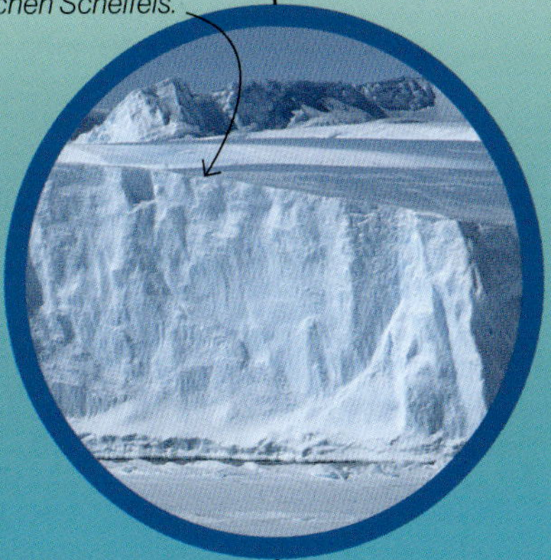

## Die Antarktis

Die Erde erlebte wieder eine Kaltzeit. Die Temperaturen sanken etwa um 8 °C. Die tektonischen Platten der Kruste bewegten sich und die Antarktis befand sich nun dort, wo sie heute ist. Eine kalte Meeresströmung bildete sich um die Antarktis herum, sodass die Gletscher wuchsen. Seitdem ist die Antarktis mit Eis bedeckt.

**Vor etwa 2,58 Mio. bis 10 000 Jahren**

## Die letzte Eiszeit

Vielleicht veränderten sich die Erdumlaufbahn oder die Stellung der Erdachse immer wieder leicht, sodass sich sehr kalte und warme Perioden abwechselten. An den Polen bildeten sich Eisschilde oder schmolzen wieder ab, je nachdem, wie die Strahlen der Sonne auf die Erde trafen.

*Wollhaarmammuts lebten während der letzten Eiszeit.*

## Sonnenwende

Ende Juni ist der Nordpol der Sonne am weitesten zugeneigt. Man nennt dies Sonnenwende – der längste Tag des Jahres auf der Nordhalbkugel und der kürzeste auf der Südhalbkugel.

## Die letzten Herbsttage

Auf der Südhalbkugel ist es Herbst. Tiere bereiten sich auf den Winterschlaf oder die Winterruhe vor und das Laub der Bäume färbt sich orange, rot und braun und fällt dann ab.

## Frühlingsbeginn

Die Nordhalbkugel wendet sich nun der Sonne immer mehr zu, sodass die Tage hier länger werden. Der Frühling ist angebrochen und die Pflanzen und Tiere erwachen nach den langen, dunklen Wintermonaten wieder zum Leben.

## Tag-und-Nacht-Gleiche

Um den 21. März steht die Sonne direkt über dem Äquator. Das bedeutet, dass ein Tag und eine Nacht auf beiden Halbkugeln gleich lang sind. Man nennt das Tag-und-Nacht-Gleiche.

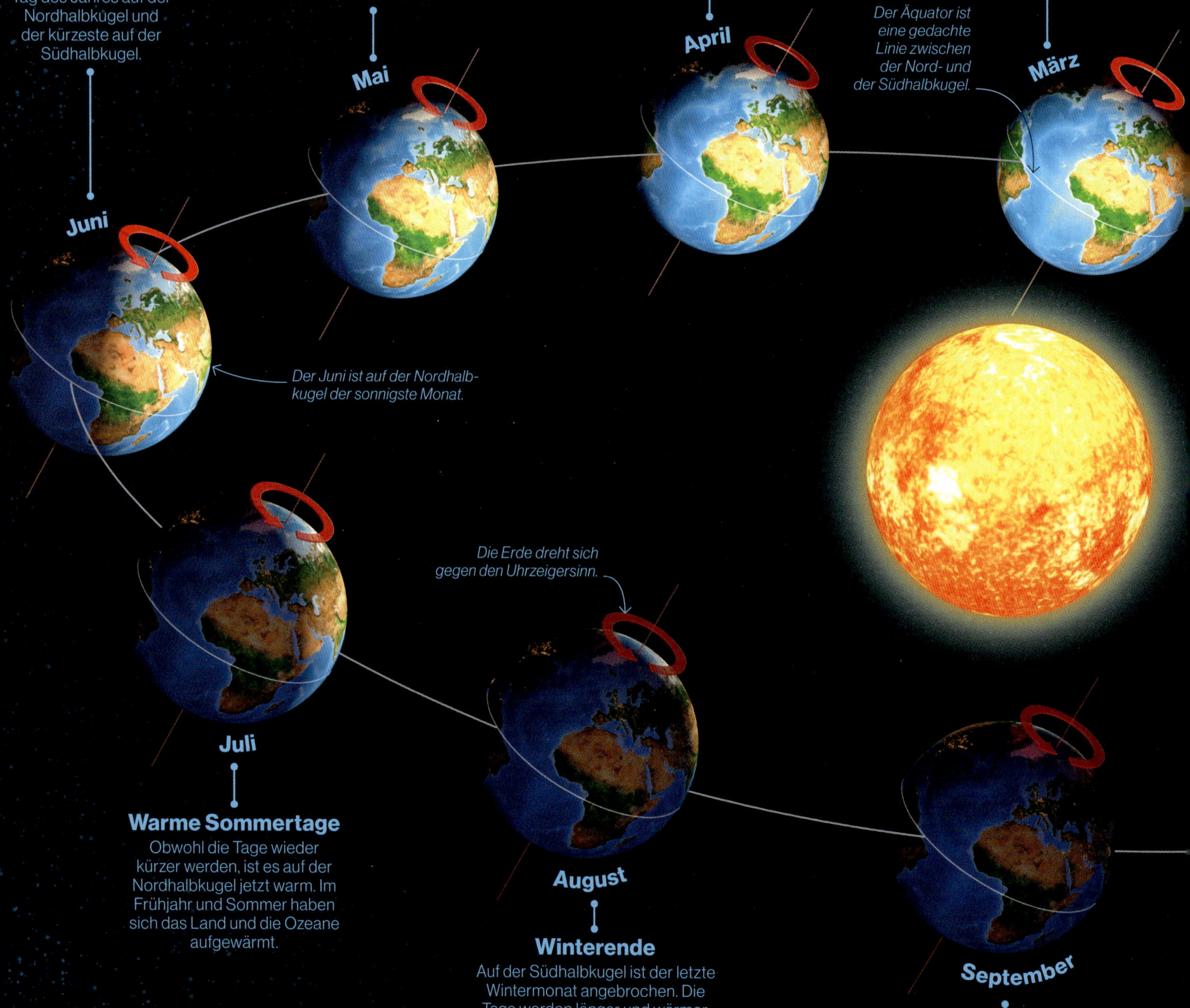


## Warme Sommertage

Obwohl die Tage wieder kürzer werden, ist es auf der Nordhalbkugel jetzt warm. Im Frühjahr und Sommer haben sich das Land und die Ozeane aufgewärmt.

## Winterende

Auf der Südhalbkugel ist der letzte Wintermonat angebrochen. Die Tage werden länger und wärmer, aber noch immer halten viele Tiere Winterschlaf und auch die Pflanzen ruhen.

## Tag-und-Nacht-Gleiche

Um den 23. September sind Tag und Nacht gleich lang. Auf der Südhalbkugel werden die Tage wieder länger, während sie auf der Nordhalbkugel kürzer werden.

# Die Jahreszeiten

Die Erde kreist gegen den Uhrzeigersinn um die Sonne. Dabei kommt es zu den jahreszeitlichen Veränderungen, weil die Erdachse (eine gedachte Linie von Pol zu Pol, um die sich die Erde dreht) geneigt ist. Es gibt vier Jahreszeiten: Winter, Frühling, Sommer und Herbst. Auf die Erdhalbkugel, die jeweils der Sonne zugeneigt ist, scheint mehr Sonne, sodass es dort wärmer ist. Ist es auf einer Halbkugel Sommer, herrscht auf der anderen Winter.

**Der kürzeste Monat**
Dies ist der kürzeste Monat des Jahres. Auf der Südhalbkugel ist der Februar der letzte Sommermonat und die Tage werden wieder kürzer.

**Das neue Jahr**
Zu Beginn des Kalenderjahrs ist die Nordhalbkugel von der Sonne abgewandt. Die Tage dort sind kurz und es ist kalt.

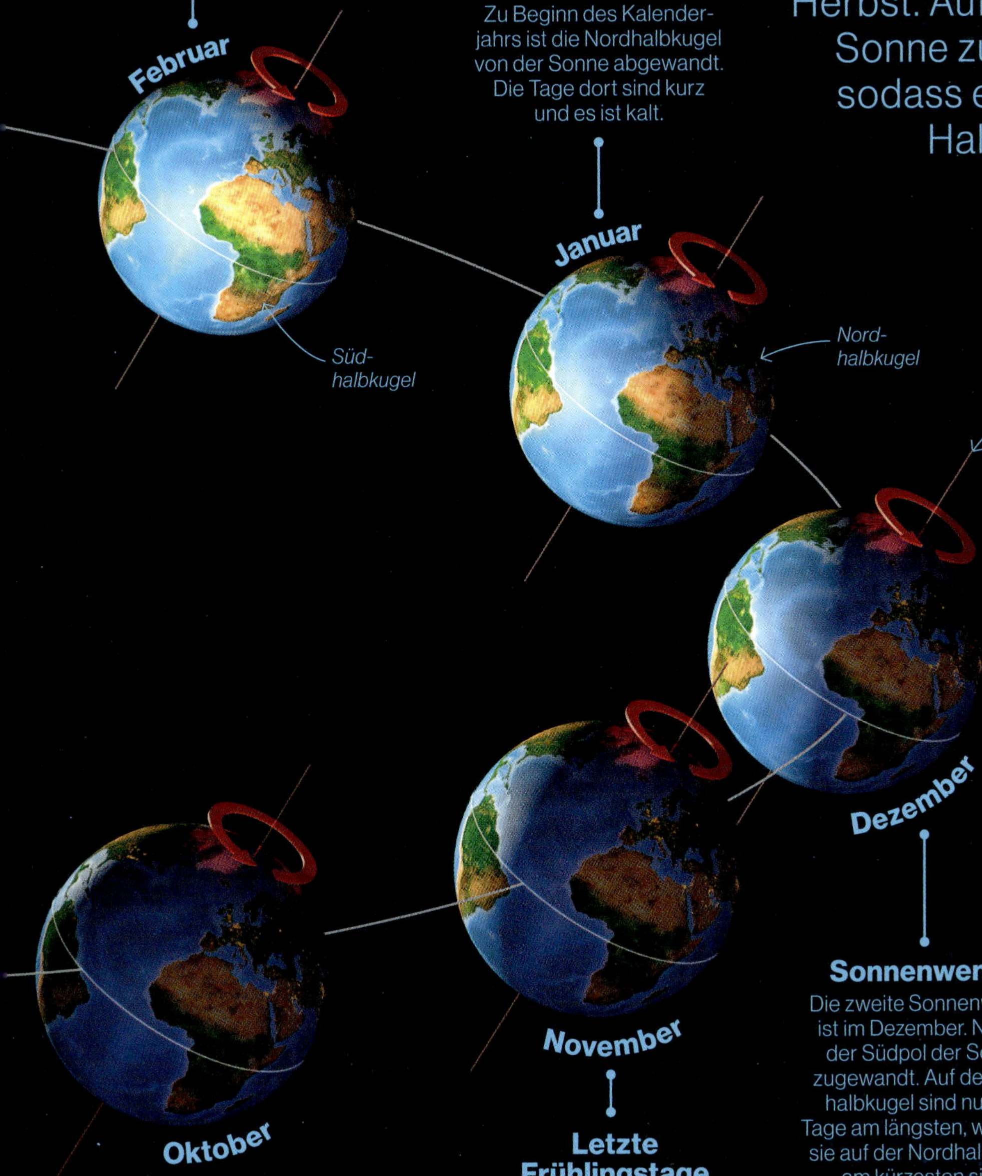


*Die Erdachse ist um 23,5° geneigt. Das bedeutet, dass der Nordpol zu bestimmten Zeiten im Jahr weiter von der Sonne entfernt ist als der Südpol und umgekehrt. Deshalb gibt es Jahreszeiten.*

**Sonnenwende**
Die zweite Sonnenwende ist im Dezember. Nun ist der Südpol der Sonne zugewandt. Auf der Südhalbkugel sind nun die Tage am längsten, während sie auf der Nordhalbkugel am kürzesten sind.

**Letzte Frühlingstage**
Auf der Südhalbkugel beginnt der Frühsommer und die Luft und die Landmassen erwärmen sich. Den Tieren geht es gut und einige Früchte und Getreide können jetzt geerntet werden.

**Herbst**
Die Tage werden auf der Nordhalbkugel kürzer und die Temperaturen sinken. Die Pflanzen und Tiere bereiten sich auf den Winter vor. Das Laub färbt sich orange, rot und braun und fällt von den Bäumen.

**Warme Sommer**
Regionen, in denen die Sonne sehr hoch am Himmel steht, erhalten mehr Sonnenenergie. Deshalb ist es am Äquator während des ganzen Jahres warm und in den gemäßigten Breiten im Sommer wärmer. Im Sommer steht die Sonne außerdem täglich länger am Himmel als im Winter. Sie erwärmt die Erde deshalb stärker.

*Weil sich die Sonnenstrahlen über ein größeres Gebiet verteilen, ist es nicht so warm.*

*Am Äquator konzentriert sich die Sonnenenergie auf ein kleineres Gebiet. Hier ist es deshalb wärmer.*

**Polarlichter**

In etwa 200 Nächten im Jahr tanzen in der Nähe des Nord- und Südpols grüne, blaue und rote Polarlichter über den Nachthimmel. Es ist ein unvergleichliches Naturschauspiel, wenn elektrisch geladene Teilchen von der Sonne, die man Sonnenwind nennt, mit den Gasen in der oberen Erdatmosphäre in Wechselwirkung treten. Auf der Nordhalbkugel nennt man diese magischen Lichterscheinungen Nordlichter (*Aurora borealis*) und auf der Südhalbkugel Südlichter (*Aurora australis*).

**Geologische Zeitskala**
Die Namen der Abschnitte der Zeitskala haben eine Hierarchie. Der längste Abschnitt war das Präkambrium oder die Erdfrühzeit. Die spätere Erdgeschichte wird in Äonen unterteilt, von denen es bisher vier gab. Sie werden wiederum in Ären unterteilt. Das derzeitige Äon umfasst drei Ären: Paläozoikum, Mesozoikum und Känozoikum. In jedem ereigneten sich wichtige Evolutionsschritte der Lebewesen. Jede Ära unterteilt man in Perioden.

ERDFRÜHZEIT
ÄON
ÄRA
PERIODE

# Erdzeitalter

Die Wissenschaft vom Aufbau und der Geschichte der Erde nennt man Geologie. Wir wissen heute, dass die Erde mehrere Milliarden Jahre alt ist. Um diese unvorstellbar lange Zeitspanne besser verstehen zu können, wurde eine Zeitskala eingeführt. Sie unterteilt die Vergangenheit in mehrere Abschnitte, die jeweils mit einem weltweiten Ereignis wie zum Beispiel einem Massenaussterben endeten. Hier sind die Erdzeitalter von der Entwicklung der ersten komplexen Lebewesen bis zur Periode des Quartär dargestellt, in der wir heute leben.

**MESOZOIKUM**

**Vor 201,3–145 Mio. J.**
**Jura**
Wälder bedecken große Regionen, auch in den Polargebieten. Riesige Dinosaurier fressen diese Pflanzen und werden von großen Räubern erbeutet. Flugsaurier sind die ersten fliegenden Wirbeltiere.

**Vor 251,9–201,3 Mio. Jahren**
**Trias**
In dieser Periode ist es heiß und trocken. Die ersten Dinosaurier entwickeln sich. Sie laufen auf ihren Hinterbeinen und halten mit dem langen Schwanz das Gleichgewicht. Kleine Tiere mit Fell erscheinen – die Vorfahren der heutigen Säugetiere.

**Vor 298,9–251,9 Mio. Jahren**
**Perm**
Wirbeltiere, unter ihnen große Reptilien, laufen nun auf vier Beinen an Land. Diese Periode endet mit dem größten Massenaussterben der Erdgeschichte, bei dem etwa 95 % der Tiere im Meer und 70 % der Landtiere für immer verschwinden.

**Vor 145–66 Mio. Jahren**
**Kreide**
Berühmte Dinosaurier wie Tyrannosaurus rex und Triceratops beherrschen die Erde. Ein Asteroid schlägt zum Ende der Periode auf der Erde ein und fast alle Dinos und Flugsaurier sterben aus. Einige Säugetiere und Vögel (sie sind direkte Dinosauriernachfahren) überleben.

**KÄNOZOIKUM**

**Vor 66–23 Mio. Jahren**
**Paläogen**
Das Klima kühlt ab und gleichwarme Säugetiere und Vögel sind nun die größten Tiere der Erde. Zu ihnen gehören die Brontotherien, entfernte Verwandte der Pferde und Nashörner.

**Vor 23–2,58 Mio. Jahren**
**Neogen**
Das Klima ist in dieser Zeit trocken und die Wälder schrumpfen. Grasländer breiten sich stattdessen aus. Die ersten menschenähnlichen Affen, sehr entfernte Vorfahren der modernen Menschen, entwickeln sich in den Grasländern Afrikas.

## ERDFRÜHZEIT

### Vor 4,6 Mrd.–541 Mio. Jahren
### Präkambrium

Dieser Abschnitt umfasst eine sehr lange Zeit. Auf der jungen Erde ist es zunächst sehr heiß. Dann kühlt sie ab und wird zu einem Wasserplaneten, auf dem sich einfache Lebensformen wie Bakterien entwickeln. Komplexere Lebewesen erscheinen zum Ende des Präkambriums.

## PALÄOZOIKUM

### Vor 541–485,4 Mio. Jahren
### Kambrium

Während der sogenannten „Kambrischen Explosion" entwickeln sich in den Ozeanen in relativ kurzer Zeit viele verschiedene Tiere. Eines der größten ist der Jäger *Anomalocaris*, ein Verwandter der heute lebenden Krebstiere.

### Vor 485,4–443,8 Mio. J.
### Ordovizium

Das Klima ist zunächst warm, aber in einer Eiszeit kühlt es ab. Im Meer leben verschiedene Tiere wie Trilobiten, Seeskorpione und Tintenfischverwandte, deren versteinerte Schalen man Orthokonen nennt.

### Vor 443,8–419,2 Mio. Jahren
### Silur

Zu dieser Zeit gibt es viele seichte Meere und Inseln. Die ersten Pflanzen und Tiere leben nun an Land an den Stränden und in Sümpfen. Sie sind Verwandte der heute lebenden Insekten, Spinnentiere und Tausendfüßer.

### Vor 419,2–358,9 Mio. Jahren
### Devon

Die meisten Landmassen liegen nah beisammen und ein riesiger Ozean, den man Panthalassa („All-Meer") nennt, bedeckt den Rest der Erde. Dies ist das Zeitalter der Fische, zu denen auch *Dunkleosteus* gehört, ein gepanzerter Räuber, so groß wie ein heutiger Schwertwal.

### Vor 358,9–298,9 Mio. Jahren
### Karbon

Die ersten baumartigen Pflanzen bilden Wälder. Pflanzen nehmen viel Kohlendioxid aus der Atmosphäre auf, sodass die Erde abkühlt. Der Sauerstoffgehalt der Luft ist nun höher, sodass Insekten sehr groß werden können, wie diese taubengroße Libelle.

### Vor 2,58 Mio. Jahren bis heute
### Quartär

In dieser Periode befinden wir uns heute. Sie ist von mehreren kalten Zeitabschnitten gekennzeichnet, die wir Eiszeiten nennen, denn große Gebiete sind mit Eis bedeckt. Wollhaarmammuts und Nashörner leben im kalten Klima.

### Das Anthropozän

Menschen haben einen sehr großen Einfluss auf den Planeten Erde. Die Spuren unserer Aktivitäten, beispielsweise den Plastikmüll, findet man überall, vom Grund der Tiefsee bis in die Polargebiete. Geologinnen und Geologen sind der Meinung, dass die modernen Menschen das Klima und die Umwelt so stark verändert haben, dass wir in einem neuen Zeitalter angekommen sind, das Anthropozän genannt wird, das „Zeitalter des Menschen".

PLASTIKMÜLL

## Pangäa

Der Superkontinent Pangäa hat sich gebildet und ist vom riesigen Ozean Panthalassa umgeben. Hohe Gebirge werden bei der Kollision der tektonischen Platten aufgefaltet.

**Vor 300 Mio. Jahren**

## Laurasia

Die Kontinente beginnen sich allmählich zu einem Superkontinent zu vereinigen, der Pangäa („All-Erde“) genannt wird. Laurentia und Baltica bilden gemeinsam den Großkontinent Laurasia. Gondwana und Laurasia bewegen sich nun aufeinander zu.

**Vor 360 Mio. Jahren**

## Schrumpfende Ozeane

In der Nähe des Äquators bewegen sich die Kontinente Laurentia und Baltica aufeinander zu, während der Iapetus-Ozean zwischen ihnen schrumpft.

**Vor 420 Mio. Jahren**

## Gondwana

Der Großkontinent Gondwana und mehrere kleine Kontinente sind entstanden. Sie liegen zum größten Teil auf der Südhalbkugel. Die Nordhalbkugel ist fast vollständig mit Ozean bedeckt.

**Vor 500 Mio. Jahren**

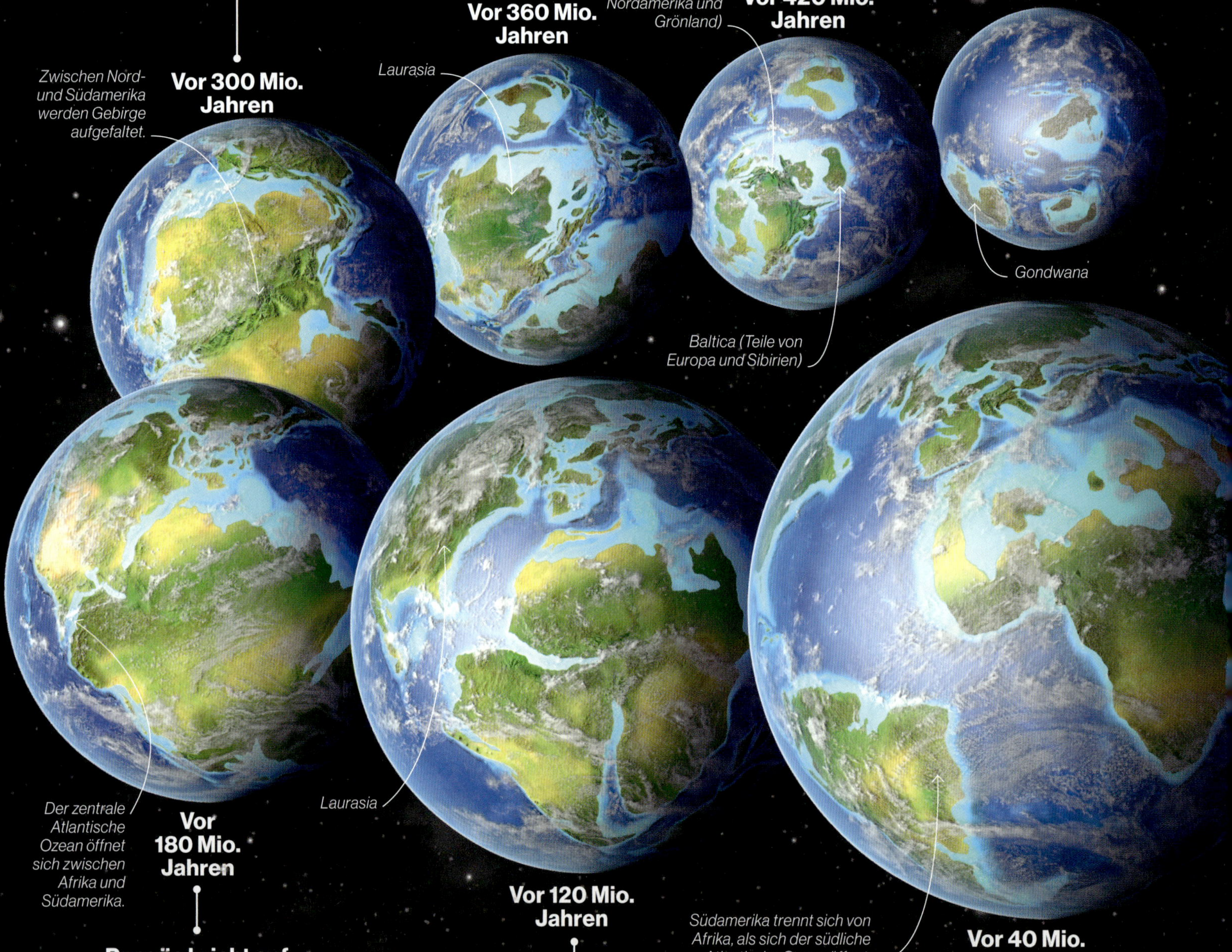


**Vor 180 Mio. Jahren**

## Pangäa bricht auf

Heißes Magma (geschmolzenes Gestein), das vom Erdinneren aufsteigt, bewirkt, dass Pangäa in mehrere kleinere Landmassen zerbricht.

**Vor 120 Mio. Jahren**

## Der Atlantische Ozean

Pangäa zerbricht weiter, aber Nordamerika und Europa sind noch immer miteinander verbunden und bilden die Landmasse Laurasia. Der südliche Atlantische Ozean öffnet sich, Indien und Madagaskar trennen sich und Indien bewegt sich nordwärts auf Asien zu.

**Vor 40 Mio. Jahren**

## Europa entsteht

Die Kontinente sehen nun bereits ähnlich aus wie heute. Afrika bewegt sich nordwärts und drückt gegen Europa, sodass die Alpen aufgefaltet werden. Der Nordatlantik öffnet sich und trennt Europa von Nordamerika.

# Kontinente in Bewegung

Die harte Erdkruste, die Lithosphäre genannt wird, ist in mehr als ein Dutzend tektonische Platten zerbrochen, die auf dem heißen, zähplastischen Gestein des Erdmantels driften. Die verschiedenen Platten bewegen sich aufeinander zu oder aneinander vorbei, aber nur etwa so langsam, wie ein Fingernagel wächst. Im Lauf der Jahrmillionen verändert sich deshalb die Lage der Kontinente.

**Heute**

**Die Erde sieht vertrauter aus**

Die sieben Kontinente sehen nun bereits so aus, wie wir sie kennen. Auch Australien ist an seine heutige Lage gedriftet. Indien stößt mit Eurasien zusammen und dabei faltet sich der Himalaja auf. Das Mittelmeer trennt Afrika von Eurasien. Die Kontinente bewegen sich noch immer und die Erde wird sich auch in Zukunft weiterhin verändern.

## Tektonische Platten

Die Erdkruste besteht aus sieben großen und acht kleineren Platten, die zusammenpassen wie die Teile eines riesigen, kugelförmigen Puzzles. An den Rändern der Platten, die man Plattengrenzen nennt, kommt es zu Erdbeben und Vulkanausbrüchen, weil die tektonischen Platten ständig über die Erdoberfläche driften und an einigen Plattengrenzen zusammenstoßen. Der heiße, zähplastische Mantel der Erde ist in ständiger Bewegung und trägt die Platten mit sich.

**DER NES-CANYON ZWISCHEN DER EURASISCHEN UND DER AMERIKANISCHEN PLATTE**

## Pazifischer Ozean

Auf der gegenüberliegenden Seite von Afrika befindet sich der Pazifische Ozean, der fast 30 % der Erdoberfläche bedeckt. Er begann sich vor 190 Millionen Jahren zu bilden, als Lava, die aus dem Erdinneren aufstieg, die Kruste aufriss. Heute schrumpft der Pazifische Ozean jedes Jahr ein kleines Stück, denn die tektonische Platte, auf der er sich befindet, sinkt unter andere Platten ab und wird aufgeschmolzen.

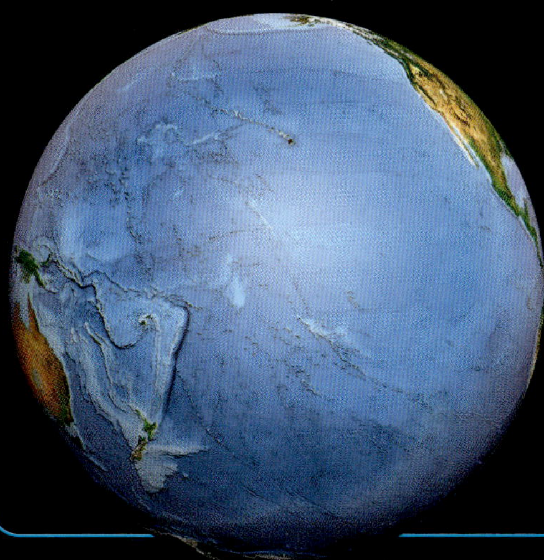

## Fossilien

Versteinerte Schalen urzeitlicher Meerestiere wie diese Ammonitenschalen findet man hoch im Himalaja. Die Fossilien bildeten sich einst am Grund des Tethysmeers, das vor 70 Mio. Jahren zwischen Indien und Asien lag.

### Vor etwa 180 Mio. Jahren

## Indien bricht ab

Der urzeitliche Superkontinent Pangäa zerbricht in kleinere tektonische Platten, die sich allmählich bewegen, angetrieben von heißen, zähplastischen Gesteinen im Inneren der Erde. Vor etwa 130 Mio. Jahren bricht Indien vom heutigen Afrika ab und driftet nordwärts.

### Vor etwa 70 Mio. Jahren

## Indien bewegt sich

Indien bewegt sich mit einer Geschwindigkeit von etwa 9 cm pro Jahr auf Eurasien zu, den größten damaligen Kontinent. Dazwischen liegt das urzeitliche Tethysmeer. Der Meeresgrund gehört zu derselben tektonischen Platte wie Indien, ist aber dünner als das Festland.

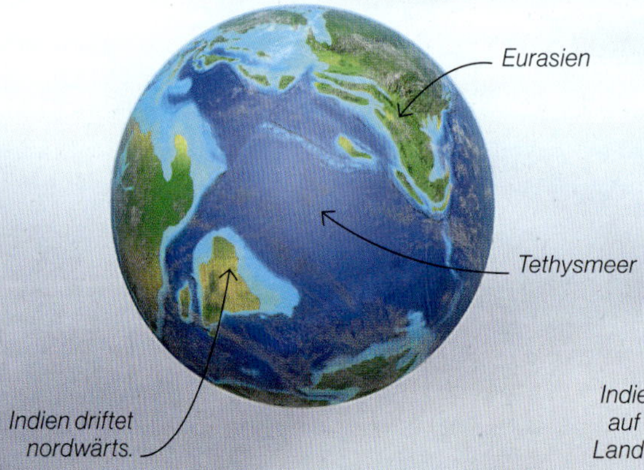


### Vor etwa 45 Mio. Jahren

## Das Meer schrumpft

Das Tethysmeer schrumpft seit Jahrmillionen, denn die Platten, auf denen Indien und Eurasien liegen, bewegen sich aufeinander zu. Als Indien sich Eurasien nähert, driftet es langsamer.

# Der Himalaja

Der Himalaja ist der höchste Gebirgszug der Erde. Er erstreckt sich 2700 Kilometer weit durch Indien, Nepal, Bhutan, Pakistan und China. Zehn der höchsten Berge der Erde befinden sich hier, unter ihnen der berühmte Mount Everest, der 8848 Meter hoch aufragt. Sein Gipfel war einst Meeresgrund, aber weil sich die tektonischen Platten bewegen und zusammenstoßen, wurde dieser Gebirgszug aufgefaltet. Noch heute wächst er weiter in die Höhe.

**Vor etwa 40 Mio. Jahren**

### Subduktion

Der Boden des Tethysmeers wird unter die Eurasische Platte gezogen. Diesen Prozess, der Erdbeben und Vulkanausbrüche verursacht, nennt man Subduktion. Die Eurasische Platte hebt sich, sodass ein Gebirgszug aufgefaltet wird.

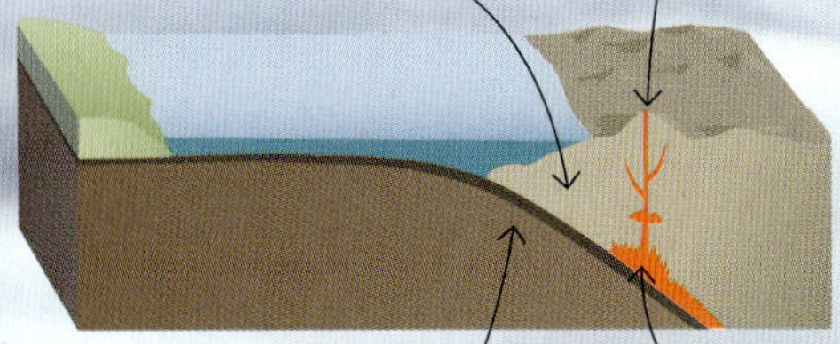


**Vor etwa 30 Mio. Jahren**

### Die Kontinente kollidieren

Indien stößt mit Eurasien zusammen und die Subduktion verlangsamt sich. Das Tethysmeer verschwindet, aber Sedimente vom Meeresgrund häufen sich zu einem Akkretionskeil an, der schließlich den Himalaja bildet. Weil die kontinentale Kruste dicker wird, gelangt keine Gesteinsschmelze mehr an die Oberfläche und es brechen keine Vulkane mehr aus.

**Heute**

### Der Himalaja

Der Akkretionskeil bildet schließlich den Himalaja. Die Indische Platte bewegt sich noch immer etwa 4 cm pro Jahr nordwärts und der Himalaja hebt sich jedes Jahr um etwa 1 cm. Er ist heute der höchste Gebirgszug der Erde.

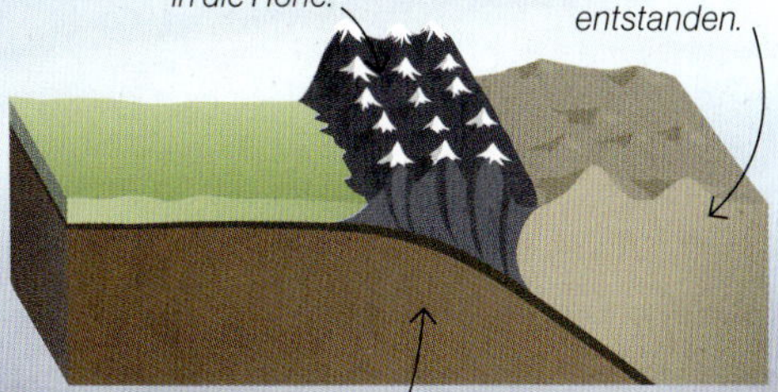

## Schlafender Vulkan

Der Krakatau, eine 9 km lange Vulkaninsel, ragt 800 m über den Meeresspiegel auf. Für die Menschen, die an der indonesischen Sundastraße leben, ist er ein vertrauter Anblick. Mittlerweile schläft der Vukan seit mehr als 200 Jahren und die Menschen rechnen nicht damit, dass er wieder ausbricht.

**Vor 1883**

**Mai–August 1883**

## Der Ausbruch beginnt

Der Krakatau erwacht zum Leben. Asche und Dampf steigen 11 km hoch in die Luft auf. In der 160 km entfernten Stadt Batavia (heute Jakarta) spürt man die Erschütterungen. Ende Mai werden die Beben seltener, aber es kommt noch zu kleineren Ausbrüchen, bei denen man Bimssteine auf dem Ozean schwimmen sieht.

**26. August 1883**

## Der Krakatau wütet

Der Vulkan wird aktiver. Am frühen Nachmittag kommt es zur ersten Serie heftiger Ausbrüche. Eine Säule aus schwarzem Rauch und Schlacke steigt in den Himmel auf und das Meer wird unruhig. Während der ganzen Nacht kommt es zu Ausbrüchen. Es stürmt und die Wellen sind hoch.

**27. August 1883**

## Gigantische Explosion

Der größte Ausbruch findet um 10 Uhr vormittags statt. Der Vulkan schleudert mit der Sprengkraft von 200 Megatonnen Gesteinsbrocken in die Atmosphäre. Eine schwarze Wolke aus Rauch und Schlacke steigt 80 km hoch auf und schirmt das Sonnenlicht ab, sodass es in der Region drei Tage lang dunkel ist.

**27. August 1883**

## Tsunamis

Die Explosion führt dazu, dass Teile des Vulkans einbrechen, was eine Serie verheerender Tsunamis (mächtige Wellen) mit bis zu 37 m Höhe auslöst. Sie löschen Städte und Dörfer auf den weit entfernten Inseln Java und Sumatra aus und mehr als 36 000 Menschen sterben.

**28.–29. August 1883**

## Zerstörte Insel

Nun kehrt wieder Ruhe auf der Insel ein. Aber als der folgende Tag anbricht, sieht der Krakatau völlig anders aus. Zwei Drittel der Insel sind unter den Meeresspiegel abgesunken und in etwa 300 m Tiefe hat sich eine Caldera gebildet, ein kesselförmiges Loch.

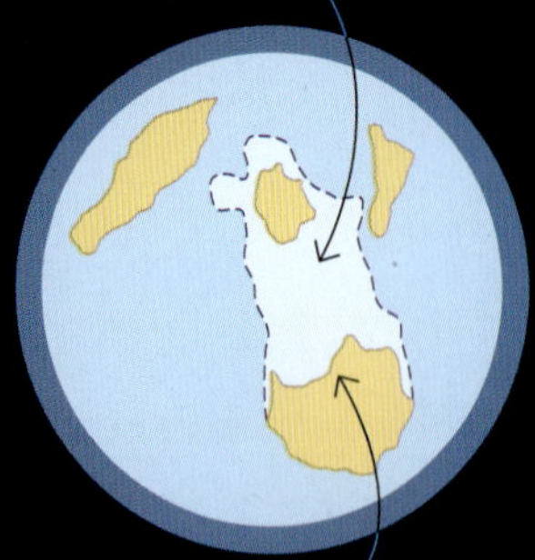

# Die Geschichte des Krakatau

Wo Platten der Erdkruste zusammenstoßen, entstehen oft Ketten sehr aktiver Vulkane. Der Krakatau ist einer der berühmtesten. Er befindet sich auf einer indonesischen Insel, die zum 40 000 Kilometer langen Pazifischen Feuerring gehört. 1883 brach der Krakatau mit der Gewalt von mehreren Atombomben aus. Man hörte den Ausbruch sogar noch im 3100 Kilometer entfernten Australien. Er war eines der lautesten Ereignisse in der Geschichte der Menschheit.

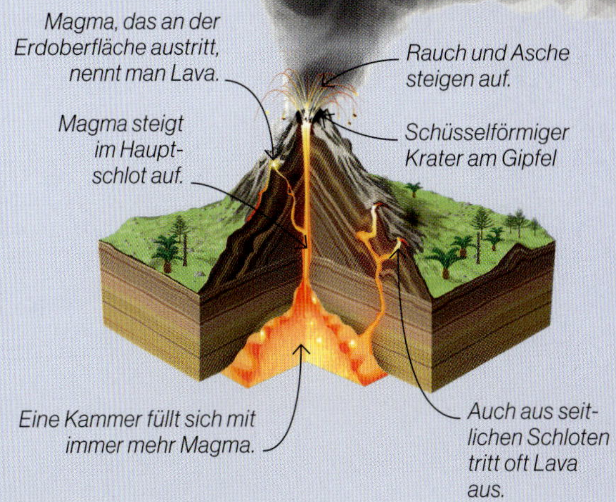


### Was ist ein Vulkan?

Vulkane sind Öffnungen in der Erdkruste, aus denen Magma (heiße Gesteinsschmelze) und Gase austreten. Vulkane wie der Krakatau haben steile Hänge aus verfestigter Lava und Asche. Ausbrüche sind heftig, denn erstarrte Lava blockiert zunächst die Öffnung, sodass sich ein Druck aufbaut.

**September 1883**

### Rote Sonnenuntergänge

In den Wochen nach dem Ausbruch werden Staub und Gase hoch in die Atmosphäre gewirbelt und verteilen sich über die ganze Erde. Sie filtern einen Teil des Sonnenlichts heraus, sodass die Temperaturen auf der ganzen Erde um 1,2 °C sinken. Noch mehrere Jahre lang kann man auf der ganzen Welt spektakuläre Sonnenuntergänge bestaunen.

**1883–1884**

### Blauer Mond

Noch mehr als ein Jahr nach dem Ausbruch sieht der Mond blau oder grün aus. Gase, die in die Atmosphäre gelangt sind, bilden Teilchen, die breiter als die Wellenlänge roten Lichts sind. Sie absorbieren den roten Anteil des Sonnenlichts, sodass nur blaues (und manchmal grünes) Licht durchdringen kann.

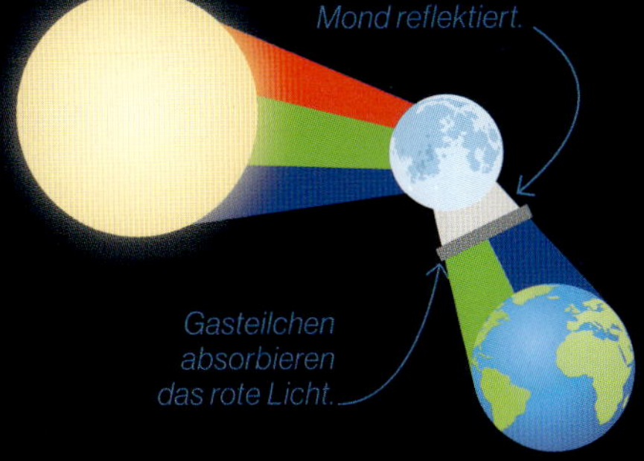


**Nach 1927**

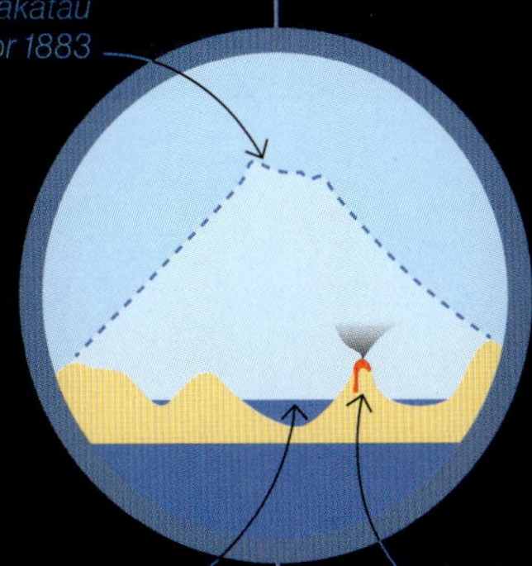


### Kind des Krakatau

Nach dem Ausbruch wächst ein neuer Vulkan in der Caldera. Er erscheint 1927 über dem Meeresspiegel. Anak Krakatau (das Kind des Krakatau), wie er genannt wird, bricht häufig aus und wächst, weil sich immer neue Asche- und Lavaschichten an seinen Hängen ablagern. Ab 1950 wächst der Vulkan jede Woche ungefähr 8 cm in die Höhe.

**2018**

### Der Anak Krakatau kollabiert

Die Hänge des Anak Krakatau stürzen plötzlich ins Meer. Riesige Wellen töten 437 Menschen. Weil der Vulkan immer wieder ausbricht, besteht die Gefahr, dass er eines Tages wie der Krakatau kollabiert.

# Der Grand Canyon

Im Lauf vieler Jahrmillionen grub sich der Fluss Colorado in die Landschaften der USA ein und trug viele Sedimentschichten wie Sandstein, Kalkstein und Schiefer ab. Der Grand Canyon entstand. Heute ist diese gewaltige Gesteinsformation in Arizona (USA) 446 Kilometer lang und führt an manchen Stellen 1,8 Kilometer in die Tiefe. In den Schichten sind die Fossilien urzeitlicher Lebewesen erhalten geblieben.

**Vor etwa 1,7 Mrd. Jahren**

### Vishnu-Gebirge

Lange bevor es an Land Lebewesen gibt, befindet sich das Vishnu-Gebirge dort, wo heute der Grand Canyon ist. Es ist höher als der Himalaja, aber im Lauf von Jahrmillionen wird der urzeitliche Gebirgszug abgetragen. Seine Überreste bilden die untere Gesteinsschicht des Grand Canyon.

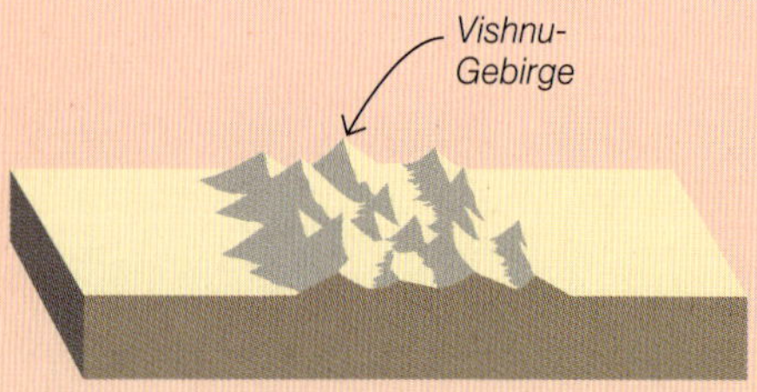


**Vor etwa 1,25 Mrd.–230 Mio. Jahren**

### Gesteinsschichten

Ozean bedeckt die Überreste des Vishnu-Gebirges. Im Lauf vieler Millionen Jahre lagern sich im Meer verschiedene Sedimentschichten ab. Sie verfestigen sich zu Schichten aus Sandstein, Kalksteinen und Schiefer. In den Gesteinen sind Fossilien der Lebewesen erhalten, die in den urzeitlichen Meeren lebten.

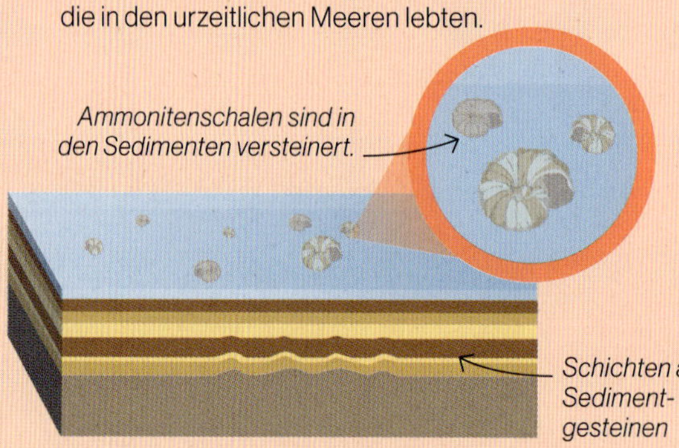


**Vor etwa 80–60 Mio. Jahren**

### Das Land hebt sich

Das westliche Nordamerika hebt sich, weil die tektonische Platte, die den Grund des Pazifischen Ozeans bildet, mit der Nordamerikanischen Platte kollidiert. Das riesige Colorado-Plateau (eine hohe, weite Ebene) entsteht, in dessen Nordosten sich die Rocky Mountains erheben.

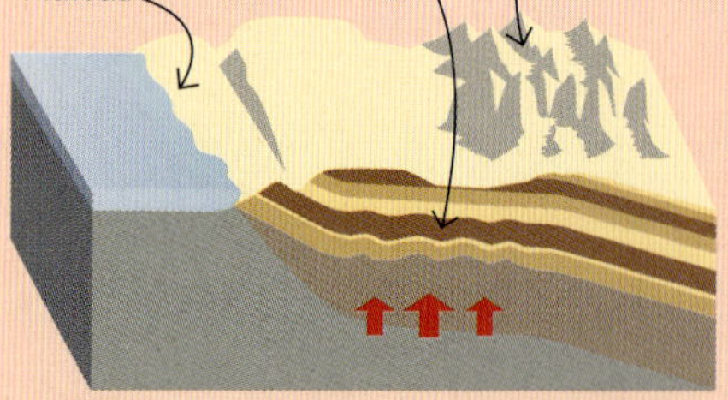

## Sedimentgestein

Etwa 80 % der Gesteine der Erde sind Sedimentgesteine. Im Lauf der Jahrmillionen bilden sich viele Schichten. Wasser, Eis oder Wind transportieren Sedimente herbei, die sich allmählich ablagern und später zu Gestein verdichtet werden.

*Sedimente lagern sich am Meeresgrund ab.*

*Das Gestein wurde verdichtet und bildete Schichten.*

**Vor etwa 6 Mio. Jahren**

### Ein neuer Fluss

Der Fluss Colorado entsteht, weil in den Rocky Mountains Gletscher abschmelzen. Da er in großer Höhe entspringt und das Wasser steil hangabwärts fließt, werden die Schichten aus weichen Sedimentgesteinen mit enormer Kraft abgetragen. Zunächst bildet sich ein kleines Flusstal.

*Der Colorado fließt schnell die steilen Hänge hinab und trägt das Land ab.*

**Heute**

### Der Canyon wächst

Der Colorado hat sich seinen Weg durch die Überreste des Vishnu-Gebirges gebahnt und ein Canyon ist entstanden. Er wird noch immer breiter, da der Regen und im Winter auch Eisschollen das Gestein abtragen. Weil Schichten aus harten und weichen Gesteinen unterschiedlich schnell abgetragen werden, sehen die Hänge aus wie Treppenstufen.

*Weil die Schichten unterschiedlich schnell erodiert sind, entstanden Stufen.*

**In Zukunft**

### Der Fluss versiegt

Wegen des Klimawandels, intensiver Landwirtschaft und weil Dämme gebaut wurden, führt der Colorado immer weniger Wasser. Setzt sich dieser Trend fort, wird der Fluss in der Zukunft ganz versiegen. Wenn das passiert, kommt die Erosion zum Stillstand.

*Wenn die Temperaturen ansteigen, wird der Colorado versiegen.*

# Der Giant's Causeway

In der nordirischen Grafschaft Antrim ragen entlang der Küste etwa 40 000 Steinsäulen auf. Diese 6 Kilometer lange Formation heißt „Giant's Causeway" („Damm des Riesen"). Nach einer irischen Legende hat ihn ein Riese namens Finn McCool erbaut. In Wirklichkeit handelt es sich um die Überreste eines gewaltigen Lavaaustritts vor Jahrmillionen. Die unterschiedlich hohen Säulen bestehen aus Basalt, einem Gestein, das sich bildet, wenn Lava abkühlt. Das harte Gestein wurde allmählich abgetragen, sodass die Stufen entstanden.

**Vor etwa 85 Mio. Jahren**

**Plattenbewegung**

Weil die tektonischen Platten auseinanderdriften, zerbricht der urzeitliche Kontinent Laurentia. Grönland trennt sich von Europa und zwischen ihnen öffnet sich ein neuer Ozean, der Atlantik.

**Vor etwa 60 Mio. Jahren**

**Lavaströme**

Während die Erdkruste (die oberste Gesteinsschicht der Erde) gedehnt und deshalb dünner wird, tritt Magma (Gesteinsschmelze) an der Oberfläche aus. In der Umgebung von Nordirland brechen gewaltige Vulkane aus und aus langen Rissen in der Kruste strömt die Lava über weite Strecken.

## Eine irische Legende

Der Name „Giant's Causeway" kommt aus der irischen Mythologie. Der Legende nach bildeten die Säulen einst einen Damm von Irland nach Schottland. Zwei Riesen, Finn McCool und Benandonner, gerieten in Streit. Um zu seinem Gegner über die Irische See nach Schottland zu gelangen, baute Finn McCool den Damm aus Steinen, die er an der Küste fand. Das andere Ende des Damms befindet sich auf der Insel Staffa, so erzählt man sich, denn auch dort gibt es beeindruckende Basaltsäulen.

FINGAL'S CAVE AUF DER INSEL STAFFA

**Vor etwa 60 Mio. Jahren**

*Die Risse in der Lava werden tiefer und schließlich bilden sich Steinsäulen.*

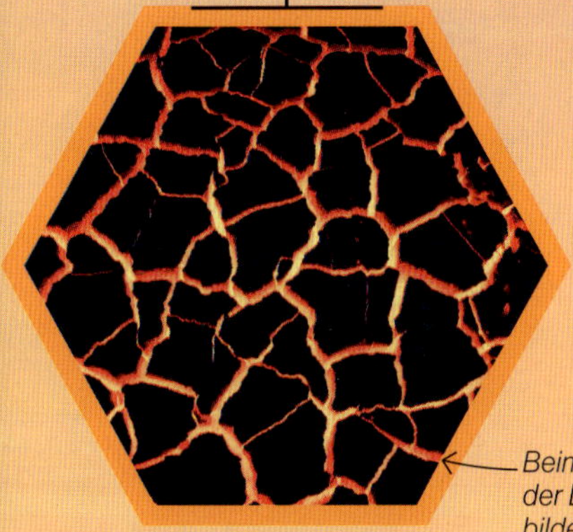

*Beim Abkühlen der Lava bilden sich Risse.*

## Abkühlung

Bei einem der Vulkanausbrüche entsteht ein 90 m tiefer Lavasee. Die Lava ist 1100 °C heiß, als sie herausströmt, aber sie kühlt rasch ab. Die Oberfläche verfestigt sich zuerst.

**Vor etwa 60 Mio. Jahren**

*Die meisten Säulen haben sechs Seiten, andere mehr oder weniger.*

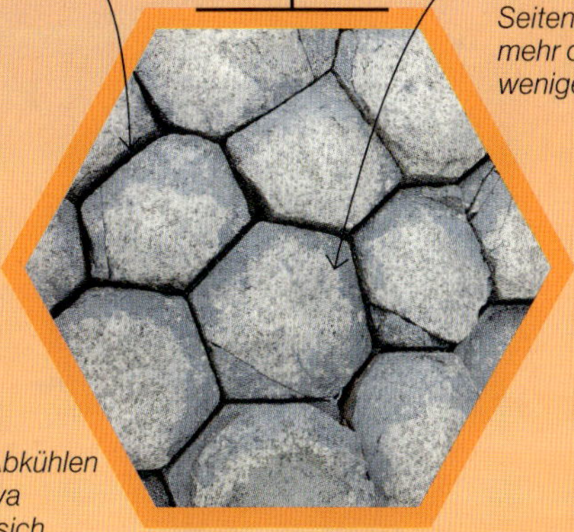

## Verfestigung

Die Lava kühlt auf 840 bis 890 °C ab und zieht sich dabei zusammen, sodass Risse entstehen. Während das Gestein hart wird, werden die Risse tiefer, sodass sich 40 000 Basaltsäulen mit je drei bis sieben Seiten bilden.

**Vor etwa 54 Mio. Jahren bis heute**

## Erosion

Im Lauf der Zeit werden die Säulen allmählich von Wind, Regen, Eis und anderen natürlichen Prozessen abgetragen. Weil einige schneller erodiert werden, sind sie unterschiedlich hoch.

**Heute**

## Wissenschaft und Tourismus

Die Wissenschaft untersucht das Gebiet, um mehr über die Entstehung der geologischen Strukturen herauszufinden. Außerdem besuchen jedes Jahr fast 1 Million Reisende den Giant's Causeway, um diesen einzigartigen Ort mit eigenen Augen zu sehen.

### Das älteste Gestein

Die uralten Vulkangesteine des Nuvvuagittuq-Grünsteingürtels in der Hudson Bay (Kanada) gehören zu den ältesten Gesteinen der Erde. Ihr genaues Alter ist noch umstritten, aber sie waren Teil der ersten Erdkruste. Sie bildeten sich vermutlich, als die Erde so weit abgekühlt war, dass ihre Oberfläche aushärten konnte.

**Vor etwa 4,4 Mrd. Jahren**

### Kristalle

Das älteste Mineral, das wir kennen, ist ein Zirkon, den man in den Jack Hills im australischen Bundesstaat Western Australia findet. Die Kristalle bildeten sich wenige Hundertmillionen Jahre nach der Entstehung der Erde vor 4,6 Milliarden Jahren.

**Vor etwa 4,375 Mrd. Jahren**

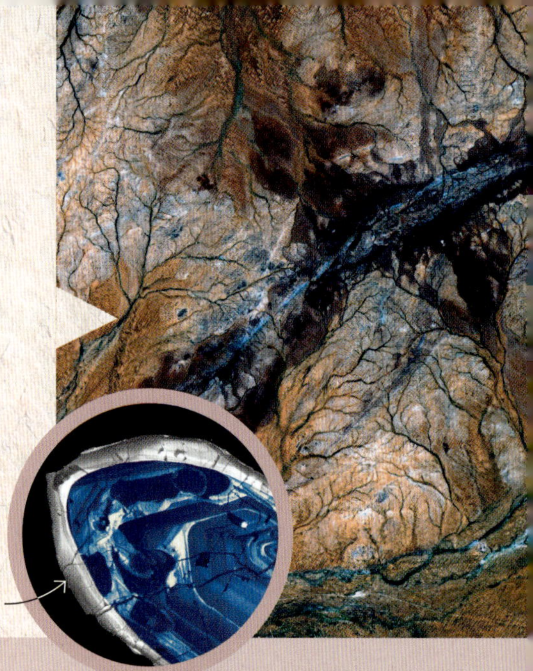

*Einer der etwa 200 000 Zirkone aus den Jack Hills*

# Spannende Orte

Hast du schon einmal mit eigenen Augen gesehen, wie glühend heiße Lava aus einem Vulkan strömt, oder bist du schon mal an der Grenze zwischen zwei tektonischen Platten gestanden? Weißt du, wo man sehr gut erhaltene Fossilien finden kann, oder wo Milliarden Jahre alte Gesteine und Mineralien verborgen sind? Komm mit, wir erkunden einige der aufregendsten und berühmtesten geologischen Formationen der Erde wie uralte Gesteine, heiße Quellen und Vulkane.

### Stein-Recycling

Auf der Erde werden die Gesteine immer wieder verwertet. Wenn geschmolzenes Magma abkühlt, bilden sich magmatische Gesteine wie Basalt. Im Lauf der Zeit wird dieses Gestein abgetragen und bildet weichere Sedimentgesteine wie Kalk- und Sandstein. Diese wandeln sich tief in der Erdkruste bei großer Hitze und enormem Druck in metamorphe Gesteine um. Wenn sich die Bedingungen ändern, schmelzen die metamorphen Gesteine und werden wieder zu magmatischen Gesteinen.

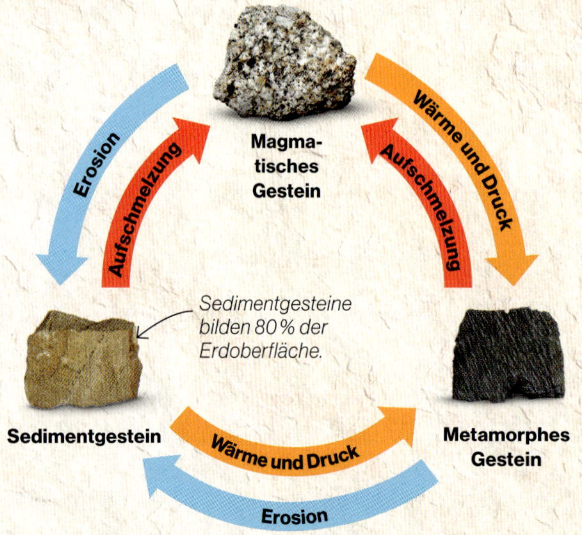


*Sedimentgesteine bilden 80 % der Erdoberfläche.*

### Supervulkan

Vor etwa 2,1 Mio. Jahren brach in Wyoming (USA) ein Supervulkan aus und bedeckte das gesamte westliche Nordamerika mit Asche. Noch heute ist der Vulkan aktiv. Er befindet sich im Yellowstone-Nationalpark, in dem es geologische Besonderheiten wie Seen aus kochend heißem Schlamm, Geysire und heiße Quellen gibt. Bakterien, die im mineralreichen Wasser leben, verleihen der hier abgebildeten Quelle „Grand Prismatic Spring" ihre leuchtenden Farben.

**Vor etwa 2,1 Mio. Jahren**

## Uralter Berg

Mit 2810 m Höhe ist der Roraima der höchste Berg der südamerikanischen Pakaraima-Berge. Er liegt an der Grenze von Brasilien, Guyana und Venezuela und ist ein Tepui oder Tafelberg mit einem flachen Gipfel. Der rosafarbene, quarzhaltige Sandstein gehört zu den ältesten geologischen Formationen der Erde.

*Quarzkristalle*

**Vor etwa 2 Mrd. Jahren**

## Steinerne Wälder

In Chinas südlichen Provinzen Guizhou, Guangxi und Yunnan sowie im Gebiet von Chongqing ragen riesige Kalksteinformationen in den Ebenen auf. Die Karstlandschaft entstand, weil der Kalkstein von leicht saurem Regenwasser aufgelöst wurde. Es bildeten sich ausgedehnte Höhlensysteme, Schluchten und kegelförmige Strukturen.

**Vor etwa 270 Mio. Jahren**

## Berühmte Fossilien

In Deutschland baut man in der Umgebung der bayrischen Stadt Solnhofen Kalkstein ab, der viele erstaunliche Fossilien enthält. In der Urzeit trockneten hier Meereslagunen aus und der Schlamm am Grund versteinerte. Im Gestein sind die Überreste von Hunderten Tierarten erhalten, darunter Quallen, Libellen und der hier abgebildete berühmte *Archaeopteryx*, ein gefiederter Dinosaurier.

**Vor etwa 155 Mio. Jahren**

## Plattengrenze

Gewaltige Gesteinsplatten driften über die Erdoberfläche, stoßen zusammen oder zerbrechen. Island befindet sich auf der Grenze zwischen zwei Platten: der Nordamerikanischen und der Eurasischen Platte. Die Plattengrenze, der Mittelatlantische Rücken, ist auf Island an Land sichtbar.

**Vor etwa 33 Mio. Jahren**

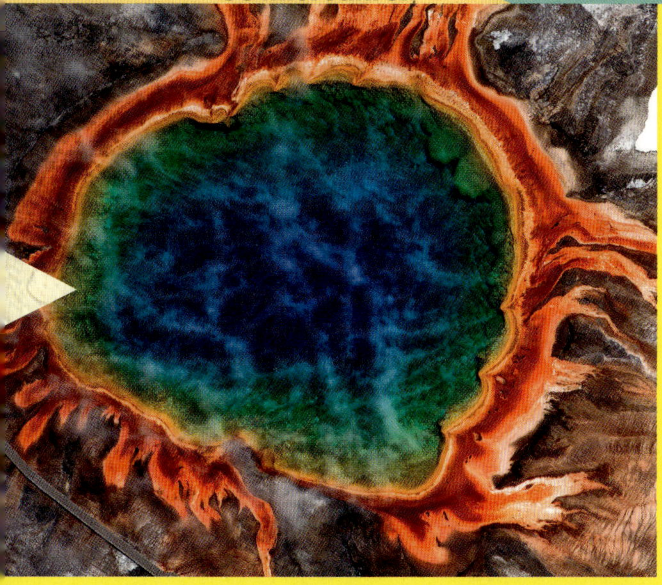

## Vulkaninseln

Auf den Hawaii-Inseln im Pazifischen Ozean kann man die Kräfte unseres Planeten in Aktion sehen. Hier tritt jeden Tag heißes Magma aus den Tiefen der Erdkruste aus. Es kühlt allmählich ab und härtet zu dem dunklen vulkanischen Gestein Basalt aus.

**Heute**

### Afrika driftet nordwärts

Die Kontinente liegen auf tektonischen Platten, die langsam über die Erdkruste driften. Die Platte, auf der sich Afrika befindet, bewegt sich nordwärts, sodass sich der nördliche Teil des Kontinents aus der feuchten Äquatorregion in trockenere Regionen bewegt. Das Meer zwischen Afrika und Eurasien schrumpft. Weil weniger Meerwasser verdunstet, regnet es auch weniger.

**Vor etwa 40 Mio. Jahren**

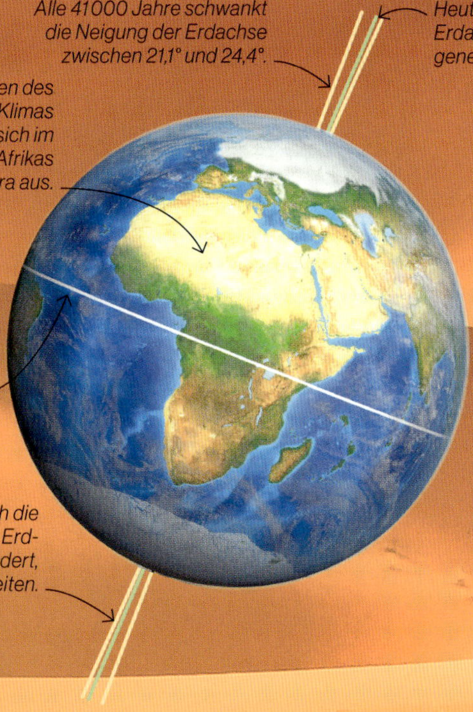


### Während der Eiszeiten

Da sich die Neigung der Erdachse verändert, ändert sich das Klima. Eine Eiszeit beginnt. Die Eisschilde an den Polen dehnen sich aus und die Luft enthält weniger Wasserdampf, sodass es trockener wird. Eine riesige Wüste erstreckt sich in Nordafrika. Sie ist sogar größer und trockener als die heutige Sahara.

**Vor etwa 21 000 Jahren**

# Die Sahara

Die unendlich scheinende Wüstenlandschaft aus goldgelbem Sand, in der nur hoch spezialisierte Pflanzen und Tiere leben können, ist die größte der heißen Wüsten. Wüsten sind trockene Gegenden und man kann sich nur schwer vorstellen, dass dieses Gebiet einst grün war. Heute breitet sich die Sahara immer weiter aus. Man nennt diesen Prozess Desertifikation.

## Afrikas Grüne Mauer

Um zu verhindern, dass sich die Sahara in den Süden ausbreitet, pflanzen Menschen in der Sahelzone ein 8000 km langes Band aus Bäumen. Man nennt diese Initiative „Afrikas grüne Mauer im Sahel“. Das unfruchtbare Land soll sich erholen und die Desertifikation soll aufgehalten werden. Außerdem schafft das Projekt Arbeitsmöglichkeiten.

## Grüne Sahara

Die letzte Eiszeit endet und auf der ganzen Erde wird es wärmer und feuchter. In Afrika herrscht nun ein Monsunklima und in der Sahara fällt im Sommer viel Regen. Die Wüste wird grün. Es gibt Flüsse, Seen, Grasländer und Wälder, in denen Giraffen, Flusspferde und Nashörner leben. Auch viele Menschen besiedeln die Region.

**Vor etwa 11000–5000 Jahren**

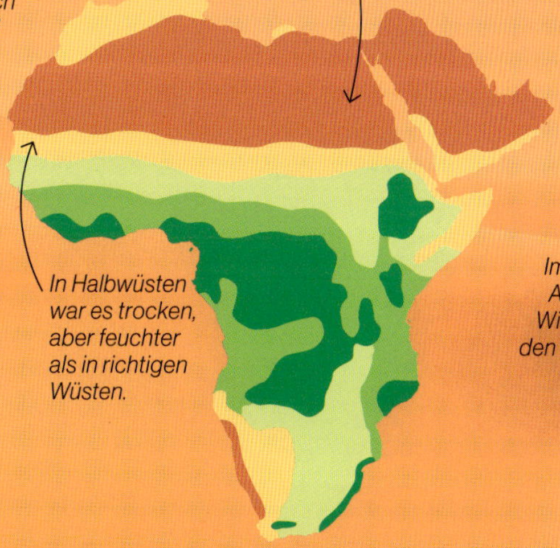


## Es wird trocken

Die Sommer auf der Nordhalbkugel sind jetzt kühler, weil sich die Umlaufbahn der Erde um die Sonne verändert hat. Der afrikanische Monsun wird deshalb schwächer und die Sahara trocknet aus. Seen und Flüsse verschwinden und die Menschen verlassen die Wüste.

**Vor etwa 5000–2500 Jahren**

**Legende**

- Tropischer Regenwald
- Buschland
- Savanne
- Halbwüste
- Extreme Wüste

## Die Wüste breitet sich aus

Heute breitet sich die Wüste in den Norden und Süden aus. Man nennt diesen Prozess Desertifikation. Der Hauptgrund sind Waldrodungen und zu starke Beweidung des Landes. Wenn die Pflanzen verschwinden, trocknet das Land aus und der Wind weht den Boden weg. Wegen der globalen Erwärmung werden die Probleme größer.

**Heute**

## Oasen in der Wüste

In Oasen in der Wüste wachsen Pflanzen. Für Menschen und Tiere sind Oasen lebenswichtige Wasserstellen, und hier werden Nutzpflanzen angebaut. In der Sahara gibt es Oasen dort, wo Jahrtausende altes Grundwasser nahe der Oberfläche ist.

# So entstand das Amazonasbecken

Der südamerikanische Amazonas ist der größte Strom der Erde. In der Regenzeit wird er bis zu 48 Kilometer breit. Er schlängelt sich 6600 Kilometer weit durch den Amazonas-Regenwald bis zum Atlantischen Ozean. Das Gebiet, durch das er fließt, nennt man sein Einzugsgebiet. Es dauerte viele Millionen Jahre, bis es entstand.

**Vor etwa 40–20 Mio. Jahren**

### Ein großer See

Flüsse im nordwestlichen Teil des Kontinents münden in einen Binnensee. Das Seewasser fließt in das Karibische Meer im Norden und in den Pazifischen Ozean im Westen.

**Vor etwa 12 Mio. Jahren**

### Die Anden heben sich

Eine tektonische Platte sinkt unter die Südamerikanische Platte ab. Deshalb erhebt sich der Gebirgszug der Anden. Er blockiert die Flüsse, die von der Westküste Südamerikas ins Meer fließen, sodass sich ein sumpfiger Binnensee bildet.

**Vor etwa 8–7 Mio. Jahren**

### Sedimente

Eine Landbarriere im Osten des sumpfigen Sees bewirkt, dass Regenwasser und Sedimente (Sand und Schlamm) aus dem Norden und Süden ostwärts in mehrere kleine Flüsse fließen. Sie schaffen allmählich das Amazonasbecken.

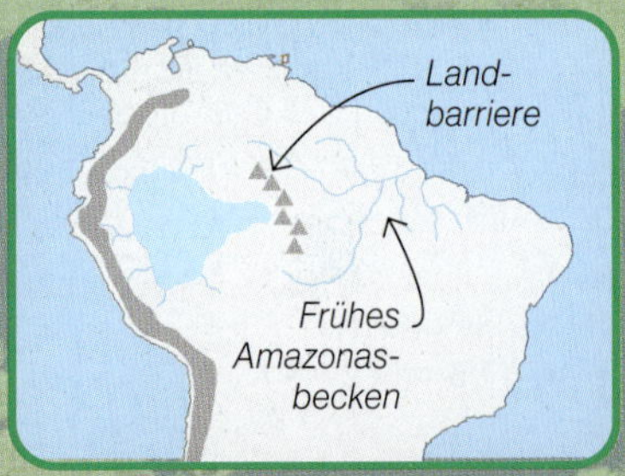

## Altwasser

Wenn eine Flussschleife vom Hauptfluss abgetrennt wird, entsteht ein sogenanntes Altwasser. Das geschieht, weil das Wasser den kürzesten Weg nimmt. Da sich Sedimente in verschiedenen Teilen des Flussbetts ablagern und andere Bereiche erodiert werden, bilden sich solche Gewässer.

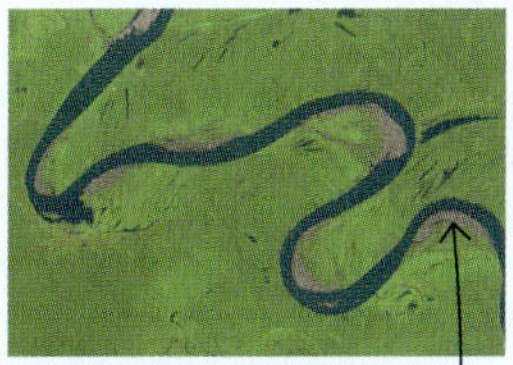

*Außen an der Schleife wird Land abgetragen und innen lagern sich Sedimente ab.*

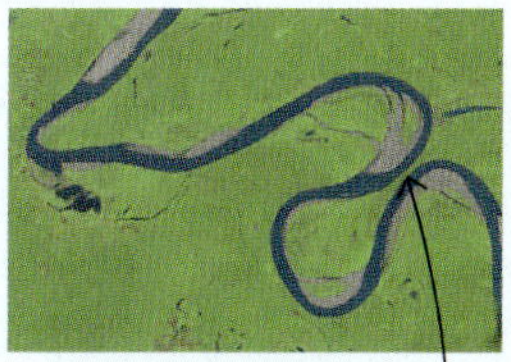

*Die Schleife wird ausgeprägter und das Land dazwischen abgetragen.*

*Die Schleife wird abgetrennt und bildet ein Altwasser.*

**Vor etwa 4–3 Mio. Jahren**

### Ein einziger Wasserkörper

Im Westen lagern sich mehr Sedimente im See ab und der Wasserspiegel steigt. Im Osten tragen die ostwärts fließenden Flüsse schließlich die natürlichen Barrieren zwischen beiden Seiten ab. Nun vereinigen sich die beiden Wasserkörper und das Wasser kann von den Anden bis zum Atlantischen Ozean fließen.

**Vor etwa 25 000–15 000 Jahren**

### Eiszeiten

Teile der Region sind während der Eiszeiten gefroren. Der schlammige Binnensee trocknet aus. Zurück bleiben sich windende Flüsse und Seen. Das Amazonasbecken hat nun eine ähnliche Ausdehnung wie heute.

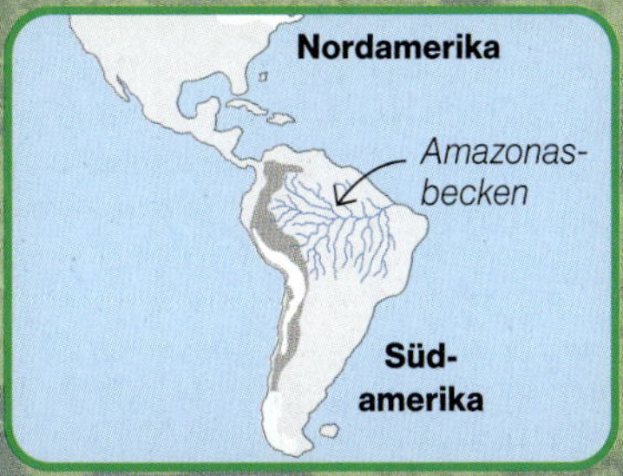


**Heute**

### Der heutige Fluss

Heute bedeckt das Amazonasbecken 35 % der Fläche Südamerikas und gehört zu neun Ländern. Der Fluss entspringt in den Anden und schlängelt sich durch den Kontinent. Viele kleinere Flüsse münden in ihn, bevor er selbst in den Atlantik mündet. Im Amazonasbecken wächst tropischer Regenwald.

## Drachenhöhlen

Manche Höhlen wirken wie Landschaften auf fremden Planeten, aber oft sind sie durch einfache geologische Prozesse entstanden. Die Coves del drac (Drachenhöhlen) an der Küste der zu Spanien gehörenden Insel Mallorca bildeten sich, weil Wasser den Kalkstein auflöste. Wenn es an der Höhlendecke verdunstet, bleiben darin gelöste Mineralien zurück. Im Lauf der Zeit lagern sich Tropfsteine ab, die von der Decke hängen (Stalaktiten). Wo die Wassertropfen am Boden auftreffen, wachsen dagegen Stalagmiten empor.

# Die Victoriafälle

An der Grenze von Simbabwe und Sambia bilden die Victoriafälle (in der Sprache der Ethnie der Kololo „Mosi-oa-Tunya“ – „der donnernde Rauch“) den größten Wasservorhang der Erde. Er ist über 1,7 Kilometer breit, wenn der Fluss Sambesi viel Wasser führt. Die Wasserfälle sind im Lauf vieler Millionen Jahre entstanden und die geologischen Prozesse laufen noch heute ab.

**Vor etwa 180 Mio. Jahren**

### Basalt bildet sich

Der Großkontinent Gondwana beginnt zu zerbrechen. Vulkane brechen aus und flüssige Lava kühlt ab und verfestigt sich zu Basaltgestein. Im Gebiet der Victoriafälle sind die Basaltschichten 300 m dick.

**Vor etwa 110 Mio. Jahren**

### Risse entstehen

Gondwana zerbricht weiter und Vulkane brechen aus. Wenn Basaltgestein abkühlt, entstehen große Risse, die sich allmählich mit weichem Gestein, Sand und Schlamm (Sedimenten) füllen. Bei solchen Rissen entsteht später eine Abfolge von Wasserfällen.

**Vor etwa 15 Mio. Jahren**

### Ein riesiger See

Weil sich die Landschaft hebt, wird der Oberlauf des Sambesi blockiert, der in Richtung Meer fließt. Ein riesiger Binnensee bildet sich im heutigen Zentrum von Botswana.

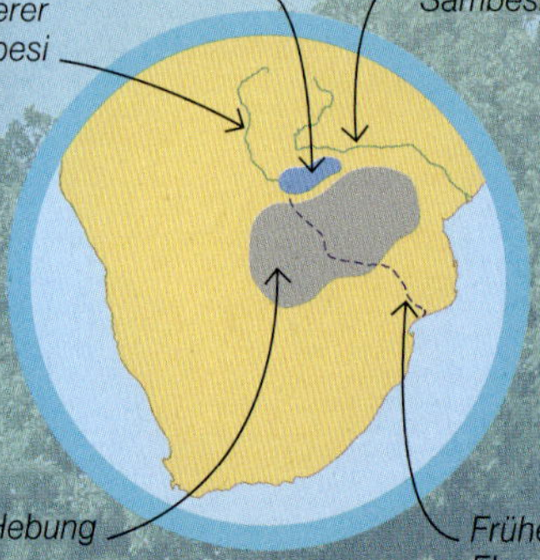


**Vor etwa 5 Mio. Jahren**

### Die ersten Wasserfälle

Das Wasser fließt in den See und wieder heraus, sodass sich der obere und der untere Sambesi verbinden. Der Fluss fließt über das Basaltgestein und trägt die weicheren Sedimente in den Rissen ab, sodass die ersten Victoriafälle entstehen. Sie sind etwa 130 km von den heutigen Fällen entfernt.

## Lebenszyklus eines Wasserfalls

Wasserfälle bilden sich durch Erosion (Abtragung von Gestein), wenn ein Fluss über hartes Gestein fließt, unter dem sich weicheres Gestein befindet. Das strömende Wasser erodiert das weiche Gestein schneller als das harte, sodass allmählich ein Überhang entsteht. Während das Wasser darüberströmt, wird das Gestein weiter abgetragen. Schließlich bricht der Überhang weg und der Wasserfall wandert ein Stück flussaufwärts.

**Das Flussbett wird steiler**
Wenn das Wasser das weiche Gestein unter dem härteren abträgt, wird das Flussbett steiler. Steine, die von der Strömung transportiert werden, tragen zur Erosion bei.

**Ein Überhang entsteht**
Das weiche Gestein wird abgetragen, sodass ein harter Überhang zurückbleibt. Das herabfallende Wasser höhlt das Gestein unterhalb aus. Ein Tosbecken bildet sich.

**Der Überhang bricht weg**
Weil der Überhang nicht mehr von unten gestützt wird, stürzt er schließlich in das Tosbecken. Im Lauf der Zeit bewegt sich der Wasserfall durch diese Prozesse flussaufwärts.

**Vor etwa 5 Mio.–250 000 J.**

### Die Fälle wandern rückwärts

Der Wasserfall schafft eine Schlucht im Basalt und verlagert sich im Lauf der Zeit nach stromaufwärts. Dabei gelangt er schließlich zu einem weiteren Riss. Es bildet sich eine neue Schlucht, in die ein breiter Wasservorhang hinabstürzt: ein neuer Victoriafall. Vor etwa 500 000 bis 250 000 Jahren sind die Fälle 15 km von ihrer heutigen Position entfernt.

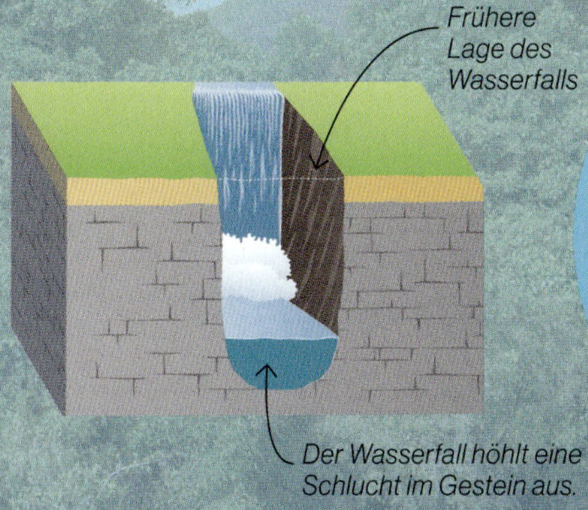


**Vor etwa 100 000 J. bis heute**

### Viele Schluchten

Das Wasser trägt das Gestein jedes Jahr 4 bis 8 cm ab. So entsteht im Lauf der Zeit eine Serie von Schluchten, die im Zickzack verlaufen. Zu jeder Schlucht gehörte einst ein mächtiger Wasserfall. Heute sind die Victoriafälle an ihrer achten Stelle.

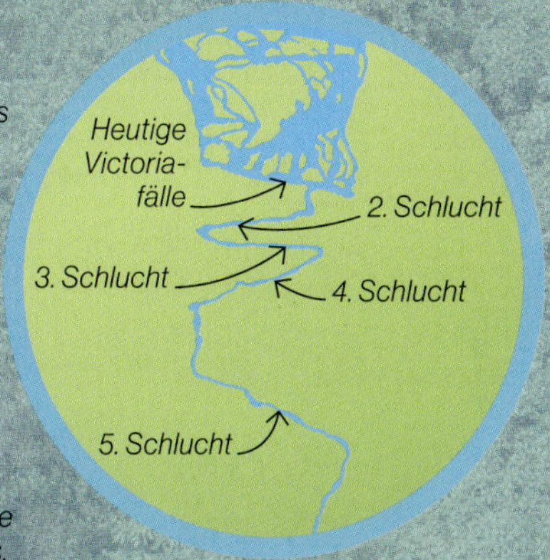


**2019**

### Der Fluss trocknet aus

Weil wegen des Klimawandels die Temperaturen steigen, kommt es in der Region zu einer extremen Dürre. Der Sambesi ist nur noch ein Rinnsal und die Wasserfälle trocknen zum ersten Mal aus. Man befürchtet, dass es solche Trockenperioden in Zukunft häufiger gibt.

**In 10 000 Jahren**

### Die nächsten Fälle

Wenn die Wasserfälle weiterhin mit derselben Geschwindigkeit flussaufwärts wandern, wird der Fluss in etwa 10 000 Jahren eine neue Schlucht ausgehöhlt haben. Die zukünftigen Victoriafälle sind bereits sichtbar. Man nennt die Stelle „Devil's Cataract".

DEVIL'S CATARACT

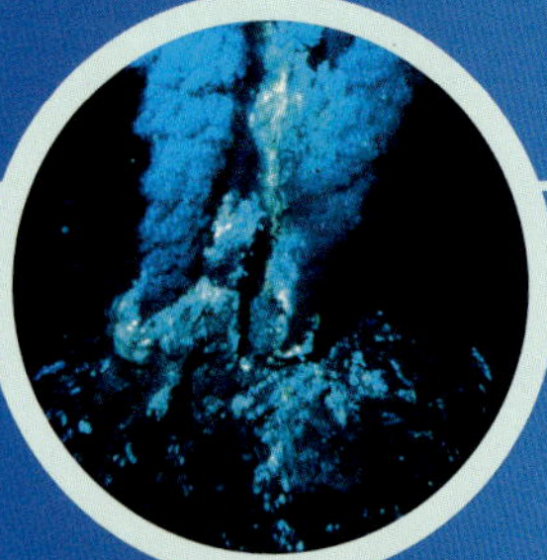

## Ursprung des Lebens

Es herrscht keine Einigkeit darüber, welche Spuren des Lebens auf der Erde die ältesten sind. In Kanada fand man Gesteine mit eisenreichen Mineralien, die sich wahrscheinlich vor 4,28 Mrd. Jahren bildeten. Sie ähneln Strukturen, die heutige Mikroorganismen im Meer bilden.

**Vor 4,28 Mrd. Jahren**

**Vor 3,5 Mrd. Jahren**

## Frühe Bakterien

Stromatolithen entwickeln sich in seichtem Wasser, wo sich Sand- und Schlammschichten ablagern. Sie verbinden diese Schichten miteinander, sodass hügelförmige Gebilde entstehen. Diese sind die ältesten Hinweise auf Leben auf der Erde.

*Stromatolithen bildeten sich in Salzwasserlagunen.*

**Vor 2,2 Mrd. Jahren**

## Komplexe Zellen

Irgendwann entwickelte sich die erste Zelle mit einem Zellkern. Lebewesen, die aus solchen Zellen aufgebaut sind, nennt man Eukaryoten. Pilze, Tiere und Pflanzen gehören z. B. dazu. Das älteste Fossil eines Eukaryoten ist *Diskagma*. Wahrscheinlich handelt es sich um einen Pilz, der in Südafrika an Land wuchs.

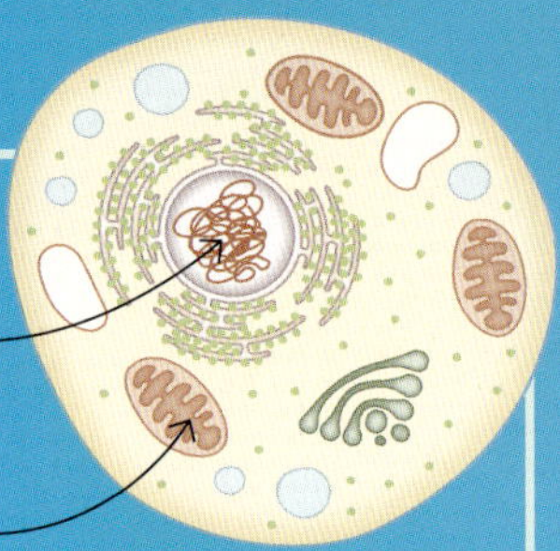

*Zellkern in der Mitte der Zelle*

*Mitochondrien erzeugen Energie für die Zelle.*

**Vor 2,1 Mrd. Jahren**

## Chloroplasten

Die ersten Algen, die Chloroplasten enthalten, entwickeln sich. Pflanzen stellen in ihren Chloroplasten mit der Energie des Sonnenlichts Nährstoffe her. Diesen Prozess nennt man Fotosynthese.

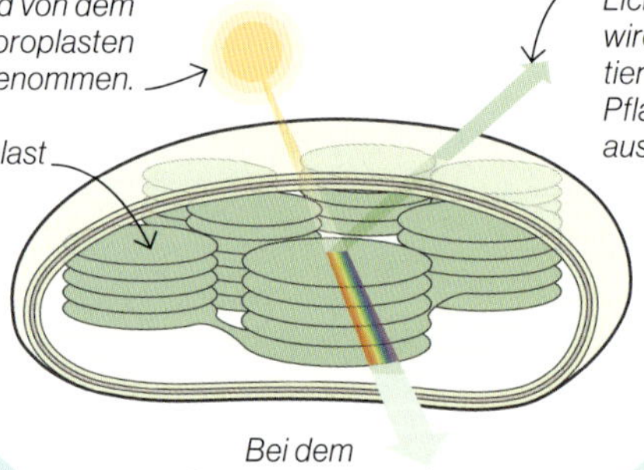

*Sonnenlicht wird von dem Chloroplasten aufgenommen.*

*Der grüne Lichtanteil wird reflektiert, sodass Pflanzen grün aussehen.*

*Chloroplast*

*Bei dem Prozess wird Sauerstoff frei.*

**Vor 1,2 Mrd. Jahren**

## Bakterien an Land

Mikroben aus den Meeren besiedeln das Land. Sie bilden den Sauerstoff, ein Mineral, das Schwefel freisetzt, und Molybdän. Weil das Meerwasser nun mehr Schwefel enthält, entwickeln sich in den Meeren viele Lebewesen.

**Vor 1,04 Mrd. Jahren**

## Vielzellige Lebewesen

Rotalgen sind die ersten vielzelligen Lebewesen, die wir kennen, die Fotosynthese betreiben. Außerdem sind sie die ersten bekannten Lebewesen, die sich sexuell fortpflanzen. In Gesteinen in der kanadischen Arktis fand man versteinerte Rotalgen.

# Evolution des Lebens

Im Lauf von 4 Milliarden Jahren haben sich aus Mikroorganismen in den Ozeanen unzählige Lebewesen entwickelt und heute gibt es sie fast überall auf der Erde. In ihrer DNA (Desoxyribonukleinsäure) sind die genetischen Informationen gespeichert, die Lebewesen brauchen, um sich zu entwickeln und zu verändern.

## Vor 891 Mio. Jahren

### Die ersten Tiere
Schwämme entwickeln sich. Sie sind die ersten Tiere, die wir kennen. Fossilien, die man in Kanada fand, zeigen, dass die Vorfahren der modernen Schwämme unter extremen Bedingungen lebten, z. B. bei sehr niedrigem Sauerstoffgehalt.

## Vor 540 Mio. Jahren

### Kambrische Explosion
Im frühen Kambrium nimmt der Sauerstoffgehalt in den Meeren auf der ganzen Erde zu. In kurzer Zeit entwickeln sich viele verschiedene Tiere, wie Würmer mit Kiemen, Räuber mit Zähnen und Gliederfüßer.

*Das fünfäugige Tier Opabinia entwickelte sich im Kambrium.*

## Vor 515 Mio. J.

### Landpflanzen
Die ersten Landpflanzen entwickeln sich aus Süßwasseralgen. Sie sind die Vorfahren der heutigen Laub- und Lebermoose und hatten keine echten Wurzeln.

*Bärlappe sind frühe Landpflanzen.*

## Vor 430 Mio. J.

### Erste Insekten
Die DNA von Gliederfüßern wie Skorpionen, Spinnen, Krabben und Tausendfüßern enthält Hinweise, dass sich die Insekten in dieser Zeit entwickeln. Einige bilden Flügel aus und springen oder fliegen zu Landpflanzen, die höher wachsen und Wälder bilden.

## Vor 410 Mio. Jahren

### Leben an Land
Feinkörniger Hornstein, den man 1914 im schottischen Dorf Rhynie fand, liefert Hinweise auf ein Ökosystem vor 410 Mio. Jahren. Im Gestein erkennt man die Fossilien ausgestorbener Insekten und früher Pflanzen und Pilze.

*Den Hornstein fand man in einer Gartenmauer eines schottischen Dorfs.*

## Vor 310 Mio. J.

### Amphibamus
Im Karbon entwickelt sich ein 20 cm langes Tier namens Amphibamus, das im Süßwasser lebt. Es könnte der Vorfahre aller heutigen Amphibien (der Frösche, Kröten, Molche und Salamander) sein.

## Vor 300 Mio. J.

### Säugetiervorfahren
Obwohl Dimetrodon wie ein Dinosaurier aussieht, gehört er zur Gruppe der Synapsiden, das sind Verwandte der heutigen Säugetiere. Die Säugetiere entwickeln sich dann ungefähr 90 Mio. Jahre später.

## Vor 260 Mio. Jahren

### Reptilien
Die ersten Reptilien wie der 2 m lange Scutosaurus leben an Land. Die Synapsiden sind zu dieser Zeit die vorherrschenden Landtiere, aber als sich die Dinosaurier entwickeln, werden sie von den Reptilien verdrängt.

# PFLANZEN UND PILZE

Pflanzen und Pilze gibt es in unendlich vielen Formen und Größen und ohne sie könnten auch die meisten anderen Lebewesen nicht existieren. Die Erde wäre ein kahler Gesteinsplanet wie unsere Nachbarn im Sonnensystem. Das Erfolgsgeheimnis der meisten Pflanzen ist die Fotosynthese – die Fähigkeit, mithilfe der Energie des Sonnenlichts eigene Nähr- und Baustoffe herzustellen. Pflanzen haben komplizierte Überlebensstrategien. Viele sind auf den Wind oder auf Tiere angewiesen, um sich zu vermehren und auszubreiten. Andere wachsen sogar in Wüsten und anderen extremen Umgebungen.

# Evolution der Pflanzen

Die Pflanzen entwickelten sich vor 500 Millionen Jahren aus kleinen Algen. Im Lauf der Zeit veränderten sie immer wieder die gesamte Erde. Sie liefern den Tieren Nahrung und Sauerstoff und kühlen das Klima ab, da sie Kohlendioxid aufnehmen. Wir kennen heute mehr als 400 000 Pflanzenarten, aber viele sind wegen des Klimawandels und der Zerstörung ihrer Lebensräume gefährdet.

### Einzellige Vorfahren

Grünalgen, die Vorfahren der Pflanzen, entwickelten sich im Wasser. Viele von ihnen waren winzige Einzeller. Sie stellten mit der Energie des Sonnenlichts Nährstoffe her. Man kennt bisher keine Fossilien von Grünalgen aus dieser Zeit.

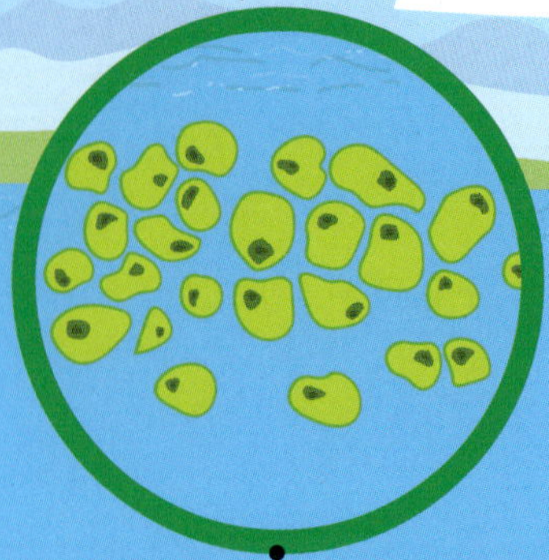

**Vor etwa 1,5 Mrd. Jahren**

### Vielzellige Algen

Grünalgen bildeten Fäden aus vielen Zellen. Die älteste versteinerte vielzellige Alge ist *Proterocladus antiquus*, eine verzweigte Alge, die etwa 3 mm lang wurde.

**Vor etwa 1 Mrd. Jahren**

### Erste Landpflanzen

Echte Pflanzen entwickelten sich. Sie waren komplizierter aufgebaut als vielzellige Algen und konnten an Land wachsen. Frühe Pflanzen wie Leber-, Laub- und Hornmoose gibt es noch heute.

*Ursprüngliche Pflanzen wie Lebermoose verraten uns etwas über die ersten Pflanzen.*

**Vor etwa 500 Mio. Jahren**

### Lebendes Fossil

Die ersten Ginkgo-Bäume entwickelten sich. Nur eine Art dieser nacktsamigen Pflanzen hat bis heute überlebt. Man bezeichnet sie als lebendes Fossil, denn bereits vor Jahrmillionen sahen die Ginkgos genau so aus.

*Ginkgoblätter färben sich im Herbst gelb.*

**Vor etwa 190 Mio. Jahren**

### Ungewöhnliche Blüten

Die Wasserpflanze *Archaefructus* war eine bedecktsamige Pflanze. Ihre weiblichen und männlichen Fortpflanzungsorgane bildeten sich nicht in Blüten mit Kronblättern, sondern an den Stängeln. Man hat gut erhaltene Fossilien der ganzen Pflanze gefunden.

*Die Blüten von Archaefructus wachsen über den Blättern, sodass sie bessere Chancen für Bestäubung hatten.*

**Vor etwa 125 Mio. Jahren**

### Fotosynthese

Pflanzen stellen durch Fotosynthese ihre eigenen Nähr- und Baustoffe her. Mithilfe der Energie des Sonnenlichts wandeln sie Kohlendioxid aus der Luft und Wasser aus dem Boden in Zucker um. Dabei fällt das Gas Sauerstoff an und wird von den Pflanzen abgegeben. Alle Tiere und wir Menschen atmen Sauerstoff.

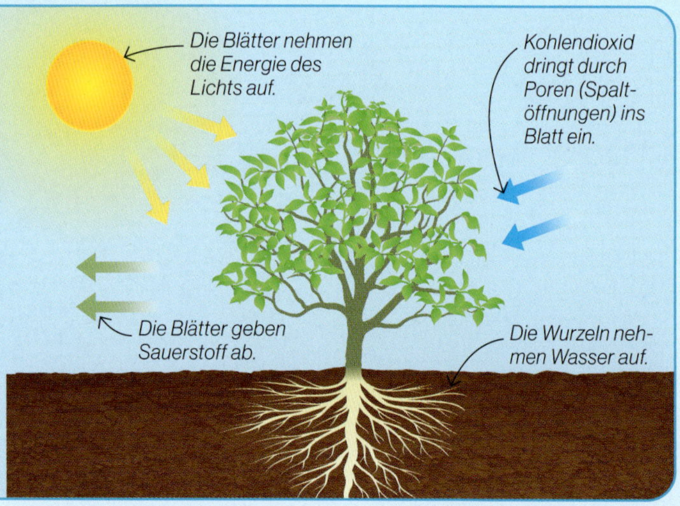

*Die Blätter nehmen die Energie des Lichts auf.*

*Kohlendioxid dringt durch Poren (Spaltöffnungen) ins Blatt ein.*

*Die Blätter geben Sauerstoff ab.*

*Die Wurzeln nehmen Wasser auf.*

## Leitgefäße

In den Stängeln oder Stämmen der Pflanzen entwickelten sich Leitgefäße, in denen Wasser und Nährstoffe dorthin transportiert wurden, wo sie gebraucht wurden. So konnten die Pflanzen höher werden und in Gegenden wachsen, in denen nur wenig Wasser vorhanden war.

*Fossil von* Cooksonia barrandei, *einer der ersten Pflanzen mit Leitgefäßen*

**Vor etwa 450 Mio. Jahren**

## Erste Bäume

Die älteste bekannte Baumart, *Wattieza*, breitete sich auf der Erde aus. Sie besaß Leitgefäße und einen hohen Stamm, auf dem große, gegliederte Blätter saßen. Dieser Baum konnte mindestens 8 m hoch werden.

**Vor etwa 385 Mio. Jahren**

## Erste Farne

Die ersten Farne erschienen. Wie *Wattieza* hatten diese Pflanzen Leitgefäße und verbreiteten sich mit winzigen Sporen. Viele heutige Farne sehen diesen urzeitlichen Pflanzen sehr ähnlich.

*Der frühe Farn* Shougangia bella *wuchs bereits 100 Millionen Jahre vor der Entwicklung der Dinosaurier.*

**Vor etwa 360 Mio. Jahren**

## Samenbildung

Die ersten Samenpflanzen entwickelten sich. Es waren Nacktsamer oder Gymnospermen. Im Samen befand sich ein Embryo. Eine Schale schützte ihn und gespeicherte Nährstoffe boten bessere Überlebenschancen als bei winzigen Sporen.

**Vor etwa 320 Mio. J.**

## Schützende Zapfen

Nadelbäume breiteten sich auf der Erde aus. Sie trugen männliche und weibliche Zapfen. Die männlichen Zapfen bildeten Pollen, den der Wind zu den weiblichen Zapfen transportierte. Die Samen entwickelten sich in den weiblichen Zapfen, in denen sie gut geschützt waren.

**Vor etwa 310 Mio. Jahren**

## Palmfarne

Eine Gruppe nacktsamiger Pflanzen entwickelte sich. Sie waren entweder männlich oder weiblich, und beide Geschlechter bildeten Zapfen. Käfer transportierten den Pollen der männlichen Zapfen zu den weiblichen, in denen sich die Samen entwickelten. Palmfarne gibt es noch heute

*Palmfarne bilden oben am Stamm neue Blätter, während die alten unten abfallen.*

**Vor etwa 280 Mio. Jahren**

## Robuste Blüten

Magnolien entwickelten sich. Die dicken Kronblätter boten Käfern einen Landeplatz, sodass sie die Blüten bestäuben konnten. Noch heute gibt es viele Magnolienarten.

**Vor etwa 100 Mio. Jahren**

## Korbblütler

Die Korbblütler, eine große Familie der Blütenpflanzen, breiteten sich auf der Erde aus. Es gibt sie noch heute. Ihre Blütenkörbe sind aus vielen kleinen Blüten zusammengesetzt.

**Vor etwa 83 Mio. Jahren**

## Zucht von Gräsern

Menschen begannen, aus Gräsern Getreide mit großen, nährstoffreichen Körnern zu züchten, z. B. Weizen und Gerste. Sie ließen sich relativ leicht anbauen und ernten. Reis und Mais wurden später gezüchtet.

**Vor etwa 10 000 Jahren**

## Gefährdete Pflanzen

Fast 40 % aller Pflanzenarten sind gefährdet, weil Lebensräume zerstört werden und weil sich das Klima verändert. Viele enthalten Arzneistoffe oder sind Nahrungsquellen. Wir müssen schnell handeln, um die Pflanzenwelt zu schützen.

**Heute**

## Ein Samen keimt

Wenn eine Pflanze bestäubt wurde und eine Befruchtung stattfand, bildet sie Samen, in denen sich Pflanzenembryos befinden. Oft müssen die Samen von der Elternpflanze fort transportiert werden, damit sie nicht mit ihr um Nährstoffe und Licht konkurrieren. Samen haben verschiedene Formen, aber alle keimen auf dieselbe Weise: Zuerst bildet sich eine Wurzel und der Spross wächst dem Sonnenlicht entgegen.

**Samen der Rosskastanie**
Die glänzenden braunen Samen keimen, nachdem die stachelige Kapsel aufgeplatzt ist.

**Steinfrucht des Pfirsichs**
Es dauert drei oder vier Jahre, bis aus dem Samen ein junger Pfirsichbaum geworden ist.

**Kaffeebohnen**
Die rundlichen Samen des Kaffeestrauchs brauchen viel Wärme, um keimen zu können.

# Vom Samen zur Pflanze

Samen gibt es in unendlich vielen Formen und Größen, aber in allen befindet sich der Embryo einer Pflanze, der erst zum Leben erwacht, wenn die Bedingungen günstig sind. Um zu keimen, brauchen Samen Wasser, Wärme und Sauerstoff. Wie lange die Keimung dauert, hängt vom Samen ab. Bei einer Sojabohne entwickeln sich nach acht Tagen die ersten echten Laubblätter.

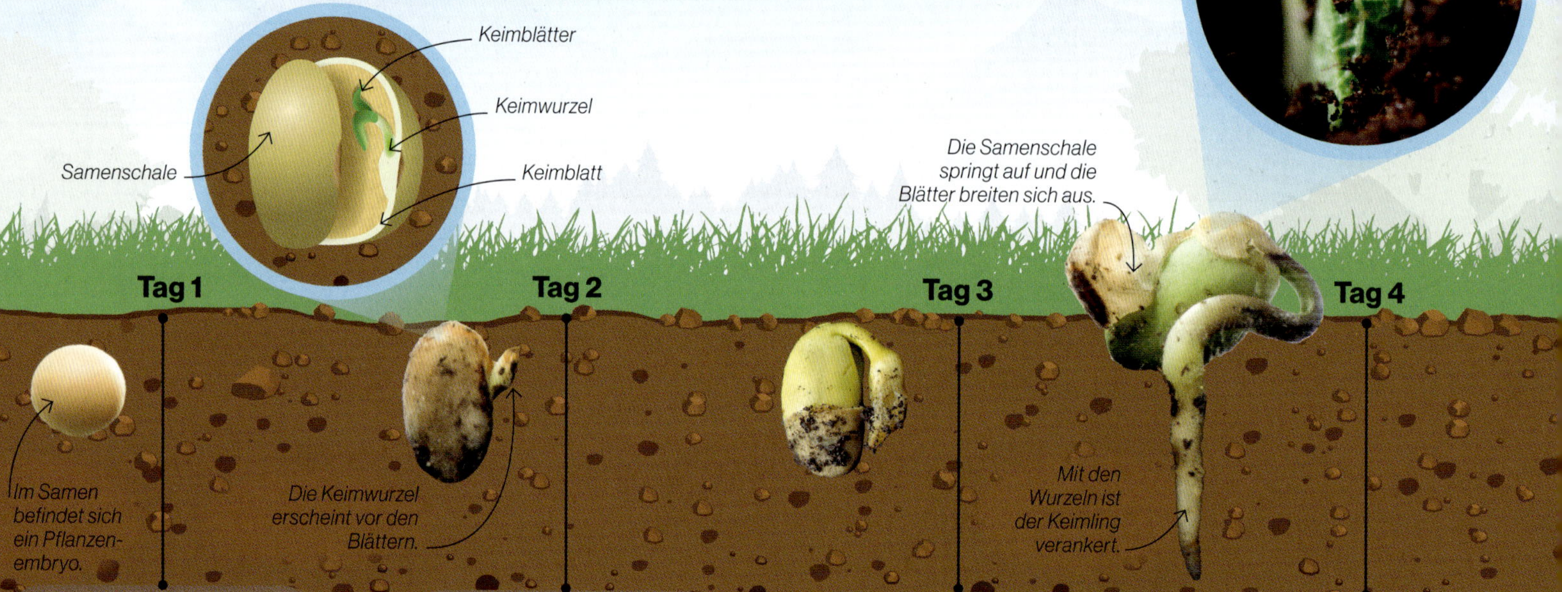


### Keimung

Der Samen der Sojabohne ruht, bis die Zeit ideal zum Keimen ist. Bei guten Bedingungen nimmt er Wasser aus dem Boden auf und schwillt an. Die Zellen des Embryos beginnen sich zu teilen, sodass er wächst.

### Erste Wurzel

Die Keimwurzel erscheint. Sie verbraucht die Nährstoffe, die im Samen gespeichert waren, und bricht aus der Öffnung hervor, durch die Wasser in den Samen gelangte. Schließlich wächst der Trieb empor.

### Die Wurzel wächst

Die Keimwurzel wächst in den Boden hinein, um Wasser und Mineralstoffe für den Keimspross im Samen aufzunehmen. In den Zellen der Wurzelspitzen befinden sich Stärkekörner, die wegen der Schwerkraft auf den Zellgrund fallen. So nimmt die Wurzel wahr, wo unten ist.

### Junger Trieb

Aus der Keimwurzel wird eine echte Wurzel. Sie breitet sich im Boden aus, um mehr Wasser und Mineralstoffe aufzunehmen. Die Samenschale reißt völlig auf und ein junger Trieb erscheint. Er wächst nach oben und durchbricht den Boden.

**Marula-Früchte**
Elefanten und andere Tiere fressen die Früchte des Marula-Baums und verbreiten die Samen mit ihrem Kot.

**Kokosnuss**
Die robuste Frucht schwimmt im Meer und der Samen im Inneren keimt an einem Strand.

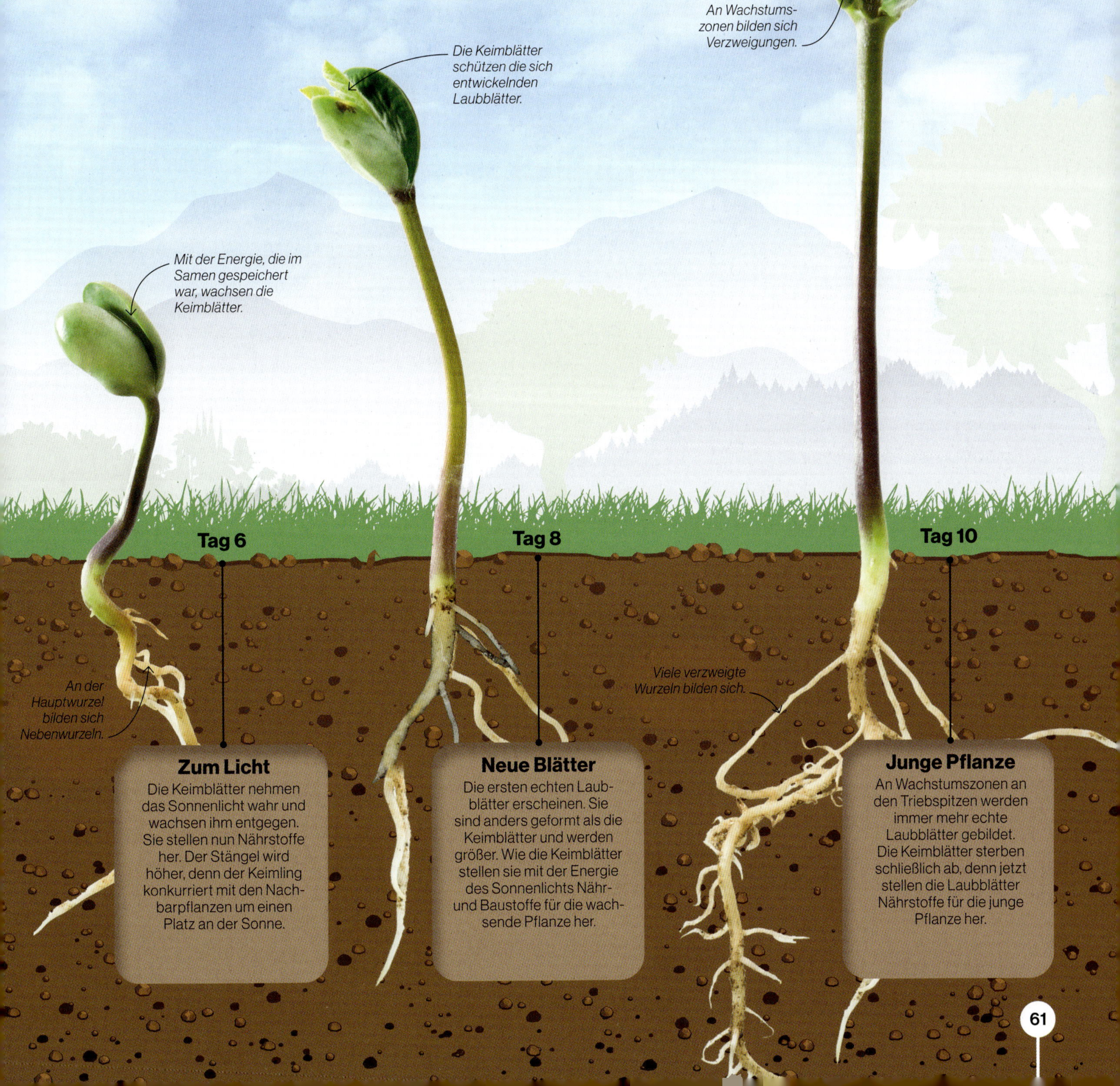


### Zum Licht

Die Keimblätter nehmen das Sonnenlicht wahr und wachsen ihm entgegen. Sie stellen nun Nährstoffe her. Der Stängel wird höher, denn der Keimling konkurriert mit den Nachbarpflanzen um einen Platz an der Sonne.

### Neue Blätter

Die ersten echten Laubblätter erscheinen. Sie sind anders geformt als die Keimblätter und werden größer. Wie die Keimblätter stellen sie mit der Energie des Sonnenlichts Nähr- und Baustoffe für die wachsende Pflanze her.

### Junge Pflanze

An Wachstumszonen an den Triebspitzen werden immer mehr echte Laubblätter gebildet. Die Keimblätter sterben schließlich ab, denn jetzt stellen die Laubblätter Nährstoffe für die junge Pflanze her.

## Schnellwüchsiger Wald

Es kann Jahrzehnte dauern, bis ein Wald entsteht, außer es handelt sich um einen Bambuswald. Bambus kommt in den Tropen und in gemäßigten Klimazonen vor. Manche Bambusarten können an einem einzigen Tag 1 Meter in die Höhe wachsen. Das ist möglich, weil die Stängel innen hohl sind und die meisten Blätter sich erst bilden, wenn die Pflanze bereits hoch ist.

# Ein kurzes Leben

Manche Pflanzen wie Bäume sind langlebig. Einjährige Arten wie die Duftende Platterbse schaffen es dagegen, innerhalb eines Jahres zu keimen, zu wachsen und zu blühen und sterben dann ab. Während Bäume ihre Samen weit verbreiten müssen, landen die Samen einjähriger Pflanzen meist in der Nähe, denn wenn die Elternpflanze an der Stelle wachsen konnte, schafft es ihr Nachwuchs wahrscheinlich auch.

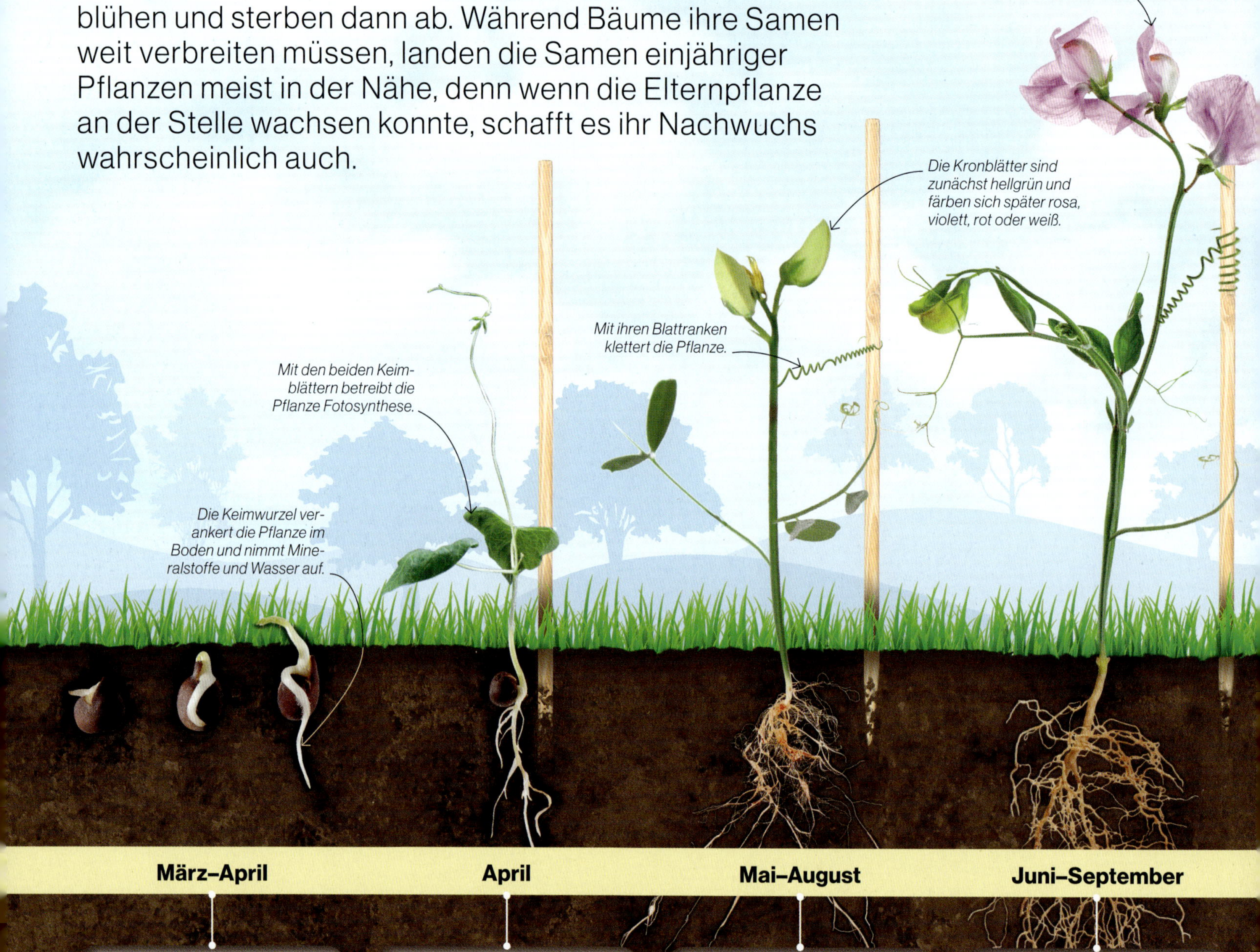


**März–April**

### Keimung

Die Samen überwintern im Boden und keimen im Frühjahr, wenn es wärmer wird. In jedem Samen befindet sich ein Embryo mit zwei Keimblättern und einer Keimwurzel. Der Spross wächst rasch nach oben, damit die Pflanze möglichst bald Sonnenlicht einfangen kann.

**April**

### Der Keimling

Die Duftende Platterbse windet sich, um etwas zu finden, woran sie sich festhalten kann, wie z. B. eine andere Pflanze. Hat sie etwas gefunden, hält sie sich mit ihren Ranken fest und wächst bis in etwa 2 m Höhe. Sie verschwendet keine Energie dafür, einen kräftigen Stamm auszubilden, denn sie ist eine Kletterpflanze.

**Mai–August**

### Blütenknospen

Das Ziel aller einjährigen Pflanzen ist es, bald zu blühen, um die nächste Samengeneration bilden zu können. Weil die Duftende Platterbse schnell wächst, blüht sie schon etwa drei Monate nach dem Keimen. Erste Blüten bilden sich ab Mai oder Juni und weitere öffnen sich während des ganzen Sommers.

**Juni–September**

### Die Blüten

Die Blüten erfüllen die Luft während des Sommers mit ihrem Duft, der viele Wildbienenarten anlockt. Jede Blüte blüht nur wenige Tage, aber die Pflanze bildet viele Wochen lang neue Blüten, wenn man die abgestorbenen entfernt.

## Verschiedene Blüten

**Landeplattform**
Die Platterbse gehört zu den Schmetterlingsblütlern. Die beiden unteren Kronblätter bilden ein sogenanntes Schiffchen, auf dem Bienen landen können. Drückt die Biene das Schiffchen nach unten, erscheinen die Staubblätter und bepudern sie mit Pollen.

**Falscher Pilz**
Die Schusterpalme (*Aspidistra elatior*) bildet ungewöhnliche violette Blüten, die sich auf dem Erdboden öffnen. Sie werden von Pilzmücken bestäubt, die die Blüten mit Pilzen verwechseln, von denen sich ihre Larven ernähren.

**Langer Saugrüssel**
Die Blüten der Sternorchidee haben einen langen Sporn, in dem Nektar gebildet wird. Sie werden von Schwärmern (Nachtfaltern) bestäubt, die mit ihrem langen Saugrüssel den Nektar trinken können.

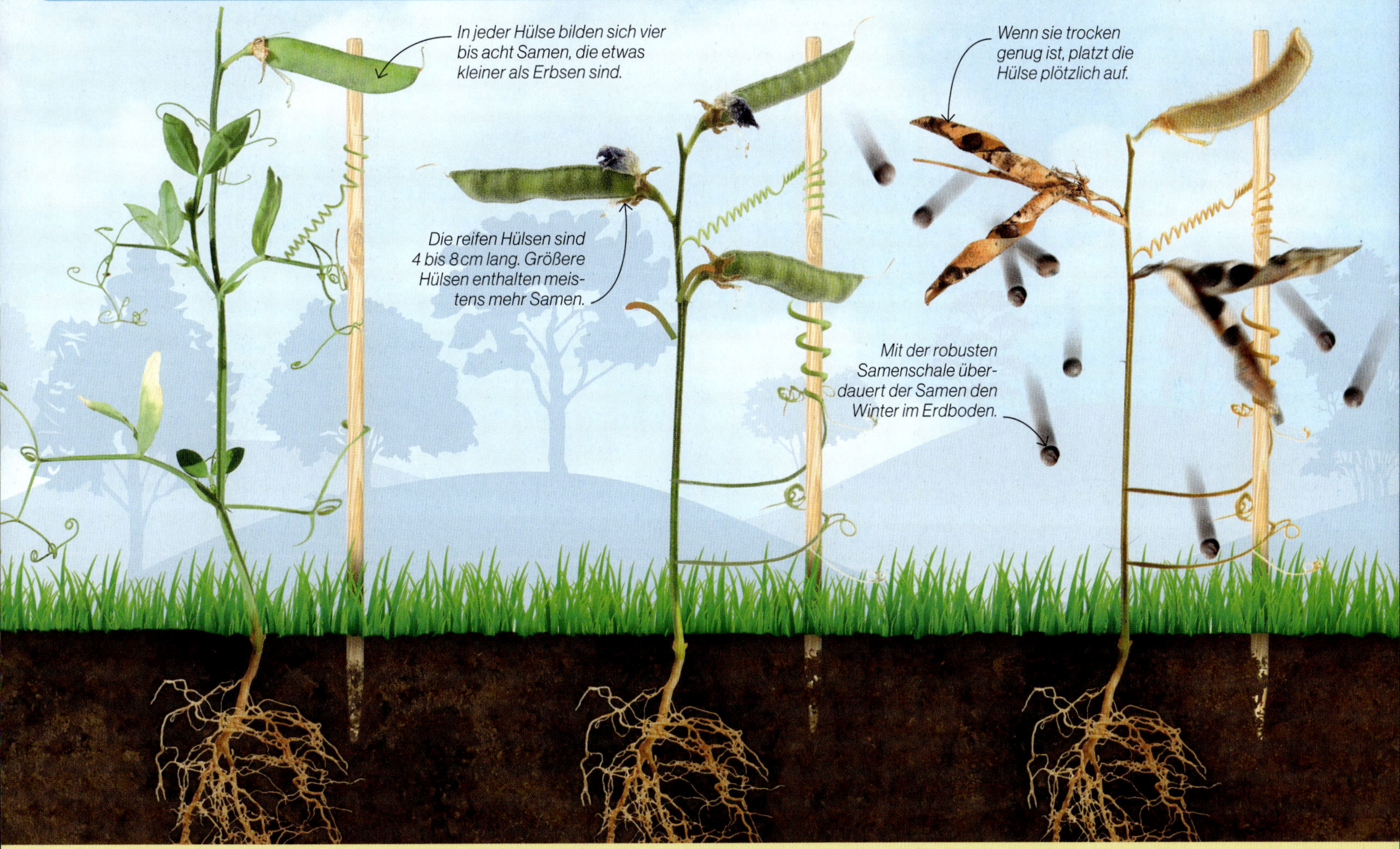


**Juni–September**

### Hülsenfrüchte

Wenn eine Blüte bestäubt wurde und die Befruchtung stattfand, bildet sich bald eine Hülse, die Samen enthält. Eine reife Hülse ist für die Pflanze ein Signal, dass die Blüte erfolgreich war und jetzt beendet werden kann. Wenn man jedoch die Hülsen abpflückt, bilden sich neue Blüten.

**August–Oktober**

### Die Hülsen reifen

Die Hülsen der Duftenden Platterbse reifen in drei bis sechs Wochen. Sie werden dicker, während die Samen wachsen. Dann färben sie sich braun und werden brüchig. Die Elternpflanze stirbt zum Ende der Wachstumssaison ab. Das ist wichtig, denn der Nachwuchs braucht im folgenden Jahr Platz.

**Herbst–März**

### Die Hülsen springen auf

Die Innenseiten der Hülse trocknen schneller als die Außenwände, sodass sich eine Spannung aufbaut. Schließlich platzt die Hülse auf und die Samen werden in alle Richtungen geschleudert. Die abgestorbene Pflanze verrottet und ihre Nährstoffe gelangen wieder in den Boden. Die Samen ruhen, bis sie im Frühjahr keimen.

**Underwood-Blattnase**

## Bestäubung in der Nacht

Die meisten Pflanzen werden von Insekten bestäubt. Um die Bestäuber anzulocken, bilden diese Pflanzen bunte Blüten, die sich während des Tages öffnen. Andere Arten wie *Merinthopodium neuranthum* werden von Fledermäusen bestäubt. Die nachtaktiven Säugetiere erkennen keine Farben. Die Blüten sind deshalb oft blass und glockenförmig und öffnen sich nachts. Fledermäuse können im Fell sehr viel Pollen transportieren und fliegen weiter als die meisten Insekten. Sie können Pflanzen in einem großen Gebiet bestäuben.

Tag 1

**Samen**

Orangen enthalten natürlicherweise Samen, obwohl man auch samenlose Sorten gezüchtet hat. In jedem Samen befinden sich ein Embryo und die Nährstoffe, die er braucht, um wachsen zu können. Erst wenn es mehrere Wochen lang warm war und Wasser vorhanden ist, kann der Samen keimen.

# Vom Samen zur Frucht

Viele Pflanzen bilden Früchte, die Samen enthalten. Früchte schützen die Samen und dienen zu ihrer Verbreitung. Oft sind sie bunt und schmecken lecker, sodass sie für Tiere verlockend sind. Sie entwickeln sich aus Blüten, die bestäubt wurden. Es dauert viele Jahre, bis ein Orangenbaum Früchte trägt.

### Von der Blüte zur Frucht

Auch Kirschen entwickeln sich aus Blüten. Wenn auf die (weibliche) Narbe Pollen aus den Staubblättern (den männlichen Blütenteilen) einer anderen Blüte gelangt, findet eine Befruchtung statt und ein Samen mit einem Embryo kann sich entwickeln. Der Fruchtknoten, der den Samen umgibt, verwandelt sich in essbares Fruchtfleisch.

**KIRSCHBLÜTE**

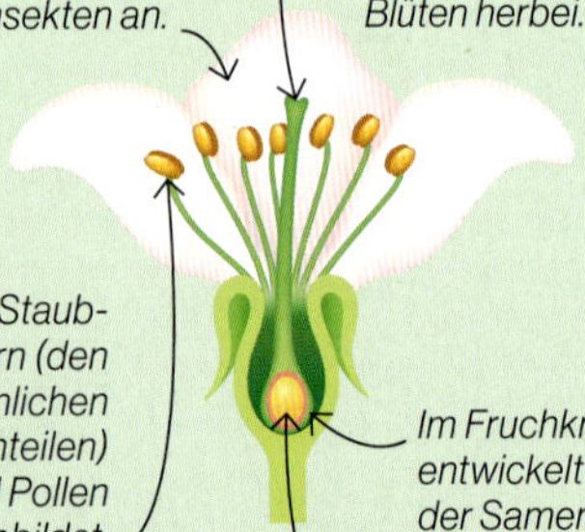


**KIRSCHE (FRUCHT)**

**2 Monate nach der Blüte**

**Früchte bilden sich**

Nach der Bestäubung ist die Blüte verwelkt. Der Fruchtknoten (ein Teil der weiblichen Fortpflanzungsorgane) wächst zur Frucht heran. Nach zwei Monaten hat die Frucht etwa 3,5 cm Durchmesser. Sie ist noch grün und nicht süß, sodass kein Tier sie fressen will. In ihrem Inneren entwickeln sich die Samen.

**Große grüne Früchte**

Die Orangen werden größer und die Samen im Inneren reifen. Jetzt sind sie süßer, aber sie enthalten auch eine Säure, die Tiere davon abhält, sie zu fressen. Der Baum braucht viel Wasser. Ist es zu trocken, wirft er seine Früchte ab, um selbst zu überleben.

**5 Monate nach der Blüte**

**Woche 2–8**

### Keimling

Die Keimblätter versorgen die junge Pflanze mit Nährstoffen, bis die echten Laubblätter sich entfalten. Wenn sie den Boden durchbrechen, nennt man die Pflanze Keimling. Orangenblätter sind immergrün und brauchen viel Sonnenlicht. Bei guten Bedingungen kann die Pflanze im ersten Jahr 1,5 m hoch werden.

**Jahr 1–3**

### Junges Bäumchen

Wenn der Keimling höher als 1 m ist, nennt man ihn auch Setzling. Er wird im Lauf der Zeit immer höher. Graubraune Rinde schützt den Stamm und die Äste und es bilden sich Dornen.

### Blühender Baum

Etwa zehn Jahre nach dem Keimen ist aus dem Setzling ein Baum geworden, der Blüten trägt. Sie locken Insekten an, die mit Pollen bepudert werden. Die Insekten transportieren den Pollen zu anderen Blüten und bestäuben sie.

*Die weißen Blüten duften süß. Vor allem Bienen werden angelockt und bestäuben die Blüten.*

**10 bis 15 Jahre später**

### Die Farbe verändert sich

In kühlem Klima färben sich die Orangen orange, denn das Chlorophyll (der grüne Farbstoff) wird abgebaut. Der Prozess ist der gleiche wie bei Herbstlaub. In tropischem Klima bleiben die Orangen grün.

**6 Monate nach der Blüte**

### Reife Früchte

Wenn eine Orange reif ist, lässt sich ihre Schale leicht abschälen. Viele Vögel und Säugetiere fressen die Früchte. Wenn die Samen mit dem Kot eines Tiers wieder zum Vorschein kommen, sind sie weit vom Elternbaum entfernt. Der Keimling muss deshalb nicht mit der Elternpflanze um Licht und Wasser konkurrieren.

**7 Monate nach der Blüte**

**Herbst–Winter**

**Ruhende Knospe**

Die Blütenknospen beginnen sich bereits im Herbst zu bilden. Während des Winters ruhen sie wie die restliche Pflanze.

**Frühjahr Tage 1–10**

**Blütenknospen**

Im Frühling, wenn die Tage länger werden und es wärmer wird, öffnen sich die ersten Blüten. Grüne Kelchblätter schützen zunächst die Knospen. Im Inneren entwickeln sich die Blütenteile, sodass die Knospen dicker werden.

**Tag 11**

**Pollenbildung**

Während die Knospe wächst, beginnen die Staubblätter (die männlichen Blütenteile) Pollen zu bilden. Diese feinen Körnchen enthalten die männlichen Geschlechtszellen. Sie müssen zu einer anderen Blüte gelangen, damit diese eine Frucht mit Samen bilden kann.

**Tag 16**

**Die Blüte wächst**

Die Fruchtblätter (die weiblichen Teile der Blüte) sind jetzt reif. Wenn sich die Blüte geöffnet hat, bleibt Pollen, den Insekten herbeitransportieren, an den Narben oben an den Fruchtblättern kleben.

**Tag 18**

**Geöffnete Blüte**

Der Duft der Erdbeerblüten lockt viele Insekten an, wie Bienen, Schwebfliegen und Schmetterlinge. Sie transportieren Pollen von Blüte zu Blüte.

**Tag 20**

**Die Blüte welkt**

Wenn die Blüte bestäubt wurde, verwelken ihre Staub- und Kronblätter. In den Fruchtblättern bilden sich Samen und der Blütenboden wird dicker. Er entwickelt sich zur süßen, essbaren Erdbeere.

# So wachsen Erdbeeren

Erdbeeren sind rot und saftig und schmecken fruchtig süß. Wahrscheinlich glaubst du, dass der rote, fleischige Teil die Frucht ist, aber tatsächlich sind die eigentlichen Früchte die kleinen gelblichen Körnchen, die an der Oberfläche sitzen. Es handelt sich um Nüsschen, und an einer einzigen Erdbeere können es bis zu 400 Stück sein. Die Erdbeeren bilden sich in den warmen Sommermonaten an der Erdbeerpflanze.

**Tag 25**

**Kleine grüne Erdbeere**

Der Blütenboden wird immer größer und in ihm sind die eigentlichen Früchte (Nüsschen) eingebettet. Die Kelchblätter, die die Blüte geschützt haben, sitzen noch immer an der Erdbeere.

**Tag 30**

**Größere grüne Erdbeere**

Der grüne Farbstoff Chlorophyll in der Erdbeere nimmt die Energie des Sonnenlichts auf, damit Nähr- und Baustoffe hergestellt werden können. Die Nüsschen, die außen an der Erdbeere sitzen, entwickeln sich.

**Tag 33**

**Hellgrüne Erdbeere**

Nun wird das Chlorophyll abgebaut und die Erdbeere färbt sich hell. Wenn du sie jetzt essen würdest, wäre sie ziemlich hart und noch nicht süß.

**Tag 35**

**Größere hellgrüne Erdbeere**

Die Erdbeere ist fast ausgewachsen und wird süßer. Auch die Nüsschen sind fast ausgereift, aber die Erdbeere hat noch nicht ihre typische rote Farbe.

**Tag 37**

**Rotfärbung**

In der Erdbeere werden jetzt rote Farbstoffe (Anthocyane) gebildet. Sie färbt sich von der Spitze her rot. Jetzt schmeckt sie viel süßer.

**Tag 44**

**Reife Erdbeere**

Die reife Erdbeere ist leuchtend rot und süß und für Tiere sehr verlockend. Wenn ein Tier sie frisst, verbreitet es die Nüsschen, die die Samen enthalten, mit seinem Kot.

# Schimmel wächst

Wenn man Obst einige Tage an einem warmen, feuchten Ort liegen lässt, ist es bald mit einem unappetitlichen Pelz überzogen. Das ist ein Schimmelpilz. Wie die meisten Pilze ernähren sich Schimmelpilze von toten Lebewesen und bilden Sporen, um sich zu vermehren. Obwohl wir uns vor Schimmel ekeln und ihn bestimmt nicht essen würden, spielen auch diese Pilze in der Natur eine wichtige Rolle. Sie zersetzen tote Pflanzen und Tiere, sodass ihre Nährstoffe wiederverwertet werden.

## Verschiedene Schimmelpilze

Es gibt viele Tausend Schimmelarten. Einige setzt man bei der Herstellung von Arzneistoffen oder Käse ein, während andere Schäden anrichten, wenn sie sich unkontrolliert ausbreiten. Für Landwirte kann Schimmel zum Problem werden, denn manche Arten vernichten ganze Nutzpflanzenfelder.

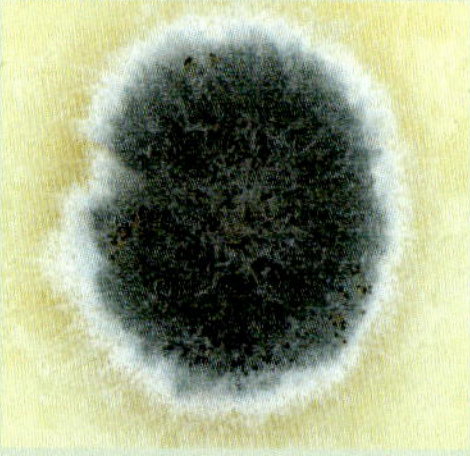

**Penicillium**
Bestimmte Pilze aus der Gruppe *Penicillium* töten Bakterien ab. Das Antibiotikum Penizillin hat schon Millionen Menschen das Leben gerettet.

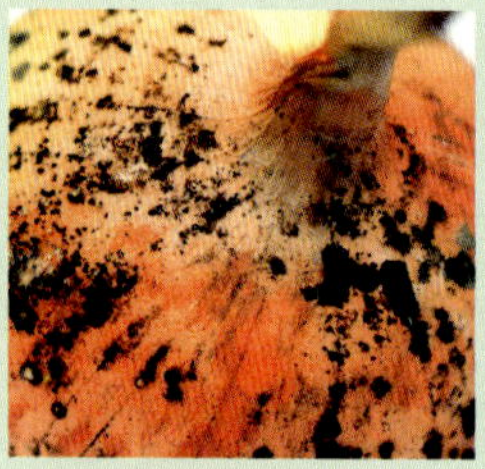

**Schwarzschimmel**
Der dunkelgrüne oder schwarze Schimmel wächst auf verschiedenen Lebewesen. Oft findet man ihn auf Zwiebeln und anderen Lebensmitteln.

**Brotschimmel**
Dieser unappetitliche Schimmelpilz, der im Haus sehr schnell wächst, liebt Nahrungsmittel wie Brot oder Früchte.

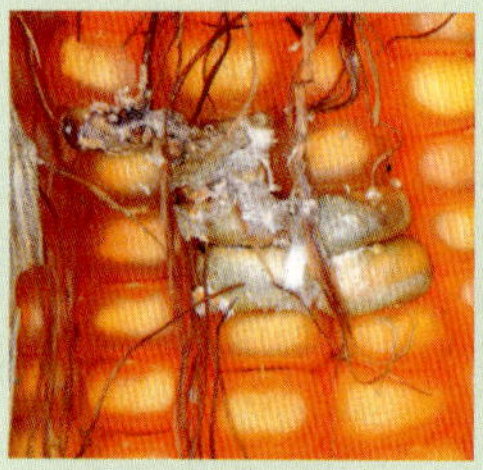

**Schimmliger Mais**
*Penicillium roqueforti* befällt Maiskolben und bildet Gifte, die für Menschen und Tiere gefährlich sein können. Er breitet sich schnell aus.

*Die Schale der Erdbeere bietet kaum Schutz vor Sporen, die durch die Luft fliegen.*

*An der Frucht sind eingesunkene Stellen zu sehen.*

Tag 1

### Frische Frucht

Die winzigen Sporen des Schimmelpilzes wurden in die Luft abgegeben und verweht. Sie keimen, wenn sie auf einer feuchten Nahrungsquelle wie dieser Erdbeere landen. Die Sporen dringen durch die dünne Schale in die Erdbeere ein, oft dort, wo sie ein wenig aufgerissen ist.

Tag 2

### Erste Anzeichen

Wenn die Schale der Erdbeere beschädigt ist, können Schimmelsporen hineingelangen. Die Frucht wird bald weich und sieht nun bereits unappetitlich aus.

Tag 3

**Die Fortpflanzung beginnt**

Dünne Pilzfäden, die man Hyphen nennt, bilden ein Geflecht, das sich in der Frucht ausbreitet. Es gibt chemische Stoffe ab, die Zucker und andere Nährstoffe aufbrechen, sodass der Pilz sie für sein Wachstum nutzen kann.

Tag 4

**Sporenbildung**

Feine graue Pilzfäden breiten sich nun über die Erdbeere aus. Sie sehen aus wie ein Pelz. Am Ende jedes Fadens entwickelt sich ein Behälter, in dem Sporen heranreifen.

Tag 5

**Sporen werden entlassen**

Der Schimmel hat den größten Teil der Erdbeere verdaut. Wenn die Sporen reif sind, bricht der Sporenbehälter auf und eine leichte Brise reicht aus, um sie fortzutragen, sodass sie anderswo auf einer Nahrungsquelle landen können. Wenn die Bedingungen gut sind, entwickeln sich neue Schimmelkolonien.

Tag 1

**Der Samen keimt**
Viele Tiere wie Affen, Fledermäuse und Vögel fressen das süße Fruchtfleisch der Kakaofrüchte und verschmähen die bitteren Samen. Sie fallen auf den Waldboden, wo sie keimen.

Tag 10

**Der Keimling**
Junge Kakaopflanzen wachsen im Schatten anderer Bäume, oft zusammen mit Gummibäumen, Bananenstauden oder Palmen. Sie brauchen regelmäßigen Regen und einen nährstoffreichen, durchlässigen Boden.

Jahr 4–5

**Der Baum wächst**
Ein ausgewachsener Kakaobaum ist rund 8 m hoch. Im Alter von etwa 4 bis 5 Jahren blüht er zum ersten Mal und später trägt er ein paar Früchte.

Jahr 8–10

**In voller Blüte**
Kakaobäume sind mit 8 bis 10 Jahren am produktivsten und blühen nun während des ganzen Jahres. Anders als bei den meisten Pflanzen erscheinen die Blüten direkt am Stamm und an den Ästen.

1 Monat nach der Blüte

**Bestäubung**
Die Blüte ist etwa 2 cm groß und cremeweiß oder rosa. Es dauert 30 Tage, bis sie sich entwickelt hat. Sie wird von Gallmücken bestäubt. Von etwa 100 000 Blüten, die sich jedes Jahr bilden, entwickeln sich nur 0,1 % zu Kakaofrüchten.

*Die Gallmücke trinkt Nektar und transportiert Pollen von Blüte zu Blüte.*

# Kakaobäume und Schokolade

Seit Jahrtausenden kultivieren Menschen Kakaobäume, denn sie lieben die Samen, die man auch Kakaobohnen nennt. Für das Volk der Azteken, das im heutigen Mexiko lebte, waren sie so wertvoll, dass sie sie als Zahlungsmittel verwendeten. Kakaobäume wachsen im tropischen Klima in Südamerika, Asien und Afrika. Zwar schmecken die Bohnen bitter, wenn man sie erntet, aber man kann aus ihnen die beliebteste Süßigkeit herstellen – die Schokolade!

**Schokoladenherstellung**

Die Kakaofrüchte werden von Hand geerntet. Man schneidet sie mit Messern oder Macheten vom Baum. Die Kakaobohnen werden herausgeholt und eine Woche lang in der Sonne fermentiert. Dann werden sie geröstet und geschält und schließlich zermahlen und zu einer Kakaomasse verarbeitet. Die kann man mit Zucker und Milch mischen und in Tafelformen füllen. Man verarbeitet sie auch zu anderen Nahrungsmitteln.

### Die Früchte reifen

Es dauert einige Monate, bis Kakaofrüchte reifen und sich von Grün nach Gelb verfärben. Die reifen Früchte sind ungefähr 25 cm lang und jede enthält etwa 20 bis 40 Samen.

**4–5 Monate nach der Blüte**

### Erntezeit

Nicht alle orange-gelben und roten Früchte sind schon reif, deshalb prüfen die Bauern das Fruchtfleisch unter der Schale. Wenn es gelb ist, kann man die Frucht pflücken. Es entwickeln sich ständig Früchte, sodass man sie während des ganzen Jahres ernten kann.

**6 Monate nach der Blüte**

*Die Samen sind in ein süßes weißes Fruchtfleisch eingebettet, das viele Tiere gern fressen.*

# Baumwolle

Baumwolle besteht aus den Fasern, die die Samen einer Baumwollpflanze umgeben. In der Kapsel befinden sich meist zwei Fasertypen. Die längeren werden zu Fäden versponnen, die dann zu Kleidung und Spielzeug verarbeitet werden. Aus den kürzeren Fasern fertigt man weniger hochwertige Produkte wie Verbände oder Papier an.

## Welke Blüte

Die Blüte verwelkt und fällt ab. Die Samen und die Samenhaare entwickeln sich weiter. Wenn man die Kapsel jetzt aufschneidet, kann man sie schon sehen.

**Tag 28**

## Die Kapsel wächst

Die Kapsel wird größer und die Baumwollfasern werden länger. Etwa 20 Tage nach der Bestäubung hat sie ihre maximale Größe erreicht.

**Tag 41**

**Tag 42–62**

## Die Samenhaare

Die Samenhaare werden dicker und stabiler. Dieser Prozess ist für die Qualität der Baumwolle entscheidend und bestimmt ihren Wert.

**Tag 63–70**

## Reifung

Die Samen und die Samenhaare sind jetzt reif und die Kapsel wächst nicht mehr. Sie trocknet und schrumpft dabei, sodass sie schließlich aufplatzt.

**Tag 70**

## Die Kapsel platzt auf

Sieben Wochen nach der Bestäubung springt die Kapsel auf, sodass die Baumwolle herausquillt. Natürlicherweise tragen die leichten Samenhaare zur Verbreitung der Samen durch den Wind bei.

**REIFE BAUMWOLLKAPSEL**

*Die Baumwolle kann jetzt gepflückt und versponnen werden. Dann verarbeitet man sie zu Textilien.*

### Kapokfasern

Wie bei der Baumwollpflanze bilden sich auch beim tropischen Kapokbaum Samenhaare. Man kann die weichen Fasern ernten und Kissen und Matratzen mit ihnen füllen.

**10 Tage**
***Boerhavia repens***

In der Sahara im nördlichen Afrika gibt es kaum Wasser. Einige Pflanzen wie diese Art nutzen die seltenen Regenfälle, um innerhalb weniger Tage zu keimen und Blüten zu bilden. Ihre Samen überleben im trockenen Boden viele Jahre.

**6 Wochen**
**Ackerschmalwand**

Die Pflanze heißt wissenschaftlich *Arabidopsis thaliana* und wird erforscht, weil sie einen kurzen Lebenszyklus hat und klein und leicht zu kultivieren ist. Über keine andere Pflanzenart weiß man so viel wie über sie.

**Bis 1 Jahr**
**Sonnenblume**

Sonnenblumen sind einjährige Pflanzen. Die Samen keimen im Frühjahr. Die Pflanzen blühen im Sommer und bilden im Herbst Früchte mit Samen. Dann sterben sie ab und machen der nächsten Generation Platz.

**2500 Jahre**
**Afrikanischer Affenbrotbaum**

Diese Bäume können 1000 bis 2500 Jahre alt werden, aber wegen des Klimawandels regnet es in vielen Regionen Afrikas nicht mehr regelmäßig. Deshalb sterben viele der uralten Bäume.

**2300 Jahre**
**Heiliger Feigenbaum**

Jaya Sri Maha Bodhi wurde im Jahr 288 v. Chr. gepflanzt und ist der älteste von Menschen gepflanzte Baum, den wir kennen. Für Buddhisten ist er ein heiliger Baum. Sie kommen von weit her, um ihn zu besuchen.

**2000 Jahre und älter**
**Jōmon Sugi**

Diese uralte Sicheltanne steht auf der japanischen Insel Yakushima. Andere Sicheltannen pflanzte man vor mehr als 1000 Jahren in China und manche von ihnen leben noch heute.

**3500 Jahre**
***Ginkgo biloba***

Anders als die meisten Pflanzen werden Ginkgos im Alter nicht schwächer. Sie sind ungewöhnlich widerstandsfähig gegen Krankheiten und erreichen oft ein hohes Alter.

**4500 Jahre**
***Posidonia australis***

2022 war die Wissenschaft sehr erstaunt, als man herausfand, dass Seegraswiesen vor der australischen Küste, die 200 km² bedecken, eigentlich nur eine einzige Pflanze sind. Ihre Wurzeln breiten sich seit Jahrtausenden aus.

**5000 Jahre und älter**
**Langlebige Kiefer**

Eine Kiefer namens Methusalem ist wirklich uralt. In den White Mountains in Kalifornien (USA) sind die Bedingungen extrem, sodass der Baum langsam wächst und sehr hartes Holz ausgebildet hat. Das schützt ihn vor Schädlingen und Krankheiten.

**2 Jahre**
**Roter Fingerhut**

Fingerhut ist eine zweijährige Pflanze. Im ersten Jahr wächst eine Rosette aus grünen Blättern, die den Winter überdauert. Im zweiten Jahr bildet sich ein hoher Blütenstand mit glockenförmigen Blüten.

**5 Jahre**
**Känguru-Blume**

Die Pflanze aus dem südwestlichen Australien ist mehrjährig. Sie blüht im Frühjahr und Sommer. Dann sterben die Blätter ab. Im unterirdischen Rhizom sind Nährstoffe gespeichert. Es überdauert die kühlen Wintermonate.

**50 Jahre und älter**
**Gartenhortensie**

Wie die meisten mehrjährigen Pflanzen sterben Hortensien meist ab, wenn es zu trocken ist oder wenn sie Krankheiten bekommen. Bei idealen Bedingungen können die Halbsträucher mehr als 50 Jahre alt werden.

**2000 Jahre**
***Welwitschia mirabilis***

Diese Pflanze bildet nur zwei Blätter aus, die an der Basis nachwachsen und an den Spitzen zerschlitzt sind. Weil in der Namibwüste im südlichen Afrika nur selten Regen fällt, wächst die Welwitschie sehr langsam.

**300 Jahre**
**Stechpalme**

Viele Bäume sind langlebig, auch diese Stechpalme. Sie wachsen langsamer als einjährige Pflanzen und bilden kräftige Äste aus. Bricht ein Ast ab, wächst ein neuer nach. Bäume überleben deshalb Stürme und Schädlingsbefall.

**150 Jahre**
**Wisterie**

Der älteste Blauregenbaum im Ashikaga Flower Park in Japan lockt mit seinen unzähligen violettblauen Blüten alljährlich viele Besucher an.

**9550 Jahre**
**Old Tjikko**

Diese uralte Fichte im Fulufjället-Nationalpark in Schweden keimte bereits zum Ende der letzten Eiszeit. Das Wurzelsystem von Old Tjikko ist vermutlich etwa 9550 Jahre alt und älter als der sichtbare Baum.

# Alter der Pflanzen

Einige Pflanzen werden nur wenige Wochen alt, andere leben mehrere Tausend Jahre lang. Einjährige Pflanzen blühen im ersten Jahr und sterben dann ab. Oft keimen sie im Frühjahr und gehen im Spätsommer zugrunde. Bei zweijährigen Pflanzen wachsen im ersten Jahr vor allem die grünen Blätter. Im zweiten Jahr bildet sich ein Blütenstand, bevor die Pflanze abstirbt. Mehrjährige Arten werden jahrzehnte- oder sogar jahrhundertealt. Oft sterben sie an einer Krankheit, wegen Trockenheit oder Nährstoffmangel und nicht wegen ihres hohen Alters.

# Ein Jahr im Wald

In den europäischen Rotbuchenwäldern leben Tausende Tier-, Pflanzen- und Pilzarten. Im Frühjahr und Sommer gibt es viel Nahrung und man kann jede Menge Tiere beobachten. Im Herbst, wenn die Tage kürzer werden, werfen die Bäume ihr Laub ab. Im Winter ist die Nahrung knapp. Einige Tiere müssen weite Strecken zurücklegen, um Futter zu finden. Andere halten Winterschlaf oder Winterruhe.

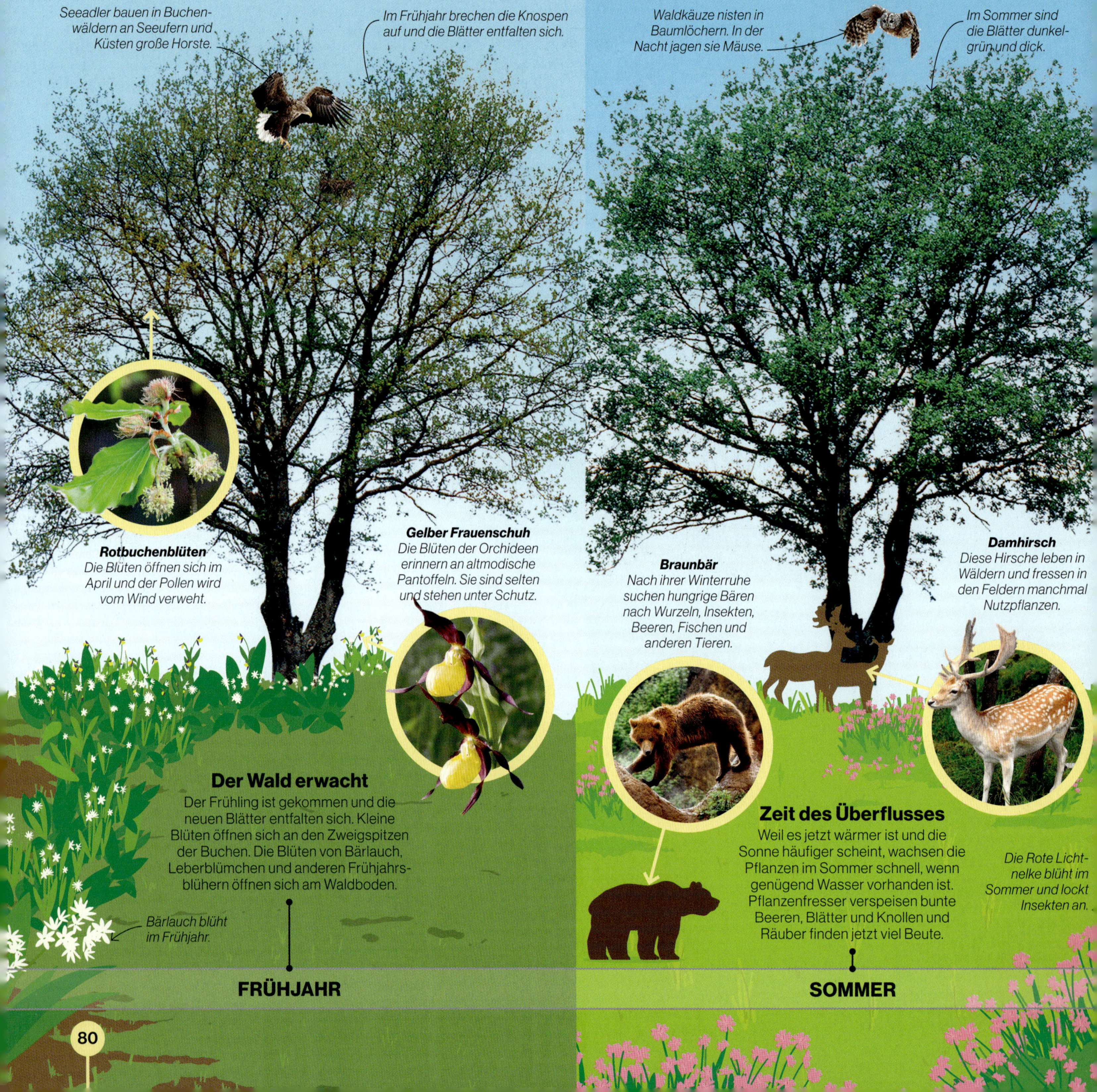

*Seeadler bauen in Buchenwäldern an Seeufern und Küsten große Horste.*

*Im Frühjahr brechen die Knospen auf und die Blätter entfalten sich.*

*Waldkäuze nisten in Baumlöchern. In der Nacht jagen sie Mäuse.*

*Im Sommer sind die Blätter dunkelgrün und dick.*

***Rotbuchenblüten***
*Die Blüten öffnen sich im April und der Pollen wird vom Wind verweht.*

***Gelber Frauenschuh***
*Die Blüten der Orchideen erinnern an altmodische Pantoffeln. Sie sind selten und stehen unter Schutz.*

***Braunbär***
*Nach ihrer Winterruhe suchen hungrige Bären nach Wurzeln, Insekten, Beeren, Fischen und anderen Tieren.*

***Damhirsch***
*Diese Hirsche leben in Wäldern und fressen in den Feldern manchmal Nutzpflanzen.*

### Der Wald erwacht

Der Frühling ist gekommen und die neuen Blätter entfalten sich. Kleine Blüten öffnen sich an den Zweigspitzen der Buchen. Die Blüten von Bärlauch, Leberblümchen und anderen Frühjahrsblühern öffnen sich am Waldboden.

*Bärlauch blüht im Frühjahr.*

**FRÜHJAHR**

### Zeit des Überflusses

Weil es jetzt wärmer ist und die Sonne häufiger scheint, wachsen die Pflanzen im Sommer schnell, wenn genügend Wasser vorhanden ist. Pflanzenfresser verspeisen bunte Beeren, Blätter und Knollen und Räuber finden jetzt viel Beute.

*Die Rote Lichtnelke blüht im Sommer und lockt Insekten an.*

**SOMMER**

## Das Laub färbt sich bunt

Im Herbst werfen Laubbäume wie Rotbuchen ihre Blätter ab, denn im Winter ist nicht genügend Sonnenlicht vorhanden, um effektiv Fotosynthese zu betreiben. Die Bäume stellen kein neues Chlorophyll (grünen Farbstoff) mehr her und bauen altes ab, sodass gelbe und orange-rote Farbstoffe (Carotinoide) sichtbar werden. Einige, wie die Ahornbäume, bilden rote Farbstoffe (Anthocyane), sodass sich das Herbstlaub oft sehr bunt färbt.

*Auch gelbe und orangefarbene Carotinoide fangen Licht ein.*

*Der grüne Farbstoff Chlorophyll nimmt die Energie des Lichts für die Fotosynthese auf.*

*Buchenblätter färben sich orange-braun, bevor sie abfallen.*

*Die Buchenblätter verfärben sich im Herbst und fallen ab.*

*Im Winter sehen die Zweige kahl aus, aber die Knospen für das nächste Jahr haben sich schon gebildet.*

***Buchen-Spei-Täubling***
*Im Herbst erscheinen diese giftigen Pilze in der Nähe von Rotbuchen.*

***Siebenschläfer***
*Die kleinen Nagetiere haben den Sommer in den Bäumen verbracht. Jetzt halten sie z. B. in aufgegebenen Kaninchenbauen Winterschlaf.*

### Es wird kühler

Im Herbst fressen viele Tiere Bucheckern, die auf den Waldboden gefallen sind. Sie legen Fettreserven an, um den kalten Winter zu überstehen. Die Blätter der Buchen und der anderen Laubbäume verfärben sich und fallen ab.

**HERBST**

***Wildkatze***
*Im Winter muss die Wildkatze länger jagen, um genügend kleine Säugetiere und Vögel zu finden.*

***Rotkehlchen***
*Weil sie im Winter kaum Insekten finden, fressen Rotkehlchen Samen und Beeren.*

### Die Kälte überleben

Im Wald ist die Nahrung im Winter knapp, deshalb halten viele Tiere Winterschlaf oder Winterruhe. Ohne Blätter können die Bäume keine Fotosynthese betreiben und somit keine Nährstoffe herstellen. Sie stellen ihr Wachstum bis zum Frühjahr ein.

**WINTER**

## Amerikanische Zitterpappeln

Das Herbstlaub der Zitterpappeln in den Wasatch-Bergen in Utah (USA) ist ein wunderbarer Anblick, aber man erkennt die Bäume auch an ihren Geräuschen! Die rundlichen Blätter zittern im Wind, sodass die Bäume typisch rascheln. Alle Bäume, die hier zu sehen sind, sind Teil eines einzigen Lebewesens, das man Pando nennt: Jeder einzelne Baum trieb aus einem riesigen Wurzelsystem aus und alle Bäume sind genetisch identische Klone. Die einzelnen Bäume werden mehrere Hundert Jahre alt, aber das Wurzelsystem, aus dem sie austreiben, ist sogar jahrtausendealt.

# Leben einer Eiche

Die Stieleiche kommt in Europa, Nordamerika, Nordafrika und im westlichen Asien vor. Ihre Blätter und die Eicheln sind unverkennbar. Eine Stieleiche kann 2000 Jahre alt werden und ist der Lebensraum vieler Tiere und Pilze. Dieser charakteristische Baum kommt in vielen Märchen und Legenden vor und aus seinem Holz baute man früher Gebäude und Schiffe.

### Eicheln bilden sich

Im Frühjahr weht der Wind Pollen von den männlichen Blüten, die in Kätzchen herabhängen, zu den kleinen dunkelrosa weiblichen Blüten, die zwischen den Blättern sitzen. Nach der Befruchtung bilden die weiblichen Blüten Eicheln, die botanisch Nussfrüchte sind. Aus ihnen können neue Eichen heranwachsen, aber sie sind die Nahrung vieler Tiere, wie Eichelhäher und Hörnchen.

**Männliche Blüten** Die grünen Knötchen an den Kätzchen sind männliche Blüten, die Pollen bilden.

### Eichengallen

Eine Galle bildet sich, nachdem eine Gallwespe ihre Eier in eine Knospe gelegt hat. Sobald die Larve schlüpft, sondert sie chemische Stoffe ab, die bewirken, dass sich eine Galle aus Blattgewebe entwickelt. Die Larve ernährt sich vom Gewebe der Galle, während sie heranwächst.

### Eicheln fallen vom Baum

Viele Eicheln, die zu Boden gefallen sind, werden von kleinen Tieren wie Eichhörnchen und Eichelhähern als Nahrungsvorrat für den Winter vergraben. Oft vergessen die Tiere aber einige der Eicheln.

### Keimen

Im Frühling nimmt die Eichel Wasser auf und keimt dann. Eine erste Keimwurzel wächst in den Boden und die Keimblätter erscheinen etwa eine Woche später.

### Keimling

Die jungen Laubblätter des Eichenkeimlings fangen Sonnenlicht ein, um Nährstoffe herzustellen, die der junge Baum braucht. Er wächst jedes Jahr 30 bis 50 cm. Stieleichenblätter kann man an ihren gelappten Rändern erkennen.

### Setzling

Jedes Jahr wird der Stamm dicker. Wenn er in ungefähr 1,4 m Höhe über dem Boden 2,5 cm Durchmesser hat, bezeichnen Gärtner ihn als Setzling. Er ist jetzt noch zu klein, um Eicheln zu bilden.

### Eicheln bilden sich

Die Eiche wächst weiter. Nun bildet sie Blüten. Aus den weiblichen entwickeln sich Eicheln. Im Lauf seines langen Lebens bildet der Baum viele Millionen Eicheln, von denen jede zu einem neuen Baum heranwachsen kann.

**Junge Eicheln**
Die Eicheln werden von schuppigen Bechern geschützt. Später bedeckt der Becher nur noch den unteren Teil.

**Eicheln im Spätsommer**
Die Eicheln sind im Sommer noch grün. Im Herbst werden sie braun, bevor sie vom Baum fallen.

**150 Jahre**

## Fruchtbare Jahre

Der Baum bildet nun jedes Jahr Eicheln. Alle 5 bis 10 Jahre steckt er besonders viel Energie in ihre Bildung. Man nennt solche Jahre Mastjahre. Wenn es sehr viele Eicheln gibt, ist die Chance groß, dass einige nicht von Tieren gefressen werden, sondern zu neuen Bäumen heranwachsen.

**700 Jahre**

## Alter Baum

Der Baum ist nun alt. Pilze ernähren sich vom morschen Holz des Stamms, sodass sich Baumlöcher bilden. Viele Tiere wie Vögel und Fledermäuse nutzen sie als Höhlen. Igel halten in der Laubstreu am Boden zwischen den Wurzeln Winterschlaf und Schlangen legen ihre Eier hier ab.

**1000 Jahre oder älter**

## Die Eiche stirbt

Die alte Eiche beginnt nun allmählich abzusterben. Ihr Stamm ist hohl und von Krankheiten geschwächt und kann die schweren Äste nicht mehr tragen. Einige Eichen werden 2000 Jahre alt.

# Entwicklung der Blätter

Die meisten Laubbäume, die in den gemäßigten Breiten wachsen, werfen jedes Jahr ihr Laub ab. Für uns symbolisieren diese Bäume die Jahreszeiten. Die ersten grünen Blätter kündigen das Frühjahr an. Im Sommer spendet das dichte Laub Schatten und im Herbst färben sich die Blätter bunt. Das ist ein Zeichen, dass nun bald der Winter beginnt.

**In einer Knospe**

Laubbäume legen ihre neuen Blätter bereits vor dem Herbst an und nutzen dabei die Nährstoffe der Wachstumsperiode im Sommer. Damit sie den Winter überstehen, werden die Blätter in der Knospe von dicken Schuppen (umgebildeten Blättern) geschützt.

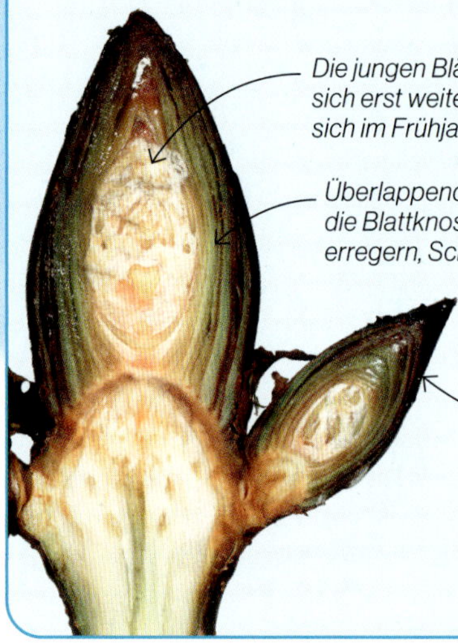

*Die jungen Blätter entwickeln sich erst weiter, wenn sie sich im Frühjahr entfalten.*

*Überlappende Schuppen schützen die Blattknospe vor Krankheitserregern, Schädlingen und Kälte.*

*Die Knospen vieler Bäume sind mit klebrigem Saft bedeckt, der hungrige Pflanzenfresser abschreckt.*

**Blattknospen**

Laubbäume wie die Rosskastanie, die natürlicherweise in Südosteuropa vorkommt, bilden die Blattanlagen schon im vorherigen Jahr. Sie sind noch klein und in Knospen verborgen, deren klebrige Schuppen vor der Winterkälte schützen.

**Die Knospen werden dicker**

Wenn es wärmer wird und die Tage länger werden, schwellen die Knospen an. Die zusammengefalteten Blätter in den Knospen beginnen zu wachsen und die Schuppen weiten sich, um die jungen Blätter noch zu schützen.

**Die Knospen brechen auf**

Die neuen Blätter brechen aus den Knospen hervor und schieben dabei die Schuppen weg. In jeder Knospe befinden sich mehrere Blätter.

*Die neuen Blätter entfalten sich. Jedes Blatt ist aus 5 bis 7 Einzelblättern zusammengesetzt.*

*Weiße, flauschige Haare bedecken die jungen Blätter. Sie schützen vor der Kälte im Frühjahr und vor starkem Sonnenlicht.*

*In einigen Knospen entwickeln sich Blütenstände.*

*Alle Blätter wachsen ungefähr gleich schnell.*

## Das Laub fällt ab

Die abgestorbenen Blätter fallen vom Baum, oft bei Herbststürmen. Die Zweige der Rosskastanie sind Anfang November meist kahl, aber die Knospen für das nächste Jahr sind nun bereits zu erkennen.

*Herabgefallene Blätter werden von Pilzen und anderen Mikroorganismen zersetzt oder von Würmern und Asseln gefressen.*

## Die Blätter sterben ab

Wenn der Baum viele Nährstoffe und viel Wasser aufgenommen hat, kann das Blatt nicht länger Fotosynthese betreiben und stirbt ab. Es färbt sich braun und vertrocknet.

## Blattnarben

Im Herbst bildet der Baum eine schützende Schicht zwischen dem Blattstiel und dem Zweig, an dem er sitzt. Wenn das Blatt abfällt, verhindert die Schicht, die man Blattnarbe nennt, dass Krankheitserreger in den Zweig gelangen.

*Die Blattnarben der Rosskastanie sehen wie Hufeisen mit Nägeln aus. Jeder „Nagel" stammt von einer Ader, die zuvor das Blatt versorgt hat.*

*Die Blätter färben sich im Herbst gelb und orange-braun, denn nun wird das grüne Chlorophyll abgebaut und gelbe Carotinoide werden sichtbar.*

## Orange-braun

Die Blätter der Rosskastanie verfärben sich normalerweise im September. Wenn sie stark von Miniermotten befallen sind, geschieht es schon früher.

*In den Blättern ist der Farbstoff Chlorophyll enthalten, der die Energie des Sonnenlichts für die Fotosynthese einfängt.*

## Herbstfärbung

Wenn die Tage kürzer und kühler werden, beginnt sich das Laub zu verfärben. In den Adern werden Nährstoffe vom Blatt in andere Teile des Baums transportiert, um wiederverwertet zu werden. Dieser Prozess beginnt am äußeren Blattrand.

*Die Blattränder verfärben sich, wenn Nährstoffe in andere Teile des Baums transportiert werden.*

*Das zusammengesetzte Blatt besteht aus sieben Fiedern.*

## Ausgebreitete Blätter

Die ausgebreiteten Blätter haben jetzt bis zu 30 cm Durchmesser und sind ein wenig kleiner als ein Essteller. Fünf bis sieben Fiedern sitzen an einem Blattstiel, der nicht braun, sondern grün ist.

*Die Blätter sind zusammengefaltet, aber sie breiten sich aus, während sie wachsen.*

*Während das Blatt älter wird, wird es fester und färbt sich dunkler grün.*

**Drehkiefern**
Große Teile der Rocky Mountains sind von Drehkieferwäldern bedeckt. Wenn die Bäume zehn Jahre alt sind, bilden sie erstmals Zapfen. In jedem Zapfen sind bis zu 45 Samen eingeschlossen.

**Alter Wald**

JUNGE ZAPFEN

*In einem Zapfen entwickeln sich bis zu 45 feuerfeste Samen.*

**Versiegelte Zapfen**
In Gebieten, in denen Waldbrände regelmäßig vorkommen, bilden die Kiefern spezielle Zapfen, die mit Harz versiegelt sind. Nur bei der Hitze eines Waldbrands schmilzt es und die Samen werden entlassen.

**Jahr 1**

# Feuer in der Natur

Brände kommen in der Natur seit Jahrmillionen vor. Das Feuer tötet einen großen Teil der Lebewesen. Einige Pflanzen haben sich im Lauf der Zeit jedoch an die Brände angepasst und nutzen sie zu ihrem Vorteil. Bestimmte Kiefern in den Rocky Mountains (einem Gebirgszug entlang der Westküste Nordamerikas von Kanada nach New Mexico) bilden Zapfen, die sich erst bei der Hitze eines Waldbrands öffnen.

**Verheerender Brand**
Die Brände können Wochen oder Monate dauern. Sie erlöschen, wenn nichts mehr übrig ist, was verbrennen kann, oder wenn es heftig regnet. Manchmal schaffen Feuerwehrleute es, sie zu löschen.

**Mehrere Wochen bis Monate**

**Die Erholung beginnt**
Nach einem Brand ist der Waldboden völlig verkohlt. Die Zapfen der Kiefern haben sich in der Hitze geöffnet und ihre Samen entlassen. Bald keimen sie, und nun gibt es keine anderen Pflanzen mehr, die ihnen das Licht rauben würden. In der nährstoffreichen Asche wachsen sie schnell.

JUNGE DREHKIEFERN

**Tage bis Wochen nach dem Waldbrand**

### Brände künstlich legen

Brände können verheerend sein, aber für die Pflanzen, die an das Feuer angepasst sind, sind sie zur Samenverbreitung lebenswichtig. Parkranger legen im Yellowstone-Nationalpark (USA) kontrollierte kleine Brände, sodass sich diese Pflanzen vermehren können. Dabei verbrennt trockenes Holz und unkontrollierte, gefährlichere Brände werden verhindert.

## Die Zapfen reifen

Nach zwei Jahren ist ein weiblicher Zapfen reif. Weil die Zapfen die Samen erst beim nächsten Waldbrand entlassen werden, bleiben sie drei Jahre oder länger am Baum.

**REIFER ZAPFEN**

*Jede Zapfenschuppe schützt einen oder zwei Samen vor hungrigen Tieren.*

**Jahr 2**

*Für den Steinadler ist der Waldbrand eine Gelegenheit, Beute zu fangen.*

## Ein Waldbrand bricht aus

Waldbrände kommen in der Region typischerweise einmal in 100 bis 300 Jahren vor, aber wenn es sehr trocken ist, geschieht es öfter. Das Feuer breitet sich im Sommer bei Hitze und Trockenheit aus. Die Drehkiefern sterben ab, aber ihre Samen überleben.

*Die Buschschwanzratte flieht vor dem Feuer aus ihrem Bau, aber der Adler erspäht sie.*

*Elche fliehen vor dem Feuer. Manchmal stellen sie sich in einen See oder Fluss.*

**Alle 100–300 Jahre**

## Neuer Wald wächst heran

Die jungen Kiefern werden in wenigen Jahren einen halben Meter hoch. Auch andere Pflanzenarten kehren allmählich zurück. Oft werden ihre Samen mit dem Wind oder von Tieren wie Elchen herbeitransportiert.

**2–3 Jahre nach dem Waldbrand**

## Der junge Wald

Zehn Jahre nach einem Brand bilden die Drehkiefern wieder Zapfen. Wegen des Klimawandels werden die Waldbrände in Zukunft häufiger, aber bisher haben die Zapfen noch immer einige Jahre Zeit zu reifen, bevor es wieder brennt.

**10 Jahre nach dem Brand**

# In der Wüste

Das Leben in einer Wüste ist nicht leicht. Weil es sehr heiß werden kann und nur wenig Regen fällt, können die meisten Pflanzen hier nicht wachsen, aber einige Arten haben sich an die extremen Bedingungen angepasst. Weil über die Blätter viel Wasser verdunstet, haben Kakteen wie der Saguaro sie zu Dornen umgebildet, die Schutz vor hungrigen und durstigen Tieren bieten. Die meisten Kakteen haben ein flaches Wurzelsystem, aber der Saguaro erreicht mit seinen Wurzeln Wasser tief im Erdboden. Die Sprosse betreiben Fotosynthese und speichern wertvolles Wasser, sodass die Pflanze viele Monate ohne Regen überlebt.

**Wasseraufnahme**

Viele Wüstenpflanzen sind sogenannte Sukkulenten, die in ihren dicken Blättern und Sprossen Wasser speichern. Nach einem Regen nehmen die Wurzeln rasch Wasser auf. Bei Saguaros (auch Kandelaberkakteen genannt) wird es in die Sprosse transportiert, die sich enorm ausdehnen können, um möglichst viel Wasser aufzunehmen.

**Tag 1**

**Keimung**

In der Sonorawüste (USA) keimen die kleinen schwarzen Samen der Saguaros, wenn es im Spätsommer regnet. Die jungen Pflanzen wachsen am besten unter alten Bäumen, die man Ammenbäume nennt. Sie spenden in der Hitze Schatten.

**0–10 Jahre alt**

**Die junge Pflanze**

Saguaros wachsen zunächst sehr langsam. Es kann zehn Jahre dauern, bis sie 2,5 cm hoch sind. In dieser Zeit sterben viele der Pflanzen, weil sie vertrocknen oder Nachtfröste nicht überstehen. Andere werden von Tieren gefressen.

**20–40 Jahre alt**

**Wachstumsperiode**

Am schnellsten wächst ein Saguaro, bevor er sich zu verzweigen beginnt und Blüten trägt. Je nachdem, wie viel Regen fällt, kann er bis zu 20 cm im Jahr wachsen.

**30–65 Jahre alt**

**Blüte**

Wenn die Pflanze etwa 2,2 m hoch ist, blüht sie jedes Jahr von April bis Juni. Die weißen Blüten öffnen sich nach Sonnenuntergang und ihr Duft lockt Fledermäuse an, die sie bestäuben.

Wie bei einem Akkordeon ziehen sich die Falten bei Wassermangel zusammen.

Nach einem Regen dehnt sich der mit Wasser gefüllte Spross aus.

*Viele Tiere leben in Höhlen in den Sprossen der Kakteen.*

*Die Dornen an den Sprossen schützen vor hungrigen und durstigen Tieren.*

**50–70 Jahre alt**

## Erster Seitenarm

Es dauert ein halbes Jahrhundert, bis ein Saguaro seine typischen Seitenarme ausbreitet. Blüten öffnen sich oben am Hauptspross und an jedem der Arme. Je mehr Verzweigungen, desto mehr Blüten und somit mehr Samen bildet die Pflanze.

**70–150 Jahre alt**

## In der Blüte des Lebens

Der Kaktus wird höher und verzweigt sich nun stärker. An einem besonders prächtigen Exemplar hat man 78 Seitenarme gezählt. Der Hauptspross wird meist etwa 13 m hoch. Die höchste bekannte Pflanze war mehr als 23 m hoch.

**150–300 Jahre alt**

## Der Tod

Die meisten Saguaros werden etwa 150 bis 175 Jahre alt, aber das älteste bekannte Exemplar namens „Old Granddaddy" war rund 300 Jahre alt, als es abstarb. Viele Saguaros haben in ihrem Leben ungefähr 40 Mio. Samen gebildet, wenn sie sterben.

### Blühende Wüste

Das Meer aus violett-roten Blüten ist ein ungewöhnlicher Anblick, denn diese Region in der chilenischen Atacama-Wüste ist normalerweise öde und ausgetrocknet. Die Samen einiger Blütenpflanzen ruhen hier fünf Jahre oder länger im Boden, bevor sie nach einem Regen rasch keimen. Die Blütenpflanze *Cistanthe grandiflora* ist eine von 200 Arten, die in der Atacama-Wüste plötzlich zum Leben erwachen.

***Cistanthe grandiflora***

# Riesige Blätter

In langsam fließenden Gewässern des südamerikanischen Amazonasbeckens wächst die Amazonas-Riesenseerose (*Victoria amazonica*). Ihre enormen Blätter können in einer Woche bis zu 3 Meter breit werden. Da sie einen großen Teil der Wasserfläche bedecken, rauben sie anderen Pflanzen das Licht.

### Keimung

Ein Samen der Riesenseerose keimt am Grund des Flussbetts. Wurzeln treiben aus und verankern die Pflanze im Schlamm.

### Platz schaffen

Die geschlossene Blattknospe wächst auf einem dicken Stiel, der 8 m lang werden kann, zur Wasseroberfläche hin. Die Knospe und der Stiel sind mit dicken Stacheln bedeckt und schaffen Platz für das künftige Blatt, indem sie andere Pflanzen aus dem Weg räumen.

### Das Blatt entfaltet sich

Die Blattknospe öffnet sich auf der Wasseroberfläche und das Blatt wird täglich etwa 20 cm größer. Dabei schiebt es andere Pflanzen fort und beschädigt sie zugleich mit seiner stacheligen Unterseite. Innerhalb einer Woche hat sich das riesige Blatt vollständig ausgebreitet.

### Ältere Pflanze

Eine ältere Riesenseerose bildet jeden Monat bis zu 10 Blätter. Ein Blatt kann 3 m Durchmesser haben und ist dann so groß wie ein Trampolin. Bald bedecken die Blätter die Wasserfläche völlig und schirmen das Sonnenlicht ab, sodass die Pflanzen unter ihnen nicht mehr wachsen können.

## Bestäubung

Ein Blatthornkäfer krabbelt in die Blüte, um Pollen zu fressen. Die Blüte schließt sich und der Käfer ist während der Nacht gefangen. Er wird mit Pollen aus den Staubblättern eingestäubt. Wenn sich die Blüte am nächsten Tag wieder öffnet, fliegt er fort, um an der nächsten Blüte Pollen zu fressen. Er überträgt den Pollen der ersten Blüte auf die Narben der zweiten Blüte.

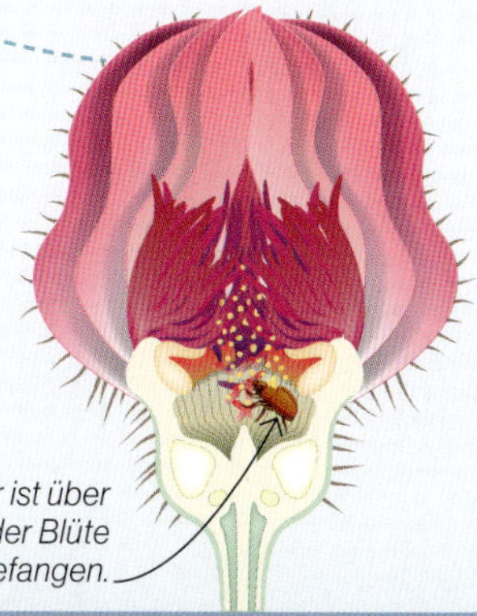

*Der Käfer ist über Nacht in der Blüte gefangen.*

*Auf diesem Luftbild sieht man, wie dicht die Seerosenblätter die Wasserfläche bedecken können.*

**Monat 5**

### Die Blüte bildet sich

Einige Monate nach dem Keimen ist die Riesenseerose bereit zu blühen. Die Blüte hat weiße Kronblätter und sitzt auf einem dicken Stiel, der mit kräftigen Wurzeln im Flussbett verankert ist. Die hübschen Blüten locken Käfer an, die sie bestäuben.

**+ 1 Tag**

### In der Blüte gefangen

Wenn eine Blüte voll entwickelt ist, öffnet sie sich bei Sonnenaufgang und lockt mit ihrem fruchtigen Geruch Käfer an. Nachts schließt sie sich, sodass die Käfer im Inneren gefangen sind. Sie bleiben in der Blüte und bestäuben sie, bis sie sich am nächsten Tag wieder öffnet.

**+ 2 Tage**

### Die Blüte verwelkt

Nachdem die Blüte bestäubt und befruchtet wurde, färbt sie sich dunkelrosa. Sie duftet nicht mehr und lockt deshalb auch keine Käfer mehr an. Langsam sinkt sie ins Wasser. Während der folgenden 2 bis 3 Monate entwickelt sie sich zu einer Frucht.

**Monat 8**

### Reife Frucht

Wenn die Frucht reif ist, verfault sie unter Wasser und gibt Hunderte Samen frei, die vom Wasser forttransportiert werden. Einige bleiben am Grund des Flusses liegen und keimen dort. Wieder wächst eine Amazonas-Riesenseerose, die im Wasser bald sehr dominant wird.

### Überleben im Salzwasser

An der Grenze zwischen Land und Meer wachsen Mangrovenbäume. Sie haben die besondere Fähigkeit, im salzhaltigen Wasser verwurzelt leben zu können. Mangrovenwälder schützen die Küsten vor dem Wind und den Wellen und verhindern, dass die Flüsse viel Erdboden ins Meer spülen. Außerdem bieten sie verschiedenen Tieren wie Fischen, Krebsen und Krokodilen Zuflucht. Mangrovenwälder haben sich an den Küsten tropischer und subtropischer Länder ausgebildet. Die hier abgebildeten Mangroven wachsen an der Küste Panamas.

# Leben einer Würgefeige

Die Pflanzen, die in dichten Regenwäldern wachsen, konkurrieren um den Platz und das Sonnenlicht. Einige werden viel höher als andere und fangen deshalb das meiste Licht ein. Würgefeigen wie die Florida-Würgefeige bewähren sich in diesem Wettbewerb auf ungewöhnliche Weise: Sie keimen auf einem Baum und bilden dicke Wurzeln aus, die allmählich dessen Stamm umschlingen. So stiehlt die Würgefeige dem Baum Licht und Nährstoffe, bis er schließlich abstirbt.

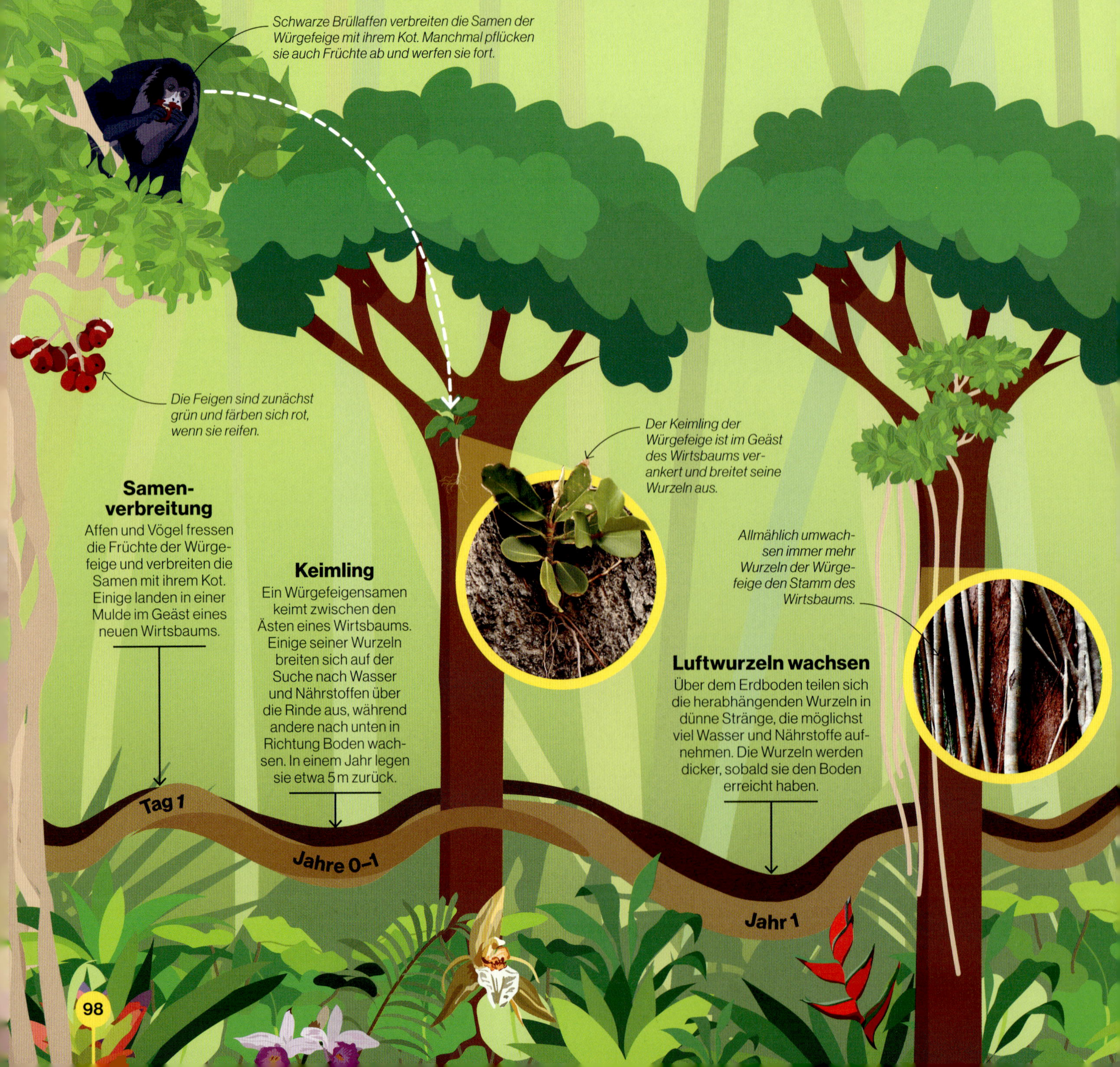


**Samenverbreitung**

Affen und Vögel fressen die Früchte der Würgefeige und verbreiten die Samen mit ihrem Kot. Einige landen in einer Mulde im Geäst eines neuen Wirtsbaums.

**Keimling**

Ein Würgefeigensamen keimt zwischen den Ästen eines Wirtsbaums. Einige seiner Wurzeln breiten sich auf der Suche nach Wasser und Nährstoffen über die Rinde aus, während andere nach unten in Richtung Boden wachsen. In einem Jahr legen sie etwa 5 m zurück.

**Luftwurzeln wachsen**

Über dem Erdboden teilen sich die herabhängenden Wurzeln in dünne Stränge, die möglichst viel Wasser und Nährstoffe aufnehmen. Die Wurzeln werden dicker, sobald sie den Boden erreicht haben.

## Bestäubung der Feigen

Die Blüten der Florida-Würgefeige werden von der Feigenwespe *Pegoscapus mexicanus* bestäubt, die in die Feige krabbelt und ihre Eier dort ablegt. Die Blüten befinden sich im Inneren der sich entwickelnden Feigenfrucht. Jede Feigenbaumart wird nur von einer oder wenigen Wespenarten bestäubt. Die Wespe und die Feige sind völlig aufeinander angewiesen, um sich fortpflanzen zu können. Eine solche Beziehung nennt man Mutualismus.

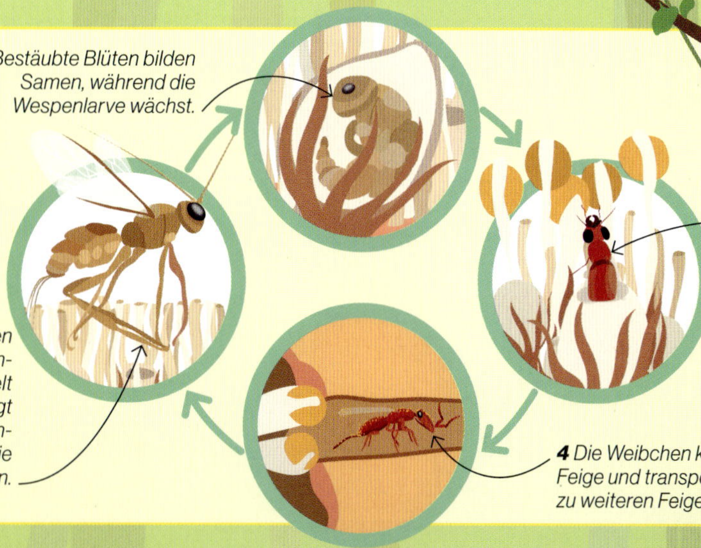

### Die Wurzeln verwachsen

Die Wurzeln verwachsen miteinander, sodass ein stabiles Netz um den Stamm des Wirtsbaums entsteht. Sie werden im Lauf der Zeit dicker und können schließlich das Gewicht der ganzen Feigenpflanze tragen.

### Der Wirtsbaum stirbt

Die Würgefeige schirmt nun alles Sonnenlicht vom Wirtsbaum ab und erwürgt ihn buchstäblich, indem sie ihm das Wasser und die Nährstoffe wegnimmt. Schließlich stirbt der Baum ab und verrottet. Der hohle, netzartige Stamm der Würgefeige bleibt übrig.

## Es gibt kein Entkommen!

Der verlockende Duft von süßem Nektar hat eine ahnungslose Wespe angelockt. Sie ist auf dem Blatt einer Venusfliegenfalle gelandet. Plötzlich klappt das Blatt zu und die Wespe ist wie in einem Käfig gefangen. Meistens fängt die fleischfressende Pflanze allerdings Fliegen, Spinnen, Ameisen und Käfer. Sie sondert Verdauungssäfte ab, die die Beute in eine nährstoffreiche Suppe verwandeln. Die Pflanze kann auf diese Weise wichtige Nährstoffe aufnehmen, die im Boden nicht vorhanden sind.

# Stinkende Blüte

Auf der indonesischen Insel Sumatra stinkt es im Regenwald gehörig. Der Blütenstand der Titanenwurz sondert den Geruch von verwesendem Fleisch oder Fisch ab. Mit drei Metern Höhe ist er der höchste unverzweigte Blütenstand der Erde. Der Aasgeruch lockt Fliegen und Käfer an, die die vielen Hundert Blüten an der Basis des Blütenkolbens bestäuben.

*Der Blütenkolben ist fast doppelt so hoch wie ein erwachsener Mensch.*

**Monat 1** | **Monat 2** | **Tag 1 der Blüte**

### Die Knolle

Vier bis fünf Jahre lang besteht die Pflanze nur aus einem einzigen riesigen Blatt. In einer Knolle im Erdboden werden Nährstoffe gespeichert. Die Knolle wird jedes Jahr größer.

### Blütenknospe

Wenn die Knolle 20 kg schwer ist, sind in ihr so viele Nährstoffe gespeichert, dass sich der Blütenstand entwickeln kann. Er ist von einem Hochblatt umgeben, das aussieht wie ein Kronblatt.

### Schnelles Wachstum

Der Blütenstand wächst täglich bis zu 15 cm. Wenn er ungefähr 3 m hoch ist, bricht die Spitze des Kolbens aus dem Hochblatt hervor.

### Die Blüte öffnet sich

Das Hochblatt breitet sich aus und erinnert jetzt an einen violetten Faltenrock. Es kann 1,5 m Durchmesser haben. Jetzt ist die Basis des Kolbens sichtbar, an der Hunderte männliche und weibliche Blüten sitzen. Der Kolben riecht nun nach verwesendem Fleisch.

## Lebenszyklus

Wenn die Titanenwurz nicht blüht, bildet sie nur ein riesiges Blatt, das bis zu 6 m hoch werden kann und aussieht wie ein Baum. Die Energie für das Wachstum zieht es aus der unterirdischen Knolle. Nach 12 bis 18 Monaten stirbt das Blatt ab. Die Knolle ruht vier Monate, bevor sich ein neues Blatt entfaltet. Wenn die Bedingungen günstig sind, bildet sich statt eines Blatts ein Blütenstand.

**Nacht 1 der Blüte** | **Nächster Tag** | **Tag 5 und später** | **5–6 Monate später**

### Die Blüte

Der Blütenkolben erwärmt sich auf die Körpertemperatur eines Menschen. So kann sich der abscheuliche Gestank noch besser verbreiten. Er ist noch in 1 km Entfernung zu riechen und lockt Käfer und Fliegen an. Die Insekten krabbeln in den Blütenstand und wenn sie die Staubblätter der Blüten an der Kolbenbasis berühren, werden sie mit Pollen eingepudert.

### Die Blüte welkt

Die Titanenwurz blüht (und stinkt) nur 24 bis 36 Stunden lang, bevor sie verwelkt. Weibliche Blüten, die bestäubt wurden, entwickeln sich danach allmählich zu Früchten.

### Die Blüte kollabiert

Der Blütenstand fällt innerhalb einer Woche nach der Blüte in sich zusammen und nur der dicke grüne Stiel bleibt bestehen. Aus den bestäubten Blüten entwickeln sich runde Früchte, die erst nach fünf oder sechs Monaten reif sind. Die anderen Blütenteile sind dann fast völlig verrottet.

### Früchte reifen

Die Titanenwurz bildet Hunderte rote Früchte, von denen jede einen oder zwei Samen enthält. Nach der Blüte ruht die Knolle einige Monate, bevor sie neue Blätter oder einen neuen Blütenstand bildet.

# Leben eines Pilzes

Pilze sind keine Pflanzen, sondern sie bilden ein eigenes Reich. Hut und Stiel sind nur die Fruchtkörper, während der größte Teil des Pilzes im Untergrund verborgen wächst, oft zwischen Baumwurzeln oder in totem Holz. Er besteht aus feinen Fäden, die man Hyphen nennt. Sie verbinden sich zu einem Netz (Myzel), das Wasser und Nährstoffe aufnimmt. Schließlich entwickeln sich die Fruchtkörper. Wenn ein Fruchtkörper, zum Beispiel ein Fliegenpilz, reif ist, bildet er Millionen winzige Sporen zur Vermehrung.

Die Sporen werden vom Wind verbreitet.

**Die Sporen landen**
Die winzigen Sporen werden vom Wind verweht. Viele landen auf trockenen Oberflächen, auf denen es weder Nährstoffe noch Wasser gibt, und sterben ab. Die, die auf feuchtem Boden landen, haben eine Überlebenschance.

**Der Pilz verfault**
Der rote Hut beginnt zu verfaulen. Er hat seine Aufgabe erfüllt und Sporen gebildet, die für die Vermehrung des Pilzes sorgen. Beim Faulen gibt er seine Nährstoffe wieder an den Boden ab.

**Die Hyphen wachsen**
Wenn die Bedingungen für die Fortpflanzung günstig sind, wie Bodentemperatur und Regen, wachsen fadenförmige Hyphen aus den Sporen. Dieses unterirdische Netz aus Hyphen nennt man Myzel.

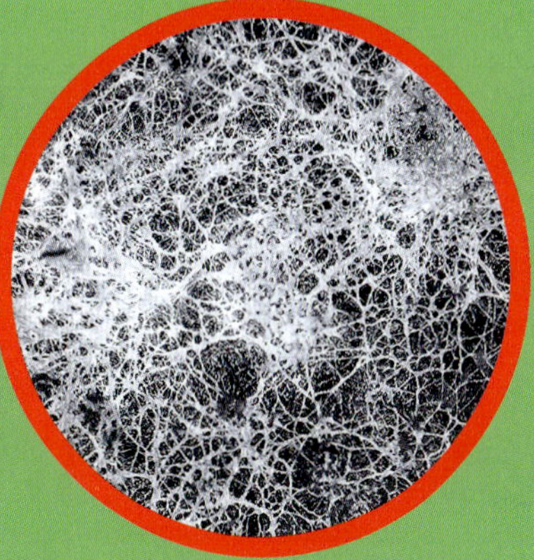

**Primordien bilden sich**
Hyphen verwachsen an einigen Stellen miteinander und bilden Knötchen. Die meisten entwickeln sich nicht weiter, aber einige wachsen zu Anlagen für junge Pilze mit Stiel, Hut und Lamellen heran, den sogenannten Primordien. Das Pilzmyzel versorgt sie mit Nährstoffen.

**Weiße Schuppen**
Wenn der Fruchtkörper des Pilzes sichtbar wird, ist er mit weißen Schuppen bedeckt. Sie sind die Überreste einer Hülle, die den jungen Pilz schützte, während er sich entwickelte.

## Verschiedene Pilze

Pilze haben vielfältige Farben und Formen. Es gibt weiße, gelbe, braune, orange-gelbe, rote, violette und blaue Arten. Einige haben flache Hüte, während andere an ein Vogelnest erinnern. Wieder andere sind kugelrund oder wie Sterne oder Gitterkäfige geformt. Einige Pilzarten sind hochgiftig.

**Tiegelteuerling**

***Entoloma hochstetteri***

**Tropische Schleierdame**

## Unterirdische Kommunikation

Wurzeln, Pilze und Bakterien bilden komplizierte Netzwerke aus, die man manchmal als das „Wood-Wide-Web" bezeichnet. Die verschiedenen Lebewesen können sogar Informationen austauschen. Pilze geben Kohlenstoff, Stickstoff und Phosphor an die Pflanzen ab, die diese dringend brauchen.

# So verrottet Holz

Wenn ein Ast oder ein ganzer Baumstamm auf den Waldboden stürzt, verrottet er mit der Zeit. Dieser Prozess kann viele Jahre dauern, je nachdem, wie groß der Ast ist, um welche Baumart es sich handelt und welche Lebewesen dazu beitragen, dass er sich zersetzt. Es dauert 115 Jahre, bis ein dicker Douglasienast wie dieser in einem nordamerikanischen Wald vollständig aufgebrochen ist. Im warmen, feuchten südamerikanischen Amazonas-Regenwald dauert es nur etwa 30 Jahre.

### Schwächung des Baums

Baumäste sind meistens bereits einige Zeit morsch, bevor sie schließlich vom Baum abbrechen. Oft sind sie mit Pilzen oder Bakterien befallen, die die lebenden Gewebe zerstören und den Baum schwächen. Der Pilz, der hier abgebildet ist, verursacht bei Nadelbäumen die Wabenfäule. In Nordamerika ist er einer der häufigsten Pilze, die Holz morsch werden lassen.

### Ein Ast bricht ab

Wenn ein Ast einer Douglasie abgestorben oder aufgrund von Krankheit oder Trockenheit geschwächt ist, kann ein kräftiger Windstoß bewirken, dass er abbricht und auf den Waldboden fällt.

**Tag 1**

*Bananenschnecken sind auf der Suche nach Pilzen und abgestorbenen Pflanzenteilen.*

### Insektenlarven

Insekten bohren Löcher in den Stamm und legen ihre Eier hinein. Ihre Larven fressen nicht sehr viel Holz, aber in die Löcher können Pilzsporen eindringen. Die Pilze zersetzen das Holz im Lauf der Zeit.

**Jahr 1**

*Die erwachsenen Bockkäfer fressen kein Holz mehr.*

### Hungriger Bär

Ein Bär reißt auf der Suche nach Käferlarven, Ameisen und anderen wirbellosen Tieren die Rinde mit seinen Krallen auf. An diesen Stellen dringen Pilze und andere Zersetzer ein, sodass der Ast schneller verrottet.

**Jahr 2**

*Kleine Räuber wie diese Spinne erkunden den Baumstamm.*

*Bockkäferlarven leben ein bis zwei Jahre lang im Holz.*

*Bären haben einen feinen Geruchssinn und können Larven aufspüren, die im Holz verborgen sind.*

*Die Borke ist robust und wasserundurchlässig und schützt den Baum vor Schädlings- und Pilzbefall.*

*Der Kiefern-Feuerschwamm ist der Fruchtkörper der Pilzart, die die Wabenfäule verursacht.*

**Dunenspecht**

Viele Tiere wie dieser Dunenspecht fressen Larven, die im Holz leben. Der Specht hämmert mit seinem spitzen Schnabel Löcher in das Holz, um Larven herauszuholen. Wie die Bären mit ihren scharfen Krallen trägt auch er zur Zersetzung des Holzes bei.

*Ein Gelbfleckiger Tausendfüßer sucht nach herabgefallenen Nadeln, von denen er sich ernährt.*

**Fruchtkörper der Pilze**

Viele Pilze besiedeln totes Holz. Sie zersetzen es und nehmen die Nährstoffe auf. Nach einigen Jahren bilden viele der Pilzarten Fruchtkörper.

**Jahr 5**

**Das Holz zersetzt sich**

Das Holz beginnt zu zerbröseln. Wenn es im Winter gefriert, beschleunigt das die Zersetzung.

**Jahr 20**

*Farne, Moose und andere Pflanzen wachsen an feuchten Stellen.*

**Das Holz wurde zersetzt**

Das Holz ist nun in kleine Teilchen zerfallen, die den Waldboden bedecken. Wirbellose Tiere verzehren sie, sodass die Nährstoffe mit ihrem Kot wieder in den Boden der Umgebung gelangen.

**Jahr 80**

**Neuer Boden**

Der Ast ist jetzt zu feinem Kompost zerfallen, der den jungen Pflanzen Nährstoffe liefert und Wasser speichert.

**Jahr 115**

*Asseln leben im Boden und fressen vermodernde Pflanzen und Pilze.*

*Der Riesen-Querzahnmolch versteckt sich tagsüber unter dem Baumstamm.*

*Vermodernde Blätter, Nadeln und morsches Holz sind die wesentlichen Bestandteile des Waldbodens.*

*Diese Pilze bilden in den Lamellen an der Unterseite ihrer Hüte Sporen.*

*Wenn sich Regenwürmer durch den Erdboden graben, durchmischen sie ihn. Die Pflanzenreste verrotten deshalb schneller.*

# TIERE

Bisher sind weltweit etwa 7,7 Millionen Tierarten bekannt und somit sind die Tiere die vielfältigsten Lebewesen. Nimmt man die Arten, die bereits ausgestorben sind, und die, die der Wissenschaft noch nicht bekannt sind, dazu, ist die Zahl noch höher. Tiere haben sich an das Leben in fast allen Lebensräumen der Erde angepasst. Einige haben erstaunliche Fähigkeiten: Sie können abgebissene Körperteile nachwachsen lassen oder die Farbe wechseln, um sich zu tarnen. Manche ertragen extreme Temperaturen und andere legen weite Strecken zurück, um Nahrung oder Partner zu finden. Die Welt der Tiere wird immer faszinierender, je mehr wir über sie herausfinden.

### *Herrerasaurus*
Dieser bis 6 m lange Räuber lebte im heutigen Argentinien und war einer der ersten Dinosaurier. *Herrerasaurus* konnte auf den kräftigen Hinterbeinen schnell laufen. Er hatte große Augen, bewegliche Kiefer und spitze Zähne. Mit Krallen an den Fingern packte er seine Beute.

### *Plateosaurus*
Diese Dinosaurier waren in Europa verbreitet. Sie wurden 10 m lang und lebten in Herden. Auf dem langen Hals saß ein kleiner Kopf. Mit den großen Daumenkrallen an den Händen pflückten die Tiere Pflanzenteile ab.

### *Barapasaurus*
Dies war einer der ersten riesigen Dinosaurier. Er lebte im heutigen Indien und wurde 14 m lang. *Barapasaurus* hatte die typischen Merkmale eines großen Pflanzenfressers: einen langen Hals und Schwanz und vier kräftige, säulenförmige Beine, die den massigen Körper trugen.

**Vor etwa 228 Mio. Jahren**

**Vor etwa 210 Mio. Jahren**

**Vor etwa 185 Mio. Jahren**

### Was ist ein Dinosaurier?
Die Dinosaurier bildeten eine Gruppe von Reptilien. Sie entwickelten sich im Zeitalter der Trias. Der Name kommt aus dem Griechischen und bedeutet „Schreckliche Echsen". Sie lebten an Land und legten Eier. Viele hatten lange Schwänze, mit denen sie das Gleichgewicht hielten. Bei allen Dinosauriern standen die Beine senkrecht unter dem Körper, anders als bei den heutigen Reptilien.

**Eidechse**
Bei heutigen Echsen sind die Knie und Ellbogen seitlich abgewinkelt.

**Krokodil**
Bei diesen Reptilien sind die Knie und Ellbogen leicht gebeugt.

**Dinosaurier**
Bei Dinos standen die Beine senkrecht unter dem Körper.

# Entwicklung der Dinosaurier

Die Dinosaurier entwickelten sich vor etwa 240 Millionen Jahren. Nur 12 Millionen Jahre zuvor waren bei einem Massenaussterben 70 % aller Lebewesen für immer von der Erde verschwunden. Die Dinosaurier, die in der frühen Trias lebten, waren klein und flink. Später, im Jura und in der Kreide, entwickelten sich sehr viele neue Arten. Über Jahrmillionen beherrschten diese anpassungsfähigen Reptilien die Erde.

### *Patagotitan*
Dort, wo heute Argentinien ist, lebte der etwa 37 m lange *Patagotitan*. Er war eines der größten Tiere der Erde und erreichte mit seinem enorm langen Hals hoch am Baum wachsende Blätter. Mit dem langen Schwanz hielt er das Gleichgewicht.

### *Spinosaurus*
Der größte Fleischfresser in Nordafrika war der 15 m lange *Spinosaurus*, der ein Segel am Rücken trug. Er lebte ähnlich wie ein riesiges Krokodil. Mit seinem Schwanz verschaffte er sich im Wasser Antrieb und mit den spitzen Zähnen in der langen Schnauze fing er Fische.

### *Corythosaurus*
Dieser 9 m lange Entenschnabel-Dinosaurier oder Hadrosaurier besaß einen flachen Schnabel, mit dem er in den Waldgebieten Nordamerikas Früchte, Samen und Nadelblätter fraß. Der Knochenkamm auf seinem Kopf war sehr auffällig.

**Vor etwa 101 Mio. Jahren**

**Vor etwa 99–94 Mio. Jahren**

**Vor etwa 75–71 Mio. Jahren**

### Cryolophosaurus

Auch der über 6 m lange *Cryolophosaurus* war einer der ersten großen Dinosaurier. Der Fleischfresser trug einen charakteristischen Knochenkamm auf dem Kopf und lebte in der Antarktis, wo es im frühen Jura warm war.

**Vor etwa 196–183 Mio. Jahren**

### Huayangosaurus

Dieser etwa 4,5 m lange Pflanzenfresser lebte im heutigen China und war eines der ersten Mitglieder der Gruppe der Stegosaurier. Er bewegte sich langsam. Auffällige Platten am Rücken und Stacheln an der Schwanzspitze schützten ihn vor Angriffen.

**Vor etwa 165 Mio. Jahren**

### Archaeopteryx

*Archaeopteryx* war klein und vogelähnlich und hatte Flügel. Wie seine Dinosauriervorfahren besaß er einen langen Schwanz und Zähne im Schnabel. Er konnte kurze Strecken fliegen.

**Vor etwa 150–148 Mio. Jahren**

### Allosaurus

Der riesige Raubsaurier wurde 12 m lang und hatte einen großen Schädel, spitze Zähne, einen kräftigen Hals und muskulöse Beine. An seinen kurzen Armen saßen Hände mit drei Fingern. Die scharfen Krallen setzte er ein, wenn er Aas fraß oder Beutetiere packte.

**Vor etwa 156–144 Mio. Jahren**

### Iguanodon

Diese großen Dinos lebten in Europa in Herden. Gemeinsam waren sie besser vor Räubern geschützt. Mit großen Stacheln an den Daumen verteidigten sie sich und pflückten Pflanzenteile ab.

**Vor etwa 126–122 Mio. Jahren**

### Psittacosaurus

Mit seinem guten Geruchssinn und den scharfsichtigen Augen konnte dieser Dinosaurier seine Feinde wahrnehmen, vor denen er auf den Hinterbeinen floh. Er war nur 2 m lang, hatte Borsten am Schwanz und einen Papageienschnabel.

**Vor etwa 126–101 Mio. Jahren**

### Oviraptor

Der Name dieses nur 2 m langen Dinosauriers, der in der heutigen Mongolei lebte, bedeutet „Eier-Dieb“, denn Forschende glaubten früher, dass er Eier aus den Nestern anderer Dinosaurier stahl. Später stellte sich heraus, dass er seine eigenen Eier bewachte, wie viele heutige Vögel.

**Vor etwa 76–74 Mio. Jahren**

### Protoceratops

In der Wüste Gobi in der heutigen Mongolei lebten diese kleinen Pflanzenfresser in Gruppen und gruben Baue in den Sand. Dort waren sie vor Räubern wie *Velociraptor* geschützt. Sie hatten kräftige Papageienschnäbel und verteidigten ihre Nester und ihre Jungen heftig.

**Vor etwa 74–70 Mio. Jahren**

### Tyrannosaurus

Dies war der größte Raubsaurier Nordamerikas. Mit seinem guten Geruchssinn spürte er Beute auf, aber er fraß auch Aas. In den gewaltigen Kiefern saßen enorme Zähne, mit denen er Knochen zermalmen konnte und gegen Rivalen kämpfte.

**Vor etwa 68–66 Mio. Jahren**

**Legende**

- Trias
- Jura
- Kreide

# Evolution des Fliegens

Im Lauf der Erdgeschichte entwickelte sich die Flugfähigkeit bei vier Tiergruppen unabhängig voneinander. Es sind die fliegenden Insekten, die Vögel (direkte Nachfahren der Dinosaurier), die Fledermäuse (Säugetiere) und die Flugsaurier (Reptilien, die heute ausgestorben sind). Das Fliegen ist eine effektive Fortbewegungsart. Mit Flügeln erzeugt das Tier einen Auftrieb, der es in die Luft hebt.

**Frühe Insekten**

Fossilien-Forschende entdeckten bei *Rhyniella praecursor* Merkmale, aus denen sich später das Fliegen entwickelt haben könnte. Das Tierchen konnte bei Gefahr in die Luft springen.

**Vor etwa 360 Mio. Jahren**

**Erste Flieger**

*Mazothairos* war eine Insektengruppe. Diese Tiere konnten bereits fliegen. Sie hielten die vier Flügel wahrscheinlich flach ausgebreitet wie Libellen. Außerdem hatten sie ein zusätzliches kleines Flügelpaar hinter dem Kopf.

**Vor etwa 330 Mio. Jahren**

**Fliegende Fische**

Die ersten fliegenden Fische entwickelten sich in der Trias. Sie konnten ein Stück weit über das Wasser gleiten und setzten dabei ihre kräftige Schwanzflosse ein. Das taten sie, wenn sie von Raubfischen verfolgt wurden.

**Vor etwa 240 Mio. Jahren**

**Flugsaurier**

Flugsaurier entwickelten sich aus kleinen Reptilien, die Bäume emporkletterten. Sie starben vor etwa 66 Mio. Jahren aus, zur gleichen Zeit wie ihre Dinosaurierverwandten.

**Vor etwa 225 Mio. Jahren**

**Brückentier und Urvogel**

*Archaeopteryx* hatte Zähne im Schnabel und einen langen Schwanz, der von Wirbelknochen gestützt wurde. Er flog kurze Strecken. Als seine Fossilien entdeckt wurden, entwickelten Forschende die Theorie, dass die Vögel von Dinosauriern abstammen, da er Merkmale beider Gruppen in sich vereint.

**Vor etwa 147 Mio. Jahren**

**Flügel mit Krallen**

Der krähengroße *Confuciusornis* war ein guter Flieger mit kurzen Flügeln. Er besaß an jedem Flügel drei Finger mit Krallen Vielleicht kletterte er mit ihnen auf Bäume.

**Vor etwa 127 Mio. Jahren**

## Entwicklung des Flugs

Die heutigen Vögel sind Nachfahren kleiner, gefiederter Dinosaurier. Federn entwickelten sich zunächst, um den Körper zu wärmen, und dienten vielleicht auch zur Tarnung oder zur Balz. Es gibt verschiedene Theorien, wie sich die Flugfähigkeit entwickelte.

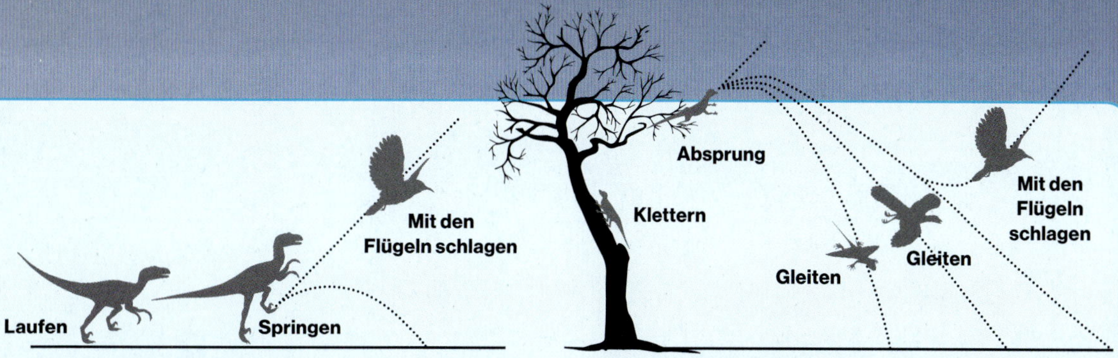


**Laufen und Springen**
Wahrscheinlich machten gefiederte Dinosaurier zunächst Sprünge, während sie rannten. Irgendwann glitten sie daraufhin kurze Strecken auf ihren Flügeln dahin.

**Abspringen und Gleiten**
Möglicherweise kletterten gefiederte Dinosaurier Bäume empor und hielten sich mit Krallen an ihren Fingern fest. Oben angelangt, sprangen sie ab und glitten zum nächsten Baum. Vielleicht schlugen sie dabei mit den Flügeln.

### Gleitflug

*Microraptor*, ein entfernter Verwandter von *Archaeopteryx*, war ein Dinosaurier, dessen Arme und Beine zu Flügeln umgebildet waren. Experten glauben, dass sie zum Fliegen zu klein waren. Wahrscheinlich glitt das Tier mit ihnen von Baum zu Baum.

### Fledermäuse

Fledermäuse und Flughunde, die es noch heute gibt, sind die einzigen Säugetiere, die fliegen können. Ihre Flügel bestehen aus Haut, die von stark verlängerten Fingerknochen aufgespannt wird.

### Wanderfalke

Dieser mittelgroße Greifvogel, der sich aus anderen Falken entwickelte und den es noch heute gibt, ist der schnellste Flieger aller Zeiten. Im Sturzflug kann er 320 km/h erreichen, wenn er andere Vögel jagt.

### Fliegende Echsen

Es gibt noch heute mehrere Arten fliegender Echsen, die man Flugdrachen nennt. Statt die Arme und Beine einzusetzen, gleiten diese Reptilien auf Flughäuten, die von verlängerten Rippen aufgespannt werden, von Baum zu Baum.

### Steuerung

*Eoalulavis* war einer der ersten Vögel mit Daumenfittich. Dieser bestand aus Federn am beweglichen Daumenknochen an der Vorderkante der Flügel und er bewirkte, dass die Luft besser über den Flügel hinwegströmen konnte. Heutige Vögel steuern damit.

### Gleithörnchenbeutler

Mit einer Flughaut zwischen den Beinen kann dieses australische Beuteltier, das bis heute überlebt hat, von Baum zu Baum gleiten. Auch in anderen Teilen der Erde entwickelten sich gleitende Säugetiere – die Gleithörnchen, die es ebenfalls noch heute gibt.

**Vor etwa 125 Mio. Jahren** – **Vor etwa 122 Mio. Jahren** – **Vor etwa 115 Mio. Jahren** – **Vor etwa 52 Mio. Jahren** – **Vor etwa 5 Mio. Jahren** – **Vor etwa 2,1 Mio. Jahren**

# Das Ende der Dinosaurier

Die Dinosaurier waren etwa 165 Millionen Jahre lang die vorherrschenden Landtiere. Giganten wie *Edmontosaurus*, gehörnte Dinos wie *Triceratops* und kleine Dinosaurier wie *Microceratus* fraßen Gräser, Baumblätter und andere Pflanzenteile und wurden von Fleischfressern wie *Tyrannosaurus* gejagt. Am Himmel flogen Flugsaurier und andere riesige Reptilien wie die Mosasaurier und Plesiosaurier beherrschten die Meere. Dann, am Ende der Kreidezeit vor etwa 66 Millionen Jahren, schlug ein riesiger Asteroid auf der Erde ein. Er löschte mehr als die Hälfte der Arten aus, unter ihnen fast alle Dinosaurier.

**0 Minuten**

### Asteroideneinschlag

Ein riesiger Asteroid durchdringt die Atmosphäre der Erde und schlägt dort ein, wo sich heute der Golf von Mexiko befindet. Der Einschlag hat verheerende Folgen. Gesteine werden aufgeschmolzen und eine gigantische Wolke aus Staub und giftigem Rauch steigt auf.

**6–10 Minuten**

### Stoßwellen

Der Einschlag verursacht ein Erdbeben der Magnitude 10 und Stoßwellen breiten sich in alle Richtungen aus. Ein solches Erdbeben würde mit Sicherheit die meisten heutigen Städte sofort zerstören.

**6 Minuten–2 Stunden**

### Heißes Gestein

Glasartige Brocken aus superheißem Gestein werden in die Luft geschleudert und fallen wieder auf das Festland und ins Meer. Viele Tiere, die nicht in unterirdischen Bauen oder im Wasser leben, werden mit glühend heißen Steinen bombardiert, die auch die Atmosphäre aufheizen.

**18–26 Stunden**

### Tsunami

Das Erdbeben löst gewaltige Meereswellen aus, die man Tsunamis nennt. Als die Wellen die Küsten erreichen, sind sie etwa halb so hoch wie der Mount Everest. Unzählige Lebewesen ertrinken.

**0–1 Woche**

### Staub und Rauch

Staubwolken werden beim Einschlag des Meteoriten aufgewirbelt. Weil in vielen Regionen Brände ausbrechen, gelangt jede Menge Asche in die Luft. Innerhalb einer Woche breitet sich diese gigantische Wolke aus Staub und Rauch über die ganze Erde aus und schirmt das Sonnenlicht ab, sodass es kalt wird.

0–3 Monate

## Brände

Heiße Gesteinsbrocken erhitzen die Atmosphäre und töten alle Tiere, die sich nicht in Höhlen, Baue oder ins Wasser zurückziehen können. Sie entfachen Waldbrände, die sich über die Kontinente ausbreiten. Schließlich sind 70 % aller Wälder vernichtet.

1 Woche–mehr als 20 Jahre

## Kein Sonnenlicht

Der Rauch, der bei den Waldbränden entsteht, schirmt in der Atmosphäre das Sonnenlicht ab. Die Pflanzen können nicht mehr wachsen und Tiere, die sich von Pflanzen ernähren, verhungern. Weil es kalt ist, überleben die meisten der wechselwarmen Tiere wie die Dinosaurier nicht, denn sie können nur aktiv werden, wenn sie sich zuerst in der Sonne aufwärmen.

1 Woche–mehr als 20 Jahre

## Eisige Kälte

Die Temperaturen sinken in den Tropen um etwa 80 %. Weil viele Dinosaurier sterben, haben Aasfresser zunächst einen Vorteil. Sie finden jetzt jede Menge Nahrung.

mehr als 20 Jahre

## Neues Leben

Die Auswirkungen des Asteroideneinschlags haben die Erde verwüstet und die Dinosaurier ausgerottet. Im Lauf der Zeit klart der Himmel auf, Pflanzen können wieder wachsen und kleine, anpassungsfähige Tiere wie Vögel, die die Katastrophe überlebt haben, vermehren sich wieder.

Phenacodus *war ein kleines, leicht gebautes Säugetier, das sich vor etwa 55 Mio. Jahren entwickelte.*

## Die Vögel überlebten

Nicht alle Dinosaurier starben nach dem Asteroideneinschlag aus. Einige Vögel überlebten. Aus kleinen Dinosauriern hatten sich bereits vor dem Einschlag viele verschiedene Vögel entwickelt. *Archaeopteryx* sah aus wie ein kleiner Dinosaurier mit Federn, aber er konnte fliegen. Er ist bisher der älteste flugfähige Dinosaurier, dessen Fossilien gefunden wurden.

# Versteinerung

Fossilien sind die versteinerten Überreste von Tieren, Pflanzen und ihren Spuren. Die Versteinerung kann auf unterschiedliche Weise ablaufen, aber am häufigsten geschieht das, was hier erklärt wird: Wenn ein Lebewesen bald nach seinem Tod mit Sand oder Schlamm bedeckt wird, verwandeln sich vor allem die harten Körperteile wie Schalen, Knochen, Zähne und Holz bei bestimmten Bedingungen im Lauf der Zeit in Stein.

## Versteinerung

Die Sedimentschichten häufen sich im Lauf von Jahrmillionen an und verfestigen sich zu Stein. Die Fossilien im Sediment werden plattgedrückt, aufgelöst oder von Mineralien im Wasser ersetzt. Harte Körperteile wie Knochen oder Schalen verwandeln sich am häufigsten in Stein.

## Verschiedene Fossilientypen

Meistens sind Körperteile versteinert, aber es gibt auch andere Fossilien:

**Körperfossilien**
Dies sind harte Teile der urzeitlichen Pflanze oder des Tiers, wie z.B. Holz, Knochen, Zähne oder Schalen, die in ihrer ursprünglichen Form erhalten sind. Weichere Teile wurden nach dem Tod gefressen oder sind verwest.

**Spurenfossilien**
Auch verschiedene Spuren, die urzeitliche Tiere hinterlassen haben, wie Fußabdrücke, Baue, Eier und Kot (hier zu sehen), bleiben als Versteinerungen erhalten.

**Steinkerne**
Wenn sich der Körper auflöst, nachdem das Sediment zu Stein geworden ist, können sich im Hohlraum Minerale bilden. Sie haben die Form des ursprünglichen Tiers oder Körperteils.

## Ein Fossilienfund

Millionen Jahre später gelangen durch Bewegungen der Erdkruste oder durch die Erosion mit Wind und Wasser Gesteinsschichten wieder an die Oberfläche, die Fossilien enthalten. Fossilien sind zerbrechlich. Es ist sehr schwierig, sie unversehrt freizulegen.

*In einer kalten Umgebung gefriert ein totes Tier. Dabei bleiben oft auch weichere Körperteile wie Fell oder Haut erhalten.*

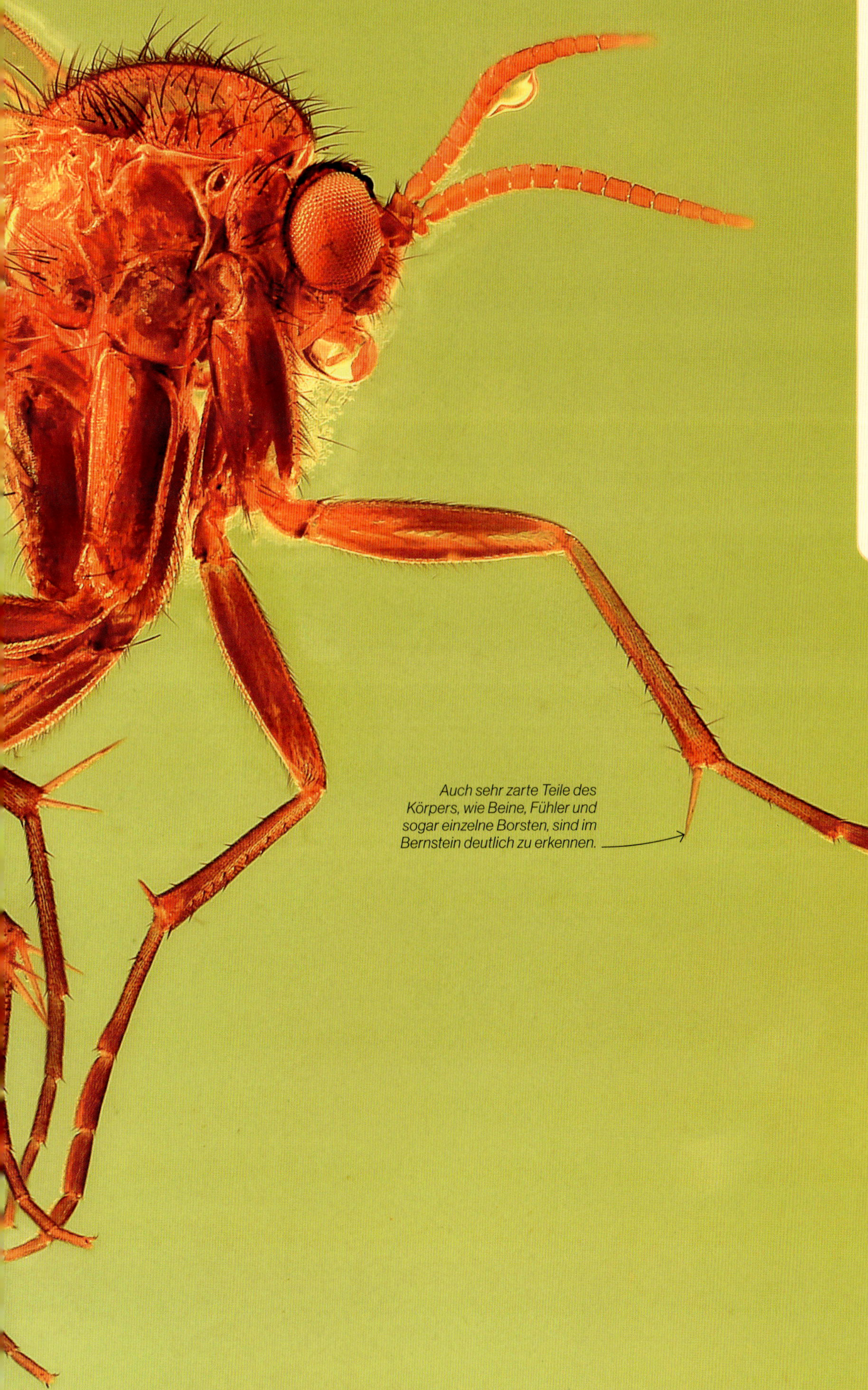

*Auch sehr zarte Teile des Körpers, wie Beine, Fühler und sogar einzelne Borsten, sind im Bernstein deutlich zu erkennen.*

## In Bernstein erhalten

Harz ist zähflüssig und klebrig, wenn es aus einem Baum austritt. Weil es süß schmeckt, lockt es Insekten an. Oft bleiben sie am Harz kleben und bei geeigneten Bedingungen verwandelt sich das Harz im Lauf der Zeit in durchsichtigen Bernstein. Lebewesen, die in ihm eingeschlossen sind, bleiben oft perfekt erhalten, sodass der Bernstein wie ein Fenster in die Vergangenheit ist. Diese Pilzmücke lebte vor mindestens 40 Mio. Jahren.

**BALTISCHER BERNSTEIN**

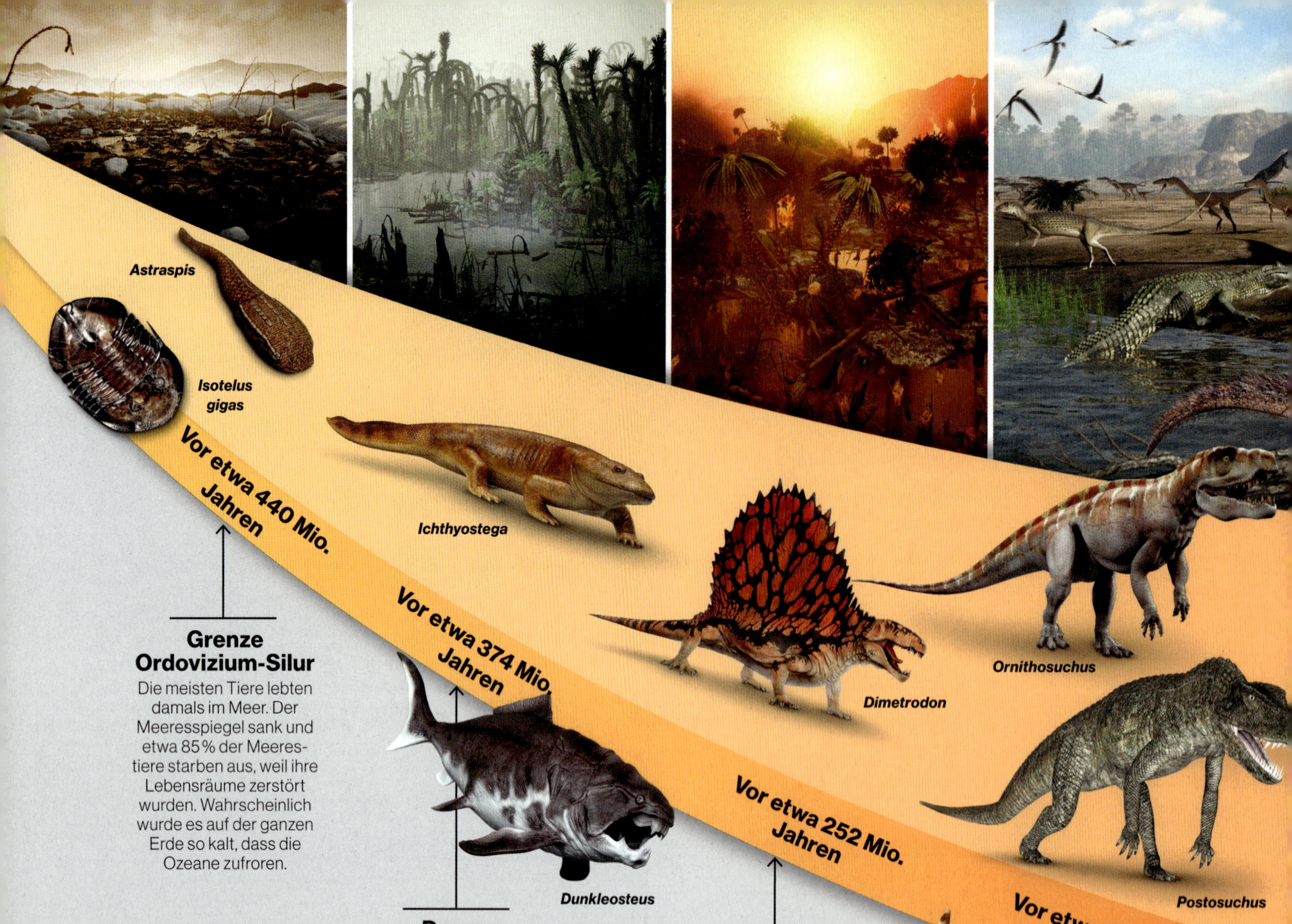


**Grenze Ordovizium-Silur**
Die meisten Tiere lebten damals im Meer. Der Meeresspiegel sank und etwa 85 % der Meerestiere starben aus, weil ihre Lebensräume zerstört wurden. Wahrscheinlich wurde es auf der ganzen Erde so kalt, dass die Ozeane zufroren.

**Devon**
Wieder passierte eine Katastrophe und fast alle Tiere, die in den Meeren lebten, starben aus. Keiner kennt bisher den genauen Grund, aber wahrscheinlich veränderten sich die Temperaturen oder ein Asteroid schlug auf der Erde ein.

**Grenze Perm-Trias**
Das Massenaussterben an der Grenze vom Perm zur Trias war das größte bisherige Massenaussterben. Über 95 % der Tierarten in den Meeren wurden ausgelöscht. Man vermutet, dass wegen gewaltiger Vulkanausbrüche die Temperaturen weltweit stiegen und der Sauerstoffgehalt in den Ozeanen sank.

# Massenaussterben

Von allen Tierarten, die jemals auf der Erde lebten, sind etwa 98 % wieder ausgestorben. Die meisten wurden bei Katastrophen ausgelöscht, wie Vulkanausbrüchen, die das Klima veränderten. Heute sind jedoch wir und unsere Aktivitäten die Ursache dafür, dass sehr viele Arten vom Aussterben bedroht sind. Wenn unzählige Arten in kurzer Zeit für immer von der Erde verschwinden, spricht man von einem Massenaussterben.

Tanystropheus *hatte einen sehr langen Hals und verbrachte die meiste Zeit im Wasser.*

**Grenze Trias-Jura**
Das Massenaussterben an der Grenze der Trias zum Jura passierte wahrscheinlich, weil riesige Vulkane Lava und Gase in die Luft spien, sodass es auf der ganzen Erde wärmer wurde. Der Sauerstoffgehalt in der Atmosphäre und in den Ozeanen sank. Etwa 80 % aller Arten starben aus.

**Vor etwa 66 Mio. Jahren**

Metriorhynchus ähnelte einem Krokodil, aber er hatte eine Schwanzflosse und auch seine Beine waren zu Flossen umgebildet.

## Grenze Kreide-Tertiär

Ein Asteroid mit 12 km Durchmesser schlug auf der Erde ein. Staub und Rauch wirbelten in die Luft, sodass das Sonnenlicht abgeschirmt wurde und die Temperaturen sanken. Damals starb über die Hälfte aller Lebewesen aus, auch alle Dinosaurier außer den Vögeln.

*Die Stellersche Seekuh lebte in den arktischen Meeren. Menschen bejagten diese Meeressäuger so stark, dass die Art um 1768 ausstarb.*

**Vor etwa 11,7 Mio. Jahren–heute**

## Holozän

Weil heute die Menschen die Erde stark verändern, sind viele Tier- und Pflanzenarten gefährdet. Der Kaspische Tiger und die Dronte sind zwei der Tierarten, die von Menschen ausgerottet wurden. Die Temperaturen steigen und wir verschmutzen den Planeten und zerstören so viele Lebensräume, dass etwa 1 Million Arten vom Aussterben bedroht sind.

# Nach den Dinosauriern

Nachdem die Dinosaurier ausgestorben waren, entwickelten sich viele neue Säugetiere, Vögel und Reptilien. Unter ihnen waren einige der größten Tiere, die jemals auf der Erde lebten. Schließlich entwickelten sich die Arten, die wir heute kennen.

**Ähnlichkeit mit Nagetieren**

Die *Multituberculata*, eine Gruppe nagetierähnlicher Säugetiere, waren die am weitesten verbreiteten Säugetiere. Einige waren so groß wie heutige Biber, andere so klein wie Mäuse.

**Vor etwa 65 Mio. Jahren**

**Erster Pinguin**

*Waimanu* war so groß wie ein Kaiserpinguin. Wie die heutigen Pinguine konnte er wahrscheinlich nicht fliegen. Seine Flügel waren an das Tauchen angepasst und mit dem langen Schnabel packte er Fische.

**Vor etwa 62 Mio. Jahren**

**Großer Vogel**

*Gastornis* hatte einen langen Hals, lange, kräftige Beine und einen massiven Schnabel und fraß vermutlich zähe Pflanzenteile. Mit 2 m Höhe war er größer als die meisten Menschen. Er war der größte flugunfähige Vogel.

**Vor etwa 52–56 Mio. Jahren**

*Fossilien lassen vermuten, dass* Palaeophis *bis zu 12 m lang wurde.*

**Urzeitliche Schlange**

*Palaeophis* ähnelte den heutigen Schlangen. Das Tier lebte wohl im Wasser, denn man fand seine Fossilien in Europa, Nordamerika und Afrika in den Sedimenten urzeitlicher Meere.

**Vor etwa 48–56 Mio. Jahren**

*Anders als heutige Fledermäuse hatte das Tier an allen Fingern Krallen.*

**Frühe Fledermaus**

*Onychonycteris* war etwa 25 cm lang und hatte eine doppelt so große Flügelspannweite. Das Tier konnte fliegen. Wir wissen nicht genau, ob es wie die heutigen Fledermäuse per Echoortung jagte oder sich mit den Augen orientierte.

**Vor etwa 52,5 Mio. Jahren**

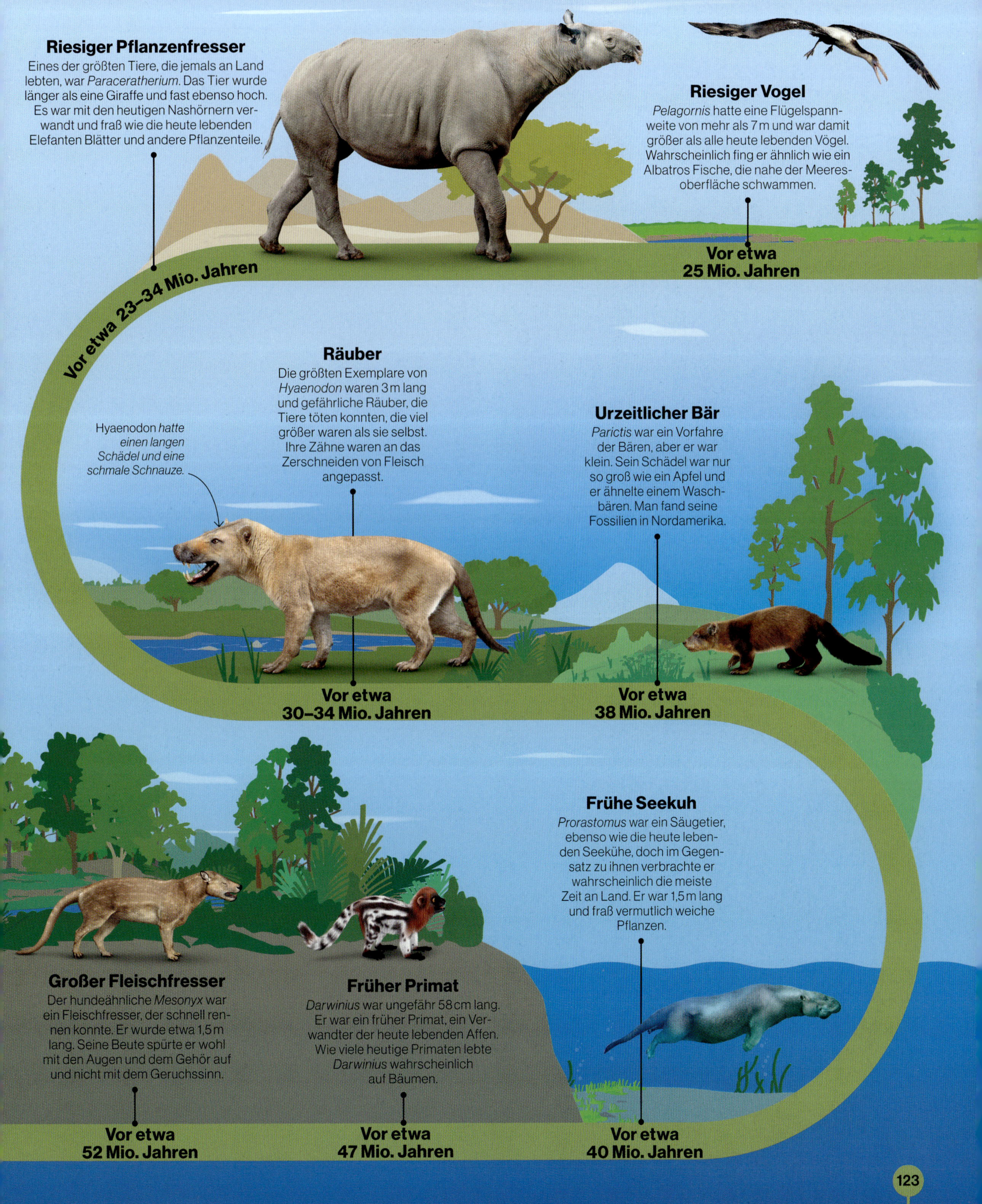

## Riesiger Pflanzenfresser

Eines der größten Tiere, die jemals an Land lebten, war *Paraceratherium*. Das Tier wurde länger als eine Giraffe und fast ebenso hoch. Es war mit den heutigen Nashörnern verwandt und fraß wie die heute lebenden Elefanten Blätter und andere Pflanzenteile.

**Vor etwa 23–34 Mio. Jahren**

## Riesiger Vogel

*Pelagornis* hatte eine Flügelspannweite von mehr als 7 m und war damit größer als alle heute lebenden Vögel. Wahrscheinlich fing er ähnlich wie ein Albatros Fische, die nahe der Meeresoberfläche schwammen.

**Vor etwa 25 Mio. Jahren**

## Räuber

Die größten Exemplare von *Hyaenodon* waren 3 m lang und gefährliche Räuber, die Tiere töten konnten, die viel größer waren als sie selbst. Ihre Zähne waren an das Zerschneiden von Fleisch angepasst.

Hyaenodon *hatte einen langen Schädel und eine schmale Schnauze.*

**Vor etwa 30–34 Mio. Jahren**

## Urzeitlicher Bär

*Parictis* war ein Vorfahre der Bären, aber er war klein. Sein Schädel war nur so groß wie ein Apfel und er ähnelte einem Waschbären. Man fand seine Fossilien in Nordamerika.

**Vor etwa 38 Mio. Jahren**

## Frühe Seekuh

*Prorastomus* war ein Säugetier, ebenso wie die heute lebenden Seekühe, doch im Gegensatz zu ihnen verbrachte er wahrscheinlich die meiste Zeit an Land. Er war 1,5 m lang und fraß vermutlich weiche Pflanzen.

**Vor etwa 40 Mio. Jahren**

## Großer Fleischfresser

Der hundeähnliche *Mesonyx* war ein Fleischfresser, der schnell rennen konnte. Er wurde etwa 1,5 m lang. Seine Beute spürte er wohl mit den Augen und dem Gehör auf und nicht mit dem Geruchssinn.

**Vor etwa 52 Mio. Jahren**

## Früher Primat

*Darwinius* war ungefähr 58 cm lang. Er war ein früher Primat, ein Verwandter der heute lebenden Affen. Wie viele heutige Primaten lebte *Darwinius* wahrscheinlich auf Bäumen.

**Vor etwa 47 Mio. Jahren**

# Evolution der Wale

Wale sind Säugetiere, die Luft atmen und im Wasser leben. Aber vor 50 Millionen Jahren lebten die Vorfahren der Wale an Land und liefen auf vier Beinen. Diese Huftiere waren entfernte Verwandte der Flusspferde. Sie begannen, im Wasser nach Nahrung zu suchen. Ihr Körper passte sich allmählich an die neue Lebensweise an und schließlich lebten sie ständig im Wasser.

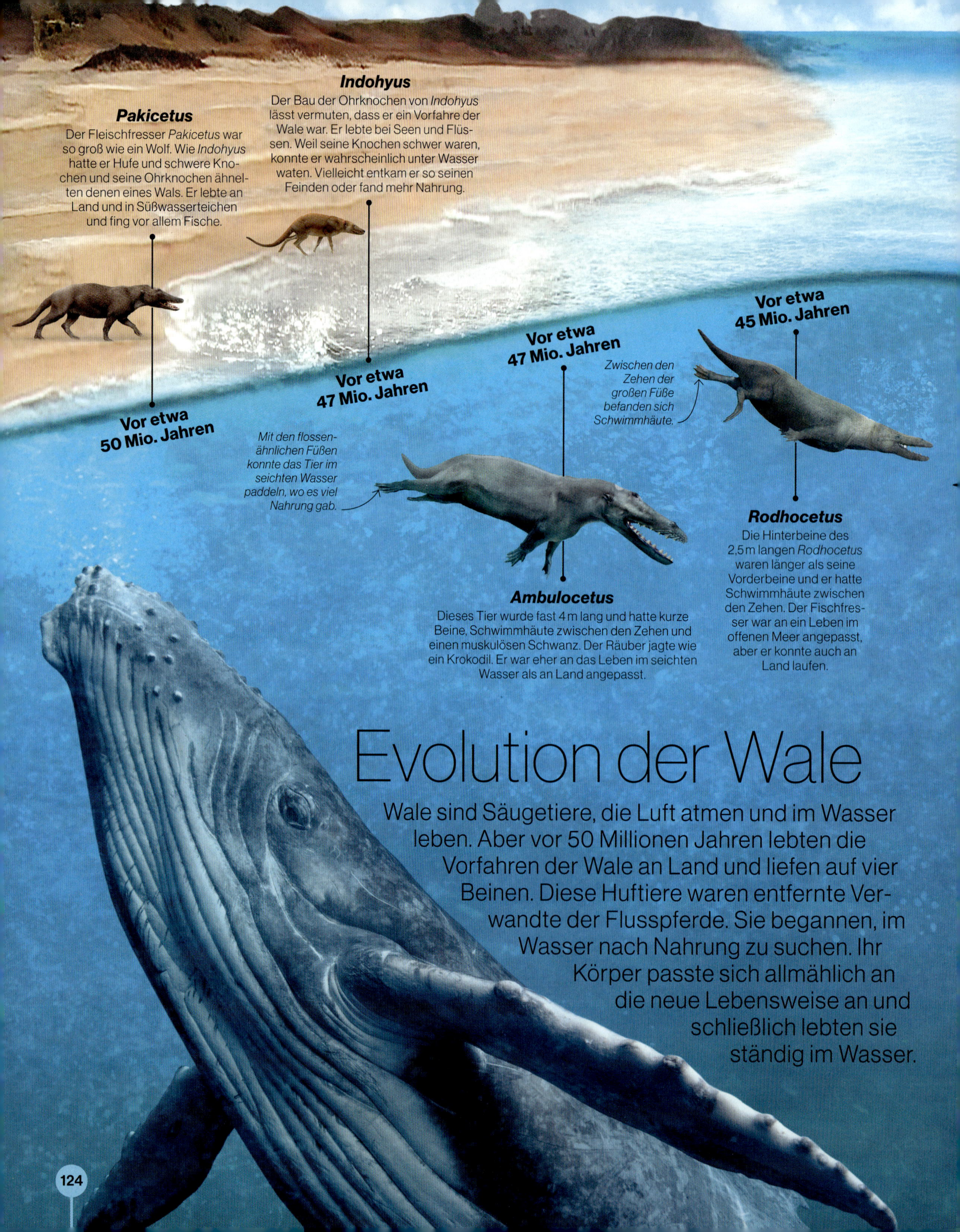

### *Pakicetus*

Der Fleischfresser *Pakicetus* war so groß wie ein Wolf. Wie *Indohyus* hatte er Hufe und schwere Knochen und seine Ohrknochen ähnelten denen eines Wals. Er lebte an Land und in Süßwasserteichen und fing vor allem Fische.

**Vor etwa 50 Mio. Jahren**

### *Indohyus*

Der Bau der Ohrknochen von *Indohyus* lässt vermuten, dass er ein Vorfahre der Wale war. Er lebte bei Seen und Flüssen. Weil seine Knochen schwer waren, konnte er wahrscheinlich unter Wasser waten. Vielleicht entkam er so seinen Feinden oder fand mehr Nahrung.

**Vor etwa 47 Mio. Jahren**

**Vor etwa 47 Mio. Jahren**

*Mit den flossenähnlichen Füßen konnte das Tier im seichten Wasser paddeln, wo es viel Nahrung gab.*

### *Ambulocetus*

Dieses Tier wurde fast 4 m lang und hatte kurze Beine, Schwimmhäute zwischen den Zehen und einen muskulösen Schwanz. Der Räuber jagte wie ein Krokodil. Er war eher an das Leben im seichten Wasser als an Land angepasst.

**Vor etwa 45 Mio. Jahren**

*Zwischen den Zehen der großen Füße befanden sich Schwimmhäute.*

### *Rodhocetus*

Die Hinterbeine des 2,5 m langen *Rodhocetus* waren länger als seine Vorderbeine und er hatte Schwimmhäute zwischen den Zehen. Der Fischfresser war an ein Leben im offenen Meer angepasst, aber er konnte auch an Land laufen.

**Vor etwa 43–37 Mio. Jahren**

### *Dorudon*

*Dorudon* wurde 5 m lang und seine Hinterbeine waren zu Flossen umgebildet. Er lebte ständig im Wasser und hatte kein Fell. Wie seine Vorfahren besaß er spitze, dolchähnliche Zähne. Er konnte unter Wasser hören, was beim Fischfang von Vorteil war.

**Vor etwa 34 Mio. Jahren**

### Zahnwale

Die Zahnwale bilden eine der beiden Walgruppen, die es heute noch gibt. Zu dieser Gruppe gehören auch die Delfine. Alle sind intelligente Räuber, die mithilfe von Echoortung jagen und kommunizieren. Sie spüren ihre Beute auf, indem sie Schallwellen aussenden und deren Echo auffangen.

**Vor etwa 34 Mio. Jahren**

### Bartenwale

Die andere große Walgruppe sind die Bartenwale. Sie filtern mit Hornplatten im Maul, die man als Barten bezeichnet, kleine Planktonlebewesen aus dem Meerwasser. Zu ihnen gehört der Blauwal, das größte Tier der Erde.

### Evolution des Blaslochs

Wale sind Säugetiere und müssen deshalb regelmäßig zur Wasseroberfläche schwimmen, um Luft zu atmen. Die Blaslöcher oben am Kopf sind große Nasenlöcher. Während ihrer Evolution haben sich die Wale immer besser an das Leben im Wasser angepasst. Im Lauf vieler Jahrmillionen sind ihre Nasenlöcher von der Schnauzenspitze bis auf den Oberkopf gewandert.

**Vor etwa 56–47,8 Mio. Jahren**
***Phosphatherium***
Dieses Säugetier war 60 cm lang und im Vergleich zu seinen Nachfahren winzig. Es hatte keinen Rüssel. Wahrscheinlich lebte es in der Nähe von Flüssen und fraß Pflanzen, die am Ufer wuchsen.

**Vor etwa 41–28 Mio. Jahren**
***Barytherium***
Dieses große Rüsseltier, dessen Name „Schwere Bestie“ bedeutet, war etwa 3 m lang. Es hatte eine kurze, bewegliche Schnauze und acht kleine Stoßzähne im Maul, mit denen es wie mit einer Schere Pflanzenstängel abschnitt.

**Vor etwa 37–30 Mio. Jahren**
***Phiomia***
*Phiomia* gehörte zu den ersten Tieren der Verwandtschaftsgruppe, die einen Rüssel hatten, aber er war ziemlich kurz. Mit seinen oberen Stoßzähnen schabte das Tier Rinde ab. Vielleicht kamen sie auch bei Kämpfen zum Einsatz.

**Vor etwa 36–35 Mio. Jahren**
***Palaeomastodon***
Dieser frühe Elefant hatte einen kurzen, beweglichen Rüssel. Mit den Stoßzähnen konnte er Pflanzen aus dem Wasser schöpfen. Er war maximal 1,8 m hoch und wog etwa 2 Tonnen.

**Vor etwa 23–5 Mio. Jahren**
***Gomphotherium***
Dieses Tier hatte vier Stoßzähne, die etwa 2 m lang waren. Mit ihnen grub es Wurzeln aus dem Boden. Auf der ganzen Erde wurde das Klima in dieser Zeit wärmer.

**Vor etwa 7–5 Mio. Jahren**
***Primelephas***
Obwohl der Name „Erster Elefant“ bedeutet, war dieses Tier wohl näher mit den Wollhaarmammuts als mit den heutigen Elefanten verwandt. Mit den vier Stoßzähnen (zwei oben und zwei unten) konnte es graben und Rinde von Bäumen schaben.

# Evolution der Elefanten

Elefanten sind die größten Landtiere der Erde. Sie sind die letzten überlebenden Rüsseltiere. So bezeichnet man eine Gruppe großer Tiere, die mit einem langen, beweglichen Rüssel Wasser aufnehmen und Nahrung greifen. Die frühen Vorfahren der Elefanten waren jedoch nicht besonders groß und einige von ihnen hatten keinen Rüssel. Diese Merkmale entwickelten sich erst im Lauf der Zeit.

### Vor etwa 7–0,13 Mio. Jahren *Anancus*

Dieser Riese hatte zwei gerade Stoßzähne, die bis zu 3 m lang wurden. *Anancus* war ähnlich groß wie die heute lebenden Elefanten, aber er gehörte nicht zu ihren direkten Vorfahren. Er war ein Nachfahre von *Gomphotherium*.

### Vor etwa 5 Mio. –11000 Jahren Amerikanisches Mastodon

Während der letzten Eiszeit entwickelte diese Art ein dichtes Fell. Sie waren entfernte Verwandte der heutigen Elefanten. Mit den gekrümmten Stoßzähnen zogen sie Äste zum Maul.

### Vor etwa 2,6 Mio. –4000 Jahren Wollhaarmammut

Auch das Wollhaarmammut lebte in der Eiszeit und hatte ein dichtes Fell. Diese Mammuts kamen in Nordamerika, Europa und Nordasien vor. Frühe Menschen jagten die riesigen Tiere.

### Heutiger Asiatischer Elefant

Das zweitgrößte heutige Landtier lebt in Wäldern im südlichen und östlichen Asien, wo es Gräser, Blätter und Zweige frisst. Die kleinen Familiengruppen werden von einer Elefantenkuh angeführt.

### Heutiger Afrikanischer Steppenelefant

Der Afrikanische Steppenelefant wird 3,5 m hoch und 5,5 Tonnen schwer und ist das größte heute lebende Landtier. Ältere Bullen leben meistens als Einzelgänger, während die Kühe und die Jungtiere Familiengruppen bilden.

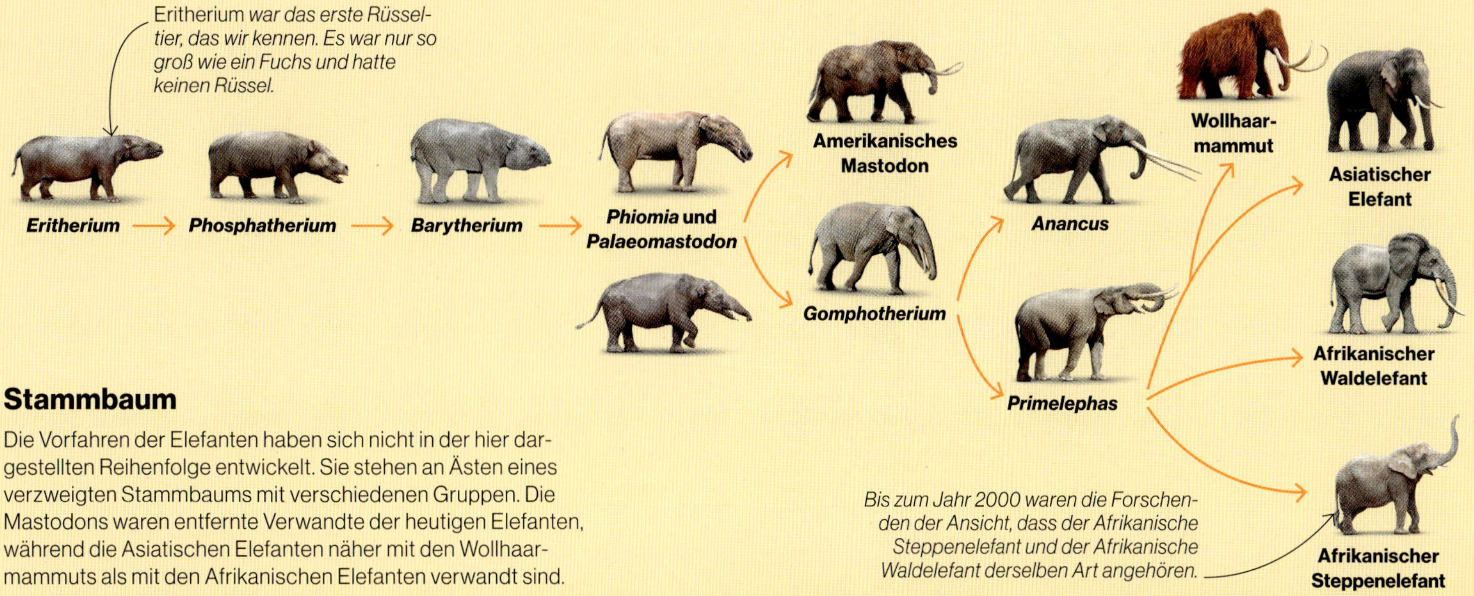


## Stammbaum

Die Vorfahren der Elefanten haben sich nicht in der hier dargestellten Reihenfolge entwickelt. Sie stehen an Ästen eines verzweigten Stammbaums mit verschiedenen Gruppen. Die Mastodons waren entfernte Verwandte der heutigen Elefanten, während die Asiatischen Elefanten näher mit den Wollhaarmammuts als mit den Afrikanischen Elefanten verwandt sind.

Vor etwa
55–45 Mio. Jahren

### Mehrere Hufe

*Hyracotherium* war ein frühes, hundegroßes Pferd, das in Nordamerika und Europa in Wäldern lebte. An den Zehen der Vorderfüße trug es vier Hufe und an denen der Hinterfüße nur drei.

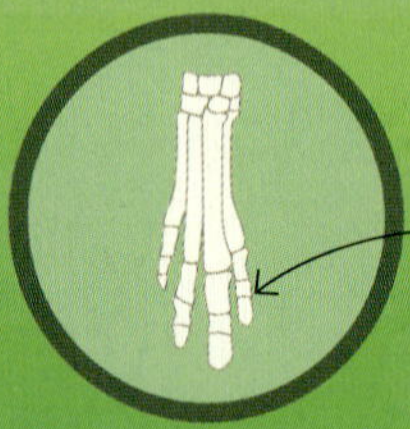

*Jede Zehe war mit einem kleinen Huf bedeckt.*

Vor etwa
37–32 Mio. Jahren

### Ein Pflanzenfresser

*Mesohippus* war klein und wog nur 45 kg. So konnte es sich mit Leichtigkeit in dichten Wäldern und Gebüschen fortbewegen. An den versteinerten Zähnen erkennt man, dass es Früchte und Blätter und vielleicht Gräser fraß.

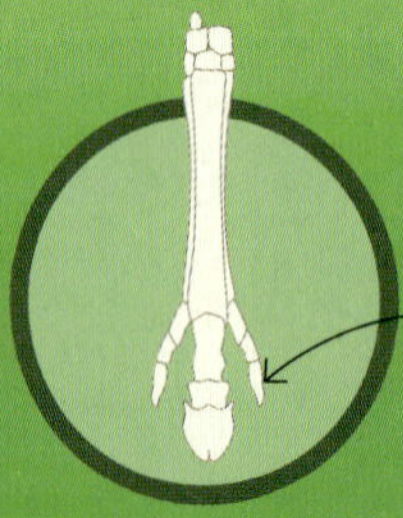

*Die große Zehe in der Mitte war mit einem Huf bedeckt. Kleinere Hufe an den Seiten berührten den Boden.*

Vor etwa
17–11 Mio. Jahren

### Waldpferd

Das kurzbeinige Pferdchen *Hypohippus* war so groß wie ein Pony und gut an das Leben in den nordamerikanischen Wäldern angepasst, wo es Sträucher und niedrige Pflanzen fraß.

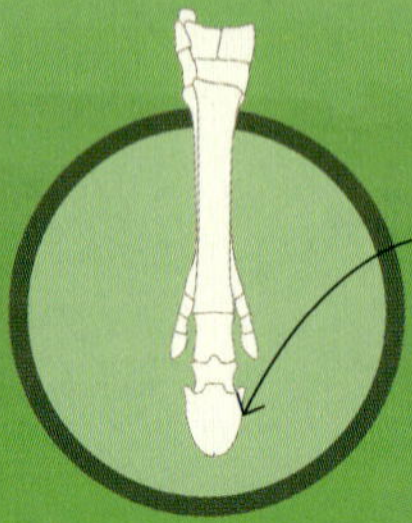

*Die drei Zehen verteilten das Gewicht von* Hypohippus *auf dem Waldboden.*

# Evolution der Pferde

Vor 66 Millionen Jahren starben alle Dinosaurier außer den Vögeln aus. Nach dem Massenaussterben entwickelten sich die Säugetiere in fast allen Lebensräumen zu den vorherrschenden Tieren. Die ersten Pferde erschienen vor etwa 50 Millionen Jahren. Ihre Vorfahren waren nicht größer als Hunde und liefen auf den Zehenspitzen durch die Wälder. Später weideten verschiedene Pferdearten in Grasländern, wo sie besser vor Raubtieren fliehen konnten.

**Vor etwa 13–5 Mio. Jahren**

### Stehendes Pferd

*Dinohippus* wog ungefähr 200 kg und war kleiner als die meisten heutigen Pferde. Es war das erste Pferd, dessen Beine daran angepasst waren, längere Zeit zu stehen.

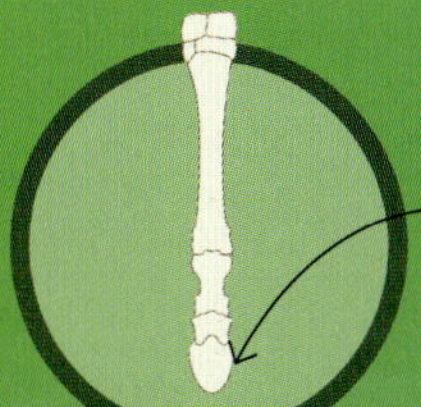


**Vor etwa 12–1 Mio. Jahren**

### Weite Verbreitung

Mehr als 60 *Hipparion*-Arten breiteten sich von Nordamerika nach Asien und Europa aus. Sie gehörten zu den Pferden mit der weitesten Verbreitung. Das Gewicht lastete auf nur einem Huf pro Fuß.

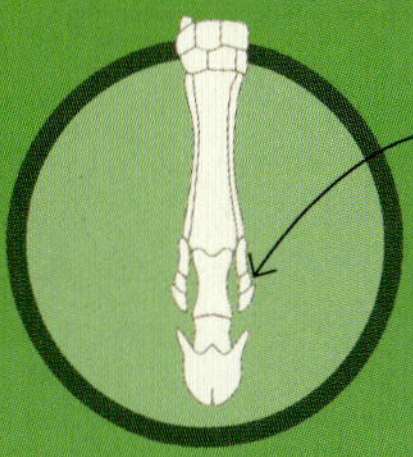


**Vor etwa 5 Mio. Jahren bis heute**

### Moderne Pferde

Alle heutigen Pferde, Esel und Zebras gehören zur Gattung *Equus*. Die Art *Equus caballus* ist das einzige überlebende Mitglied der Pferdefamilie, aber es gibt viele unterschiedliche Pferderassen.

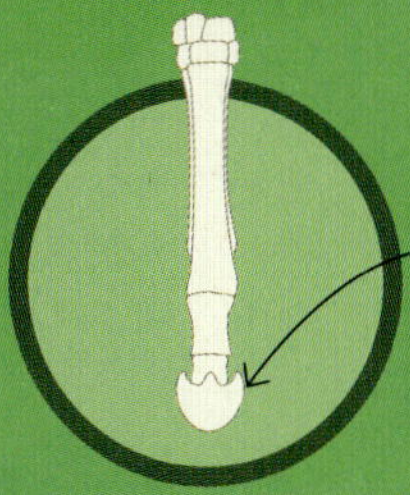


### Weidetiere

Als es während der letzten 50 Mio. Jahre auf der ganzen Erde trockener wurde, passten sich die Zähne der Pferde an den Verzehr zäher Gräser an. Die Backenzähne sind stark gefurcht, sodass die Tiere gut kauen können. Sie wachsen ständig nach.

# Menschliche Evolution

Die Evolution der Menschen reicht mehr als 7 Millionen Jahre in die Vergangenheit und bisher kennen wir über 20 ausgestorbene Menschenarten. Der moderne Mensch, *Homo sapiens*, entwickelte sich in Afrika aus frühen Homininen (einer Menschenaffengruppe). Sie gaben ihr Leben in den Bäumen auf und liefen aufrecht auf zwei Beinen. Im Verlauf ihrer Entwicklung besiedelten die Menschen die ganze Erde.

**Heute**

### *Homo sapiens*

**(vor 300 000 Jahren–heute)**
**Wo: Er entwickelte sich in Afrika, heute weltweit**
*Homo sapiens* ist heute die einzige Menschenart. Aufgrund unserer körperlichen, geistigen und sozialen Fähigkeiten konnten wir uns an die meisten Lebensräume der Erde anpassen.

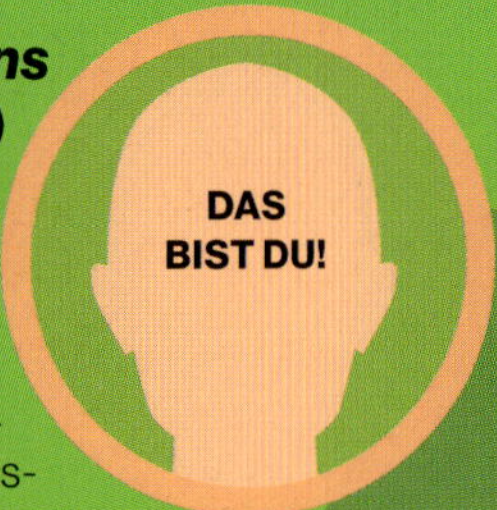


### Denisova-Mensch

**(vor 200 000–50 000 Jahren)**
**Wo: Europa und Asien**
Man weiß bisher nicht viel über die Lebensweise der Denisova-Menschen, aber man konnte ihre DNA aus einigen Zähnen und Knochen isolieren.

### *Homo heidelbergensis*

**(vor 700 000–200 000 Jahren)**
**Wo: Europa, vielleicht Asien, Ost- und Südafrika**
Diese Menschen hatten so große Gehirne wie *Homo sapiens* und muskulöse Körper. Sie stellten komplizierte Werkzeuge wie Speere her und jagten damit große Tiere. Außerdem bauten sie Hütten und beherrschten das Feuer.

**Vor 1 Mio. Jahren**

### *Homo erectus*

**(vor 1,89 Mio.–110 000 Jahren)**
**Wo: Nord-, Ost- und Südafrika, Westasien (Georgien), Ostasien (China und Indonesien)**
Die Art hatte kein Fell und einen ähnlichen Körperbau wie *Homo sapiens*. Auf langen Beinen legte *Homo erectus* („aufrechter Mensch") weite Strecken zurück. Diese Frühmenschen stellten Faustkeile her und breiteten sich von Afrika nach Asien aus.

### *Homo habilis*

**(vor 2,4–1,4 Mio. Jahren)**
**Wo: Ost- und Südafrika**
Der schimpansenähnliche *Homo habilis* („geschickter Mensch") gilt als eine der ersten Homininenarten, die Steinwerkzeuge herstellen konnten. Er ernährte sich unter anderem von Fleisch, das er mit diesen Werkzeugen von toten Tieren abschnitt.

**Vor 2 Mio. Jahren**

### *Australopithecus africanus*

**(vor 3,3–2,1 Mio. Jahren)**
**Wo: Südafrika**
*Australopithecus africanus* ist eine von zehn bekannten *Australopithecus*-Arten. Er war der erste frühe Hominine, der entdeckt wurde (1924), und festigte die Theorie, dass sich die Homininen in Afrika entwickelten. Sein Gehirn war zwar klein, aber er konnte aufrecht gehen.

**Vor 3 Mio. Jahren**

### *Australopithecus afarensis*

**(vor 3,85–2,95 Mio. Jahren)**
**Wo: Ostafrika (Äthiopien, Kenia und Tansania)**
Weil man Fossilien von mehr als 300 Individuen fand, weiß man sehr viel über diese Art. Ihr Gehirn war etwas größer als das der Schimpansen. Sie liefen aufrecht und stellten einfache Werkzeuge her, verbrachten aber auch viel Zeit in den Bäumen.

**Vor 4 Mio. Jahren**

**Vor 5 Mio. Jahren**

**Vor 6 Mio. Jahren**

### Uralte Wurzeln

Fossilien verraten uns viel über unsere frühen Vorfahren. Die Homininen kann man nach gemeinsamen Merkmalen einteilen und zu jeder Gruppe gehören mehrere Arten. Die Gruppe *Homo* entwickelte sich aus der ursprünglicheren affenähnlichen *Australopithecus*-Gruppe.

***Homo***
Vor etwa 2,4 Mio. Jahren entwickelte sich die Gattung *Homo* in Afrika. Sie verbreitete sich im Lauf der Zeit auf der ganzen Erde. Alle Mitglieder außer *Homo sapiens* sind heute ausgestorben.

***Paranthropus***
Mehrere afrikanische Arten der Gattung *Paranthropus* hatten kräftig gebaute Schädel und massive Kiefer. Mit ihren Zähnen zerkauten sie zähe Pflanzen.

***Ardipithecus***
Die erste Gruppe afrikanischer Menschenaffen hatte einige menschenähnliche Merkmale. Die Mitglieder konnten aufrecht laufen, waren aber noch sehr schimpansenähnlich.

***Australopithecus***
Die bekanntesten der afrikanischen Homininen hatten lange Arme, mit denen sie in den Bäumen kletterten, aber sie konnten auch aufrecht auf den Beinen laufen.

### *Homo neanderthalensis*

**(vor 400 000–40 000 Jahren)**
**Wo: Europa und Südwest- bis Zentralasien**

Die geschickten Neandertaler hatten große Gehirne und waren kräftig gebaut. Sie stellten Werkzeuge und Waffen her, lebten in kleinen Familiengruppen in Europa und Asien und konnten auch mit Menschen der Art *Homo sapiens* Kinder bekommen. Schließlich starben sie aus.

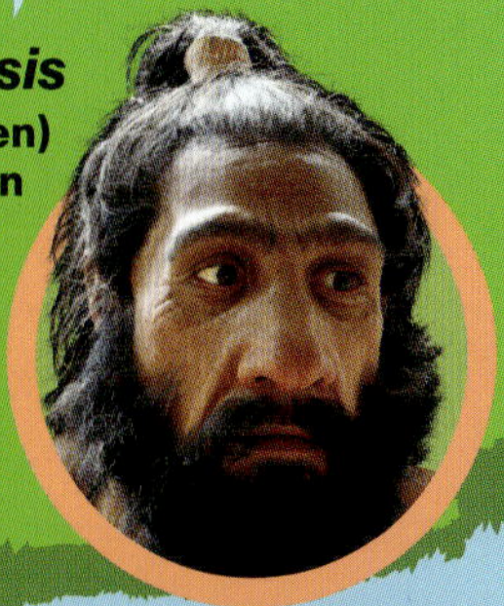

### *Homo floresiensis*

**(vor 100 000–50 000 Jahren)**
**Wo: Asien (Indonesien)**

Diese kleine Menschenart trägt den Spitznamen „Hobbit". Der Körper und das Gehirn waren klein, aber diese Menschen konnten Steinwerkzeuge für die Jagd herstellen. Ihre Fossilien hat man nur auf der indonesischen Insel Flores gefunden.

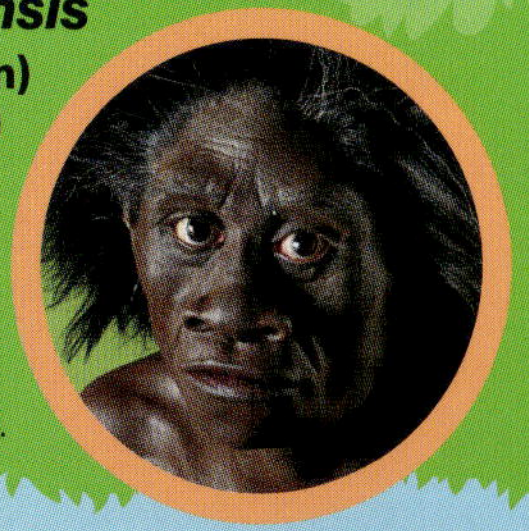

### *Australopithecus/ Paranthropus robustus*

**(vor 1,8–1,2 Mio. Jahren)**
**Wo: Südafrika**

Fossilien dieser schwer gebauten Art fand man in Südafrika (1938). Die Menschenaffen stellten aus Knochen Werkzeuge her, mit denen sie Pflanzenwurzeln ausgruben. Mit mächtigen Kiefern und großen Zähnen kauten sie ihre Nahrung.

### *Paranthropus boisei*

**(vor 2,3 –1,2 Mio. Jahren)**
**Wo: Ostafrika (Äthiopien, Kenia, Tansania und Malawi)**

*Paranthropus boisei* war mit seinen markanten Kiefern und den großen Zähnen unverkennbar. Er hatte starke Gesichtsmuskeln und Kieferknochen. Die Männer waren viel größer und schwerer als die Frauen.

### *Ardipithecus ramidus*

**(vor 4,5–4,32 Mio. Jahren)**
**Wo: Ostafrika (Mittlerer Awash und Gona, Äthiopien)**

An den Fossilien ist erkennbar, dass diese affenähnliche Art in Wäldern lebte, aufrecht lief und auf Bäume kletterte. Die Männchen und Weibchen waren ähnlich groß und ernährten sich von Früchten, Nüssen, Blättern und womöglich von kleinen Säugetieren.

### *Sahelanthropus tchadensis*

**(vor 7–6 Mio. Jahren)**
**Wo: West-Zentralafrika (Tschad)**

Dieser Pflanzenfresser, eine frühe schimpansenähnliche Art, hatte ähnliche Eckzähne wie *Homo sapiens* und konnte aufrecht laufen.

## 30 Tage
## Stechmücke

Es dauert 7 bis 10 Tage, bis sich aus dem Ei zuerst die Larve und dann die erwachsene Mücke entwickelt hat. Mückenmännchen werden nur eine Woche alt, während die Weibchen bis zu einem Monat lang leben.

## 5 Monate
## Türkiser Prachtgrundkärpfling

Diese nordafrikanischen Zahnkärpflinge leben in Wasserlöchern, die sich in der Regenzeit bilden. Bereits im Alter von 14 Tagen sind die Fische erwachsen. Sie suchen sich einen Partner und legen Eier, bevor das Wasserloch austrocknet.

## 1 Jahr und 30 Minuten
## Eintagsfliege

Bei dieser Eintagsfliegenart (Südosten der USA) leben die Larven etwa ein Jahr lang in einem Bach. Im Frühjahr schlüpfen die erwachsenen Eintagsfliegen. Sie leben nur 5 bis 30 Minuten lang. Die Insekten paaren sich und danach legen die Weibchen Eier.

## 200 Jahre und älter
## Grönlandwal

Dieser Wal gehört zu den Tieren mit der höchsten Lebenserwartung und kein anderes Tier hat ein so riesiges Maul. Es macht ein Drittel der gesamten Körperlänge aus. Das Leben im eiskalten Wasser trägt dazu bei, dass die Tiere so alt werden.

## 150 Jahre und älter
## Galapagos-Riesenschildkröte

Mehrere Arten dieser wuchtigen Reptilien kommen nur auf den Galapagosinseln vor. Die Riesenschildkröten können 400 kg schwer (so schwer wie ein Pferd) und über 150 Jahre alt werden.

## 100 Jahre und älter
## Amerikanischer Hummer

Diese Hummer kommen an der amerikanischen Atlantikküste vor und können über 100 Jahre alt werden. Anders als die meisten Tiere altern sie nicht, sondern wachsen immer weiter, bis sie irgendwann an Krankheiten sterben oder gefressen werden.

## 400 Jahre und älter
## Grönlandhai

Der große Grönlandhai lebt im eiskalten Wasser des Nordatlantiks und des Arktischen Ozeans. Seine Stoffwechselvorgänge laufen langsam ab, sodass er nicht so schnell altert.

## 500 Jahre und älter
## Islandmuschel

An der Zahl der Wachstumsringe in der Schale kann man erkennen, wie alt eine Muschel ist. Diese Weichtiere kommen im Nordatlantik vor. Man weiß, dass einige älter als 500 Jahre wurden.

## 4000 Jahre und älter
## Schwarze Koralle

Die Kolonien der Korallen bestehen aus vielen kleinen Polypen. Forschende haben in der Tiefsee uralte Schwarze Korallen entdeckt. Eine Kolonie vor Hawaii ist vermutlich mehr als 4000 Jahre alt.

**14 Jahre**
**Gepard**

Die Raubkatzen leben in der Natur im Schnitt 14 Jahre lang, während sie in menschlicher Obhut 20 Jahre alt werden können. Die Männchen sterben meist früher, weil sie sich bei Kämpfen gegenseitig verletzen.

**25 Jahre**
**Schlammteufel**

Der größte amerikanische Salamander lebt in schnell fließenden Flüssen und Bächen im Osten der USA und kann 25 Jahre alt werden. Er lauert vorüberschwimmenden Beutetieren auf.

**30 Jahre**
**Dunkler Tigerpython**

Dieser große Python sucht in Südostasien, Indien und China oft in Dörfern oder sogar Städten nach Beute. Er wird bis 6,7 m lang und kann in der Natur 30 Jahre alt werden.

**35 Jahre**
**Schimpanse**

Unsere nächsten Verwandten leben in Familiengruppen, die aus etwa 30 Mitgliedern bestehen. Einige werden in der Natur über 60 Jahre alt.

**40 Jahre**
**Falltürspinne**

Diese Spinnen bedecken den Eingang zu ihrem Bau mit einer Falltür aus Spinnenseide. Wenn ein Beutetier vorbeiläuft, springen sie es an. Einige werden über 40 Jahre alt, die meisten aber nur 5 bis 20 Jahre.

**50 Jahre und älter**
**Albatros**

Kaum eine andere Vogelart wird in der Natur so alt wie dieser riesige Seevogel. Mit seiner Flügelspanne von 3,7 m fliegt er über die Meere der Südhalbkugel. Albatrosse brüten später als andere Vögel, meist erst im Alter von 10 Jahren. Paare bleiben oft ein Leben lang zusammen.

**11000 Jahre**
**Schwamm**

Das Alter eines Schwamms ist schwer zu ermitteln, aber diese Tiere können sehr alt werden. Ein Schwamm, der aus dem Ostchinesischen Meer geholt wurde, war schätzungsweise 11000 Jahre alt.

# Lebenserwartung

Manche Lebewesen werden sehr alt, während andere früh sterben. Bei allen Tieren legen die Gene die maximale Lebenserwartung fest. Wenn Tiere ein leichtes Leben haben, ist die Wahrscheinlichkeit größer, dass sie alt werden. Das ist ein Grund, warum einige (aber nicht alle) Tiere in menschlicher Obhut älter werden als in der Natur. In früheren Zeiten wurden nur wenige Menschen älter als 40 Jahre, aber dank der modernen Medizin, sauberem Wasser und guter Ernährung ist die durchschnittliche Lebenserwartung auf über 70 Jahre gestiegen.

# Gute Tarnung

Die Geschichte des Birkenspanners ist ein bekanntes Beispiel dafür, wie natürliche Selektion funktioniert. Gegen Ende des 18. Jahrhunderts veränderte sich im Zuge der industriellen Revolution die Umwelt stark, weil sehr viel Kohle verheizt wurde. Eine natürlich vorkommende Farbvariante der Birkenspanner wurde damals häufiger.

*Birkenspanner suchen nachts Nahrung und ruhen tagsüber auf Baumstämmen.*

**Um 1800**

**Helle Flügel**

Der Birkenspanner ist ein Nachtfalter mit hellen, dunkel gefleckten Flügeln. Mit diesem Muster ist er kaum zu erkennen, wenn er während des Tages auf mit Flechten bewachsener Baumrinde ruht.

*Der helle Falter ist auf der Flechte perfekt getarnt.*

**1838**

**Rußige Bäume**

Die Luft ist in London und anderen Industriestädten jetzt viel stärker verschmutzt. Viele Flechten sind abgestorben und die Stämme der Bäume sind mit dunklem Ruß überzogen.

**1848**

**Eine neue Form**

In der englischen Industriestadt Manchester entdeckt der Naturkundler R. S. Edleston ein ungewöhnliches Insekt: eine fast völlig schwarze Form des Birkenspanners. Diese dunkle Form bekommt den Namenszusatz *carbonaria*.

**1895–1896**

**Farbwechsel**

In Industriestädten gehören jetzt 98 % der Birkenspanner zur Form *carbonaria*. Der englische Entomologe J. W. Tutt vermutet, dass die dunklen Falter auf rußgeschwärzter Baumrinde besser getarnt sind und deshalb seltener von Vögeln gefressen werden, sodass sie mehr Nachkommen haben.

*Auf den rußgeschwärzten Stadtbäumen ist die dunkle Form besser getarnt.*

## Natürliche Selektion

Die Naturforscher Charles Darwin und Alfred Russel Wallace entwickelten die Theorie der natürlichen Selektion etwa zur Mitte des 19. Jh. Sie erläutert, dass Tiere, die besser an ihre Umwelt angepasst sind, mit höherer Wahrscheinlichkeit lang genug überleben, um ihre vorteilhaften Merkmale an die nächste Generation zu vererben. Im Lauf der Zeit treten diese Merkmale in der Population deshalb häufiger auf.

*Vögel entdecken die dunklen Falter auf den sauberen, mit Flechten bewachsenen Ästen leichter.*

### 1953–1955

### Experimente

Der englische Wissenschaftler Bernard Kettlewell prüft anhand von Experimenten, ob der Farbwechsel ein Beispiel für die natürliche Selektion ist. Es zeigt sich, dass Vögel mehr helle Falter fressen, weil sie leichter zu entdecken sind.

### 1956

### Die Luft wird sauberer

Neue Gesetze bewirken, dass die Luftverschmutzung in den Städten zurückgeht. Die dunkle Rinde der Bäume blättert allmählich ab und die Flechten können wieder wachsen.

*Nachdem in London mehr als 4000 Menschen wegen der hohen Luftverschmutzung gestorben waren, verabschiedete man ein neues Gesetz. Daraufhin wurde die Luft wieder sauberer.*

### 1970

### Helle Falter

In Industriegebieten ist die Luft heute nicht mehr so stark verschmutzt. Nun sieht man wieder mehr helle Birkenspanner. Viele neue Experimente stützen Kettlewells Forschung: Die Färbung der Birkenspanner wirkt sich auf ihre Überlebenschancen aus.

### 1972

### Digitale Auswertung

Tutts Theorie, dass bei der Farbveränderung der Birkenspanner die natürliche Selektion am Werk ist, wird erstmals mit Computermodellen überprüft. Die Ergebnisse stimmen mit den Beobachtungen der Naturkundler früherer Zeit überein.

### 2001–2009

### Selektionsdruck

Der englische Genetiker Mike Majerus führt mit 4864 Birkenspannern Experimente durch. Es zeigt sich, dass Vögel auf Bäumen, die nicht rußgeschwärzt sind, mehr dunkle *carbonaria*-Falter fressen, weil sie hier schlechter getarnt sind als die hellere Form.

### 2016

### In den Genen

Forscher finden Gene, die für die Färbung der *carbonaria*-Falter zuständig sind. Ein anderes Team errechnet, dass die Genveränderung im Jahr 1819 zufällig passierte und sich dann rasch in der Falterpopulation ausbreitete, weil die Färbung in der veränderten Umwelt Vorteile bot.

# Ein kurzes Leben

Eintagsfliegen leben als erwachsene Insekten nur kurz, aber intensiv. Ihr Leben beginnt am Grund eines Flusses oder Baches. Die Larve verbringt bis zu zwei Jahre im Wasser, wo sie frisst und heranwächst. Wenn das geflügelte Insekt aus der Puppenhülle schlüpft, hat es für die Paarung und Eiablage nur einen oder zwei Tage Zeit. Danach geht das Leben in den Lüften schon sehr bald zu Ende.

*Eine Eintagsfliege hat zwei Flügelpaare – ein größeres dreieckiges und ein kleineres abgerundetes.*

**Eiablage**

Eintagsfliegenweibchen produzieren Tausende Eier. Einige Arten legen sie an Pflanzen ab, die aus dem Wasser ragen. Andere werfen sie über der Wasserfläche ab, sodass sie auf den Grund sinken. Die Eintagsfliegenlarve schlüpft.

**Tag 1**

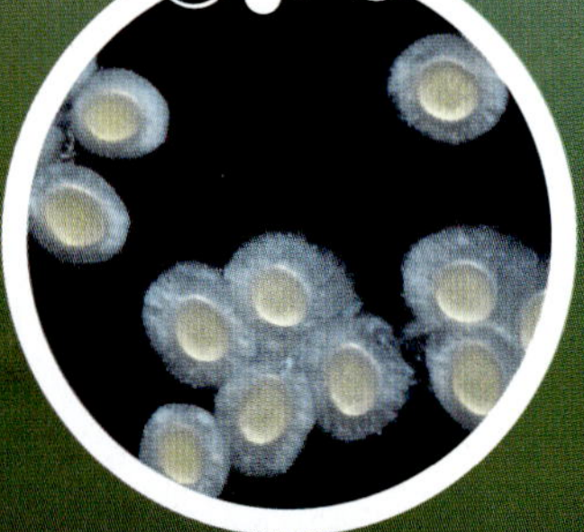

**Schlüpfen**

Die frisch geschlüpfte Eintagsfliegenlarve ist zunächst sehr klein, nur ungefähr so groß wie ein Sandkorn. Sie hat sechs Beine, aber noch keine Flügel. Mit Kiemen am Hinterleib atmet sie im Wasser.

**Woche 2**

**Häutung**

Wenn die Larve wächst, wird ihr das Außenskelett zu eng, sodass sie sich häuten muss. Im Lauf ihres Lebens häutet sie sich 14 bis 50-mal und wird nach jeder Häutung etwas größer.

**Woche 4**

**Fast ausgewachsen**

Die Larve ist jetzt ungefähr 2 cm lang und wird sich bald in ein erwachsenes Insekt verwandeln. Sie schwimmt zur Wasseroberfläche und krabbelt einen Pflanzenstängel empor, um sich ein letztes Mal zu häuten. Danach nennt man sie Subimago.

**Monate 11–24**

AUSGEWACHSENE EINTAGSFLIEGE

Am nächsten Tag

**Ausgewachsenes Insekt**

Das Außenskelett der Subimago springt auf und die erwachsene Eintagsfliege (die Imago) krabbelt heraus. Sie kann nichts fressen, weil sie keine Mundwerkzeuge hat. Nun ist sie auf die Energiereserven angewiesen, die sie als Larve im Körper gespeichert hat, und lebt nur so lang, bis sie sich fortgepflanzt hat.

Einige Stunden später

**Paarungsschwarm**

Wenn die Eintagsfliegenmännchen über dem Wasser schwärmen, werden die Weibchen angelockt. Das gleichzeitige Schwärmen erhöht die Chance einer erfolgreichen Fortpflanzung. Männchen und Weibchen paaren sich im Flug.

Einige Minuten später

**Tod auf dem Wasser**

Kurz nach der Paarung legt das Weibchen Eier, aus denen bald die nächste Eintagsfliegengeneration schlüpft. Dann fällt es erschöpft auf die Wasseroberfläche und stirbt.

Einige Tage später

**Nur wenig später**

Die Männchen leben ein paar Tage länger, aber weil sie keine Nahrung aufnehmen können, sterben auch sie bald. Sie verbrauchen ihre Energiereserven, wenn sie zum Schwarm zurückfliegen, um sich erneut zu paaren. Erschöpft landen sie schließlich auf einer Pflanze und sterben.

*Die toten Eintagsfliegen sind für Fische wertvolle Nahrung.*

# Periodische Zikaden

Singzikaden sind die lautesten Insekten. Zu Beginn ihres Lebens sind sie Larven und nach mehreren Häutungen verwandeln sie sich in ausgewachsene Zikaden. Von den meisten der etwa 3000 Zikadenarten sieht man normalerweise nur wenige Tiere, aber bei den periodischen Zikaden im Osten Nordamerikas verhält es sich anders. Alle 13 oder 17 Jahre erscheinen einige Milliarden Zikaden gleichzeitig. Weil die Vögel sie nicht alle fressen können, schaffen es einige, sich fortzupflanzen.

**Einige Minuten später**

**Letzte Häutung**
Die Larve klettert an der erstbesten senkrechten Oberfläche empor und häutet sich zum letzten Mal. Unter dem alten Außenskelett erscheint nun das erwachsene Insekt, das zunächst blass gefärbt ist. Dann härtet das neue Außenskelett aus und färbt sich dunkler.

*Mit den gekrümmten Krallen hält sich das Insekt an der Rinde fest.*

**Larven erscheinen**
Nach 13 oder 17 Jahren, wenn der Boden angenehme 18 °C warm ist, krabbelt die Larve aus dem Erdboden ans Tageslicht.

**Jahr 17**

**Wachstum**
Larven häuten sich nach einiger Zeit, sodass der Körper größer werden kann. Nach jeder Häutung sieht der Larvenkörper der erwachsenen Zikade ähnlicher.

*Die Zikade verbringt fast ihr ganzes Leben als Larve in der Dunkelheit.*

**Woche 8–Jahr 17**

Ausgewachsene Periodische Zikaden sind etwa 2 bis 3 cm groß. Sie sind orange und schwarz und haben rote Augen.

## Eine Stunde später

## Leben in den Bäumen

Die meisten Zikaden leben als erwachsene Tiere nur knapp zwei Monate. Die Männchen sitzen auf Bäumen und singen laut, um Weibchen anzulocken. Das Geräusch bringen sie mit Trommelorganen am Hinterleib hervor. Eine Membran vibriert Hunderte Male pro Sekunde, sodass ein schnurrendes Geräusch entsteht.

*In der Zeit auf den Bäumen fressen die Zikaden sehr wenig.*

**Woche 2–6**

## Eiablage

Wenn sie sich gepaart haben, schneiden die Zikadenweibchen mit ihrem Legestachel am Hinterleib Ritzen in Zweige und legen Hunderte Eier hinein. Nach der Paarung und der Eiablage sterben die Insekten.

**Woche 6–8**

*Viele Zikaden schlüpfen zur gleichen Zeit.*

## Larven schlüpfen

Die frisch geschlüpften Larven krabbeln oder fallen auf den Boden, wo sie sich in die Humusschicht eingraben. Alle periodischen Zikaden in einem Gebiet leben gleich lang im Boden.

## Pflanzensaft

Die Larve einer periodischen Zikade verbringt entweder 13 oder 17 Jahre im Boden, je nach Art. Mit ihren kräftigen vorderen Beinen gräbt sie sich einen Gang zu einer Pflanzenwurzel, um deren Saft zu saugen.

**Woche 8–Jahr 17**

## Woher wissen sie es?

Es ist noch immer ein Rätsel, wie Milliarden Zikaden wissen, dass 13 oder 17 Jahre vergangen sind, aber alle erscheinen genau gleichzeitig. Eine Theorie ist, dass sie wahrnehmen, wie sich der Pflanzensaft im Lauf der Jahreszeiten verändert.

**Fressen und wachsen**

Die Raupe verbringt ihre Tage damit, zu fressen und rasch zu wachsen. Wenn sie zu groß für ihr Außenskelett geworden ist, häutet sie sich. Das neue Außenskelett ist dehnbar, sodass sie nun wieder wachsen kann.

**Ausgewachsen**

Die Raupe wächst weiter. Sie häutet sich 5-mal, jeweils nach drei Tagen, bis sie ausgewachsen ist. Dann krabbelt sie an eine geeignete Stelle der Pflanze und heftet sich fest.

**Verpuppung**

Die Raupe spinnt auf einem Blatt ein Seidenpolster und hält sich mit der Spitze ihres Hinterleibs kopfüber daran fest. Dann streift sie ihr Außenskelett ab und darunter kommt die grüne Puppenhülle zum Vorschein.

**Verwandlung**

In der Puppenhülle verwandelt sich der Körper der Raupe vollständig. Das nennt man Metamorphose. Die Gewebe verflüssigen sich und aus kleinen Zellgruppen entwickelt sich der Schmetterlingskörper.

*Die frisch geschlüpfte Raupe frisst ihre Eierschale und danach das Blatt.*

Tag 5

**Die Raupe schlüpft**

Am 4. bis 6. Tag schlüpft die Raupe aus dem Ei. Sie ist sehr hungrig und beginnt gleich zu fressen. Zuerst verzehrt sie ihre Eierschale und dann die Blätter der Seidenpflanze.

*Das Ei wurde an die Blattunterseite einer Seidenpflanze geheftet.*

Tag 1

**Eiablage**

Im März oder April legt das Weibchen die Eier an Seidenpflanzen ab. Nach drei bis vier Tagen färbt sich das Ei grau, denn die Raupe im Inneren wächst.

**Fast fertig**
Die Puppenhülle färbt sich dunkler, denn der Schmetterlingskörper schimmert bereits durch. Am Tag vor dem Schlüpfen kann man schon das orangefarbene und schwarze Muster der Flügel erkennen.

**Die Puppe platzt auf**
Die Puppe platzt unten auf und der erwachsene Schmetterling schlüpft heraus. Seine Flügel sind noch zerknittert und feucht. Er pumpt Blutflüssigkeit aus dem Körper in die Flügel, sodass sie sich entfalten. Erst wenn sie getrocknet sind, kann er fliegen.

**Der Schmetterling**
Eine Stunde später sind die Flügel trocken und stabil. Der Schmetterling kann jetzt fliegen und Blüten suchen, deren zuckerhaltigen Nektar er trinkt. Innerhalb weniger Tage sucht er sich einen Partner zur Fortpflanzung, damit eine weitere Monarchfalter-Generation heranwächst.

# Lebenszyklus des Monarchfalters

Schmetterlinge durchlaufen eine Verwandlung, bei der ihr Körper vollständig umgebaut wird. Die meisten Tiere sind zu Beginn ihres Lebens bereits eine kleine Ausgabe ihrer Eltern. Schmetterlingsraupen dagegen sehen ganz anders aus als Schmetterlinge. Die Raupe wächst in wenigen Tagen oder Wochen sehr schnell und häutet ihr Außenskelett mehrmals. Wenn sie eine bestimmte Größe erreicht hat, verpuppt sie sich. Der Raupenkörper löst sich in der Puppenhülle völlig auf. Dann bildet sich der Schmetterlingskörper mit den wunderschönen Flügeln.

**Schmetterlingswanderung**

Im Herbst trinken Millionen Monarchfalter in Nordamerika möglichst viel Nektar und brechen dann zu einer unglaublichen Wanderung in den wärmeren Süden auf. Die zarten Falter fliegen oft zwei Monate lang und legen dabei bis zu 4800 km zurück. Sie verbringen den Winter in Nadelwäldern im Zentrum von Mexiko und an der kalifornischen Küste. Im Frühjahr treten sie die Rückreise an. Es dauert vier oder fünf Generationen, bis sie die nördlichsten Teile ihres Verbreitungsgebiets im Süden Kanadas erreichen.

# Pilzgärtner

Es gibt mehrere Dutzend Arten tropischer Blattschneiderameisen. Sie leben in sehr komplexen Gesellschaften, die man als Kolonien bezeichnet. Wie ihr Name sagt, schneiden sie Stückchen aus Blättern und tragen sie in ihr Nest. Dort stellen sie aus ihnen eine Art Kompost her, auf dem ein spezieller Pilz wächst. Die Ameisen füttern mit diesem Pilz ihre Königin und die Larven der Kolonie.

Tag 1

### Eier legen

Die Königin ist die größte Ameise der Kolonie. Ihre Aufgabe ist es, Eier zu legen. Im Lauf ihres Lebens legt sie 150 bis 200 Mio. Eier. Alle anderen Mitglieder der Kolonie sind ihre Töchter.

Tag 18

### Larven schlüpfen

Aus den Eiern, die die Königin legt, schlüpfen nach etwa 18 Tagen Larven. Die Arbeiterinnen verfüttern einige der Eier an ältere Larven und andere fressen sie selbst.

Tag 40–50

### Verpuppung

Wenn sie eine bestimmte Größe erreicht haben, verpuppen sich die Larven. Der Larvenkörper wird nun völlig umgebaut. Nach der Verwandlung schlüpft eine Arbeiterin. Sie ernährt sich von den gezüchteten Pilzen und kümmert sich um die Königin und die Larven der Kolonie.

Tag 60

### Paarungsflug

Aus den meisten Eiern, die die Königin gelegt hat, entwickeln sich Arbeiterinnen, aus anderen geflügelte Männchen und spezielle Weibchen, die sich miteinander fortpflanzen. Sie schwärmen aus und paaren sich. Jedes Weibchen paart sich mit vielen Männchen.

## Pilzgärten betreuen

Blattschneiderameisen züchten eine spezielle Pilzart, um sie an ihre Larven zu verfüttern. Nachdem sie die Blätter in ihr Nest getragen haben, zerkauen sie sie. Dann betreuen sie die Pilze, die auf dem Blätterbrei wachsen. Sie halten sie sauber und sondern chemische Stoffe ab, die dazu beitragen, dass sie schneller wachsen. Die Arbeiterinnen gehören verschiedenen Kasten an und haben unterschiedliche Aufgaben.

Minor-Arbeiterinnen verteidigen die Blätter und die Ameisenstraße zum Nest.

Media-Arbeiterinnen schneiden Blattstücke heraus und tragen sie ins Nest.

Minim-Arbeiterinnen bewachen die Pilzgärten und füttern die Larven.

Major-Arbeiterinnen bewachen das Nest und halten die Ameisenstraßen zum Nest sauber.

**Monat 2**

*Wenn sie wieder am Boden sind, werfen die Weibchen ihre Flügel ab.*

### Eine neue Kolonie

Die befruchteten Weibchen fliegen fort, um anderswo neue Kolonien zu gründen, deren Königin sie dann sind. Nur sehr wenige sind jedoch erfolgreich. Jede nimmt einen Pilzvorrat mit, um später einen eigenen Pilzgarten anzulegen.

**Monat 3**

### Neue Brut

Eine neue Königin gräbt ein Nest und legt Eier. Die ersten Larven, die schlüpfen, füttert sie mit dem Pilzvorrat, den sie mitgebracht hat. Wenn sich die Kolonie erfolgreich entwickelt, gibt es darin nach einem Monat einen Pilzgarten sowie Eier und Larven.

**Monat 4**

*Kleine Arbeiterinnen sitzen manchmal auf den Blattstückchen.*

### Eine neue Generation

Während die Kolonie wächst, entwickeln sich verschiedene Ameisen, die unterschiedliche Aufgaben haben. Man bezeichnet sie als Kasten. Sie arbeiten zusammen, denn nur so kann die Kolonie überleben. Manche Nester bestehen aus mehr als 1000 unterirdischen Kammern und sind einen halben Quadratkilometer (500 x 500 m) groß.

# Eine Maus verwest

Ein totes Tier – auch eine kleine Maus – ist für viele andere Lebewesen wertvolle Nahrung. Bei bestimmten Bedingungen entwickelt sich innerhalb weniger Minuten ein kleines Ökosystem um den toten Körper. Unzählige Lebewesen, von Bakterien bis hin zu Fliegen und Käfern, tragen dazu bei, dass die Nährstoffe des Mäusekörpers wiederverwertet werden.

**Fliegen legen Eier**
Sobald ein Tier wie diese Maus gestorben ist, vermehren sich Mikroorganismen, die bereits im Körper waren. Schmeißfliegen und Aasfliegen, die in der Nähe sind, nehmen den Geruch der Gase wahr, die diese Bakterien ausscheiden, und fliegen herbei, um Eier abzulegen.

**Minuten nach dem Tod**

**Der Leib bläht sich auf**
Bakterien im Darm bilden Schwefelwasserstoff und Methan, sodass sich der Leib der Maus aufbläht. Die Haut färbt sich grau oder grün und Fliegen werden zu der übel riechenden Leiche gelockt.

**2 Tage nach dem Tod**

**Maden schlüpfen**
Fliegenmaden schlüpfen aus den Eiern. Sie sind nicht kräftig genug, um sich durch die Haut zu fressen, aber sie dringen durch Augen, Ohren, Mund oder offene Wunden in den Körper ein.

**3 Tage nach dem Tod**

**Die Verwesung**
Die Haut platzt auf und der Körper fällt in sich zusammen, weil die stinkenden Gase entweichen. Fliegenmaden fressen die inneren Organe der Maus und der Leichengeruch lockt noch mehr Insekten an.

**3 Tage nach dem Tod**

*Ort, Temperatur und Feuchtigkeit beeinflussen, wie schnell die Maus verwest.*

## Totengräber

Wenn Totengräber am toten Körper eines kleinen Tiers eingetroffen sind, verteidigt ein Käferpaar ihn für sich. Die beiden Insekten vergraben die Leiche und legen dann ihre Eier an ihr ab, sodass sich ihre Larven ungestört von ihr ernähren können. Diese Käfer geben sogar chemische Stoffe ab, die das Fleisch frisch halten, sodass die Larven lange Zeit gutes Futter haben.

### Neuankömmlinge

Kurzflügelkäfer kommen herbei und fressen nicht das Fleisch der Maus, sondern die Eier und Larven der Fliegen, von denen es jetzt nur so wimmelt.

**3–10 Tage nach dem Tod**

### Noch mehr Insekten

Aaskäfer, Wespen und Ameisen treffen ein. Sie beißen sich mit ihren kräftigen Mundwerkzeugen durch die zäheren Gewebe. Wenn diese Aas- und Allesfresser am Werk sind, verschwindet die Maus rasch. Bald ist nicht mehr viel von ihrem Körper übrig.

**1–2 Wochen nach dem Tod**

### Der Gestank verfliegt

Wenn alles Fleisch verzehrt ist, verströmt die Leiche keinen Gestank mehr. Fliegenmaden graben sich ringsum in den Erdboden, um sich dort zu verpuppen.

**3 Wochen nach dem Tod**

### Letzte Überreste

Vom Körper der Maus sind nur noch Knochen, Knorpel, ausgetrocknete Haut und Fell übrig. Speckkäfer kommen herbei und legen ihre Eier hinein, denn ihre Larven ernähren sich von Knorpel und Fell. Im Boden um die Reste der Maus sind jetzt mehr Nährstoffe vorhanden.

**4 Wochen nach dem Tod**

*Nach ein paar Wochen sind nur noch Knochen übrig. Es wird Jahre dauern, bis auch sie völlig verschwunden sind.*

# Ein Jahr im Bienenstock

Alle Honigbienen in einer Kolonie arbeiten zusammen. Die Königin legt die Eier. Die meisten anderen Bienen sind Arbeiterinnen, die verschiedene Aufgaben erledigen. Die Größe der Kolonie verändert sich im Lauf der Jahreszeiten. Im Winter ist sie kleiner und im Sommer wächst sie wieder.

**Kühlung**
Die neue Königin paart sich mit mehreren Männchen (Drohnen). Die Kolonie wächst. Arbeiterinnen schwärmen aus, um Wasser zu suchen. Im Stock spucken sie es aus, um die Temperatur zu senken.

**Tschüss, Männchen!**
Die Tage werden allmählich kürzer und es gibt nicht mehr so viel Nahrung. Da in der Kolonie im Winter keine Männchen gebraucht werden, vertreiben die Arbeiterinnen sie aus dem Stock. Wenn genügend Honig eingelagert wurde und sich keine Krankheiten ausbreiten, überlebt das Bienenvolk den Winter.

Juli

September

Januar

Anfang April

Anfang April

**Wärme erzeugen**
Im Winter drängen sich im Stock die Arbeiterinnen um die Königin und die jüngeren Bienen und zittern mit der Flugmuskulatur, um Wärme zu erzeugen. Deshalb sinken die Temperaturen nicht zu stark ab.

**Die Kolonie wächst**
Im Frühjahr werden die Tage länger und es gibt viele nektarreiche Blüten. Die Königin legt jetzt Eier, sodass sich die Zahl der Bienen mehr als verdoppelt. Eine Königin kann jeden Tag bis zu 2000 Eier legen.

**Larven schlüpfen**
Aus den Eiern schlüpfen Larven. Arbeiterinnen füttern sie mit Gelée royale, einem Saft aus Schlunddrüsen, der die Entwicklung fördert. Nach etwa drei Tagen werden sie mit Honig und Pollen gefüttert.

### Schwärmen

Die alte Königin und etwa die Hälfte der Arbeiterinnen verlassen den Stock. Der Schwarm lässt sich an einem Ast nieder. Einige der Arbeiterinnen machen sich auf die Suche nach einem neuen Ort für die Kolonie.

### Eine neue Königin

Eine junge Königin schlüpft. Sie tötet die anderen Königinnenlarven, die noch in ihren Waben sind. Wenn mehrere Königinnen schlüpfen, kämpfen sie und stechen sich mit dem Giftstachel. Diejenige, die überlebt, ist die neue Königin.

### Sehr große Kolonie

Die Kolonie ist stark gewachsen. Die Arbeiterinnen füttern die Larven, aus denen sich Königinnen entwickeln sollen, mit Gelee royale. Die alte Königin füttern sie jetzt kaum mehr. Sie wird leichter, sodass sie schließlich fliegen kann.

### Honig

Arbeiterinnen laufen über die Waben, die mit Nektar gefüllt sind. Diese zuckerhaltige Flüssigkeit haben die Bienen an Blüten gesammelt. Sie schlagen mit den Flügeln, damit das Wasser verdunstet. So verwandelt sich der Nektar in dickflüssigen Honig, von dem sich die Kolonie ernährt.

**Mitte Juni**

**Mitte Juni** – **Anfang Juni** – **Ende Mai** – **Anfang Mai** – **Ende April** – **Ende April**

**Mitte April**

### Honigwabe

Honigbienen bauen Waben, damit die Kolonie wachsen kann. Die vielen Tausend sechseckigen Waben bestehen aus Wachs, das die Arbeiterinnen absondern. In einigen Waben befinden sich Eier, aus denen Larven schlüpfen. In anderen wird Honig eingelagert, von dem sich die Kolonie im Winter ernährt.

### Waben bauen

Die Arbeiterinnen können jetzt Wachs herstellen. Sie haben eine neue Aufgabe: Sie versiegeln die Waben, in die Eier gelegt wurden, und bauen neue Waben, die mit Honig oder Eiern gefüllt werden.

*Bienen, die Waben bauen, bilden oft eine Reihe. Vielleicht messen sie so den Platz aus.*

### Schlüpfen

Eine Arbeiterin beißt den Wachsdeckel ihrer Wabe auf. Sie ist von Anfang an ein aktives Koloniemitglied, das das Nest säubert und sich um die Waben kümmert, sodass die Königin neue Eier legen kann.

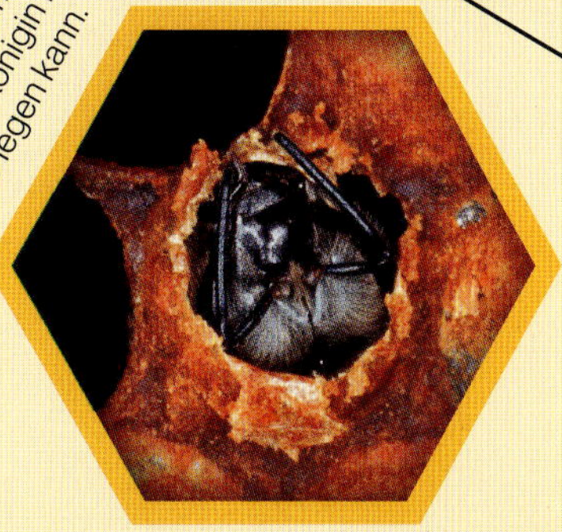

### Ammenbienen

Die Arbeiterinnen, die vor wenigen Tagen geschlüpft sind, kümmern sich jetzt um Hunderte Larven, die ständig gefüttert werden müssen. Sie füttern auch die Königin und halten sie sauber.

### Große Larven

Die Larven sind auf die 1500-fache Größe angewachsen und damit groß genug. Arbeiterinnen verschließen die Waben mit Bienenwachs. Jede Larve verpuppt sich in einem Kokon, den sie aus Seide spinnt. Darin verwandelt sich ihr Körper in eine erwachsene Honigbiene.

# Ein Festmahl für Dungkäfer

Große Pflanzenfresser wie Elefanten verdauen ihre Nahrung nicht vollständig. Für viele Insekten, wie zum Beispiel Dungkäfer, bietet ihr Kot deshalb noch ausreichend Nahrung. Dungkäfer verwerten den Kot und verbreiten außerdem darin enthaltene Pflanzensamen. In der Savanne spielen sie eine wichtige ökologische Rolle. Man kann die Dungkäfer in drei Gruppen einteilen: Eine rollt aus dem Kot Kugeln und vergräbt sie (hier zu sehen), eine weitere gräbt Gänge in den Dung und eine dritte lebt auf dem Dung.

**2 Wochen–2 Monate später**

**Käfer schlüpfen**
Die Larven haben sich in erwachsene Dungkäfer verwandelt. Sie graben sich aus der Erde. Jetzt können sie selbst nach frischem Kot suchen.

**Kothaufen**
Elefanten, Giraffen, Kängurus und andere große Pflanzenfresser hinterlassen mehrmals täglich Kot. Der starke Geruch wird mit dem Wind verbreitet.

*Die Käfer nehmen den Geruch von Kot mit ihren Fühlern wahr.*

**Was für ein Duft!**
Die Dungkäfer-Männchen verbringen einen großen Teil ihres Lebens im Grasland. Mit den Fühlern nehmen sie noch den schwächsten Duft von frischem Dung wahr, auch wenn er mehrere Kilometer entfernt ist.

**Die Party beginnt**
Sehr bald treffen mehrere Männchen beim Kot ein. Sie graben sich rasch hinein, bevor er austrocknet, und trinken die nährstoffreichen Säfte oder rollen eine Kugel aus Dung.

**Rollen der Dungkugel**
Ein Käfermännchen rollt eine Portion Kot sorgfältig zu einer Kugel. Dabei gibt es chemische Duftstoffe (Pheromone) ab, die Weibchen anlocken. Wenn einem Dungkäferweibchen das Werk des Männchens gefällt, paaren sich die beiden.

**Start** | **Nach einigen Minuten** | **Nach 10 MInuten** | **Nach 15 Minuten**

## Dung ist lecker!

Viele andere Insekten werden ebenfalls vom nährstoffreichen Kot angelockt, weil sie sich von ihm ernähren oder ihre Eier hineinlegen. Manche Schmetterlinge saugen die Säfte, denn sie enthalten lebenswichtige Mineralstoffe.

## Käferlarven

Nach einem oder zwei Tagen schlüpfen zwei kleine cremeweiße Larven aus den Eiern, die an der Dungkugel abgelegt wurden. Sie fressen den nährstoffreichen Kot.

*Während die Larven wachsen, werfen sie ihr Außenskelett mehrere Male ab.*

## Schwerstarbeit

Die Käfer kehren zum Kot zurück und sammeln noch mehr, um ihn zu vergraben. Wenn Hunderte Käfer arbeiten, verschwindet ein Haufen frischer Elefantendung innerhalb weniger Stunden.

**1–2 Tage später**

**2 Stunden später**

## Abtransport der Kugel

Die nächste Herausforderung ist das Wegrollen der Dungkugel, die bis zu 50-mal schwerer ist als der Käfer. Dabei steht der Dungkäfer auf seinen vorderen Beinen und krabbelt rückwärts. Er schiebt die Kugel mit den mittleren und hinteren Beinen.

*Dungkäfer-ännchen rollen die Kugel rück-rts und machen bei Handstand.*

## Eine Kammer

Wenn das Männchen zu einer Stelle mit lockerer Erde kommt, gräbt es eine Kammer und rollt die Kugel hinein. Das Weibchen legt ein Ei auf ihr ab.

**Nach 30 Minuten**

**1 Stunde später**

# Marienkäfer

Es gibt etwa 6000 Marienkäferarten, die unterschiedlich gefärbt und gemustert sind. Sehr bekannt ist bei uns der Siebenpunkt-Marienkäfer (*Coccinella septempunctata*). Die meisten Arten werden etwa ein Jahr alt. Sie sind während der wärmeren Monate aktiv und verbringen die Wintermonate in einer Kältestarre.

### Überwinterung

Im Herbst suchen sich Marienkäfer einen Ort, an dem sie den Winter verbringen können. Sie drängen sich oft in Gruppen unter Baumrinde, in der Laubstreu unter einem Baum oder in einem kühlen Gebäude aneinander.

**Oktober**

### Räuber

Während der ersten Wochen ernähren sich die Larven von Honigtau, einer zuckerhaltigen Flüssigkeit, die Blattläuse absondern. Wenn sie größer werden, saugen sie erwachsene Blattläuse aus, und zwar Hunderte pro Tag!

*Die Larve ist schwarz mit orange-gelben Flecken und hat keine Flügel.*

*Blattläuse saugen Pflanzensaft und geben süßen Honigtau ab.*

**Etwa 4 Wochen später**

**Juni**

### Häutung

Die Larve wächst, bis ihr Außenskelett zu eng wird. Dann häutet sie sich. Dabei platzt das alte Außenskelett auf und die Larve klettert in einem neuen, größeren Außenskelett heraus. Sie häutet sich 3-mal und ist dann ausgewachsen.

### Verpuppung

Die ausgewachsene Larve verpuppt sich. Sie heftet sich an ein Blatt oder an Baumrinde und bewegt sich nicht mehr. Im Inneren der Puppe wird der Körper umgebaut. Aus der flügellosen Larve entwickelt sich ein Käfer mit Flügeln.

### Schlüpfen

Es dauert ein bis zwei Wochen, bis sich im Inneren der Puppe ein Marienkäfer entwickelt hat. Nun platzt die Puppenhülle auf und der Käfer schlüpft heraus. Sein Körper ist noch weich und gelb. Er härtet aus und färbt sich rot mit schwarzen Punkten.

**Juli–August**

**Etwa 1–2 Wochen später**

## Im Winter

Marienkäfer verbringen die kalten Wintermonate in einem Ruhezustand, denn es gibt keine Nahrung. In diesem Zustand laufen die Körpervorgänge langsamer ab. Wenn man sie jetzt stört, können sie sich nur langsam bewegen und kaum fliegen.

**November–Februar**

## Erwachen

Die Marienkäfer sind hungrig, wenn sie aus der Kältestarre erwachen. Etwa zur gleichen Zeit schlüpfen Blattläuse aus ihren Eiern. Die kleinen Insekten sind die Lieblingsspeise der Marienkäfer. Das Timing ist perfekt, denn die Marienkäfer haben gleich etwas zu fressen.

**März–Anfang April**

## Paarungszeit

Bald nachdem die Kältestarre beendet ist, paaren sich die Männchen und die Weibchen. Die Männchen versuchen, sich mit mehreren Weibchen zu paaren, aber schon bald danach sterben sie.

**Ende April–Anfang Mai**

## Eier legen

Das Weibchen legt seine Eier an der Blattunterseite ab, auf der viele Blattläuse sitzen. Wenn die Larven schlüpfen, haben sie ausreichend Nahrung. Die ovalen Eier werden vom Weibchen mit einem natürlichen Klebstoff am Blatt befestigt.

*Ein Marienkäferweibchen legt jeden Tag 20 bis 50 Eier.*

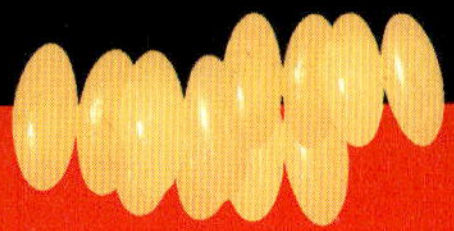

**Ende Mai**

## Schlüpfen

Aus dem Ei schlüpft nach zehn Tagen eine Larve. Sie verzehrt ihre Eierschale und später auch die Eier in der Umgebung, aus denen noch keine Larven geschlüpft sind. Ihr Außenskelett härtet in dieser Zeit aus.

**Bis zu 10 Tage später**

*Der Käfer fliegt mit den zarten Hinterflügeln, die er unter den Deckflügeln zusammenfaltet, wenn er ruht.*

## Nahrung suchen

Marienkäfer fressen etwa einen Monat lang möglichst viel, um sich Energiereserven für den Winter zuzulegen. Wenn es kälter wird, ist dies ein Signal für sie, dass sie sich einen Platz für den Winter suchen müssen. Im Frühjahr, wenn es wärmer wird, beginnt der Lebenszyklus aufs Neue.

**August–September**

### Sommerstarre

Wie Marienkäfer überstehen viele Tiere den Winter in einer Kältestarre. Manche Arten müssen dagegen heiße Sommer überleben, in denen kaum Wasser vorhanden ist. Sie fallen in eine Sommerstarre. Australische Bogong-Falter ziehen sich in kühle Gebirgshöhlen zurück. Wenn es Herbst wird, fliegen sie heraus, um sich zu paaren und Eier zu legen.

## Leichtsinnige Mäuse

Der winzige Parasit *Toxoplasma gondii* lebt in Mäusen und Katzen. Die Mäuse bekommen ihn, wenn sie Nahrung fressen, die mit den Zysten des Parasiten infiziert ist. Die Zysten werden mit dem Kot von Katzen verbreitet. Mäuse meiden normalerweise alles, was nach Katze riecht. *T. gondii* bewirkt aber, dass sie ihr Verhalten ändern und weniger Angst vor Gefahren haben. Solche Mäuse werden häufiger von Katzen gefangen und gefressen, sodass der Parasit den nächsten Wirt befallen kann.

### Geschwollene Fühler

Die Sporozyste sendet Fortsätze aus, die sich im Körper der Schnecke ausbreiten. Einige dringen bis in die Fühler vor und dort entwickeln sich die Larven des Parasiten. Sie bewegen sich, sodass die angeschwollenen, grün gebänderten Fühler pulsieren.

### Der Eindringling

Das Ei verwandelt sich in der Schnecke in eine Sporozyste. Im Verdauungssystem der Schnecke nimmt dieser Parasit Nährstoffe auf. Er gibt außerdem chemische Stoffe ab, die verhindern, dass sich die Schnecke fortpflanzen kann. Sie wendet nun ihre ganze Energie dafür auf, den Parasiten in ihrem Körper zu ernähren.

### Die Infektion

Eine Bernsteinschnecke sucht an feuchten, schattigen Orten nach Nahrung und frisst auch Vogelkot. Wenn sie dabei das Ei eines Saugwurms verspeist, das sich im Kot befindet, wird sie infiziert.

**In die Sonne**
Die Augen der Schnecke sitzen an den Enden der Fühler. Normalerweise meidet die Schnecke die Sonne. Der Parasit manipuliert aber ihr Verhalten und zwingt sie, ins helle Sonnenlicht zu kriechen, damit hungrige Vögel sie leichter entdecken können.

Tag 366

**Vogelnahrung**
Für einen Singvogel sehen die angeschwollenen Fühler wie saftige Maden oder Raupen aus. Der Vogel reißt den Fühler ab und verschluckt ihn. Den Rest der Schnecke frisst er nicht.

Tag 367

Tag 367–409

**Im Vogelkörper**
Im Magen des Vogels verwandeln sich die Larven in ausgewachsene Parasiten. Sie bahnen sich ihren Weg zur Kloake, wo sie sich mit Saugnäpfen festhalten. Dort geben sie ihre Eier ab, die mit dem Vogelkot nach draußen gelangen – und der nächsten Schnecke, die vorüberkriecht, neue Nahrung bieten.

# Zombieschnecke

Die Bernsteinschnecke kommt an Bächen in Europa und Nordamerika vor. Sie lebt meistens im Schatten und verspeist Algen und andere Mikroorganismen, die auf Pflanzen wachsen. Wird eine Schnecke jedoch von einem Parasiten befallen, dem Saugwurm *Leucochloridium paradoxum*, verändert sich alles. Der Parasit übernimmt die Kontrolle über den Schneckenkörper und was dann passiert, erinnert an einen Horrorfilm!

Tag 367

**Nach der Infektion**
Die Bernsteinschnecke ist den Parasiten los und ihre Fühler können sogar nachwachsen. Auch ihr Fortpflanzungssystem funktioniert schon bald wieder, sodass sie Nachwuchs haben kann. Und der wird vielleicht wieder von Saugwürmern befallen.

# Totale Kontrolle

Die Juwelwespe nutzt Schaben auf raffinierte Weise für ihre Zwecke aus: Sie spritzt ihr Gift in einen ganz bestimmten Teil des Nervensystems der Schabe. So steuert sie ihr Verhalten und macht die Schabe zum Zombie: Sie wird zur lebendigen Nahrung der Wespenlarve. Solche Wespen nennt man Parasitoide: Sie bringen ein Wirtstier dazu, ihre Jungen großzuziehen.

**Start**

### Der Wirt wird gelähmt

Das Wespenweibchen sticht in ein Nervenzentrum in der Mitte des Schabenkörpers. Nach 2 bis 3 Minuten sind die vorderen Beine der Schabe gelähmt.

**Einige Sekunden später**

### Ein zweiter Stich

Das Wespenweibchen sticht ein zweites Mal zu, diesmal in einen speziellen Teil des Schabengehirns. Das Gift beeinflusst das Nervensystem. Die Schabe bewegt sich nur noch langsam und hat keine Angst mehr vor Feinden.

**2–3 Minuten nach dem ersten Stich**

### Der letzte Gang

Die Wespe beißt die halben Fühler der Schabe ab und trinkt ihre Blutflüssigkeit, um neue Energie zu haben. Dann packt sie die Zombie-Schabe am Fühler und führt sie in den Wespenbau.

**Ein wenig später**

### Eier legen

Wenn die Schabe im Bau der Wespe ist, legt diese ein oder zwei kleine Eier am Körper der Schabe ab. Dann bedeckt sie den Eingang zum Bau mit Blättern und anderen Fundstücken.

*Das Wespenei klebt am Hinterleib der Schabe.*

*Die Wespenlarve ist jetzt mehr als doppelt so groß.*

### Larvenentwicklung

Nun sitzt die Schabe drei Tage lang ohne Nahrung und Wasser im Wespenbau und versucht nicht zu fliehen. Im Ei entwickelt sich die Wespenlarve.

**Tag 1–3**

### Erste Mahlzeit

Die Larve schlüpft aus dem Ei und beginnt, die noch lebende Schabe aufzufressen. Sie kriecht über ihren Körper und frisst Organe und Körperteile, die nicht lebenswichtig sind, wie die Beine, Fühler und Flügel.

**Tag 4**

### Lebendig verspeist

Die Larve frisst sich durch den Körper der Schabe. Alle lebenswichtigen Organe lässt sie übrig, sodass die Schabe so lange wie möglich am Leben bleibt.

**Tag 8–14**

*Die Wespenlarve entwickelt sich im Hinterleib der Schabe.*

### Ein Kokon

Wenn die Schabe schließlich gestorben ist, verpuppt sich die Larve im Schabenkörper. In ihrer Puppenhülle verwandelt sie sich in eine erwachsene Wespe.

**Tag 15**

### Die Wespe schlüpft

Die Juwelwespe schlüpft aus der Schabe und verlässt den Bau. Sie wird noch einige Monate leben. Nach der Paarung suchen Weibchen wieder nach Schaben, in die sie ihre Eier legen können. So setzt sich der Lebenszyklus fort.

**5 Wochen später**

*Die erwachsene Juwelwespe schlüpft aus dem Hinterleib der Schabe.*

*Der Körper der Schabe hat der Wespenlarve Nährstoffe und einen Kokon bereitgestellt.*

### Abwehrtaktik

Viele Schaben verteidigen sich und wehren die Wespen ab. Mehr als die Hälfte dieser Versuche sind erfolgreich. Wenn eine Schabe ein Juwelwespenweibchen rechtzeitig entdeckt, kickt sie mit den Beinen nach ihm. Manchmal fliegt die Wespe dann in die Luft und die Schabe hat genug Zeit zu fliehen.

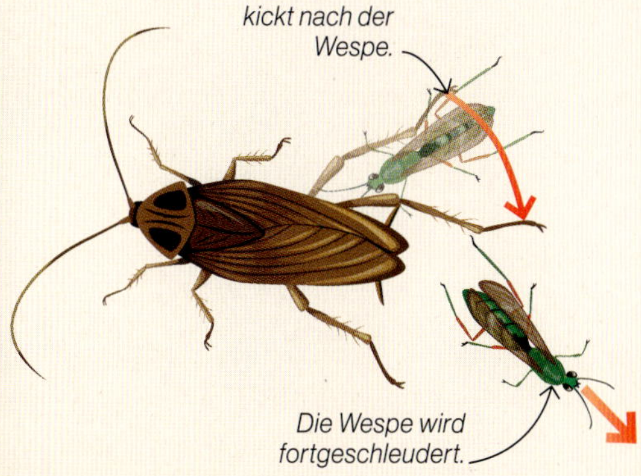

*Die Schabe kickt nach der Wespe.*

*Die Wespe wird fortgeschleudert.*

## Super-Augen

Warum sind Fliegen so schwer zu erwischen? Das hat mit ihren Augen zu tun. Alle Tiere nehmen die Welt als Film wahr, und ein Film ist eine Serie einzelner Bilder. Menschen können 60 Einzelbilder pro Sekunde sehen, aber viele Insekten, darunter auch die Fruchtfliegen, erkennen 4-mal so viel pro Sekunde noch als einzelne Bilder. Sie nehmen die Welt in einer Art Zeitlupe wahr, und deshalb haben sie mehr Zeit, auf eine Fliegenklatsche zu reagieren, die sich ihnen nähert.

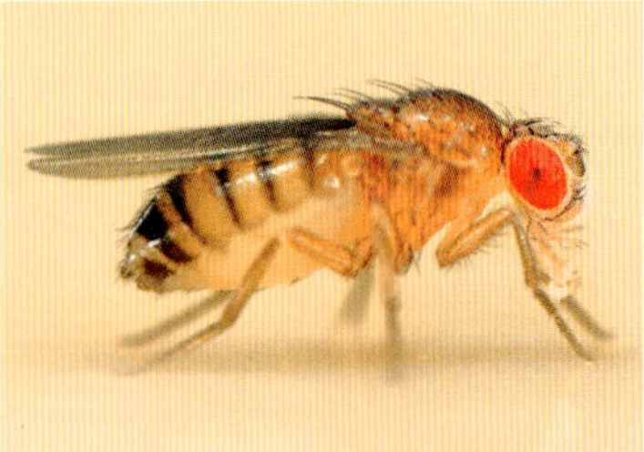

**FRUCHTFLIEGE**

# 24 Stunden am Korallenriff

An einem Korallenriff leben jede Menge Tiere. Einige halten sich ständig dort auf, andere schwimmen nur gelegentlich auf Nahrungssuche hinein oder besuchen eine Putzstation. Wenn die Sonne über dem Riff untergeht, verkriechen sich die tagaktiven Tiere. Andere Arten sind in der Nacht unterwegs.

### Putzstationen

An einer Putzstation im Korallenriff befreien Garnelen und Putzerfische andere Tiere von ihren Parasiten. Fische und Schildkröten warten geduldig auf diesen Service. Tagsüber ist an der Putzstation meist viel los, aber auch nachts wird gearbeitet. Die Putzer schwimmen sogar in das Maul von Räubern, um sie von Parasiten zu befreien. Sie selbst werden nicht gefressen.

*Die Eier werden mit klebrigen Fäden ans Riff geheftet.*

03:00 – 04:00 – 05:00 – 06:00 – 07:00

### Eier ablegen (04:00)

Manche Fischarten, wie der Feldwebelfisch, leben am Grund des Riffs. Sie laichen meist früh am Morgen, wenn nur wenige Räuber unterwegs sind, die Fischeier verzehren.

### Das erste Licht (06:00)

Wenn das erste Tageslicht in das Riff scheint, stülpen einige der Korallen ihre Tentakel aus, sodass winzige Algen, die in ihrem Körper leben, Fotosynthese betreiben können. Die Korallen bekommen die meisten ihrer Nährstoffe von diesen Algen.

### Gute Nachtsicht (02:00)

Mit seinen riesigen Augen fängt der Langstachelhusar viel Licht ein und erkennt im dunklen Wasser seine Beute. Zu seiner Lieblingsnahrung gehören Planktonlebewesen, Würmer und Garnelen.

01:00

### Regenbogenfarben (00:00)

Kleine Rippenquallen sind aus tieferen Bereichen zum Riff gekommen, um im Wasser schwebende Algen zu fressen. Plättchen an ihrem Körper leuchten in allen Farben des Regenbogens.

### Schlauer Jäger (23:00)

Ein neuer Räuber kommt an. Der Weißstreifen-Oktopus verhielt sich vorsichtig, als die Haie in der Nähe waren, aber jetzt geht er auf die Jagd. Mit seinen langen Armen greift er in Nischen und Spalten des Riffs, um einen Fisch oder eine Krabbe zu ergreifen.

### Wilde Haie (22:00)

Ein paar junge Weißspitzen-Riffhaie scheuchen einen Schnapper aus seinem nächtlichen Versteck. Er will entkommen, aber es sind zu viele Haie. Er wird gepackt und gefressen.

### Im Schlafsack (21:00)

Der Kugelkopf-Papageifisch umgibt sich nachts mit einem Kokon aus Schleim. Feinde können deshalb seinen Geruch nicht wahrnehmen. Außerdem ist der Fisch so vor Parasiten geschützt, während er schläft.

20:00 – 19:00

## Ein Kalmar schwimmt fort

Ein Großflossen-Riffkalmar taucht in tiefere Bereiche ab, nachdem er nachts im Riff Garnelen, Krabben und Fische gejagt hat. Diese Kalmare leben in großen Gruppen, um Räuber wie Thunfische zu verwirren.

## Korallenmahlzeit

Eine Meeresschnecke verspeist eine Schneeflockenkoralle. Diese Korallenart überwuchert Schwarze Korallen, sodass sie sterben. Die Schnecke gleitet zur Basis der Koralle, wo sie sich tagsüber vor Feinden verbirgt.

## Körperpflege

Die Grüne Meeresschildkröte ist zum Riff geschwommen, um in den Seegraswiesen zu weiden. Fische kommen herbei, um Algen und Parasiten von ihrem Panzer abzuknabbern.

## Großer Räuber

Ein 200 kg schwerer Riesenzackenbarsch schwimmt an nachtaktiven Langstachelhusaren vorbei, die sich tagsüber verstecken. Er interessiert sich nicht für sie, denn er ist auf der Jagd nach Langusten.

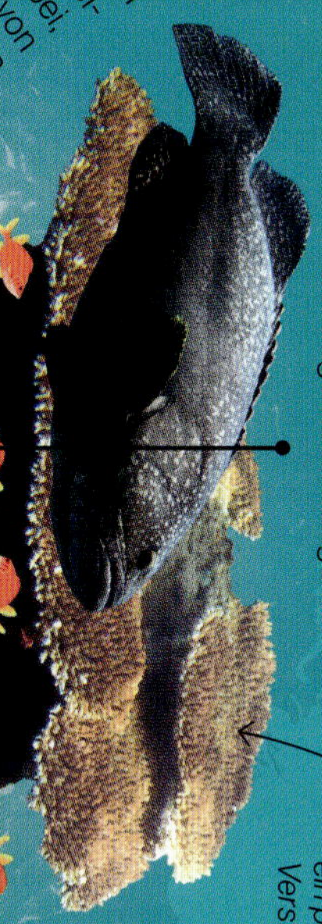

*Die Tischkoralle ist für kleine Fische ein perfektes Versteck.*

## Walgesänge

Am Riff erklingen unheimliche Laute. Es sind Buckelwalbullen, die Weibchen anlocken. Am Morgen und frühen Nachmittag waren sie mit der Nahrungssuche beschäftigt. Nun singen sie bis spät in die Nacht.

*Der Röhrenschwamm filtert Nahrung aus dem Wasser.*

## Im Schutz des Riffs

Fische, die Algen fressen, wie der Gelbe Segelflossendoktor, verstecken sich nachts in Spalten am Riff vor ihren Fressfeinden. Hawaiianische Humudrückerfische haben einen speziellen Stachel, der hochspringt und sie in ihrem Versteck verkeilt, damit Feinde sie nicht herausziehen können.

## Nahrung fangen

Die Sandanemone verbringt die meiste Zeit des Tages im Sand vergraben. Hier sind ihre zarten Tentakel geschützt und werden nicht von Fischen abgeknabbert. Wenn es dunkler wird, strecken sie die Tentakel aus, um Nahrung zu fangen.

# Ein riesiges Riff

Das Große Barriereriff vor der Küste von Australien ist das größte Korallenriffsystem der Erde. Man kann es sogar vom Weltraum aus sehen. Es besteht aus vielen Milliarden kleiner Korallenpolypen. Jede Koralle ist eine Polypenkolonie, und im Körper jedes Polypen leben winzige Algen. Sie stellen Nährstoffe für den Polypen her, während dieser den Algen im Gegenzug Schutz bietet.

**Unterwasserwelt**

Riffe sind komplexe, sehr bunte Lebensräume mit vielen Nischen und Hohlräumen, die Tausenden Lebewesen Schutz bieten. Für etwa ein Viertel aller Fischarten sind sie lebenswichtig. Das Große Barriereriff besteht aus fast 3000 Riffen und 900 Inseln.

### Korallen lassen sich nieder

Winzige Korallenlarven, die mit den Meeresströmungen treiben, lassen sich auf Felsen nieder und verwandeln sich in Polypen. Jeder Polyp scheidet Kalziumkarbonat (Kalk) ab, das ein schützendes Skelett um seinen weichen Körper bildet. Die Polypen teilen sich und bilden Kolonien aus lauter identischen Einzelwesen.

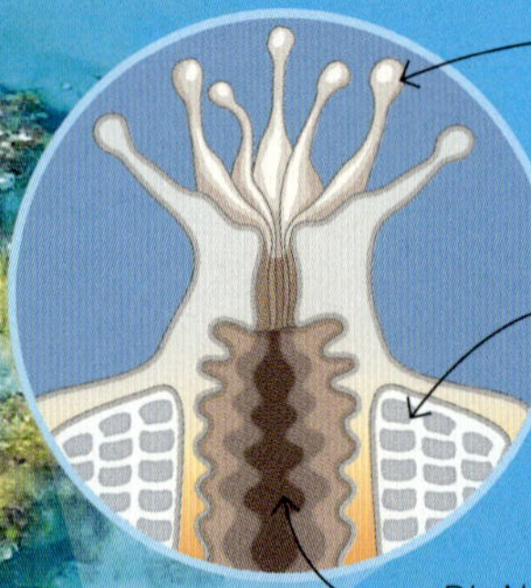

*Mit den Tentakeln spritzt der Polyp seiner Beute Gift ein, bevor er sie in seinen Mund zieht.*

*Das harte Skelett schützt den weichen Körper.*

*Die Nahrung gelangt in den Magen, wo sie verdaut wird.*

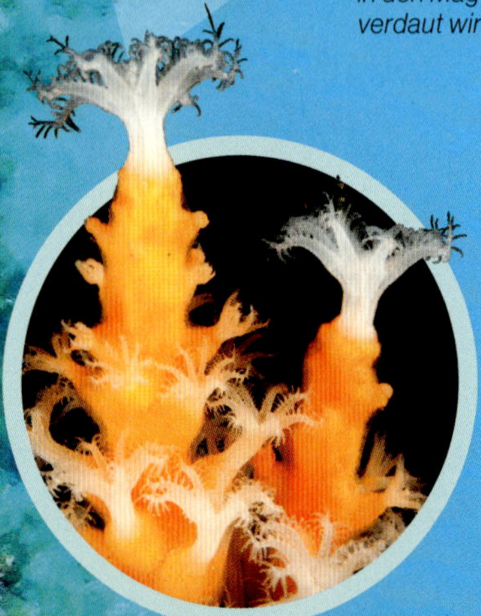

Vor 6000 Jahren

### Ein Riff wächst

Viele Korallenarten sitzen am Grund fest und bilden riesige Kolonien. Sie haben verschiedene Formen. Einige sind groß und wie Bäume verzweigt, andere flach wie Teller und wieder andere bilden Kugeln, die an Gehirne erinnern. Die harten Korallenskelette bilden im Lauf der Zeit Kalksteinriffe. Neue Kolonien wachsen auf den bereits abgestorbenen Korallen.

Vor 6000–5000 Jahren

### Konkurrenz um Platz

Der Platz am Riff ist begrenzt. Korallenkolonien konkurrieren um die besten Plätze am Licht. Manche können sogar ihre Tentakel ausstrecken und ihre Nachbarn verdauen.

*Diese beiden Kolonien, eine grün und eine braun, konkurrieren um den Platz.*

Vor 3000 Jahren

## 2009 – Ein Sturm

Ein Zyklon fegt über das Riff hinweg. Der Sturm wirbelt hohe Wellen auf, die in das Riff branden und viele Korallen zerschmettern.

## 2014 – Das Riff wächst langsam

Wissenschaftler messen, wie schnell ein Riff wächst. Sie finden heraus, dass es nur ein Viertel so schnell wächst wie vor dem Zyklon vor fünf Jahren.

## 2017 – Das Riff erholt sich

Forscher tauchen im Riff und erkennen, dass die Korallen sich jetzt, acht Jahre nach dem Zyklon, sichtbar erholen. Seit 2014 sondern die Korallenpolypen 400 % mehr Kalkskelette ab.

## 2018 – Eine Korallenbleiche

Wenn das Meerwasser wärmer wird, kann es zu einer Korallenbleiche kommen. Bis zu 90 % der Korallen im nördlichen Großen Barriereriff sind davon betroffen. Die südlicheren Riffe sind nicht so stark geschädigt, weil das Meer dort etwas kälter ist.

## 2020 – Schutz des Riffs

Die australische Regierung verkündet ein Konzept zum Schutz des Riffs. Gleichzeitig sollen vorgezüchtete Korallen angesiedelt werden, die mit höheren Wassertemperaturen zurechtkommen. Man will Salzwasser in der Luft versprühen, sodass sich über dem Meer Wolken bilden, die das Riff kühlen. Auch in der Landwirtschaft soll es Änderungen geben, sodass die Riffe weniger stark verschmutzt werden.

*Das Riff bildet eine natürliche Barriere zwischen der australischen Küste und dem offenen Meer.*

### Korallenbleiche

Wenn die Temperaturen wegen des Klimawandels steigen, bedeutet das Stress für die Korallen. Sie stoßen die Algen ab, die in ihrem Körper leben, und färben sich dadurch weiß. Letztendlich sterben sie. Man nennt dies Korallenbleiche.

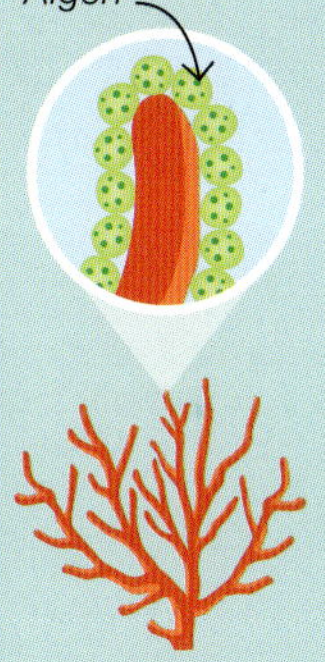


**Gesunde Koralle**
Kleine Algen, die in den Polypen leben, bilden mit der Energie des Sonnenlichts Nährstoffe für die Koralle. Sie verleihen der Koralle ihre Farbe.

**Gestresste Koralle**
Die Polypen stoßen die meisten Algen aus. Ohne ihre Nährstoffproduzenten leben sie aber nur noch wenige Monate und verhungern schließlich.

**Korallenbleiche**
Wenn die Bedingungen schlecht sind, stoßen die Korallen auch die restlichen Algen aus. Sie bleichen aus und sind geschwächt oder sterben.

Vier Tage nach der Befruchtung entwickelt sich im durchsichtigen Ei ein winziger Embryo.
Ein befruchtetes Ei hat nur wenige Millimeter Durchmesser.

Alle Nasenmuränen sind zunächst Männchen. Etwa sieben Tage nach dem Schlüpfen ist die junge Muräne silbrig und fast durchsichtig.

Bei jungen Männchen entwickelt sich ein schwarzer Streifen, der später blau wird.

## Farbwechsel

Es scheint, als wären hier vier verschiedene Lebewesen abgebildet, aber tatsächlich sind es die Lebensstadien einer Nasenmuräne. Sie kommt in Teilen des Indischen und Pazifischen Ozeans vor. Die Eier und Larven sind sehr klein und fast durchsichtig, aber wenn diese Fische erwachsen werden, färben sie sich bunt. Die Männchen werden auffällig blau und gelb. Wenn sie 1,3 m lang sind, verwandeln sie sich in Weibchen, die Eier legen, und sind dann völlig gelb.

## Aufeinander angewiesen

Anemonenfische haben eine enge Beziehung zu der Seeanemone, in der sie leben. Seeanemonen sind mit Quallen verwandt und sitzen auf Felsen fest. Sie besitzen giftige Nesselzellen, mit denen sie sich vor Feinden schützen. Die Anemonenfische befreien im Gegenzug die Seeanemone von Parasiten. Sie versuchen nie, sie zu fressen, und sind mit einem dicken Schleim bedeckt, der sie vor dem Gift der Anemone schützt.

**Tag 1**

### Laichen

Bei Vollmond bereitet ein dominantes Männchen ein Nest vor, indem es eine Stelle auf einem Felsen in der Nähe einer Seeanemone säubert. Das Weibchen inspiziert sie. Ist es zufrieden, legt es dort bis zu 1000 Eier ab.

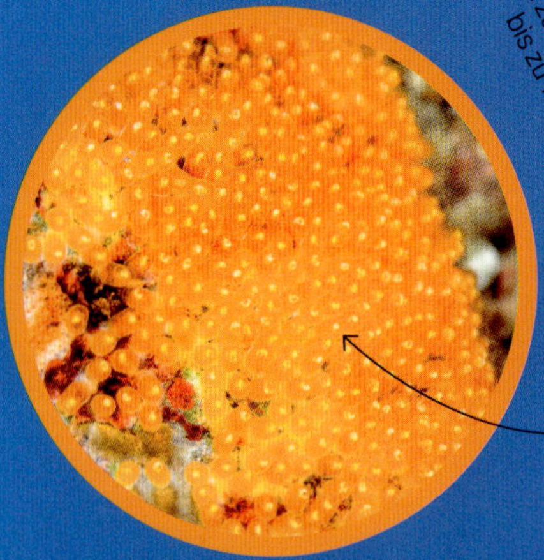

*Die Eier haben nur ungefähr 3 mm Durchmesser und verändern ihre Farbe, während sie sich entwickeln.*

**Kurze Zeit später**

### Brutpflege

Das Männchen übernimmt die Eier und befruchtet sie. Dann kümmert es sich um die Eier. Es säubert sie und entfernt Parasiten.

*Der Vater kümmert sich um den Nachwuchs. Er frisst Eier, die beschädigt oder mit Krankheitserregern infiziert sind.*

# Ein Fischleben

Ein Anemonenfisch oder Clownfisch lebt an einem Korallenriff in einer Seeanemone. Seeanemonen sehen wie Pflanzen aus, aber sie sind Tiere mit nesselnden Tentakeln. Jeder Anemonenfisch ist zu Beginn des Lebens ein Männchen, aber später kann er das Geschlecht wechseln. Die Fische leben in Gruppen, die von einem dominanten Weibchen angeführt werden. Wenn es stirbt, verwandelt sich das größte Männchen der Gruppe in ein Weibchen und nimmt seine Stellung ein.

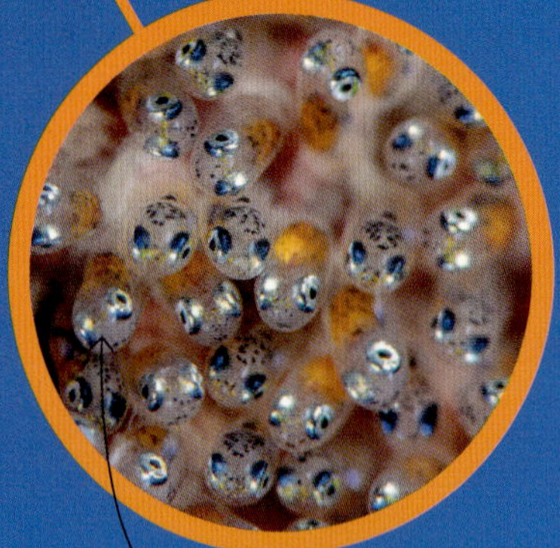

*Die Augen der Fischchen sind bereits einige Tage vor dem Schlüpfen zu sehen.*

**Tag 6–10**

### Larven schlüpfen

Aus den Eiern schlüpfen nach 6 bis 10 Tagen Larven. Sie sind winzig und durchsichtig, und alle sind Männchen. Die nächsten Wochen verbringen sie im offenen Meer. Sie fressen winzige Planktonlebewesen und wachsen heran. Viele werden aber von größeren Fischen gefressen.

*Anemonenfische klappern mit den Zähnen, um sich miteinander zu verständigen.*

*Es gibt 29 Anemonenfischarten. Jede ist anders gefärbt und gemustert, aber alle haben senkrechte Streifen.*

**Tag 24–31**

### Jungfische

Der junge Anemonenfisch sieht bald wie eine kleine Version seiner Eltern aus und die charakteristischen Streifen werden sichtbar. Die Jungfische suchen nach einem Riff, wo sie sich einer Gruppe anschließen.

**Die ersten Jahre**

### Erwachsene Fische

Wenn die Männchen großer werden, steigt ihr Rang in der Hierarchie der Gruppe. Das größte Männchen ist dominant und befruchtet als einziges die Eier des Weibchens.

**Jahre 5–10**

### Geschlechtsumwandlung

Wenn das Weibchen in der Gruppe stirbt, wandelt das dominante Männchen sein Geschlecht um. Es wird zum neuen dominanten Weibchen. Das zweitgrößte Männchen der Gruppe wird jetzt sein Partner.

## Schlüpfen

Die kleinen Larven schlüpfen aus den Eiern. Sie verstecken sich im Kies am Grund eines Sees oder Flusses. Mindestens sechs Wochen lang nehmen sie Nährstoffe aus einem Dottersack an ihrem Bauch auf.

**Winterende–Frühjahrsbeginn**

## Lachsbrut

Wenn der Dottersack verbraucht ist, schwimmt der kleine Lachs zur Oberfläche und beginnt, winzige Tiere des Zooplanktons zu verzehren.

**Winter**

## Tod

Nach dem Laichen hält das Männchen nach weiteren Weibchen Ausschau, um sich auch mit ihnen fortzupflanzen. Etwa eine Woche lang bleibt das Weibchen in der Nähe der Eier, um sie zu verteidigen. Schließlich stirbt es, und bald stirbt auch das Männchen. Die Nährstoffe aus ihren verwesenden Körpern gelangen zurück in das Ökosystem.

**Nach dem Laichen**

## Befruchtung

Wenn das Weibchen Eier legt, schwimmt das Männchen neben sie und befruchtet die Eier mit seinem Sperma. Man nennt dieses Verhalten Laichen. Das Weibchen bedeckt die Eier mit ihrer Schwanzflosse mit Kies.

**Herbst**

## Gefährliche Reise

Die Lachse sind unterwegs vielen Gefahren ausgesetzt. Bären warten bereits flussaufwärts auf die Beute. Aber weil so viele Lachse unterwegs sind, können die Bären nicht alle fangen. Man hat in vielen Flüssen Dämme gebaut und so den Lachsen den Weg abgeschnitten. Nun baut man Fischtreppen neben die Dämme, sodass die Lachse wieder wandern können.

## Eine Nestmulde

Ein Lachsweibchen wählt die kiesige Stelle am Grund des Flusses, an der es seine Eier ablegt, sorgfältig aus. Dann schlägt es mit der Schwanzflosse, um eine Mulde zu schaffen, und legt 500 bis 1000 Eier hinein. Sie wiederholt das vier- oder fünfmal.

**Spätsommer**

**Frühsommer**

# Lachswanderung

Junge Rotlachse leben in Nordamerika in Süßwasserseen und Flüssen. Wenn sie älter werden, schwimmen sie mehrere Hundert Kilometer weit in den Pazifischen Ozean. Sie wandern also aus dem Süßwasser ins Salzwasser. Nach einigen Jahren im Meer färbt sich der Körper der Lachse rot und der Kopf grün. Unglaublicherweise finden sie dann wieder dorthin zurück, wo sie einst aus dem Ei geschlüpft sind. Dort pflanzen sie sich fort und sterben kurze Zeit später.

**Heranwachsesn**

Viele größere Fische fressen die kleinen Lachse gern, aber mit den dunklen, senkrechten Streifen sind sie gut getarnt. Wenn sie heranwachsen, fressen sie vielfältigere Nahrung wie Insektenlarven und Flohkrebse.

**Frühjahr**

**Viele Fressfeinde**

Die Lachse wachsen in Süßwasserseen heran. Wenn sie größer werden, sind Räuber wie Fische, Otter, Fischadler und Weißkopfseeadler hinter ihnen her.

**1–2 Jahre**

*Seeadler stoßen herab und greifen die Lachse mit den Krallen.*

**Wanderung ins Meer**

Wenn die Lachse etwa ein Jahr alt sind, ziehen sie zum Pazifischen Ozean, wo sie mehr Nahrung finden. Sie nehmen chemische Veränderungen im Wasser wahr, an denen sie sich orientieren. Auf der Rückreise scheinen sie sich an diese Informationen zu erinnern.

**Frühjahr des 2. Jahres**

**Leben im Meer**

Solange sie im Meer leben, fressen Lachse Zooplankton (winzige Tiere in der Nähe der Oberfläche), andere kleine Fische und Kalmare. Nach einem Jahr kehren einige Männchen in den Fluss zurück, in dem sie aus ihren Eiern geschlüpft sind. Die meisten Lachse bleiben jedoch länger im Meer.

**1–3 Jahre später**

**Frühjahr**

**Rückreise**

Nach zwei bis drei Jahren kehren die meisten erwachsenen Lachse zu dem Ort zurück, an dem sie aus ihren Eiern geschlüpft sind. Sie orientieren sich am Magnetfeld der Erde und am Stand der Sonne. Wenn sie fortpflanzungsbereit sind, färben sie sich leuchtend rot mit grünen Köpfen.

**Fischfang am Wasserfall**

Ein Grizzlybär wartet hungrig darauf, dass ein Rotlachs über die Brook Falls im Katmai-Nationalpark in Alaska flussaufwärts springt. Im Juni und Juli, wenn die Lachse zu ihren Laichplätzen ziehen, kämpfen die Bären um die besten Fangplätze. Die erfolgreichsten Bären fangen mehr als 30 Lachse am Tag.

**Bitterkalter Winter**

Die Temperaturen sinken auf –51 °C und das Eis, das sich auf dem mächtigen Yukon River gebildet hat, ist 1,5 m dick. Ein Schneeschuhhase sitzt in seinem weißen Winterfell regungslos da, während Wölfe sich in der Nähe einen Weg durch den tiefen Schnee bahnen.

**Januar**

**Unter der Eisdecke**

Unter dem Eis schlüpfen zwischen Kieselsteinen am Grund junge Rotlachse aus ihren Eiern. Sie sind sehr klein und ernähren sich während der ersten Lebenswochen von ihren Dottersäcken.

**Februar**

# Ein Jahr am Yukon

Der Yukon ist ein 3185 Kilometer langer Fluss, der durch Kanada und Alaska fließt. Im hohen Norden dauern die kalten Winter sechs Monate und die Sommer sind kurz. Die Tiere, die hier leben, haben sich an diese Bedingungen angepasst. Einige halten Winterschlaf oder Winterruhe, während andere sich im Frühjahr fortpflanzen, sodass ihr Nachwuchs möglichst gute Überlebenschancen hat.

**Spielende Otter**

Eine Fischotterfamilie spielt in der Sonne. Wenn das Wasser nicht mit Eis bedeckt ist, sind diese Raubtiere viel aktiver. Die Mutter tollt mit den Jungen herum. So üben die Kleinen, Frösche und Fische zu jagen.

**Juli**

**Ein langer Fluss**

Der Yukon entspringt im Hügelland des kanadischen Yukon Territory. Er fließt durch bewaldete Gegenden und Gebirge. In Alaska speist er schließlich ein großes Feuchtgebiet, bevor er in die Beringsee mündet.

**Rote Blüten**

Weidenröschen blühen jetzt an den Ufern des Flusses. Schmetterlinge, Bienen, Fliegen und Käfer trinken den süßen Blütennektar und bestäuben dabei die Blüten. Die Insekten sind die Nahrung von Fröschen und anderen Amphibien.

**August**

## Nestbau

Hoch auf einem alten Nadelbaum sitzen zwei Fischadler. Sie sind Ende März zu ihrem Horst zurückgekehrt, den sie seit vielen Jahren nutzen. Er hat fast 1,5 m Durchmesser. Gemeinsam bereiten sie ihn vor, denn im April wird das Weibchen Eier legen. Sie reparieren den Horst und polstern ihn mit Moosen und Gräsern aus.

März

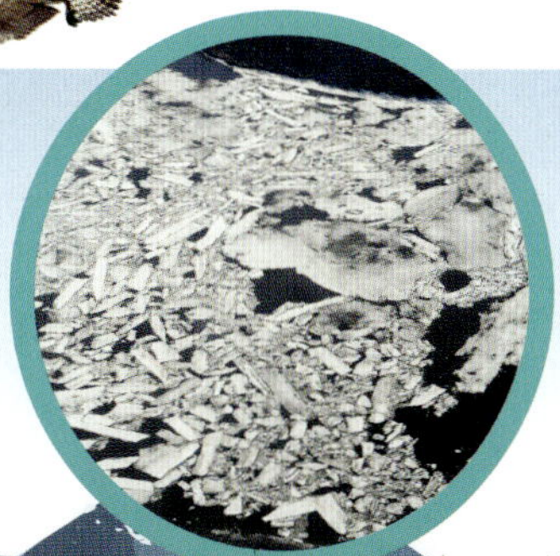

## Der Schnee schmilzt

Die Tage werden bald länger und wärmer. Der Schnee schmilzt und das dicke Eis auf den Flüssen zerbricht in große Schollen. Wenn sie flussabwärts treiben, schrammen viele gegen die Ufer und tragen große Teile ab.

April

## Sommeranfang

Der Sommer beginnt und die Tage sind jetzt lang. Die Bedingungen im Fluss sind deshalb ideal. Das Wasser ist wärmer und die erwachsenen Lachse ziehen flussaufwärts, um zu laichen. Dabei springen sie über Stromschnellen und Wasserfälle.

*Grünalgen bilden treibende Matten und sind die Nahrung kleiner Fische.*

Juni

## Nachwuchs bei den Elchen

Elchkühe bringen die Kälber im Mai zur Welt, sodass sie bis zum Winter heranwachsen. Sie lassen sie an einem möglichst geschützten Ort zurück, wenn sie Nahrung suchen oder sich ausruhen. Aber ganz sicher sind die Kälber nie, denn hungrige Grizzlybären sind nach der langen Winterruhe auf der Jagd.

Mai

## Die Lachse haben gelaicht

Ein Lachsweibchen hat seine Eier eine Woche zuvor gelegt und bewacht sie nun. Es hat seit Monaten nichts mehr gefressen und ist schwach. Ein Grizzlybär läuft in den Fluss, packt den Fisch und trägt ihn ans Ufer, um ihn zu fressen.

September

## Kreislauf des Lebens

Die Luft ist erfüllt mit dem Gestank der toten Rotlachse. Bären und Wölfe ziehen die Lachse ans Ufer, fressen die besten Teile und überlassen die Reste anderen Aasfressern wie Insektenlarven. Die Insekten, die sich aus ihnen entwickeln, sind Nahrung für die nächste Lachsgeneration.

Oktober

## Eisdecke

Mitte November hat sich eine dünne Eisschicht auf dem Fluss gebildet. Schneeschuhhasen und Schneehühner färben sich im Winter weiß und sind so im Schnee besser getarnt.

November

## Dunkler Winter

Im hohen Norden sind die Nächte im Dezember dunkel und lang. Am Himmel über dem sich schlängelnden Fluss tanzen Polarlichter, während Grizzlybären Winterruhe halten und Fischotter unter dem Eis nach Nahrung suchen.

Dezember

## Greifschwanz

Das Seepferdchen hat einen Greifschwanz, mit dem es sich festhalten kann. Es verankert sich mit ihm an Tangen, Korallen oder Schwämmen. Der Schwanz ist mit Knochenplatten bedeckt und hat einen quadratischen Querschnitt. So ist die Oberfläche zum Festhalten größer, als wenn der Schwanz abgerundet wäre.

*Mit der langen, schmalen Schnauze saugt der Fisch Futter ein.*

**Tag 1**

### Gemeinsamer Tanz

Wenn Seepferdchen paarungsbereit sind, schwimmt ein Männchen zu einem Weibchen. Das Paar tanzt gemeinsam, ändert die Farbe und beide halten sich an den Schwänzen fest. Das kann Stunden oder Tage so gehen.

**1 Woche später**

### Junge Seepferdchen

Die Eltern kümmern sich nicht um ihre Jungen, sondern überlassen sie sich selbst. Einige halten sich gleich an Tangen fest, um nicht mit der Strömung fortgetragen zu werden. Andere driften ins Meer und viele werden bald von größeren Fischen gefressen.

*Das kleine Seepferdchen hält sich an einer Alge fest.*

**1 Monat später**

### Geburt

Wenn ein Männchen bereit ist, die Jungen zu entlassen, beginnt sich die Bauchtasche rhythmisch auf und ab zu bewegen. Es kann Stunden dauern, bis Hunderte kleiner, vollständig entwickelter Seepferdchen ins Wasser entlassen werden.

# Seepferdchen

Seepferdchen leben im Meer. Die kleinen Fische sind nach ihrer Kopfform benannt, die an kleine Pferdeköpfe erinnert. Sie schwimmen aufrecht und verschaffen sich dabei mit ihrer Rückenflosse Antrieb. Die Jungen entwickeln sich ungewöhnlicherweise in einer Tasche am Bauch der Männchen. Hier sind sie vor Feinden sicher und wachsen heran, bis sie so groß sind, dass das Männchen sie ins offene Meer entlassen kann.

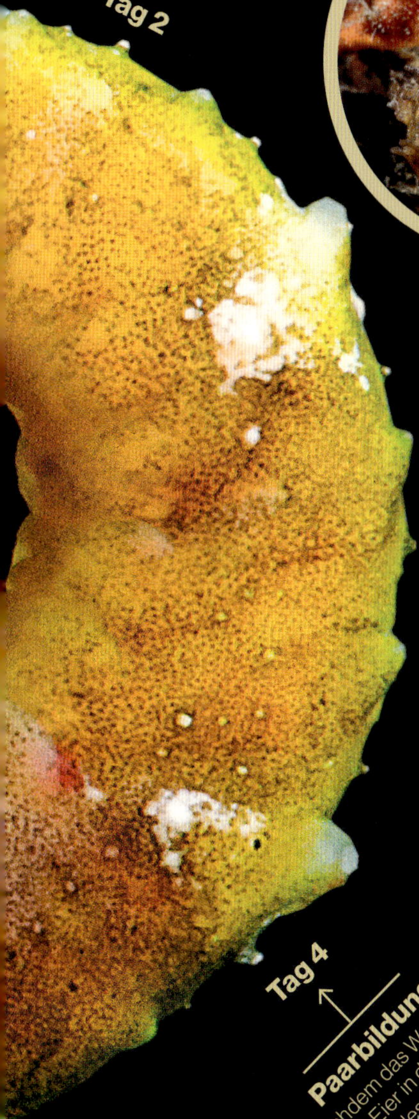

**Konkurrentin**
Ein anderes Weibchen nähert sich dem Seepferdchenpaar. Es versucht, die Aufmerksamkeit des Männchens auf sich zu ziehen. Das Männchen muss nun entscheiden, ob es lieber die Eier der Konkurrentin in seine Bauchtasche aufnimmt.

**Tag 2**

**Eiübergabe**
Das Männchen zeigt dem Weibchen, dass seine Bauchtasche noch leer ist. Dann legt das Weibchen mit einer Legeröhre bis zu 1000 Eier in die Bauchtasche, wo das Männchen sie befruchtet.

**Tag 3**

**Tag 4**

**Paarbildung**
Nachdem das Weibchen seine Eier in die Bauchtasche des Männchens gelegt hat, tanzt das Paar noch eine Weile. Die meisten Seepferdchen bleiben während der ganzen Brutzeit zusammen. Während sich die Jungen in der Tasche des Männchens entwickeln, bekräftigen beide ihre Freundschaft, indem sie die Farben wechseln und Pirouetten drehen.

*Die Jungen werden aus der Bauchtasche entlassen.*

*Die kleinen Seepferdchen treiben ins Meer hinaus.*

# Hai-Lebenszyklus

Zitronenhaie sind nach ihrer hellgelben Farbe benannt, mit der sie in ihrem sandigen Lebensraum gut getarnt sind. Manche Haiarten leben als Einzelgänger, aber Zitronenhaie sind sehr soziale Fische, die in Gruppen mit anderen, etwa gleich großen Artgenossen zusammenleben. Wie die meisten Haie bringen sie weit entwickelte Junge zur Welt. Dazu kehren sie in Mangrovenwälder im seichten Wasser an den Küsten von Amerika und Westafrika zurück, in denen sie selbst zur Welt kamen.

**Tag 1**

**Geburt**

Ein trächtiges Weibchen wartet, bis die Flut einsetzt. Dann schwimmt es in tropische Ästuare (breite Flussmündungen), wo im seichten Salzwasser Mangrovenbäume wachsen. Hier bringt es bis zu 18 junge Haie zur Welt, die 50 bis 76 cm lang sind.

**Tag 2**

**Die Jungen**

Nachdem die Mutter die Jungen zur Welt gebracht hat, schwimmt sie wieder ins Meer und die jungen Haie müssen allein zurechtkommen. Sie bleiben im seichten Wasser und verstecken sich zwischen den Wurzeln der Mangrovenbäume vor Räubern (auch vor erwachsenen Zitronenhaien).

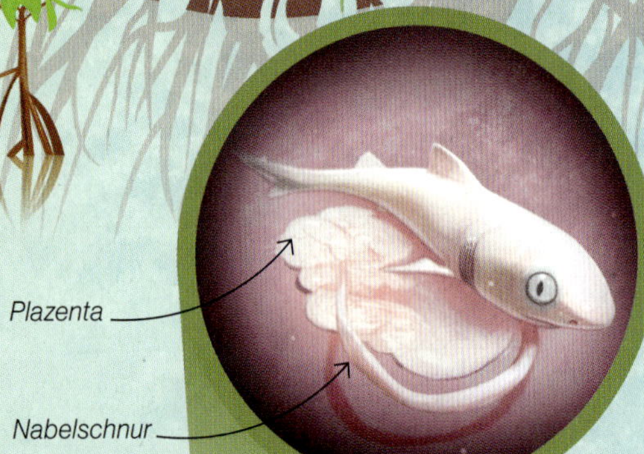


**Tragzeit**

Die Jungen wachsen etwa ein Jahr lang im Bauch des Weibchens heran. Zunächst entwickeln sie sich in einer Eihülle und verbrauchen den Dotter. Dann werden sie direkt von einer Plazenta ernährt, was für Fische sehr ungewöhnlich ist.

**Die nächsten 10–12 Monate**

Jahr 0–2

### Kinderstube

Die Jungen jagen im trüben Wasser. Mit speziellen Sinnesorganen, den Elektrorezeptoren, können Haie die Bewegungen von Beutetieren wahrnehmen. Sie fressen vor allem Fische, Krebstiere und Weichtiere und wachsen während der ersten Jahre etwa 90 cm.

Jahr 2–6

### Die Neugier wächst

Die jungen Haie erkunden ein größeres Gebiet. Bei Flut schwimmen sie ins offene Meer hinaus. Oft bilden sie Gruppen. Wenn sie etwa 1,5 m lang sind, haben sie nicht mehr viele Fressfeinde.

### Reviere

Wenn sie ungefähr 1,8 m lang sind, verteidigen die Zitronenhaie ein etwa 5,5 km² großes Revier. Sie schwimmen weiter ins Meer hinaus, bleiben aber lieber in Küstennähe, wo das Wasser nicht tiefer ist als 25 m.

Jahr 6–12

### Erwachsene Haie

Zitronenhaie bekommen etwa alle 12 Jahre Nachwuchs. In dieser Zeit verteidigen sie Reviere, die so groß sind wie eine Kleinstadt. Sie leben in Gruppen, die aus bis zu 20 Haien bestehen, und gehen oft gemeinsam auf die Jagd.

Jahr 12

Jahr 12

### Paarung

Wenn es warm ist, paaren sich Zitronenhaie im seichten Wasser. Ein Weibchen paart sich mit vielen Männchen. Das Männchen schwimmt auf seinen Rücken und beißt es. Dann befruchtet es seine Eier.

## Ewiges Leben

Alle Lebewesen sterben irgendwann, aber die unsterbliche Qualle ist ein spezieller Fall. Dieses kleine Meerestier entwickelt sich aus einem befruchteten Ei. Später verwandelt es sich in eine Planulalarve. Diese setzt sich am Meeresgrund fest und wird zu einem pflanzenähnlichen Polypen. Nach ein paar Wochen schnürt der Polyp viele Quallen ab. Sie haben eine einzigartige Fähigkeit: Bei Gefahr oder Nahrungsmangel können sie sich wieder in einen Polypen zurückverwandeln, der später wieder Quallen abschnürt – und so kann es endlos weitergehen. Wenn das Tier nicht gefressen wird oder an einer Krankheit stirbt, ist es also unsterblich.

*Das Weibchen kommt aus seiner Höhle in einer Felsspalte.*

### Eine Höhle suchen

Das Weibchen ist mit drei bis fünf Jahren paarungsbereit. Es sucht sich eine geeignete Höhle, in die Fressfeinde nicht leicht eindringen können.

**Tag 1**

*Das Männchen nimmt wahrscheinlich mit Sinnesorganen an den Saugnäpfen die Lockstoffe des Weibchens wahr.*

### Ein Männchen anlocken

Wenn das Nest gefunden ist, lockt das Weibchen ein Männchen an. Niemand weiß genau, wie es das macht, aber es gibt wohl chemische Stoffe ins Wasser ab, die seine Paarungsbereitschaft anzeigen. Manchmal kommen mehrere Männchen herbei, sodass es eines auswählen muss.

**Nach 2–5 Tagen**

*Das Weibchen speichert das Sperma des Männchens in ihrer Mantelhöhle hinter dem Kopf. Darin befinden sich auch alle lebenswichtigen Organe.*

### Sperma übertragen

Das Männchen platziert mit einem Paarungsarm zwei Spermapakete in den Körper des Weibchens. Sie werden gespeichert, um später die Eizellen zu befruchten.

**Etwa Tag 6**

*Ein Ei ist etwa so groß wie ein Reiskorn.*

### Eier legen

Das Weibchen bestimmt, wann es die Eier befruchtet. Manchmal geschieht es gleich, manchmal bis zu sieben Monate später. Es legt ein befruchtetes Ei nach dem anderen und heftet jedes sorgfältig an die Decke der Höhle. Manchmal sind es mehr als 50 000 Eier.

**Tag 7**

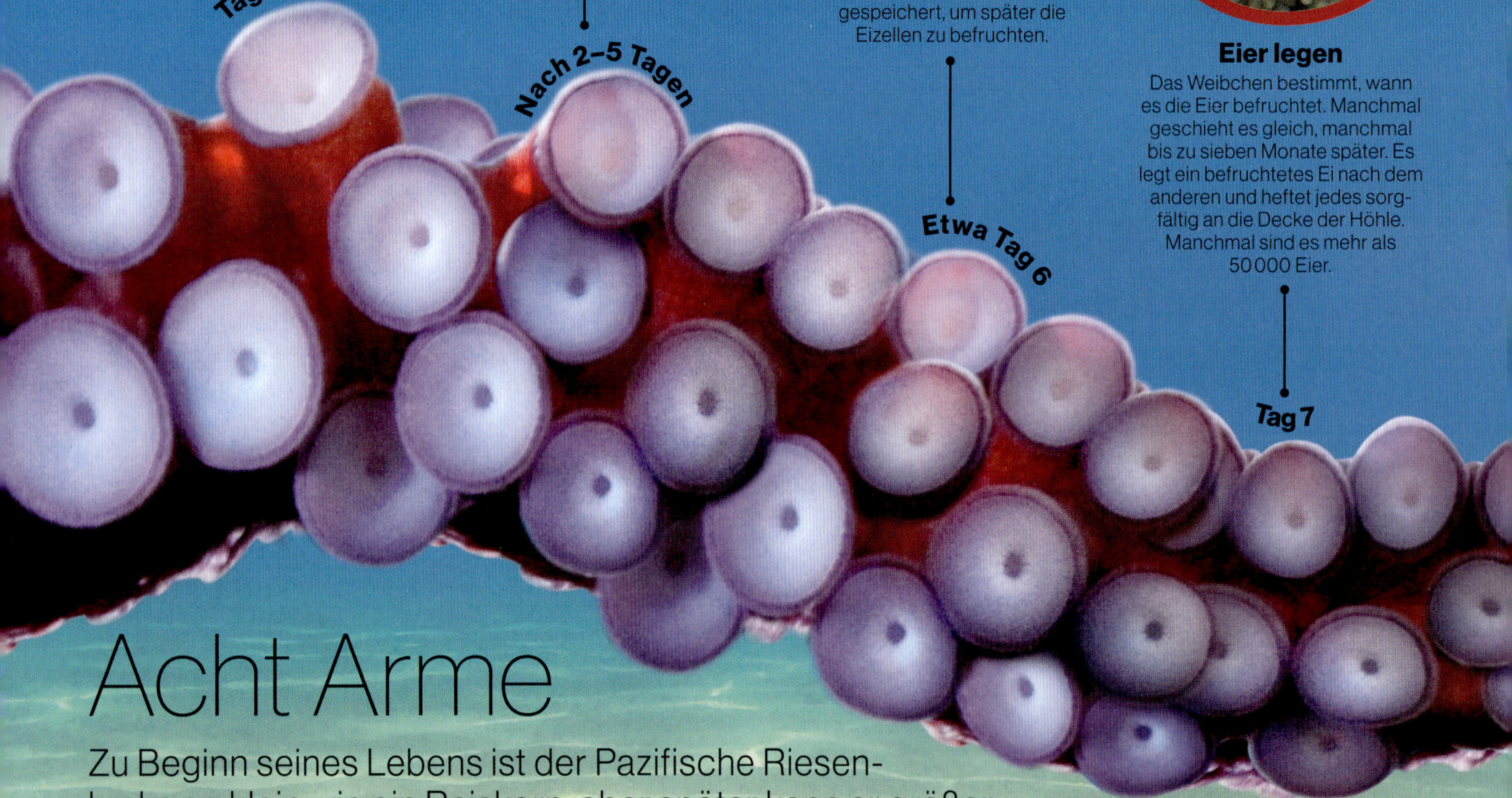

# Acht Arme

Zu Beginn seines Lebens ist der Pazifische Riesenkrake so klein wie ein Reiskorn, aber später kann er größer werden als alle anderen Krakenarten. Jeder Arm wird knapp 5 Meter lang und das schwerste Tier, das man gewogen hat, brachte 272 Kilogramm auf die Waage und war damit fast so schwer wie ein Pandabär. Kein anderes Weichtier hat ein so komplexes Gehirn. Der Krake kann seine Färbung und sogar die Struktur der Körperoberfläche verändern, um sich zu tarnen.

*Wassertemperatur und andere Bedingungen bestimmen, wann die jungen Kraken schlüpfen.*

## Die Eier bewachen

Mindestens sechs Monate lang bewacht die Mutter die Eier, in denen sich nährstoffreicher Dotter befindet. Sie fächelt frisches Wasser über das Gelege, um es sauber zu halten, und beschützt es vor gefräßigen Seesternen.

**Tag 7– etwa 6 Monate**

## Die Jungen schlüpfen

Wenn sich die kleinen Kraken in den Eiern entwickelt haben, spült die Mutter Wasser über sie. So können sie besser schlüpfen und aus der Höhle schwimmen. Meistens geschieht das in der Nacht.

**Nach etwa 6 Monaten**

## Die Jungen

Die Kraken schwimmen zur Meeresoberfläche und lassen sich mit der Strömung treiben. Viele von ihnen werden gefressen. Nur jeder Zehnte überlebt die ersten Wochen.

**Nach etwa 7–9 Monaten**

*Oft fressen Seesterne den toten Kraken.*

## Die Mutter stirbt

Während sich die Krakenmutter um die Eier kümmerte, konnte sie nichts fressen. Nun hat sie 85 % ihres Körpergewichts verloren. Sie stirbt, kurz nachdem die kleinen Kraken geschlüpft sind. Weibchen bekommen also nur einmal in ihrem Leben Nachwuchs.

**Nach etwa 10 Monaten**

**Nach etwa 13 Monaten**

## Am Meeresgrund

Wenn sie etwa 1,4 cm lang sind, lassen sich die jungen Kraken an geschützten Stellen am Grund nieder. Das können leere Muschelschalen oder Felsspalten sein. Sie leben allein und fangen nun größere Beute. Wenn sie wachsen, ziehen sie in größere Höhlen um.

*Die acht Arme des Kraken sind mit mehr als 2000 Saugnäpfen besetzt, mit denen er sich festhalten kann. Auch tasten und schmecken kann er mit ihnen.*

## Farbwechsel

Mit speziellen Farbzellen können Kraken innerhalb von Sekunden die Farbe wechseln. Das geschieht zur Tarnung oder um Räuber zu verwirren. Auch ihre Stimmung drücken sie mit der Farbe aus. Weiß bedeutet Angst, Rot dagegen Wut.

Nacht

Morgen-
dämmerung

*Der Albatros ist nun wach und hält nach Fischen Ausschau.*

Tag

*Der Weiße Hai ist in der Dunkelheit gut getarnt und entdeckt die Robbe, die an der Oberfläche ruht.*

*Der Mondfisch wärmt sich an der Meeresoberfläche in der Sonne auf.*

*Fische, die ihre Beute mit den Augen aufspüren, schwimmen in die oberen Schichten.*

*Der Riesenhai schwimmt mit geöffnetem Maul und filtert Planktonlebewesen aus dem Wasser.*

*Phytoplankton schwebt dicht unter der Oberfläche, wo viel Licht ins Wasser gelangt.*

### Nachts unterwegs

Es ist Nacht und große Räuber wie der Weiße Hai jagen im Dunkeln. Er ist gut an die Dunkelheit angepasst. Mit seinem feinen Geruchssinn und dem guten Gehör spürt er seine Beute auf.

### Bei Sonnenaufgang

In die oberen Meeresschichten dringt in der Morgendämmerung mehr Licht vor und der Weiße Hai nutzt dies, um noch länger zu jagen. Thunfische und andere Tiere, die vor allem mit den Augen Beute finden, kommen aus tieferen Bereichen an die Oberfläche. Über der Wasserfläche jagen Albatrosse und andere Seevögel jetzt nach Fischen.

### Am Mittag

Wenn es am hellsten ist, treibt das Phytoplankton (winzige pflanzenähnliche Lebewesen) an der Oberfläche. Es stellt durch Fotosynthese Nährstoffe her. Der schwerste Knochenfisch der Meere, der Mondfisch, sonnt sich während des Tages.

# 24 Stunden im Meer

Die größte Wanderung der Natur spielt sich im Ozean ab. In jeder Nacht schwimmen Milliarden Fische und winzige Meerestiere des Zooplanktons aus der dunklen Tiefsee in die helleren oberen Schichten der Meere. Sie müssen Nahrung finden und dürfen dabei nicht von Räubern entdeckt werden.

*Die kleinen Tiere des Zooplanktons lassen sich in tiefere Bereiche absinken, wo Riesenhaie und andere Planktonfresser sie nicht so leicht aufspüren.*

*Den ganzen Tag gleitet der Albatros auf seinen riesigen Schwingen über die Wasseroberfläche.*

**Tag**

*Eine Delfinschule jagt tagsüber Fische, die an der Oberfläche schwimmen.*

## Die Gezeiten

Die Ebbe setzt ein. Der Meeresspiegel steigt (Flut) und sinkt (Ebbe) etwa alle 12 Stunden, je nach Region. Die Gezeiten beeinflussen die Wanderungen der Fische, und diese wiederum beeinflussen Delfine und Seevögel, die sich von Fischen ernähren.

*Pottwale tauchen tagsüber bis in die Dunkelzone ab, um Riesenkalmare zu jagen.*

*Der Albatros schläft auf dem Wasser.*

**Abenddämmerung**

## Am Abend

In der Abenddämmerung ruhen die Vögel auf dem Wasser. Im Wasser beginnt dagegen die große Wanderung. Viele Arten wie Manteltiere und Laternenfische schwimmen zur Oberfläche, um dort in der Nacht Nahrung zu suchen.

*Die Tiere des Zooplanktons wandern nach oben, um nachts zu fressen. Nun sind keine Räuber unterwegs, die nur bei Helligkeit jagen können.*

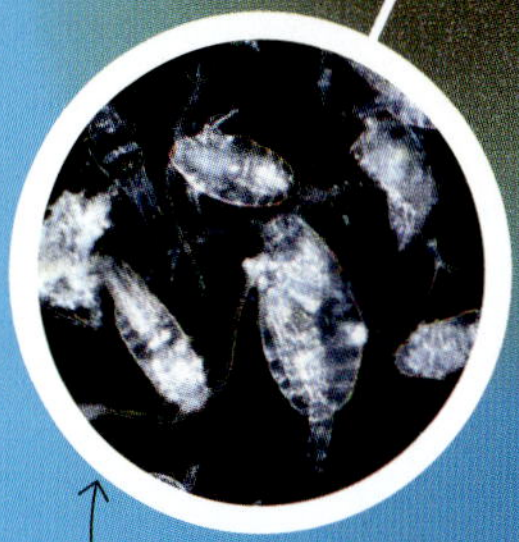

**Nacht**

*Delfine schlafen, während sie an der Wasseroberfläche treiben.*

*Pottwale treiben im Schlaf senkrecht im Wasser. Alle 15 Minuten müssen sie zur Oberfläche schwimmen und Luft atmen.*

## Die Nacht bricht an

Die Flut hat eingesetzt und die Sonne scheint nicht mehr. Tiere des Zooplanktons steigen in der Dunkelheit aus tieferen Bereichen zur Oberfläche auf, um Phytoplankton zu fressen. Delfine und Pottwale ruhen nahe der Oberfläche.

*Man weiß nur wenig über den Riesenkalmar, der die meiste Zeit in der Dunkelzone verbringt.*

## Zonen im Ozean

Je nachdem, wie viel Licht in die Tiefe dringt, kann man die Ozeane in Zonen einteilen. 90 % der Meerestiere leben in der Sonnenlichtzone nahe der Oberfläche, die viel Licht erhält und wo es viel Plankton zu fressen gibt. In die Dämmerzone dringt weniger Licht vor. Viele Arten verbergen sich hier während des Tages vor Feinden und schwimmen nachts zur Oberfläche, um zu fressen. In der Dunkelzone und der Abgrund- und Grabenzone ist es völlig dunkel, weil bis in diese Tiefen kein Licht mehr gelangt. Hier leben nur Tiere mit speziellen Anpassungen.

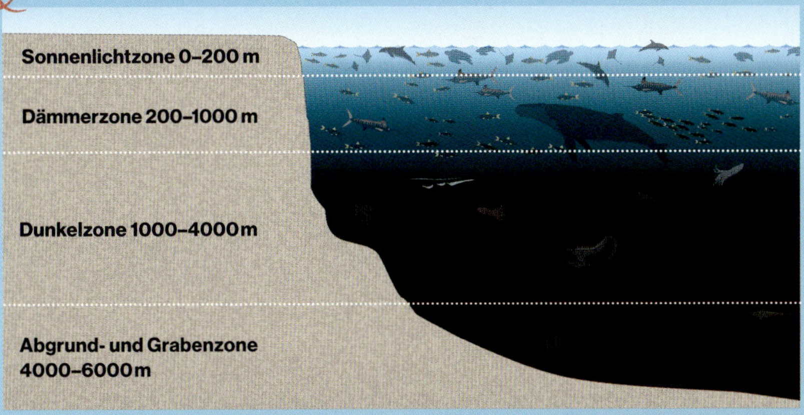

# Ein toter Wal

Wenn ein Wal stirbt, sinkt sein riesiger Körper in die Tiefe. Am dunklen, kalten Grund des Ozeans bietet der tote Walkörper Hunderten von Tieren Nahrung. Die plötzliche, ergiebige Nahrungsquelle versiegt oft erst nach Jahrzehnten. Jeder Teil des Wals wird verzehrt, vom Blubber (der Fettschicht) bis hin zu den Knochen.

**Tod**

### Ein Wal stirbt

Wale sind Säugetiere, die Luft atmen. Sie müssen zur Oberfläche schwimmen, um Luft zu holen. Wenn ein Wal stirbt, weil er alt geworden ist, geschieht das meistens an der Oberfläche.

**Wenige Tage nach dem Tod**

### An der Oberfläche

Bald nach dem Tod beginnt sich der riesige Walkörper zu zersetzen. Weil sich im Körper Gase bilden, bläht er sich auf wie ein Ballon. Er treibt an der Oberfläche und Seevögel und Haie kommen, um das Fleisch zu fressen.

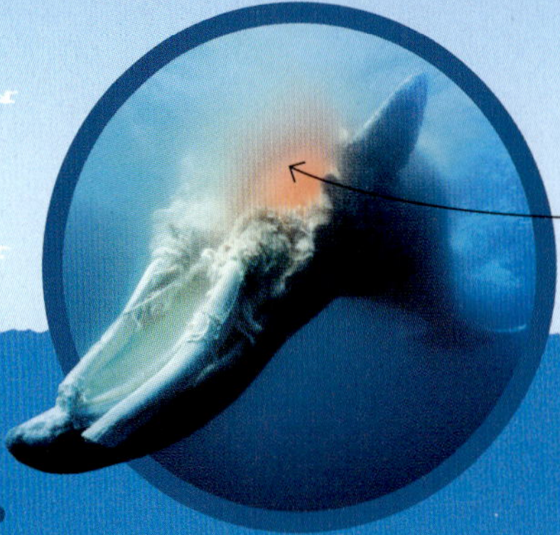

*Der Körper platzt auf, wenn sich sehr viele Gase gebildet haben.*

**Wenige Stunden später**

### Der Wal sinkt ab

Schließlich platzt der Walkörper auf und die Gase entweichen. Nun sinkt der Wal langsam auf den Meeresgrund. Es kann viele Stunden dauern, bis er unten angekommen ist.

**AM TOTEN KÖRPER**

### Aasfresser

Die ersten Tiere, die am toten Körper eintreffen, sind Aasfresser. Sie verzehren das Fett (den Blubber), die Organe und die Muskeln des Wals. In diese Tiefen dringt kein Licht mehr vor. Die Aasfresser finden den toten Wal wegen seines Geruchs.

**Fünf Jahre nach dem Tod**

## Meeresschnee

Nahrungsteilchen, die auf den Meeresgrund sinken, bezeichnet man als Meeresschnee. Die Tiere der Tiefsee sind auf die Flocken angewiesen, bei denen es sich um Teilchen abgestorbener Algen und Tierleichen handelt. Ein toter Wal liefert etwa so viel Nahrung wie die Menge an Meeresschnee, die in 2000 Jahren auf den Grund rieselt.

**IN DER UMGEBUNG DES TOTEN WALS**

Tiefsee-krabbe · Riesen-borstenwurm · Flohkrebs · Riesenassel · Aalmutter

**IM UND AUF DEM SEDIMENT**

Tiefsee-Seegurke · Schlangenstern · Vielborster (Ringelwurm)

### Das Skelett

Der Wal ist nun bis auf das Skelett aufgezehrt und Würmer und andere kleine Tiere schaben die letzten Fleischreste von den Knochen. Anschließend kommen Tiefsee-Seegurken und Schlangensterne herbei. Sie leben von den Nährstoffen, die freigesetzt wurden.

**AN DEN ÜBERRESTEN**

Tiefseeschnecke · Tiefsee-Miesmuschel

### Knochenfresser

Nur die harten Teile des Walkörpers sind noch übrig. Sie werden von Muscheln und Zombiewürmern gefressen, die sich in die Knochen bohren.

**AN DEN ÜBERRESTEN**

Pom-Pom-Anemone

### Neuer Lebensraum

Die meisten Walknochen sind nun zersetzt, aber einige harte Teile sind noch übrig. Sie bieten Seeanemonen, Schwämmen und Korallen einen festen Untergrund, auf dem sich diese Tiere ansiedeln können.

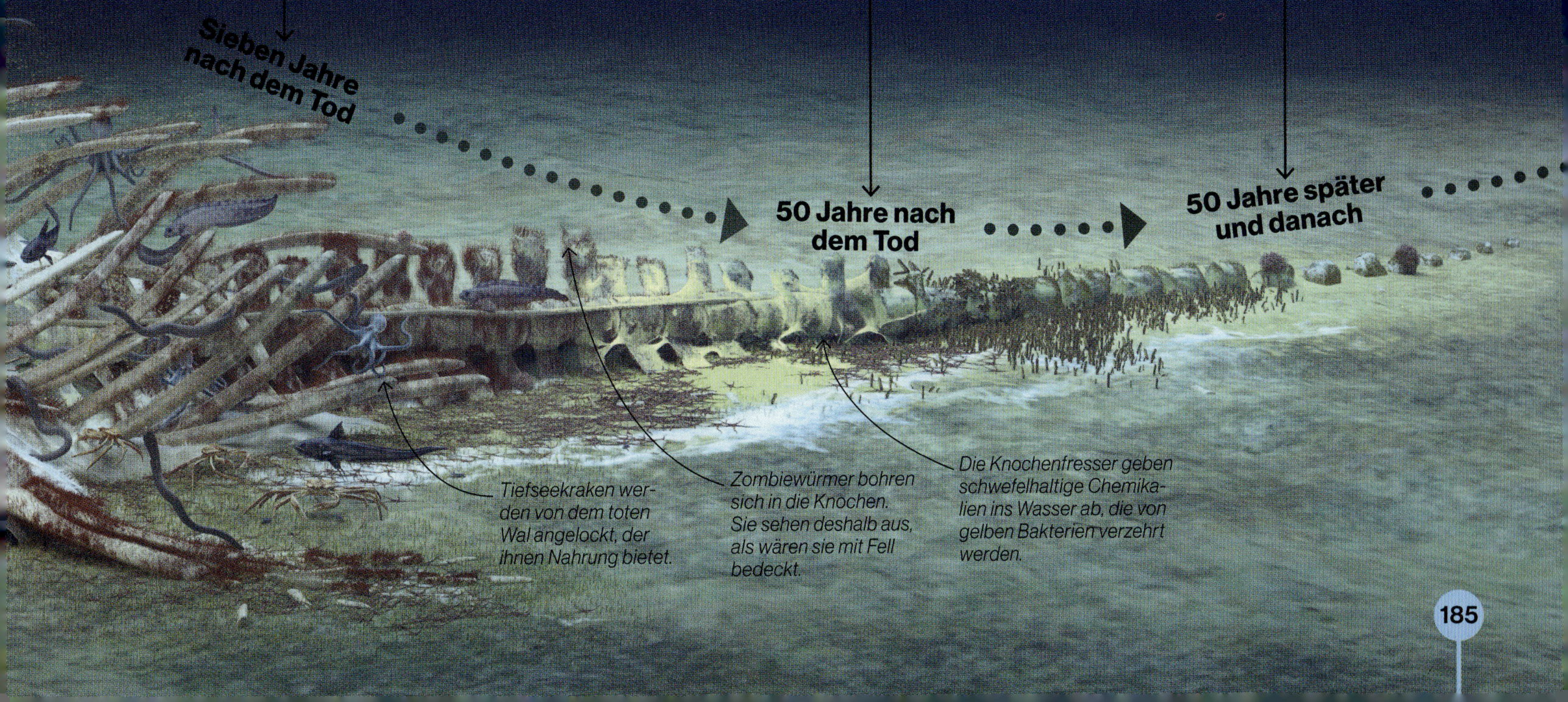

## Platsch!

Ein Teufelsrochen taucht im Golf von Kalifornien vor der mexikanischen Küste nach einem spektakulären Sprung wieder ins Wasser ein. Die Rochen schlagen beim Schwimmen alle gleichzeitig mit ihren breiten, flachen Flossen und erinnern dabei an fliegende Vögel. Jedes Jahr sammeln sich Zehntausende der Fische in riesigen Schwärmen. Sie springen oft aus dem Wasser und segeln 2 m weit durch die Luft. Man weiß nicht, warum sie das tun, aber vielleicht locken sie auf diese Weise Partner an.

**SPRINGENDE TEUFELSROCHEN**

# Massenwanderung

Die Rote Landkrabbe kommt nur auf der Weihnachtsinsel und den Kokosinseln im Indischen Ozean vor. Jedes Jahr verlassen Millionen dieser Krabben ihre Lebensräume in der Mitte der Insel, um sich zu paaren und im Meer Eier abzulegen. Wenn sie auf ihrer Wanderschaft Straßen überqueren, müssen die Autos anhalten.

LARVEN

Nach der Eiablage brütet das Weibchen die Eier zwei Wochen lang unter ihrem Hinterleib aus.

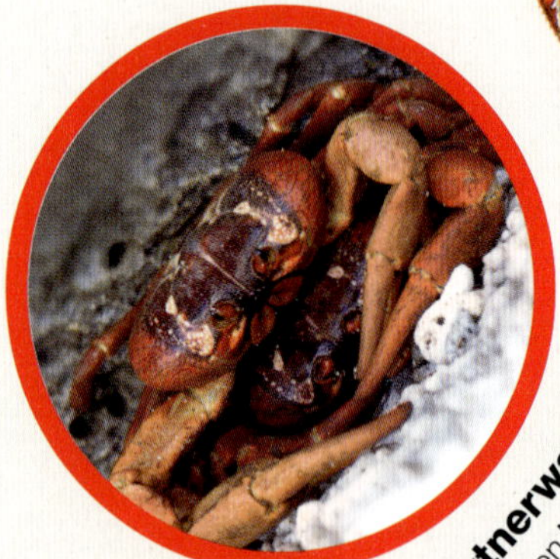

**Tag 1**

**Die Paarungszeit beginnt**

Sobald zu Beginn der Regenzeit der erste Monsunregen einsetzt, wandern die Krabben, die in Wäldern im Zentrum der Insel leben, in Richtung Meer. Millionen von ihnen legen weite Wege zurück und oft müssen Autos ihretwegen anhalten.

**Tag 8–16**

**Partnerwahl**

Die größeren Männchen kommen zuerst am Strand an. Sie graben Baue, die sie verteidigen. Wenn die Weibchen eintreffen, nehmen sie zuerst ein kurzes Bad im Meer und suchen sich dann ein Männchen aus, dessen Bau ihnen gefällt.

**Tag 17**

**Eiablage**

Nach der Paarung nimmt das Männchen ein Bad und tritt dann den weiten Heimweg an. Das Weibchen bleibt im Bau. Nach drei Tagen legt es bis zu 100 000 Eier. Alle Weibchen verlassen mit ihren Eiern, die sie am Körper tragen, die Baue, wenn der Mond im letzten Viertel steht.

**Tag 28**

**Larven schlüpfen**

Im Mondlicht schwimmen die Weibchen bei Flut ins Meer hinaus und geben alle gleichzeitig ihre Eier ab. Aus den Eiern schlüpfen Krabbenlarven, die von der Strömung ins Meer hinausgetragen werden. Weil alle gleichzeitig schlüpfen, haben die einzelnen Larven bessere Überlebenschancen.

**Larvenstadien**

Die Larven verbringen etwa 3 bis 4 Wochen im Meer und wachsen heran. Viele von ihnen werden von Rochen und Walhaien gefressen. Schließlich verwandeln sie sich in Megalopa-Larven.

**Tag 28–56**

**Megalopa-Larven**

Die Larven treiben nun wieder ins seichte Wasser in Küstennähe, wo sie einige Tage verbringen. Dann verwandeln sie sich erneut. Jetzt sind die jungen Krabben ungefähr 6 cm lang und bereit, an Land zu gehen.

**Tag 60**

**Erste Wanderung**

Tausende junge Krabben wandern vom Meer in die Wälder im Zentrum der Insel. Ihre Wanderung dauert bis zu neun Tage. Wenn sie dort ankommen, verbringen sie die meiste Zeit in ihren Bauen und häuten sich, während sie wachsen.

**Tag 63**

**Leben an Land**

Nachdem die Krabben vier oder fünf Jahre lang im Wald gelebt und Blätter, Früchte und Samen gefressen haben, sind sie so groß, dass sie sich auf ihre alljährliche Wanderung begeben können.

**Jahre 4–5**

*Krabben sind mit einem robusten Außenskelett bedeckt, das man Carapax nennt.*

*Wenn eine Krabbe ein Bein verliert, wächst ein neues nach.*

**Froschlaich**

Die meisten Froschweibchen legen ihre Eier, die man Froschlaich nennt, im Wasser ab. Sie sind von einer geleeartigen Masse umgeben. Glasfrösche gehören zu den Baumfröschen. Sie heften ihre Eier an Blätter, die über Bächen hängen.

**Tag 1**

*Der Laich eines Glasfroschs besteht aus etwa 28 bis 30 Eiern. Andere Froscharten legen bis zu 4000 Eier.*

**Kaulquappen**

In den Eiern entwickeln sich Kaulquappen. Bald erkennt man Augen und einen Schwanz. Bei Glasfröschen haben die Kaulquappen besonders lange, muskulöse Schwänze und sind gute Schwimmer. Das müssen sie auch sein, denn nach dem Schlüpfen lassen sie sich in den schnell fließenden Bach unter dem Blatt fallen.

**Woche 0–2**

# Frösche

Frösche sind Amphibien. Die wechselwarmen Wirbeltiere leben zuerst als Larven im Wasser. Sie durchlaufen bei ihrer Entwicklung zum erwachsenen Tier, das an Land geht und Luft atmet, mehrere Veränderungen. Die Larven der Frösche nennt man Kaulquappen. Sie haben einen Schwanz, aber keine Beine. Jede Froschart durchläuft die gesamte Verwandlung (Metamorphose) in einem anderen Zeitraum.

**Die Hinterbeine**

Die Kaulquappen sehen aus wie kleine Fische und benehmen sich ähnlich. Sie atmen mit Kiemen und verschaffen sich mit ihrem Schwanz Antrieb. Nach einigen Wochen erkennt man zwei kleine Knospen am Körper der Kaulquappe, die sich zu Hinterbeinen entwickeln.

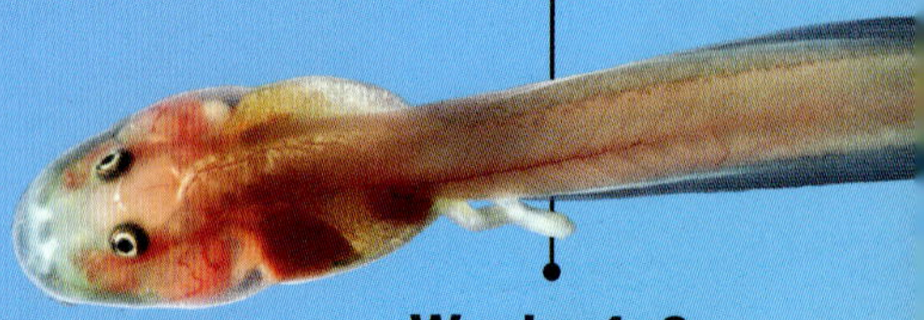

**Woche 4–6**

**Vier Beine**

Der Kaulquappe wachsen zwei Vorderbeine. Jetzt sieht sie wie ein kleiner Frosch mit Schwanz aus. Sie frisst Pflanzen und Algen. Ihre Kiemen bilden sich zurück und Lungen entwickeln sich.

**Woche 8–10**

*Die durchsichtige Haut an der Körperunterseite dient der Tarnung.*

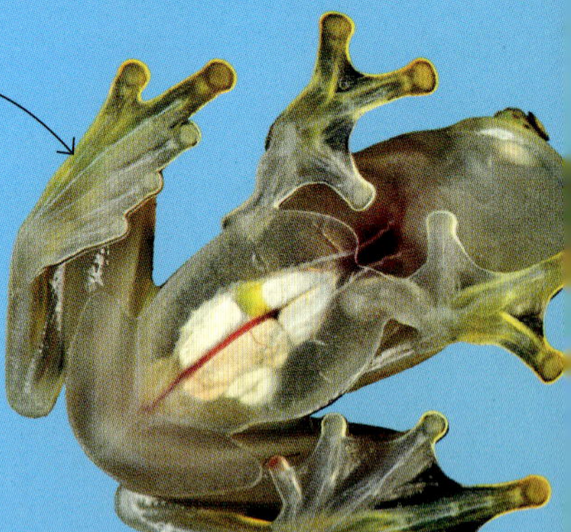

**Die Fröschchen**

Sobald der Schwanz verschwunden und die Lunge voll ausgebildet ist, kann das Fröschchen das Wasser verlassen. Allerdings muss die Haut feucht bleiben. Die runden Haftscheiben an den Zehen der Glasfrösche sind vergrößert und sondern einen Schleim ab, sodass sie sich gut an Blättern festhalten können.

**Woche 16**

## Die Kaulquappen wachsen

Der Dotter im Ei versorgt die Kaulquappen mit Nährstoffen, bis sie schlüpfen. Nun haben sie breite Körper und lange Schwänze.

**Woche 2**

## Die Kaulquappen schlüpfen

Wenn die Kaulquappen ungefähr 3,4 cm lang sind, schlüpfen sie aus den Eiern. Sie lassen sich ins Wasser unter dem Ast fallen, an dem sie sich entwickelt haben. Dann vergraben sich die meisten unter einem Stein am Grund des Flusses, um vor Feinden sicher zu sein.

**Woche 2–3**

## Frosch

Ein ausgewachsener Glasfrosch ist nur 3 cm lang, aber er kann beeindruckende 3 m weit springen und 14 Jahre alt werden. Meistens jagt er in der Nacht Insekten und Spinnen. Alle Frösche kehren ins Wasser zurück, um sich zu paaren und Eier abzulegen.

**ab Woche 20**

*Mit den nach vorn weisenden Augen erspähen Glasfrösche ihre Beute.*

### Fortpflanzung bei Fröschen

Auf der ganzen Erde gibt es mehr als 4000 Froscharten. Es ist nicht überraschend, dass sie sich auf unterschiedliche Weise fortpflanzen.

**Grauer Baumfrosch**
Das Weibchen sondert an einem Ast über dem Wasser eine Flüssigkeit ab. Sie schlägt sie mit den Hinterbeinen zu einem Schaum, in den es die Eier legt. Die Männchen geben ihr Sperma in den Schaum ab.

**Pfeilgiftfrosch**
Die Weibchen der Pfeilgiftfrösche legen ihre Eier in feuchte Laubstreu und bewachen das Gelege. Wenn die Kaulquappen schlüpfen, tragen die erwachsenen Frösche sie zu einem Gewässer in der Nähe.

# Körperteile ersetzen

Einige Tiere werfen ihren Schwanz und sogar Beine ab, wenn ein Fressfeind sie packt. Beim Japanischen Feuerbauchmolch wachsen die abgetrennten Körperteile wieder nach. Die Beine, der Schwanz und sogar die Linsen seiner Augen können sich regenerieren.

**Ein Bein geht verloren**

Molche werden von Fischen und Vögeln gejagt. Oft verschlingt der Feind das ganze Tier, aber manchmal beißt er nur ein Bein ab. Wenn der Molch mit dem Leben davonkommt, kann er zunächst nicht mehr so gut laufen und Nahrung finden.

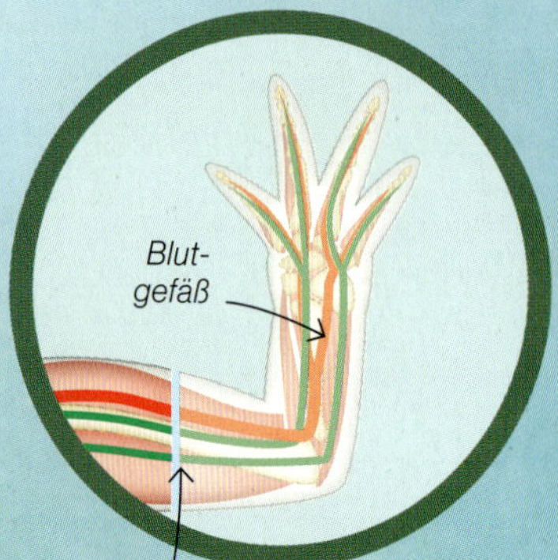


**Start**

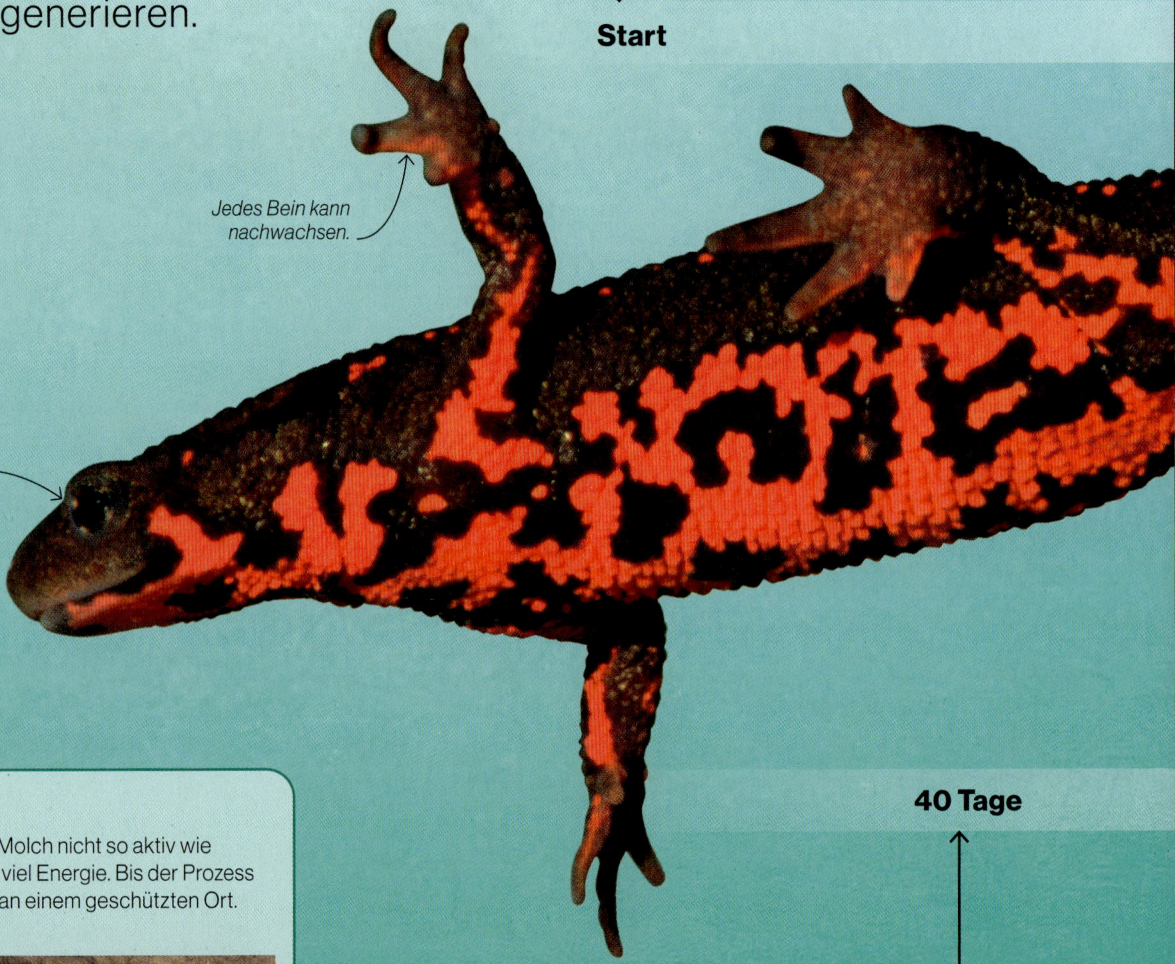


**40 Tage**

**Das neue Bein**

Das Bein sieht jetzt wie eine exakte Kopie des alten Beins aus und es funktioniert auch genauso gut. Dank der neuen Muskeln und Knochen kann sich der Molch wieder normal fortbewegen. Wegen der neuen Nerven spürt er sein Bein und die Haut schützt vor Krankheitserregern.

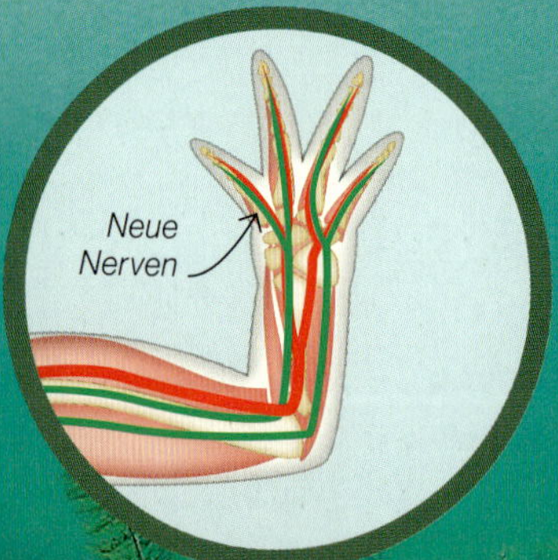


**Rückzug und Ruhe**

Während das Bein nachwächst, ist der Molch nicht so aktiv wie sonst, denn die Regeneration erfordert viel Energie. Bis der Prozess abgeschlossen ist, bleibt die Amphibie an einem geschützten Ort.

### Blutgerinnung

Rote Blutkörperchen verklumpen miteinander, sodass sich innerhalb weniger Minuten ein Gerinnsel bildet. Die Kruste verhindert, dass der Molch noch mehr Blut verliert und schließlich verblutet.

## Regeneration bei anderen Tieren

Amphibien sind nicht die einzigen Tiere, bei denen Körperteile nachwachsen können. Bei den meisten Echsen wächst der Schwanz nach, wenn er abgeworfen wurde. Einige Seesternarten können sich sogar regenerieren, wenn nur noch die Hälfte von ihnen übrig ist.

Bei Seesternen wachsen neue Arme nach.

Bei Plattwürmern kann sogar der Kopf regeneriert werden.

Bei Seescheiden können alle Körperteile nachwachsen.

**10 Minuten später**

**1–2 Tage**

### Hautbildung

Neue Haut bildet sich über der Wunde und schützt das Gewebe. Gleichzeitig vermehren sich Stammzellen, aus denen sich alle Gewebearten entwickeln können.

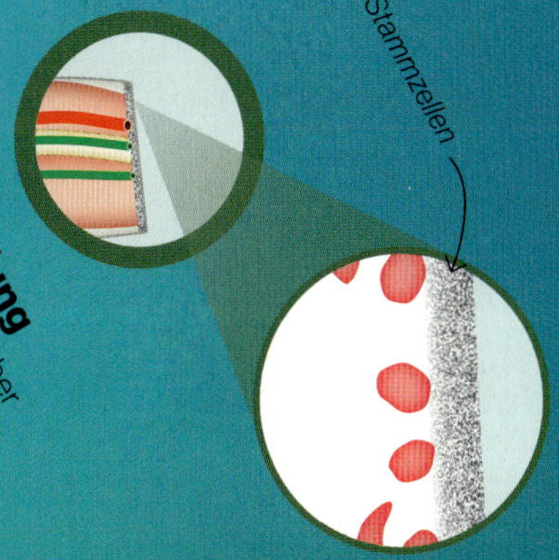


**3–12 Tage**

### Neues Gewebe

Die Stammzellen bilden ein Blastem, das sich zu allen neuen Geweben des nachwachsenden Beins entwickelt.

*Der Schwanz wächst nach, wenn ein Feind ihn abbeißt.*

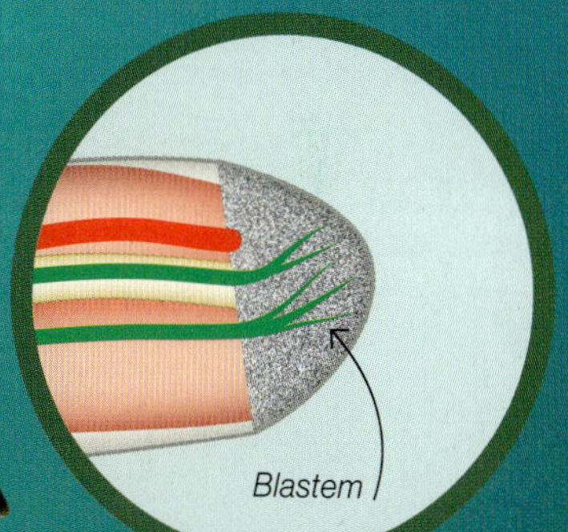


**20 Tage**

### Vorläuferzellen

Das Blastem bildet Vorläuferzellen von Knochen, Nerven, Blutgefäßen und Muskeln. Die Gewebe ordnen sich von selbst richtig an und nach etwa 20 Tagen ist das nachwachsende Bein zu erkennen.

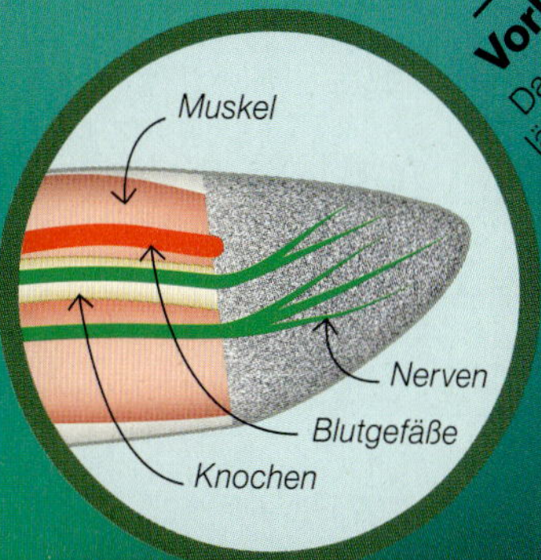


**30 Tage**

### Kleines Bein

Ein neues Bein ist nachgewachsen. Es ist noch klein, aber bereits wie ein normales Bein geformt. Das Knie und die Zehen sind schon deutlich zu erkennen. Die Nerven und Muskeln funktionieren und der Molch kann es bewegen.

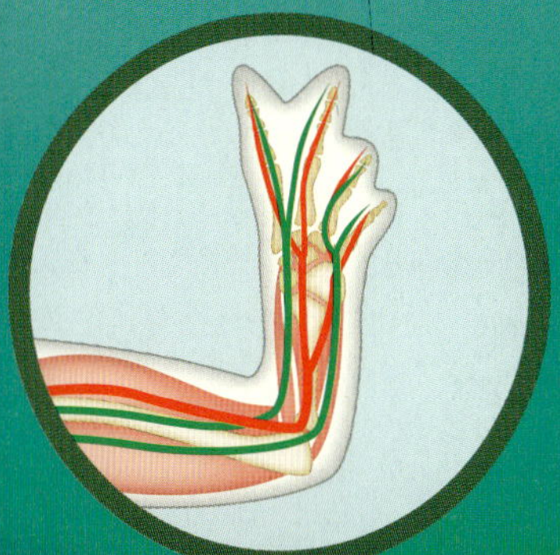

# Sand und Wellen

Lederschildkröten sind die größten Schildkröten der Erde und können 2,6 Meter lang werden. Die Reptilien wandern jedes Jahr Tausende Kilometer von ihren warmen Brutplätzen in kühlere Meere, in denen sie mehr Nahrung finden, und wieder zurück. Sie fressen vor allem Quallen und können bis in 1000 Meter Tiefe abtauchen. Die Weibchen kommen nur an Land, um Eier in den warmen Sand tropischer Strände zu legen. Die Männchen verlassen das Meer nie.

### Ein Nest graben

Ein Weibchen gräbt eine Grube in den Sand und legt etwa 100 Eier in zwei Schichten hinein. Die obere Schicht besteht aus unbefruchteten Eiern. Wenn ein Räuber das Gelege findet, frisst er eher diese Eier und lässt die untere Schicht übrig. Das Männchen bleibt im Meer.

*Es dauert etwa zwei Stunden, bis das Weibchen alle Eier gelegt hat.*

**Tag 1**

### Ausbuddeln

In den Eiern entwickeln sich kleine Schildkröten. Wenn die Temperatur im Nest hoch ist, entwickeln sich Weibchen. Ist es kälter, entwickeln sich Männchen. Nach zwei Monaten brechen die kleinen Schildkröten nachts mit ihrem Eizahn die Schale auf und graben sich zur Oberfläche.

*Eizahn*

**2 Monate später**

*Waschbären fressen die Eier und die kleinen Schildkröten.*

### Gefährliche erste Reise

Die frisch geschlüpften Schildkröten sind etwa 8 cm lang. Der Weg über den Strand zum Meer ist die gefährlichste Wanderung ihres Lebens. Ihre Eltern sind nicht da, um sie zu beschützen, und eine von zehn Schildkröten wird von einem Seevogel, einem Waschbären oder einem anderen Räuber gefressen.

**1 Stunde nach dem Schlüpfen**

Alle zwei bis drei Jahre kommen die Weibchen an den Strand, um Eier zu legen.

## Paarungszeit

Lederschildkröten sind mit 5 bis 15 Jahren erwachsen. Wenn sie zur Fortpflanzung bereit sind, kehren die Weibchen zum Strand zurück. Die Männchen schwimmen in die Nähe des Strandes und versuchen, sich mit möglichst vielen Weibchen zu paaren. Diese Schildkröten können 50 Jahre alt werden.

Die Männchen kehren nie auf den Strand zurück.

**Jahr 5–15**

## Gute Schwimmer

Der Panzer der Lederschildkröte ist von einer robusten, ledrigen Haut bedeckt. Sieben Grate oben am Panzer sorgen für Stabilität im Wasser. Mit den langen Vorderflossen können die Tiere schnell schwimmen und mit den paddelförmigen Hinterflossen tief ins Meer hinabtauchen.

## In kühlere Meere

Wenn sie etwa 1 m lang sind, ziehen die Schildkröten in kühlere Meere, in denen mehr Quallen leben. Wir wissen das, denn man hat einige der Tiere mit Sendern versehen.

**Jahr 5–15**

## Im Ozean

Mit ihren kleinen Flossen können die jungen Schildkröten nicht gut schwimmen. Die Meeresströmungen tragen sie fort. Im nächsten Jahr werden sie größer, aber viele werden vorher von Fischen gefressen. Nur eine von zehn kleinen Schildkröten überlebt das erste Lebensjahr.

**Jahr 1**

## Rätselhafte Zeit

Die Wissenschaft weiß noch nicht viel über die ersten Jahre der jungen Schildkröten. Sicher ist, dass sie vielen Gefahren ausgesetzt sind. Einige verfangen sich in Fischernetzen und andere sterben, weil sie Plastik verschlucken, das im Meer treibt.

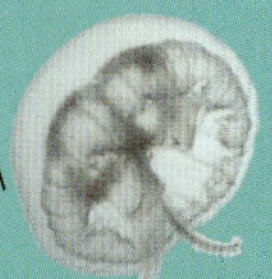

Quallen sind die Lieblingsbeute der Lederschildkröten.

**Die ersten Jahre**

# Tag eines Chamäleons

Chamäleons sind Reptilien, die hervorragend an das Leben auf Bäumen angepasst sind. Ihre Zehen sind miteinander verwachsen und der y-förmige Fuß funktioniert wie eine Greifzange. Den kräftigen Schwanz kann das Chamäleon wie eine fünfte Hand einsetzen, sodass es mit Leichtigkeit dünne Zweige entlanglaufen kann. Die Reptilien sind tagaktiv und schlafen nachts bis zu 12 Stunden.

**Früher Morgen**

### Noch sehr langsam

Ein Chamäleon bewegt sich fast immer langsam, aber am Morgen, bevor es sich nach der kühlen Nacht aufwärmen konnte, ist es besonders träge. Als wechselwarmes Tier muss es sich zuerst sonnen. Zum Glück ist es gut getarnt. Fressfeinde entdecken es deshalb nicht so leicht, wenn es gemächlich in den Baumkronen herumklettert.

**Etwas später**

### Ein Schluck Wasser

Hoch auf Bäumen, weit entfernt von Flüssen und Seen, müssen Chamäleons alles Wasser aufnehmen, das sie finden können. Am meisten trinken sie morgens, denn in der Nacht haben sich Tautropfen gebildet. Wenn es regnet, rinnt Wasser von höheren Zweigen herab.

**Mittag**

### Ausschau nach Beute

Das Chamäleon kann seine Augen unabhängig voneinander bewegen und mit jedem Auge einzeln fokussieren. So kann es gleichzeitig mit einem Auge nach Beute und mit dem anderen nach Feinden wie Greifvögeln oder Schlangen Ausschau halten. Die Augen stehen seitlich am Kopf hervor, sodass das Tier Rundumsicht hat.

*Das bunte Pantherchamäleon kommt auf Madagaskar vor und ist eine von über 200 Chamäleonarten.*

**Früher Nachmittag**

### Häutung

Ein erwachsenes Chamäleon streift alle zwei Monate die abgestorbene Haut ab. Das dauert etwa eine Stunde lang. Oft streift das Reptil das alte Schuppenkleid mit den Beinen ab oder reibt sich dazu an einem Ast. Nun kann der Körper wieder wachsen.

**Später Nachmittag**

### Ein Kampf!

Wenn ein Männchen in das Revier eines anderen Männchens eindringt, führt das zu Konflikten. Die beiden Rivalen stehen sich gegenüber und wechseln die Farbe. Leuchtend bunte Farben sind eine Warnung. Wenn keiner sich zurückzieht, kämpfen die beiden miteinander. Der Verlierer räumt das Feld und lebt ein paar Äste weiter unten im Baum.

**Abend**

### Schlafenszeit

Das Chamäleon hat einen guten Ast für die Nacht gefunden und lässt sich nieder. Es schläft normalerweise von Sonnenuntergang bis Sonnenaufgang. Wenn es einschlummert, verblassen die bunten Farben, sodass es keine Aufmerksamkeit von Fressfeinden erregt. Die Körpertemperatur sinkt in der kühlen Nachtluft.

# Jahr einer Ringelnatter

Die Ringelnatter lebt in Wäldern, Feuchtgebieten und Grasländern in Europa und Teilen Asiens. Sie ist scheu und zieht sich zurück, wenn sie von Menschen gestört wird. Ringelnattern sind keine Giftschlangen, sondern Lauerjäger, die im Wasser und an Land Beute fangen. Wie viele Reptilien verbringen sie die kalten Wintermonate in einer Kältestarre, oft in Verstecken, in denen es nicht zu kalt wird.

**Partnersuche**

Im Frühjahr machen sich die Männchen auf die Suche nach Weibchen. Sie bilden Paarungsknäuel, die aus bis zu acht Männchen und einem oder zwei Weibchen bestehen. Manchmal bleiben diese Knäuel zwei Stunden lang zusammen, bis sich die Schlangen wieder trennen.

**April–Mai**

Ringelnattern verschlingen ihre Beute, wie diesen Frosch, im Ganzen.

**Erste Mahlzeit**

Ringelnattern sind gute Schwimmer. Sie jagen im Süßwasser und an Land verschiedene Tiere wie Frösche, Kröten und Molche. Im Frühjahr laichen Fische, deren Junge dann leicht zu fangen sind. Einige Ringelnattern erbeuten sogar Entenküken und kleine Säugetiere.

**März–April**

## Häutungen

Ringelnattern wachsen während ihres ganzen Lebens. Sie häuten sich, wenn das Schuppenkleid zu eng wird. Männchen häuten sich zweimal im Jahr, Weibchen nur einmal, kurz bevor sie Eier legen.

**Aufwachen**

Am Ende des langen Winters erwachen Ringelnattern nach den ersten warmen Frühlingstagen aus der Kältestarre. Sie wärmen sich in der Sonne auf und halten dann nach einer ersten Mahlzeit Ausschau.

**März–April**

Mai–Juni

## Auf der Jagd

Im späten Frühjahr wandern Molche zu Teichen, um sich fortzupflanzen. Dann sind sie leichte Beute für Ringelnattern. Zwar haben die Schlangen keine Giftzähne, aber sie packen ihr ahnungsloses Opfer plötzlich und können es auch im Wasser verfolgen. Sie verschlingen es im Ganzen, und oft lebt es dabei noch.

Juni–Juli

## Eier legen

Etwa zwei Monate nach der Paarung legen trächtige Weibchen ihre Eier in Haufen aus abgestorbenen Pflanzenteilen ab, die beim Verrotten Wärme erzeugen. Junge Weibchen legen 7 bis 15 Eier, während etwa 10 Jahre alte Tiere bis zu 40 Stück legen.

Juni–Juli

## Junge Nattern

Aus den Eiern schlüpfen nach etwa 10 Tagen Junge. Die kleinen Schlangen sind ungefähr 15 cm lang. Sie sind kleine Ausgaben ihrer Eltern und bereits ähnlich gefärbt.

September–Oktober

## Vor dem Winter

Der Herbst ist eine gute Zeit für Ringelnattern, denn nun können sie junge Tiere erbeuten, die ihre Jagdtaktik noch nicht kennen. Viele junge Schlangen fallen aber selbst größeren Räubern wie Hauskatzen, Reihern und Dachsen zum Opfer. Bei Gefahr hat die Ringelnatter einen Trick: Sie rollt sich auf den Rücken und stellt sich tot.

Oktober–März

## Winterstarre

Wenn der Winter beginnt, müssen die Ringelnattern gute Plätze zum Überwintern finden. Der Ort muss feucht und relativ warm sein, wie ein Versteck zwischen Baumwurzeln, ein Komposthaufen oder ein leerer Kaninchenbau. Viele junge Schlangen sterben im Winter, weil ihr Versteck zu kalt war.

1

## Eierschlange

Schlangen haben keine Arme und können nicht kauen, aber sie müssen natürlich trotzdem etwas fressen. Einige Arten ernähren sich deshalb vor allem oder ausschließlich von Eiern. Ihre Kieferknochen sind nicht fest miteinander verbunden, sodass sie das Ei im Ganzen verschlingen können. Ihr Körper kann sich auf den 2,5-fachen Durchmesser ausdehnen. Wenn die Schlange ein Ei gefressen hat, muss sie manchmal bis zur nächsten Vogel-Brutzeit fasten.

2
Die Unterkieferknochen sind nicht fest miteinander verbunden, sodass die Schlange das Maul sehr weit öffnen kann.
3
Die Haut zwischen den Schuppen ist elastisch und dehnt sich.
4
Kräftige Muskeln drücken das Ei den Schlund hinab.
5
Mit speziellen Fortsätzen der Wirbel wird die Eierschale geknackt.
6
Der nahrhafte Inhalt des Eis wird in den Magen der Schlange gedrückt.
7
Die Schlange kann die Eierschale nicht verdauen und würgt sie deshalb als Speiballen wieder hervor.

## Paarung

Die Paarung findet in der Trockenzeit statt, wenn das Risiko gering ist, dass das Nest überschwemmt wird. Die Männchen kämpfen miteinander und locken Weibchen an. Sie bellen, blasen Wasser aus den Nasenlöchern und klatschen mit dem Maul auf das Wasser. Nach der Paarung graben die Weibchen ein Nest am Ufer. Die Männchen paaren sich mit mehreren Weibchen.

**Tag 1**

## Das Nest

Einige Monate nach der Paarung legt das Weibchen seine Eier in das Nest und bedeckt sie mit Sand. Es legt 25 bis 80 hartschalige weiße Eier, aus denen nach 80 bis 90 Tagen Junge schlüpfen. Oft nisten mehrere Weibchen nah beisammen.

*Krokodileier sind nur ein wenig größer als Hühnereier.*

**2 Monate nach der Paarung**

## Wachsame Eltern

Nachdem das Weibchen die Eier gelegt hat, gerät es in eine Art Trance und bewacht das Nest. Es frisst in dieser Zeit nur selten oder gar nichts. Das Männchen ist oft in der Nähe und hält nach Waranen und anderen Räubern Ausschau, die Eier fressen würden.

**2–5 Monate nach der Paarung**

# Leben im Fluss

Nilkrokodile leben in Afrika in Süßgewässern und werden manchmal mehr als 100 Jahre alt. Sie fressen vor allem Fische und gelegentlich auch größere Tiere, die ihnen über den Weg laufen, wie Zebras, junge Flusspferde und Stachelschweine. Obwohl man es ihnen vielleicht nicht zutraut, sind die Weibchen aufmerksame und fürsorgliche Mütter. Sie bewachen die Eier aggressiv und beschützen ihre Jungen vor Feinden.

### Schlüpfen

Wenn die kleinen Krokodile zum Schlüpfen bereit sind, quietschen sie in den Eiern. Die Mutter scharrt dann den Sand fort und die Jungen brechen mit dem Eizahn die Schale auf. Die kleinen Krokodile sind etwa 30 cm lang.

**5 Monate nach der Paarung**

### Die ersten Jahre

Die Mutter führt die Jungen zu einem Fluss. Manchmal trägt sie sie sanft in ihren kräftigen Kiefern. Die Jungen bleiben zwei Jahre lang in ihrer Nähe und sie beschützt sie vor Feinden und trägt sie auf dem Rücken herum.

**Jahr 0–2**

### Heranwachsen

Nach zwei Jahren verlassen die jungen Krokodile ihre Mutter. Manchmal bilden sich Gruppen aus ähnlich großen Jungkrokodilen. Sie fressen Insekten und kleine Fische und werden jedes Jahr etwa 30 cm größer.

**Jahr 2–10**

### Ausgewachsen

Krokodile sind ausgewachsen, wenn sie etwa 2,5 m lang sind, und das dauert meistens 10 bis 15 Jahre. Während der meisten Zeit ruhen sie. Sie jagen nur, wenn sie hungrig sind. Die Weibchen legen jedes zweite oder dritte Jahr Eier. Krokodile können 70 Jahre alt werden.

**Jahr 10–15**

### Jagdstrategie

Krokodile sind Lauerjäger. Sie warten reglos unter der Wasseroberfläche und wenn ein Gnu oder Zebra sich nähert, packen sie es und ziehen es unter Wasser, sodass es ertrinkt. Kein Tier kann mit solcher Kraft zubeißen wie das Leistenkrokodil, das in Australien und Südostasien vorkommt.

**Auf der Suche nach Weibchen**
Das Männchen läuft langsam auf kurzen, gekrümmten Beinen und nimmt mit der gespaltenen Zunge Witterung auf. Wenn es den Duft eines paarungsbereiten Weibchens wahrnimmt, folgt es ihm.

**Heftige Kämpfe**
Auch andere Männchen folgen dem Weibchen. Wenn sich Rivalen begegnen, kommt es zu dramatischen Kämpfen. Die Warane stehen auf den Hinterbeinen und rangeln um das Recht, sich mit dem Weibchen zu paaren. Oft verletzen sie sich dabei schwer.

**Sommer**

**Ein wenig später**

# Ein Drachenleben

Mit der gespaltenen Zunge, dem muskulösen Schwanz und den scharfen Krallen wirkt der Komodowaran wahrlich furchterregend. Er ist die größte Echse der Welt und kann 3 Meter lang und bis zu 150 Kilogramm schwer werden. Er ernährt sich meist von Aas, erbeutet aber auch lebende Tiere, von denen manche so groß wie Hirsche sind.

**Den Bau verlassen**
Der kleine Waran gräbt sich an die Oberfläche. Nun muss er selbst für sich sorgen, denn die Mutter kümmert sich nach dem Schlüpfen nicht mehr um ihn. Viele junge Warane sterben in den ersten Wochen.

**Einige Stunden nach dem Schlüpfen**

**Jahr 1**

**Gefährliche Zeit**
Junge Komodowarane sind so klein, dass sie von vielen Tieren gefressen werden, z. B. von größeren Komodowaranen, Zibetkatzen, Schlangen und Wildschweinen. Zur Sicherheit leben sie auf Bäumen, und oft bleiben Geschwister in kleinen Gruppen beisammen.

**Nahrungssuche**
Im zweiten Jahr sind die Warane so groß, dass sie auf dem Boden leben können. Sie jagen kleine Echsen, Schlangen, Vögel und Insekten. Manchmal schnappen sie sich auch Stücke von Tieren, die erwachsene Komodowarane erlegt haben.

*Junge Warane verstecken sich während der ersten Monate ihres Lebens oft auf Bäumen.*

**Jahr 2**

## Paarung

Wenn ein Männchen alle Rivalen vertrieben hat, zeigt es dem Weibchen seine Paarungsbereitschaft, indem es sein Kinn an ihm reibt, ihm den Rücken kratzt und es ableckt. Ist es dabei zu unsanft, schnappt das Weibchen nach ihm.

**August**

## Die Eier

Das Weibchen legt bis zu 30 Eier und vergräbt sie entweder in dem aufgegebenen Bau eines anderen Tiers oder gräbt selbst einen. Sie bewacht die Eier vor Räubern wie Wildhunden und anderen Komodowaranen.

*Weibliche Komodowarane graben mehrere „falsche" Baue, um Eierdiebe zu verwirren.*

**September**

## Furcht einflößende Jäger

Komodowarane nehmen mit ihrer gespaltenen Zunge die Duft- und Geschmacksstoffe von Beute wahr. Sie packen ihr Opfer mit den kräftigen Kiefern und schütteln es. Weil ihr Speichel giftig ist, wird das Opfer geschwächt und stirbt schließlich. Kleine Tiere werden mit dem Kopf voran im Ganzen verschlungen.

## Schlüpfen

Wenn es Zeit zum Schlüpfen ist, bricht der junge Komodowaran mit dem Eizahn die Eierschale auf. Für das kleine Tier bedeutet das harte Arbeit, denn es ist nur 5 cm lang. Es ruht sich danach erst noch ein wenig in seiner Eierschale aus.

**April**

## Erwachsene Echsen

Wenn die Warane acht Jahre alt sind, sind sie bis zu 3 m lang – so groß, dass sie keine Fressfeinde mehr haben. Jetzt können sie sich paaren. Sie werden bis zu 30 Jahre alt.

*Komodowarane haben schlechte Augen und kein gutes Gehör, aber einen hervorragenden Geruchssinn.*

**ab Jahr 8**

# Lauben bauen

Der Flammenlaubenvogel kommt in den Regenwäldern Neuguineas vor. Das Männchen hat bunte Federn, mit denen es Weibchen anlockt, aber das ist nicht sein einziges charakteristisches Merkmal. Es baut eine hübsche Laube aus Zweigen und Blättern und tanzt, um Weibchen anzulocken. Wenn das Weibchen nicht beeindruckt ist, hält es nach einem anderen Partner Ausschau.

### Plastikmüll

Seidenlaubenvögel kommen im Osten Australiens vor. Die Männchen schmücken ihre Lauben mit blauen Blüten, Beeren und Federn sowie mit Schneckenhäusern. Weil in ihrem Lebensraum inzwischen so viel Plastikmüll herumliegt, verwenden sie auch blaue Plastikverschlüsse, Löffel und Strohhalme zur Dekoration.

Tag 1

**Erste Zweige**
Das Männchen beginnt mit dem Bau einer Laube auf dem Waldboden. Es steckt lange Zweige fest in den Boden, die das Gerüst bilden.

Tag 3

**Die Konstruktion**
In die Lücken steckt es kurze Zweige. Die Wände stehen so weit auseinander, dass das Weibchen in die Laube blicken kann. Dann baut das Männchen eine Plattform, auf der das Weibchen sitzen und seinen Tanz beobachten kann.

Tag 4

**Die Dekoration**
Um die Laube zu schmücken, sammelt das Männchen bunte Dinge wie leere Schneckenhäuser, Samen und Beeren. Es legt sie sorgfältig um die Laube herum auf den Boden.

*Das Weibchen hat olivgrüne und hellgelbe Federn.*

*Violette Blütenblätter sind bunte Farbtupfer.*

Tag 7

**Nestbau**

Das Weibchen baut ohne die Hilfe des Männchens ein Nest. Es legt nur ein Ei hinein, aus dem nach 19 bis 24 Tagen ein Küken schlüpft. Das Weibchen zieht das Junge allein groß und das Männchen lockt inzwischen noch mehr Weibchen in seine Laube.

Tag 6

**Der Balztanz**

Das Weibchen hat eine Laube ausgewählt. Es setzt sich auf die Plattform und wartet. Das Männchen tanzt und singt jetzt. Dabei bewegt es seine leuchtend gelben Flügel eindrucksvoll. Wenn dem Weibchen die Vorführung gefällt, paart es sich mit dem Tänzer. Ist es nicht begeistert, fliegt es fort.

Tag 5

**Das Weibchen prüft**

Nun ist die Laube fertig. Das Weibchen inspiziert sie, während das Männchen fort ist. Es läuft hinein und prüft die Seite der Plattform, auf der das Männchen tanzen wird. Zum Vergleich besucht es auch die Lauben anderer Männchen.

*Oft dienen auch leere Schneckenhäuser zur Dekoration.*

# Kuckuckskind

Der Kuckuck ist ein Brutparasit. Solche Tiere sind darauf angewiesen, dass andere Tiere ihre Jungen großziehen. Der Kuckuck baut kein eigenes Nest, sondern sucht sich das eines ahnungslosen Wirtsvogels aus und legt sein Ei hinein. Während des Sommers legt ein Kuckucksweibchen bis zu 25 Eier in lauter verschiedene fremde Nester.

*Das Kuckucksweibchen ähnelt einem Sperber. Teichrohrsänger haben vor diesem Greifvogel Angst und fliehen aus ihrem Nest.*

**Einige Wochen …**

### Nestsuche

Nach der Paarung im Frühjahr sucht das Kuckucksweibchen das Nest eines Wirtsvogels, in das es ein Ei legen kann. Es besucht mehrere Nester und sucht sich eines aus. Dieses gehört einem Teichrohrsänger, der oft das Opfer des Brutparasiten wird.

**… und 12 Tage vor dem Schlüpfen**

### Das Kuckucksei

Das Kuckucksweibchen wirft rasch ein Ei aus dem Nest des Teichrohrsängers und legt ein eigenes Ei hinein. Einige Wirtsvögel bemerken das ungewöhnliche Kuckucksei und geben ihr Nest auf, aber die meisten brüten es aus.

*Das Kuckucksei ist größer als die Eier des Wirtsvogels, aber ähnlich gemustert und gezeichnet.*

**Tag 1**

### Rauswurf

Da das Kuckucksei weiter entwickelt ist als die Eier des Teichrohrsängers, schlüpft das Kuckucksküken zuerst. Es ist nackt und blind, aber es kriecht unter ein fremdes Ei und stemmt es aus dem Nest. Das macht es mit allen Eiern.

*Das Küken wirft die anderen Eier aus dem Nest. Jetzt hat es keine Konkurrenten mehr.*

*Das Männchen hat graue Federn, während das Weibchen grau oder braun sein kann.*

*Der Kuckuck lockt mit seinem zweisilbigen Ruf ein Weibchen an.*

*Der Teichrohrsänger bringt Nahrung für das Kuckuckskind.*

*Der Kuckuck ist jetzt so groß, dass er kaum mehr ins Nest passt.*

## Ein großes Küken

Der Kuckuck ist jetzt das einzige Küken im Nest und wächst schnell. Er bettelt um Futter und seine Rufe klingen so, als würden viele Küken im Nest hocken. Der Teichrohrsänger füttert den Kuckuck, als wäre er sein eigenes Kind.

**Tag 14**

## Flügge werden

Drei Wochen nach dem Schlüpfen ist der junge Kuckuck flügge und verlässt zum ersten Mal das Nest. Der Teichrohrsänger füttert ihn noch zwei Wochen lang. Sobald der junge Kuckuck gut fliegen kann, verlässt er das Nest endgültig und sucht sich selbst Nahrung.

**Tag 21**

## Unabhängig

Im Herbst fliegt der ausgewachsene Kuckuck nach Afrika. Nach zwei Jahren kehrt er dorthin zurück, wo er selbst aus dem Ei geschlüpft ist. Wieder wird ein kleiner Vogel ausgetrickst, der das nächste Kuckuckskind großzieht.

**Einige Monate später**

## Gespenstschrecken

Kuckucke sind nicht die einzigen Tiere, die andere Arten dazu bringen, ihre Jungen großzuziehen. Bestimmte Australische Gespenstschrecken legen Eier, die wie Samen mit einem Anhängsel aussehen. Ameisen tragen sie in ihre Nester und fressen nur das nahrhafte Anhängsel. Das Ei lassen sie übrig. Wenn die junge Gespenstschrecke schlüpft, ähnelt sie einer Ameise. Sie verlässt unbemerkt das Nest.

# Tag eines Rosalöfflers

Der Rosalöffler kommt an der Küste von Texas und Florida (USA) und in Feuchtgebieten in Zentral- und Südamerika vor und ist ein sehr auffälliger Vogel. Mit seinem löffelförmigen Schnabel fängt er im schlammigen, trüben Wasser Nahrung, obwohl er sie nicht sehen kann. Mit dieser Technik kann er bei Tageslicht und in der Dunkelheit Nahrung suchen.

**Früher Morgen**

### Frühaufsteher

In der Morgendämmerung waten Rosalöffler langsam ins Wasser und schwingen ihre Schnäbel unter der Wasseroberfläche hin und her, um Krebstiere, Wasserinsekten und kleine Fische zu fangen. Die Löffler teilen ihren Lebensraum mit Reihern und anderen Vögeln.

**Vormittag**

### Ausgedehnter Brunch

Rosalöffler verbringen die meiste Zeit des Tages damit, an Küsten, in Mangrovenwäldern, Lagunen oder Sümpfen Nahrung zu suchen. Dabei halten sie Kontakt, indem sie leise grunzen. Wenn ein Vogel einen Fressfeind bemerkt, warnt er die anderen mit einem Alarmruf.

**Mittag**

### Körperpflege

Wenn Rosalöffler gerade nicht mit der Nahrungssuche beschäftigt sind, putzen sie ihr Gefieder, damit es in gutem Zustand bleibt. Mit dem Schnabel entfernen sie Parasiten und ordnen sorgfältig das Federkleid.

Die Farbstoffe, die das Gefieder rosa färben, stammen von Krebstieren, die die Hauptnahrung der Löffler sind.

**Früher Nachmittag**

### Paare bilden sich

Während der Brutzeit bilden Rosalöffler Paare. Das Männchen sammelt Zweige und das Weibchen baut ein Nest in einem Baum, der über das Wasser hängt. Es legt bis zu fünf Eier hinein. Nach etwa 24 Tagen schlüpfen die Küken.

**Später Nachmittag**

### Schlafen

Rosalöffler schlafen im Wasser oder auf einem Ast. Sie stehen dabei auf einem Bein und stecken den Schnabel unter die Federn am Rücken. So geht über die nackten Körperpartien am Kopf keine Wärme verloren.

**Abend**

### Abendessen

Löffler finden ihre Nahrung auch ohne Tageslicht, denn sie tasten mit dem Schnabel nach Futter. In der Abenddämmerung, wenn kaum mehr Raubtiere auf der Jagd sind, gehen sie erneut auf Nahrungssuche.

### Kalt und still

Im Grasland ist es jetzt ruhig und der Boden ist mit Schnee bedeckt. Oft wird es –40 °C kalt. Die Bisons tragen ein wolliges Winterfell und schieben mit ihren mächtigen Köpfen den Schnee fort, um an die Gräser zu gelangen.

**Januar**

### Nestsuche

Weil es in der Prärie nur wenige Bäume gibt, nisten Kaninchenkäuze in den aufgegebenen Bauen anderer Tiere. Sie jagen in den offenen, baumlosen Ebenen Mäuse, Wühlmäuse, Eidechsen und große Insekten.

**Februar**

# Ein Jahr in der Prärie

Die Prärien sind weite Grasländer in Amerika. In diesen Ebenen regnet es nicht viel, sodass hier nur wenige Bäume wachsen. Es gibt verschiedene Jahreszeiten. Nach dem schneereichen Winter bilden die Frühjahrsblumen bunte Teppiche. Auf den heißen Sommer, in dem die Tiere sehr aktiv sind, folgt ein kühler, windiger Herbst.

### Heuschrecken

In der Prärie ist es sehr warm. Im Sommer leben hier Tausende Heuschrecken und fressen Gräser und andere Pflanzen. Sie werden von Präriebussarden und anderen Vögeln erbeutet.

**Juli**

### Fliegende Samen

Viele Pflanzen haben Samen gebildet, die der Herbstwind über die weiten Ebenen weht. Die Früchte der Seidenpflanzen springen auf und entlassen Hunderte Samen, die an seidigen Fäden fortgeweht werden.

**August–September**

### Brunftzeit

Es wird kälter und die Tage werden kürzer. Nun beginnt die Brunft der Tule-Wapitis. Die Hirsche röhren laut, um Weibchen anzulocken, und kämpfen mit den Geweihen, um die Rangfolge auszufechten.

**September–Oktober**

*Im Frühling weht ein warmer Föhnwind, der Chinook, über die Prärien.*

## Bunte Blüten

Der Frühling ist gekommen und das Grasland färbt sich bunt. Gelbe Korbblütler und andere Wildblumen blühen jetzt. Ihr Nektar ist für viele Schmetterlinge und andere Insekten die erste Nahrung des Jahres.

## Balzrufe

Ein lauter Ruf erklingt im Gras. Ein Präriehahn lockt Weibchen an. Er stellt die Nackenfedern auf, zuckt mit dem Schwanz und bläht zwei orange-rote Luftsäcke am Hals auf, die seine Rufe verstärken.

**März**

**April**

## Gras fressen

Das Gras in der Prärie wird immer kürzer, denn Gabelböcke, Hirsche und Elche rupfen die gut verwurzelten Gräser dicht über dem Erdboden ab. Zum Glück wachsen sie bald wieder nach.

## Junge Tiere

Zum Ende des Frühjahrs werden in der Prärie viele Jungtiere geboren. Rotwölfe bringen in einem Bau bis zu neun Welpen zur Welt. Zunächst sind ihre Augen noch geschlossen. Im Alter von zehn Tagen öffnen sie sie und nach vier Wochen verlassen sie den Bau zum ersten Mal, um zu lernen, wie man jagt.

**Juni**

**Mai**

## Braune Landschaft

Die Tage und Nächte sind kühl und viele Vögel, wie die Präriebussarde, sind in den Süden gezogen, wo es wärmer ist. Die Gräser sind verdorrt und die Landschaften haben sich braun gefärbt.

## Gänge im Schnee

Jetzt schneit es und in der Prärie ist es wieder ruhig. Einige Tiere halten Winterschlaf oder Winterruhe, aber die Präriewühlmäuse sind noch aktiv. Bei der Nahrungssuche graben sie Gänge unter der Schneedecke.

## Bunte Teppiche

Die Carizzo-Ebene 160 km nordwestlich von Los Angeles ist das größte Grasland Kaliforniens. In jedem Frühjahr sieht die Landschaft aus wie ein bunter Flickenteppich, wenn unzählige gelbe, orange- und lilafarbene Wiesenblumen blühen.

**November**

**Dezember**

# Vom Ei zum Vogel

Vögel entwickeln sich in einem Ei und nicht, wie die meisten Säugetiere, im Leib ihrer Mutter. Obwohl ein Ei klein und zerbrechlich wirkt, enthält es alles, was das Küken für einen guten Start ins Leben braucht. Im Ei ist der Embryo zunächst eine einzige Zelle, die sich viele Male teilt, sodass allmählich die verschiedenen Körperteile des Kükens entstehen. Nach dem Schlüpfen können manche Vögel, wie Enten und Möwen, das Nest schon bald verlassen. Andere, wie Schleiereulen, entwickeln sich langsamer.

### Im Ei

Der Dotter schrumpft, weil sich der Embryo von ihm ernährt. Das Eiweiß umgibt und schützt ihn. In der Allantois werden Abfallstoffe eingelagert.

**NACH DER BEFRUCHTUNG**

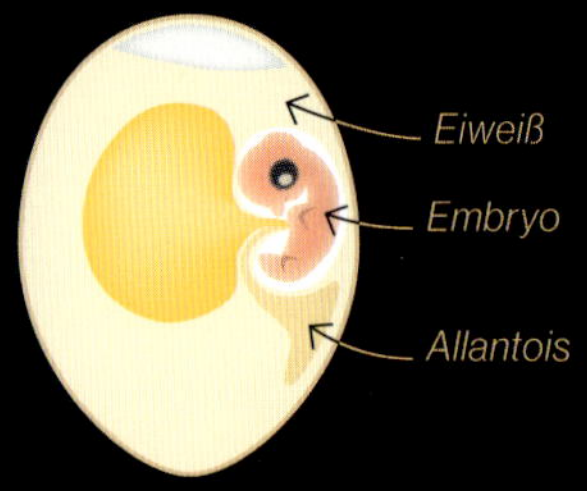


*Die Luftkammer hilft dem Küken, vor dem Schlüpfen zu atmen.*

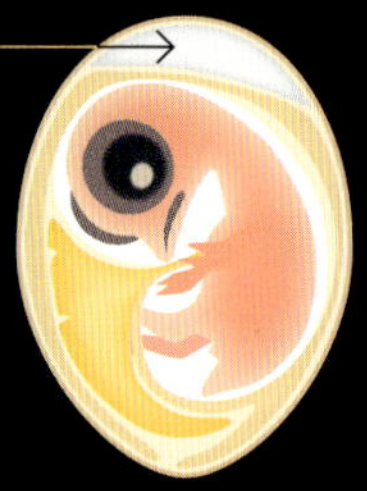

**VOR DEM SCHLÜPFEN**

### Fütterung

Schleiereulenküken jagen nicht selbst, sondern sind darauf angewiesen, dass ihre Eltern sie mit Nahrung versorgen. Das Männchen jagt kleine Säugetiere, die das Weibchen zerteilt und an die Küken verfüttert.

*Schleiereulenküken schlüpfen, nachdem das Ei etwa 32 Tage lang ausgebrütet wurde.*

**Tag 1**

### Schlüpfen

Ein Elternvogel brütet das Ei aus. Wenn das Küken zum Schlüpfen bereit ist, bewegt es sich in der Eierschale und öffnet sie mit seinem Eizahn, einem spitzen Aufsatz auf dem Schnabel. Es bohrt ein Loch und vergrößert es.

**Tag 1**

### Das Küken

Das Eulenküken ist hilflos. Es kann kaum stehen und bettelt um Nahrung, wenn es seine Eltern hört. Nicht alle Schleiereulenküken schlüpfen gleichzeitig. Das älteste Küken im Nest kann deshalb 4-mal so schwer sein wie das jüngste.

**Tag 3–5**

### Geschlossene Augen

Die Augen der Schleiereulenküken bleiben mehrere Tage lang geschlossen. Sie verständigen sich durch Laute mit ihren Eltern und Geschwistern. Vor allem wenn es kalt ist oder wenn die Küken auf sich aufmerksam machen wollen, zwitschern sie leise.

**Tag 7**

### Dunenfedern

Nach ungefähr einer Woche öffnet das Küken die Augen. Jetzt trägt es ein Kleid aus weichen Dunenfedern. Sie wärmen jedoch nicht sehr gut, sodass die Mutter das Küken noch warm halten muss.

## Fliegen lernen

Wie viele Vögel legen Schleiereulen nach dem ersten Flug oft eine Bruchlandung hin. Aber junge Vögel lernen schnell, wie man im Flug steuert. Bald schon landen sie perfekt.

*Die Eule sieht doppelt so scharf wie ein Mensch. Auch in der Nacht erkennt sie Bewegungen.*

*Die Schleiereule kann den Kopf um mehr als 270° drehen, um sich einem Geräusch zuzuwenden.*

*Wenn die junge Eule ihre Flügel ausprobiert, fliegen ein paar feine Federn in alle Richtungen.*

**Woche 3** | **Woche 8** | **Woche 10** | **Woche 12**

### Mehr Aktivität

Inzwischen trägt das Küken ein dichteres Federkleid und kühlt nicht mehr so schnell aus. Die Mutter kann nun wieder jagen. Die Küken rangeln um das Futter und erkunden die Umgebung.

### Flugbereit

Erst wenn der junge Vogel ein vollständiges Gefieder hat, kann er das Nest verlassen. Er ist jetzt aktiv und unruhig und erprobt seine Flügel. Außerdem beobachtet er die Welt außerhalb des Nests, um sie kennenzulernen.

### Gutes Gehör

Nachdem sie viel geübt hat, kann die junge Eule jetzt fliegen. Sie lernt zu jagen und setzt dabei ihre Sinne ein. Ihr Gehör wird immer besser, denn darauf kommt es bei der nächtlichen Jagd am meisten an.

### Selbstständig

Jetzt ist die junge Eule eine gute Jägerin. Die Eltern füttern sie kaum noch. Nach 12 Wochen verlässt sie das Nest und sucht sich ein eigenes Revier. Sie ist nun erwachsen und kann sich selbst fortpflanzen. Schleiereulen legen im Frühjahr Eier.

*Wanderalbatrosse können weite Strecken fliegen, ohne viel Energie aufzuwenden, denn sie segeln auf Aufwinden.*

## In der Brutkolonie

Mit ihren langen Flügeln und den kurzen Beinen können sich Wanderalbatrosse an Land nur ungeschickt fortbewegen. Sie brüten an Land. Die Vögel müssen eine weite Strecke gegen den Wind laufen, um abheben zu können.

**November**

*Ein Albatros schwimmt auf dem Wasser oder stürzt sich aus der Luft herab und packt Fische mit dem Hakenschnabel.*

## Balz

In der Kolonie ist viel los. Die Vögel rufen laut, breiten ihre Flügel aus und klappern mit den Schnäbeln. Jüngere Vögel suchen nach Partnern und konkurrieren um Platz und Baumaterial für ihre Nester.

**Dezember**

## Eier legen

Jedes zweite Jahr im Dezember oder Januar legt das Weibchen ein einziges weißes Ei mit dunklen Sprenkeln. Es ist mindestens 10 cm lang und mehr als doppelt so groß wie ein Hühnerei.

**Januar**

*Beide Eltern haben einen kahlen, gut durchbluteten Brutfleck am Bauch, mit dem sie die Eier wärmen.*

## Brüten

Das Ei muss bei Kälte und Wind 33 °C warm bleiben. Beide Eltern wechseln sich beim Brüten ab. Ein Vogel sitzt jeweils bis zu drei Wochen lang auf den Eiern, während der andere im Meer Futter sucht. Das Ei wird etwa 83 Tage lang ausgebrütet.

**Februar**

Die riesigen Vögel sind 110 bis 135 cm lang und haben eine Flügelspanne von 2,5 bis 3,5 m.

### Schlüpfen

Es kann vier Tage dauern, bis das Küken ganz aus dem Ei geschlüpft ist. Es trägt dichte weiße Dunenfedern und sieht wie ein wolliger Pinguin mit Knopfaugen aus. Das Küken ist darauf angewiesen, dass seine Eltern es wärmen und beschützen und ihm Nahrung bringen.

**März–April**

### Fütterung

Während der ersten 30 Tage füttern die Eltern ihr Küken alle zwei bis vier Tage. Danach fliegen sie abwechselnd auf das Meer hinaus und legen oft weite Strecken zurück, bis sie mit großen Mengen an Nahrung für das Küken zurückkehren.

**April–Oktober**

### Guter Flieger

Ungefähr mit zehn Monaten kann der junge Albatros fliegen. Er lernt von älteren Albatrossen, wie man Beute fängt. Nachdem er sein Nest verlassen hat, kehrt er jahrelang nicht an Land zurück, aber er sitzt manchmal bei schwachem Wind auf der Meeresoberfläche. Erst mit etwa elf Jahren ist er erwachsen.

**10 Monate später**

# Großer Seevogel

Kein anderer Vogel hat eine so große Flügelspanne wie der Wanderalbatros. Er kann in 20 Tagen über dem Meer 15 000 Kilometer zurücklegen, während er nach Fischen, Kalmaren und Krebstieren Ausschau hält. Die Vögel sind jedoch nicht immer allein. In der Brutzeit leben sie in Kolonien in der Nähe des südlichen Polarkreises.

### Lebenslange Treue

Die Paare bleiben sich ein Leben lang treu. Sie kehren jedes Jahr zum selben Nistplatz zurück. Wegen des Klimawandels wehen am antarktischen Polarkreis nun stärkere Winde. Die Weibchen fliegen jetzt schneller, legen aber keine so weiten Entfernungen mehr zurück. Deshalb bleiben sie näher beim Nest, sodass künftig vielleicht mehr Küken überleben.

**Balzverhalten**
Wenn sie bei den Brutplätzen angekommen sind, locken die Männchen mit kleinen Fischen Weibchen an. Sie spreizen die Flügel und recken den Schnabel zum Himmel. Dann überreichen sie ihrer Partnerin den Fisch. Die meisten Paare bleiben ein Leben lang zusammen.

**Frühjahrszug**
Typischerweise sieht man Seeschwalben an der Küste oder über dem Meer, aber im April und Mai ziehen sie über Land, manchmal in Schwärmen aus 100 Vögeln. An Seen rasten sie immer wieder mehrere Stunden.

**Zug nach Norden**
Um diese Zeit fliegen erwachsene Küstenseeschwalben in den Norden und nehmen dabei den direkten Weg, um so schnell wie möglich zu ihren Nistplätzen zu gelangen. Jüngere Vögel bleiben auf der Südhalbkugel, bis sie alt genug sind, um sich fortzupflanzen.

**Südlicher Ozean**
Während es im Norden Winter ist, sind die Küstenseeschwalben weit weg, denn sie nutzen die langen Sommertage auf der Südhalbkugel. Im Rüttelflug stehen sie über der Wasserfläche und tauchen plötzlich mit dem Kopf voran ab, um Fische zu fangen.

# Leben im Flug

Seeschwalben sind schlank und elegant, aber trotzdem sehr ausdauernd. Die Küstenseeschwalbe ist 34 Zentimeter lang, hat eine Flügelspannweite von 80 Zentimetern und fliegt unglaublich weite Strecken. Jedes Jahr ziehen die Vögel in Schwärmen von der Arktis in die Antarktis und wieder zurück. Sie folgen dabei den langen Tagen im Sommer und legen bis zu 35000 Kilometer zurück. Keine andere Vogelart fliegt so weite Strecken.

## Die Eier ausbrüten

Küstenseeschwalben legen ein bis drei Eier, die von beiden Eltern ausgebrütet werden. Die Nester sind Mulden im Sand oder auf Felsen. Nach 21 bis 23 Tagen schlüpfen die Küken.

**Mai–Juni**

## Kleine Küken

Das Küken befreit sich mit dem Eizahn aus der Schale. Danach fällt der spitze Aufsatz ab. Die Küken bleiben vier Wochen lang in der Nähe des Nests. Sie fressen Fische, die ihre Eltern ihnen bringen. Wenn sie 25 Tage alt sind, können sie fliegen.

**Juni–Juli**

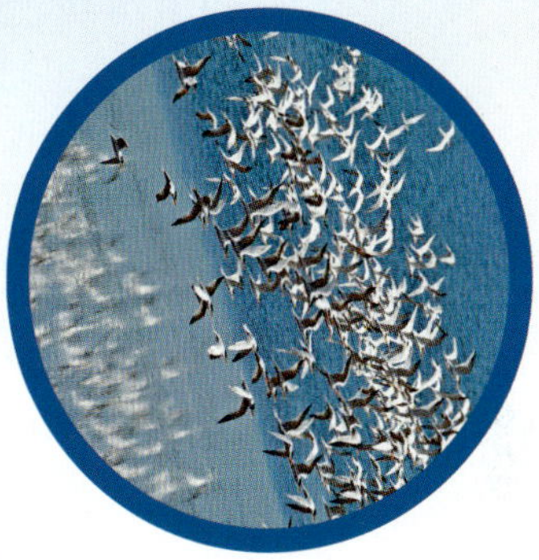

## Zug in den Süden

Die Schwärme ziehen im Herbst in den Süden. Nun müssen sie sich nicht wie im Frühjahr beeilen. Die Vögel aus Nordamerika kommen nach ungefähr vier Monaten in Südafrika an.

**August–Oktober**

*Küstenseeschwalben legen den größten Teil der Strecke im Gleitflug zurück.*

## Die Nistplätze

Die Brutplätze der Küstenseeschwalben befinden sich an Küsten auf der ganzen Nordhalbkugel, von Großbritannien bis zur kanadischen Provinz Nova Scotia. Die Kolonien sind unterschiedlich groß. Einige bestehen nur aus wenigen Paaren, andere aus über 1000 Vögeln. In den Kolonien geht es meistens recht laut zu, aber bevor sie in den Norden oder Süden ziehen, sind die Vögel eine Zeit lang leise.

**März–April**

## Eine lange Reise

Erwachsene Kaiserpinguine schwimmen Hunderte Kilometer weit durch das Meer und wandern dann noch bis zu 200 km über das Eis und den Schnee zu ihren Brutplätzen. Dabei kommen sie nur sehr langsam voran. Manchmal rutschen sie auf dem Bauch hangabwärts.

**März–Juni**

## Ankunft

Die Männchen gelangen zuerst zu den Brutplätzen. Nun beginnt der lange Winter. Kaiserpinguine kehren jedes Jahr zum selben Ort zurück. Wenn die Weibchen ankommen, begrüßen sich die Paare. Beide Vögel recken den Schnabel zum Himmel und bewegen die Flügel zum Gruß.

**Mai–Juni**

## Ei legen

Das Pinguinweibchen legt ein einziges Ei, das es sofort an das Männchen übergibt. Der Vater hält es auf seinen Füßen und wärmt es mit einer speziellen Brutfalte am Bauch.

*Die Eier der Kaiserpinguine sind ungefähr 12 cm lang und 8 cm breit.*

**Mai–Juni**

## Zurück ins Meer

Nachdem das Weibchen ein Ei gelegt hat, kehrt es ins Meer zurück. Es muss Krebse und Fische fangen und taucht dabei oft 50 m tief ab.

**Mai–August**

## Brüten

Die Männchen bewegen sich mit den Eiern auf den Füßen vorwärts und drängen sich in der Kälte aneinander. Es kann bis –60 °C kalt werden, aber die Männchen brüten das Ei mit ihrem 38 °C warmen Körper aus.

**Juli–August**

## Küken schlüpfen

Nach 62 bis 66 Tagen schlüpft das Küken. Es ist fast nackt, aber bald wächst ihm ein dichtes Federkleid. Das Männchen füttert es mit einer Art Milch aus seinem Kropf, aber die erste richtige Mahlzeit bekommt es erst, wenn die Mutter zurückkehrt.

## Unterschiedliche Größen

Es gibt etwa 20 Pinguinarten. Die größte Art ist der Kaiserpinguin und die kleinste der Zwergpinguin. In sehr kalten Regionen wie in der Antarktis leben große Arten, während die kleineren in wärmeren Gebieten vorkommen.

**Kaiserpinguin** 112 cm · **Goldschopfpinguin** 71 cm · **Zwergpinguin** 30 cm

# Ein Jahr im Eis

Die verschiedenen Pinguinarten nisten an unterschiedlichen Orten, darunter Höhlen und Nester auf dem Boden oder unter Sträuchern. Das Leben der Kaiserpinguine ist sehr extrem. Jedes Jahr wandern die flugunfähigen Vögel in der Antarktis weite Strecken zu ihren Brutkolonien, wo sie ihr einziges Küken großziehen.

### Fütterung

Das Weibchen kehrt zurück und würgt Nahrung für das Küken hervor. Jetzt geht das Männchen ins Meer. In den nächsten Monaten wechseln sich die Eltern ab. Ein Elternteil jagt im Meer, während das andere sich um das Küken kümmert.

**September–Oktober**

### Kindergarten

Die Küken bilden Gruppen, in denen sie sich gegenseitig wärmen. So sind sie auch vor Riesensturmvögeln besser geschützt, die ihre Hauptfeinde sind. Beide Eltern können jetzt im Meer Fische fangen.

**Oktober–November**

### Das Federkleid

Das Küken ist jetzt so groß wie seine Eltern. Seine Dunenfedern fallen aus und das schwarz-weiße Erwachsenengefieder wächst.

**November–Dezember**

### Mauser

Nachdem die erwachsenen Pinguine einige Monate im Meer verbracht haben, kehren sie zur Mauser auf das Eis zurück. Neue Federn schieben sich durch die alten, sodass das Gefieder immer wasserdicht bleibt.

**Dezember–Januar**

### Wanderung zum Meer

Alle Pinguine laufen und schlittern zum Meer. Im Sommer ist viel Meereis geschmolzen, sodass die Strecke nicht mehr so weit ist. Die Eltern kehren im folgenden Winter zum Brutplatz zurück und ziehen wieder ein Küken groß. Die jungen Pinguine bleiben einige Jahre im Meer, bevor sie selbst brüten.

**Januar–Februar**

## Extrem bewegliche Flügel

Kolibris können 200-mal pro Sekunde mit den Flügeln schlagen – so schnell, dass ein Summen entsteht. Die Kugelgelenke an ihren Schultern sind so gebaut, dass sie die Flügel in alle Richtungen bewegen und sogar rückwärts fliegen können. Kolibris atmen bis zu 250-mal pro Minute und können täglich den energiereichen Nektar von 2000 Blüten trinken.

### Trockenzeit

Das Pantanal ist während der kurzen Trockenzeit ein Grasland mit niedrigen Bäumen und Sträuchern. Die rosafarbenen Blüten der Lapacho-Bäume sind bunte Farbtupfer. Es regnet wenig und tagsüber ist es warm. Die Nächte sind kühler und oft neblig und der Boden ist meistens trocken.

### Brüten

Zwei blaue Hyazinth-Aras haben ein Baumloch gefunden, in dem sie nisten wollen. Sie sind vom Kopf bis zum Schwanz 1 m lang und die größten flugfähigen Papageien der Erde.

**Trockenzeit (Mitte Mai–Mitte August)**

# Ein Jahr im Feuchtgebiet

Feuchtgebiete stehen den größten Teil des Jahres unter Wasser. Das größte tropische Feuchtgebiet ist das Pantanal in Südamerika. Es ist ein weites, flaches Grasland, das zu Brasilien, Paraguay und Bolivien gehört. Im Pantanal leben viele außergewöhnliche Pflanzen und Tiere, unter ihnen das größte Nagetier der Welt und mehr als 600 Vogelarten.

### Regenzeit

Es ist jetzt heiß und feucht im Pantanal und bei heftigen Gewittern fällt viel Regen. Die Flüsse treten über die Ufer, sodass sich seichte Seen und Sümpfe bilden.

**Weiterhin feucht (Mitte November–Ende März)**

### Überfluss

Der Jabiru ist so hoch wie ein 12-jähriges Kind und watet auf seinen langen Beinen durch das Wasser. Mit dem langen Schnabel fängt er Fische, Frösche, Schlangen und Insekten.

### Großer Nager

Das Wasserschwein ist ein Nagetier, das gut schwimmen kann. Es zieht sich trotzdem in höher gelegene Gebiete zurück, wenn das Wasser steigt. Den ganzen Tag über frisst es Wasserpflanzen.

## Nahrungssuche

Der Große Ameisenbär streift auf der Suche nach Ameisen und Termiten durch das Grasland. Mit seinen Krallen reißt er Termitennester auf. Seine Zunge, mit der er die Insekten aufschleckt, ist so lang wie ein Menschenarm.

## Jagd am Fluss

Der Jaguar bleibt in der Trockenzeit in Flussnähe. Er sucht nach Kaimanen, die seine Lieblingsbeute sind. Wenn der Wasserstand des Flusses niedrig ist, können sich die Kaimane nicht mehr so gut verbergen.

## Riesenschlange

Eine Große Anakonda, die 3-mal so lang ist wie ein erwachsener Mensch, lebt meistens im Fluss. Sie gleitet leise durchs Wasser, wenn sie auf der Suche nach Beute ist. Ihr Opfer erwürgt sie und verschlingt es im Ganzen.

## Regenzeit

Die Temperaturen steigen. Manchmal wird es 40 °C warm und es regnet sehr häufig. Die Flüsse führen viel Wasser und im Grasland bilden sich Seen.

**Regenzeit (Mitte August–Mitte November)**

## Feuer im Feuchtgebiet

Man kann sich kaum vorstellen, dass dieses Feuchtgebiet brennt, aber es passiert regelmäßig. In den letzten Jahren waren die Brände im Pantanal jedoch schlimmer als je zuvor. 2020 brannte ein Gebiet, so groß wie 2,3 Mio. Fußballfelder. Rodungen und der Klimawandel sind die Ursachen der gewaltigen Brände.

## Es regnet jetzt seltener

Die Temperaturen sinken und es regnet nicht mehr so oft. Das Wasser fließt nur noch in den Flussbetten und das Grasland ist nicht mehr überflutet. Säugetiere, die sich in höher gelegene Gebiete zurückgezogen hatten, kommen zurück.

## Hungrige Pekaris

Nachdem die Weißbartpekaris die sumpfigen Gewässer in der Regenzeit verlassen haben, kehren sie ins Tiefland zurück. Diese Nabelschweine schnüffeln im Gras nach Früchten, Nüssen, Pilzen und Insekten.

## Im Wasser waten

Der Sumpfhirsch watet durch das seichte Wasser und frisst Pflanzen. Zwischen den gespreizten Hufen hat er kleine Schwimmhäute, mit denen er gut schwimmen kann.

**Es wird trockener (April–Mitte Mai)**

# Fleißige Biber

Biber sind hervorragende Baumeister. Sie fällen mit ihren starken Nagezähnen Bäume und bauen Dämme, die die ganze Landschaft verändern. Ein Damm staut den Bach an, sodass ein Biberteich entsteht, in dem die Nagetiere ihre Jungen großziehen können. Viele andere Tiere leben im Teich, der noch lange Zeit besteht, auch wenn die Biber längst weitergezogen sind.

**Die perfekte Stelle**

Es ist Frühling. Angelockt vom Geräusch fließenden Wassers hat ein Biberpärchen die ideale Stelle für seine Burg gefunden. Das Wasser ist seicht, aber so tief, dass die Nagetiere darin schwimmen können. Es gibt viele Bäume in der Umgebung.

**Tag 1**

**Dammbau**

Die Biber bauen einen Damm im Bach. Mit ihren scharfen Zähnen fällen sie Bäume. Später schleppen sie Äste und Zweige zum Damm. Mit Schlamm und Pflanzenteilen wird das Bauwerk dann abgedichtet.

**Tag 3**

*Wenn der Wasserspiegel steigt, sterben Bäume ab.*

**Bau der Biberburg**

Der Damm staut das Wasser an, sodass sich ein Teich bildet. Die Biber bauen ihre Burg in die Mitte des Teichs. Sie sammeln dafür Äste, Zweige und Schlamm. Im Lauf mehrerer Jahre kann eine Biberburg enorm groß werden.

**Tag 120**

**Damm**

**Eingang**

**10 Jahre später**

**Verlassene Burg**

Die Biberfamilie hat viele Jahre in der Burg gelebt. Jetzt ist sie verlassen. Der Damm beginnt zu zerfallen, weil die Biber ihn nicht mehr reparieren. Nun nisten Gänse auf der alten Biberburg.

### Das Bauwerk

Die Burg ist nun fertig. Die Kammern im Inneren legen die Biber mit trockenen Blättern aus. Sie liegen über dem Wasserspiegel und werden deshalb nie überflutet. Der einzige Eingang liegt dagegen unter Wasser, sodass Raubtiere nicht hineingelangen können.

**Tag 140**

### Nahrungsvorrat

Wenn die Tage kürzer werden, sammeln die Biber Pflanzenvorräte. Sie legen aus Ästen und Zweigen in der Nähe der Burg ein Nahrungsfloß als Wintervorrat an.

**Tag 150**

### Langer, kalter Winter

Die Biber sind nun auf den Winter vorbereitet und haben ein dichtes Winterfell. Sie halten keinen Winterschlaf, sondern drängen sich während der kalten Monate in der Burg zusammen. Jetzt ernähren sie sich von ihren Futtervorräten.

**Tag 240**

### Was ist eine Schlüsselart?

Eine Schlüsselart ist eine Tierart, die einen großen Einfluss auf ihren Lebensraum hat. Biber sind eine solche Schlüsselart. Mit ihren Dämmen und Burgen schaffen sie neue Feuchtgebiete, die es ohne sie nicht gäbe. Neue Pflanzen siedeln sich an und im Biberteich leben viele verschiedene Tierarten.

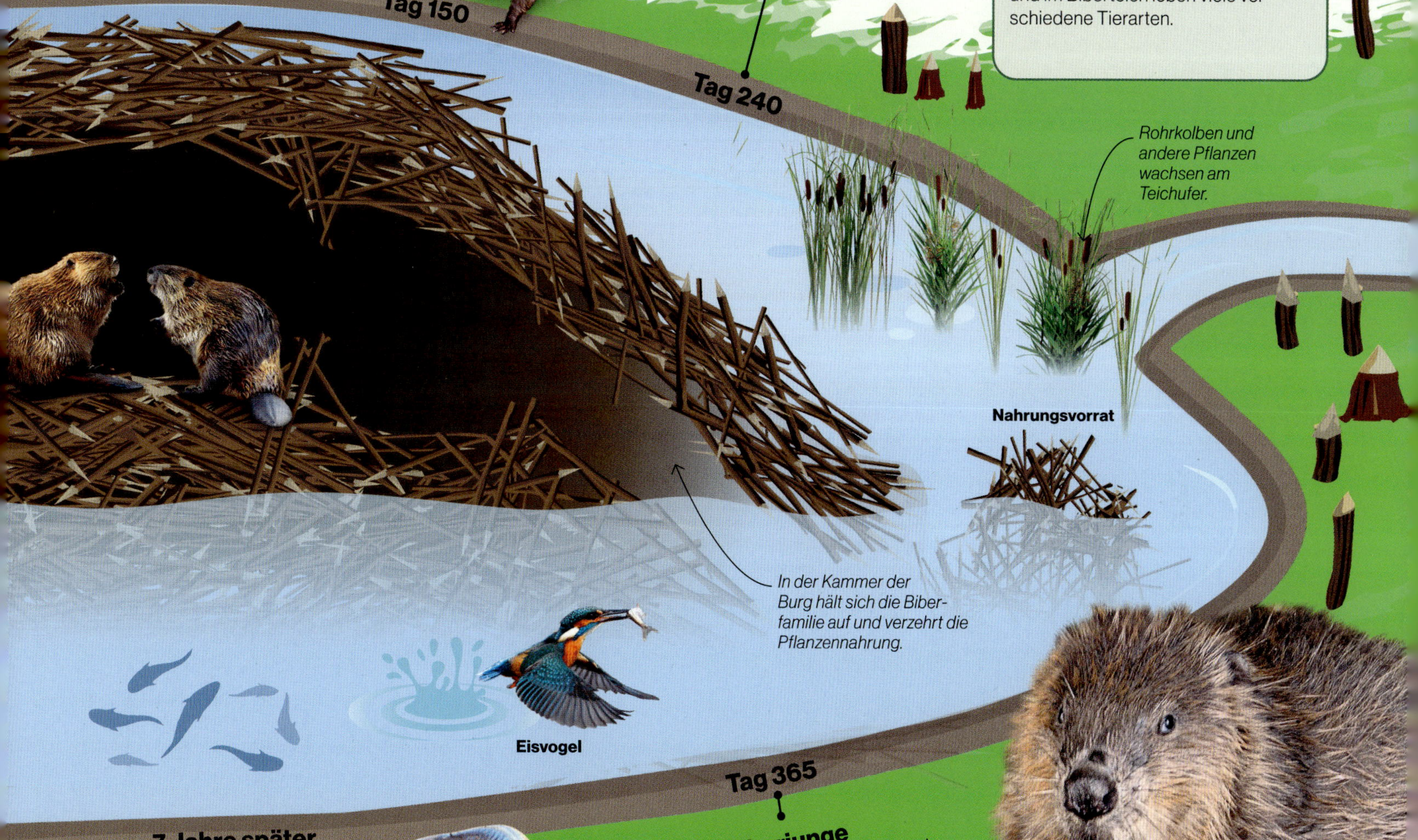


**Tag 365**

### Biberjunge

Es wird wärmer, denn der Frühling ist gekommen. Das Biberweibchen bringt drei oder vier Junge zur Welt. Nach nur drei Tagen schärfen die Kleinen schon ihre Zähne an Zweigen, die ihnen die Eltern bringen. So bereiten sie sich auf das Fällen von Bäumen vor. Die Jungen können bereits wenige Tage nach ihrer Geburt schwimmen.

**7 Jahre später**

### Ein neuer Lebensraum

Viele andere Tiere haben den Biberteich und die Kanäle besiedelt. Fische, Frösche und Salamander sind hergekommen. Viele Pflanzenarten wachsen im und am Teich und locken Singvögel, Enten, Eisvögel und Hirsche an.

# Das Schnabeltier

Das Schnabeltier sieht aus, als wäre es aus den Körperteilen verschiedener Tiere zusammengesetzt. Als englische Wissenschaftler es im 18. Jahrhundert zum ersten Mal sahen, hielten sie es für einen Scherz. Sie konnten kaum glauben, dass es ein Tier mit Fell, einem Entenschnabel, Schwimmhäuten zwischen den Zehen und einem paddelförmigen Schwanz gibt. Anders als die meisten Säugetiere bringen Schnabeltiere keine weit entwickelten Jungen zur Welt, sondern legen Eier.

### Elektrische Felder wahrnehmen

Mit seinem empfindlichen Schnabel sucht das Tier im schlammigen Wasser nach Nahrung. Es spürt andere Tiere auf, weil es die elektrischen Felder wahrnimmt, die ihre Muskeln erzeugen. Wenn das Schnabeltier am dunklen Grund des Flusses den Schnabel hin und her schwenkt, kann es herausfinden, in welcher Richtung und Entfernung sich kleine Beutetiere wie Krebse, Würmer und Insekten aufhalten.

**Später Winter** → **Zeitiges Frühjahr** → **2–4 Wochen später**

### Paarung

Schnabeltiere sind zwar Einzelgänger, aber die Männchen suchen zu dieser Zeit nach Weibchen, um sich mit ihnen zu paaren. Sie haben Giftstachel an den hinteren Knöcheln, mit denen sie mit Rivalen kämpfen.

### Kinderstube

Nach der Paarung gräbt das Weibchen mit den Krallen an den Vorderpfoten einen großen Bau. Dann schleppt es Zweige und Blätter herbei, um ihn auszupolstern.

### Eier legen

Die Mutter legt zwei oder drei traubengroße Eier mit ledriger Schale. Sie drückt sie mit ihrem Schwanz an den Bauch, um sie zu wärmen. Nach etwa zehn Tagen schlüpfen die Jungen.

**10 Tage später**

## Die Jungen schlüpfen

Die Jungen sind nackt und blind und auf ihre Mutter angewiesen. Sie verbringt die meiste Zeit bei ihnen im Bau. Wenn sie größer sind, verlässt sie sie öfter, um auf Nahrungssuche zu gehen.

**Nach dem Schlüpfen**

## Milch trinken

Die Mutter säugt ihre Jungen mit Milch. Sie tritt direkt an ihrer Haut aus und die Jungen schlecken sie aus dem Fell. Sie können noch nicht schwimmen.

**4 Monate später**

## Heranwachsen

Die Jungen trinken etwa vier Monate lang Muttermilch. Dann sind sie etwa 20-mal so schwer wie nach dem Schlüpfen. Nun ist es Zeit, dass sie den Bau verlassen und sich selbstständig Nahrung suchen.

**3 Jahre später**

## Erwachsen werden

Ein Schnabeltier wächst weiter, nachdem es den Bau verlassen hat. Es ist mit ungefähr drei Jahren ausgewachsen und kann sich nun fortpflanzen. In der Natur werden Schnabeltiere bis zu 12 Jahre alt.

# Ein Känguru-Leben

Kängurus sind berühmt für ihre weiten Sprünge. Sie gehören zu den Beuteltieren, einer Gruppe der Säugetiere. Beuteltiere bringen sehr kleine Junge zur Welt, die in einem Beutel am Bauch der Mutter heranwachsen, bis sie so weit entwickelt sind, dass sie allein überleben können. Rote Riesenkängurus sind die größten Beuteltiere. Es dauert fast zwei Jahre, bis ein Känguru heranwächst.

**Paarungszeit**

Die erwachsenen Männchen treten in Boxkämpfen gegeneinander an und die Sieger paaren sich mit den Weibchen. Anders als die meisten Säugetierweibchen haben Känguruweibchen zwei Gebärmütter, in denen sich nach der Paarung zwei Embryos entwickeln.

*In der Paarungszeit sondert die Brust der Männchen eine rote, klebrige Substanz ab, die wie Blut aussieht.*

**Tag 1**

**Kurze Ausflüge**

Das Junge wiegt etwa 2 kg, so viel wie zwei Milchtüten, aber es ist noch zu klein, um mit der Herde zu hüpfen. Es klettert wieder in den Beutel der Mutter.

**Monat 6**

**Monat 9**

**Heranwachsen**

Das Junge ist so groß und schwer, dass die Mutter es nicht mehr tragen kann. Sie lässt es nicht mehr in ihren Beutel klettern, aber es darf den Kopf noch hineinstecken, um Milch zu trinken.

**Das zweite Junge**

Sobald das ältere Känguru den Beutel verlassen hat, beginnt sich der zweite Embryo zu entwickeln. Nach der Geburt klettert das Junge wie sein Geschwister in den Beutel der Mutter.

**Monat 10**

**Zwei Milchsorten**

Die Mutter muss jetzt zwei Junge säugen. Sie hat für jedes eine spezielle Milch, die alle lebenswichtigen Nährstoffe enthält. Das ältere Junge bekommt eine dicke, fetthaltige Milch, während die des jüngeren mehr Eiweiß enthält.

*Die Mutter ist wachsam. Kängurus haben außer Wildhunden und Menschen kaum Feinde.*

**Monat 11**

### Entwicklungspause

Die Embryos entwickeln sich eine Woche lang. Dann wächst nur einer von ihnen weiter, während der andere eine Entwicklungspause einlegt. Deshalb wird zunächst nur ein Junges geboren.

**Woche 1**

### Geburt

Der Embryo, der sich weiterentwickelt hat, wird nach etwa einem Monat geboren. Er ist noch hilflos und nackt und nur so groß wie eine Bohne. Er wiegt jetzt 1g – ungefähr so viel wie eine Büroklammer.

**Nach etwa 1 Monat**

*Das Junge ist winzig und noch nicht vollständig entwickelt.*

### Wanderung zum Beutel

Das Junge muss den Beutel der Mutter finden. Seine Hinterbeine sind nur Stummel, aber an den Vorderbeinen hat es zwei lange Krallen, mit denen es sich vom Geburtskanal in den Beutel hangelt. Die Mutter schleckt ihm in ihrem Fell einen Weg frei.

**Einige Minuten später**

### Das Junge trinkt Milch

Das Junge ist im Beutel sicher und sucht eine der vier Zitzen. Die Zitze schwillt in seinem Mund an, sodass es mit der Mutter verbunden bleibt. Zwei Monate lang trinkt es nun gleichzeitig Milch und atmet.

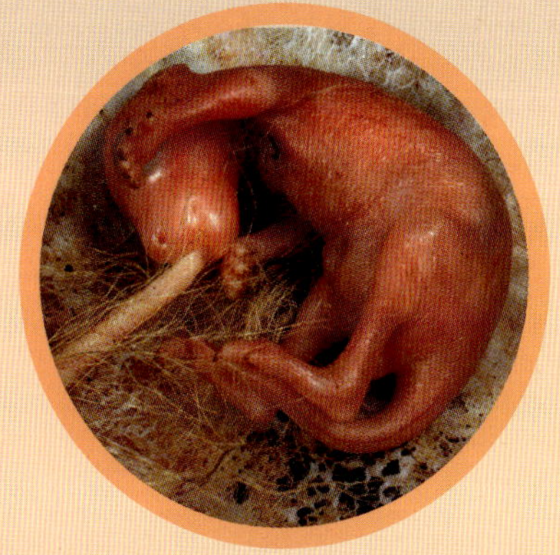

**Monat 3**

### Erste Hüpfer

Das Junge ist jetzt größer und viel aktiver. Es ist so kräftig, dass es aus dem Beutel klettern und die Umgebung erkunden kann, aber es bleibt immer in der Nähe seiner Mutter.

**Monat 5**

**Das zweite Junge ist im Beutel**

### Neue Nahrung

Das ältere Junge wiegt etwa 10 kg. Es wird jetzt nicht mehr gesäugt und beginnt feste Nahrung zu fressen. Kängurus sind Pflanzenfresser.

**Monat 12**

*Rote Riesenkängurus hüpfen doppelt so schnell, wie ein Mensch sprintet.*

*Die Hinterbeine sind sehr kräftig.*

### Erwachsen

Das ältere Junge ist 35 bis 85 kg schwer und unabhängig.

**Monat 18–24**

## Leben in Zeitlupe

Das Braunkehl-Faultier klettert in Costa Rica auf einen Baum, aber es wird eine Weile dauern, bis es oben angekommen ist. Faultiere bewegen sich gemächlich. Sie fressen nährstoffarme Blätter und haben deshalb nicht die Energie, sich schneller zu bewegen. Außerhalb der Reichweite vieler Raubtiere schlafen sie etwa 15 Stunden am Tag hoch oben auf einem Baum. Nachts sind sie wach und fressen Blätter. Mit ihren hakenförmig gekrümmten Krallen können sie sich an Ästen festhalten und auch verteidigen.

# Tag eines Schimpansen

Schimpansen leben in tropischen Wäldern und Grasländern in Afrika. Ein Alphamännchen führt die Gruppe an und jedes Mitglied hat einen bestimmten Rang. Die Tiere bilden enge Bindungen zueinander aus. Sie jagen gemeinsam, teilen sich die Nahrung, spielen miteinander und lausen sich gegenseitig. Während des Tages sind sie aktiv und nachts schlafen sie hoch in den Baumkronen.

**Früher Morgen**

### Frühstück

Schimpansen beginnen schon morgens mit der Nahrungssuche und verbringen bis zu acht Stunden am Tag damit. Sie mögen verschiedene Früchte, Nüsse, Blüten und Honig und auch Insekten und Frösche. Manchmal erbeuten sie sogar andere Affen und kleine Antilopen.

**Vormittag**

### Gemeinsame Jagd

Die Schimpansen suchen nach Beute und entdecken eine junge Antilope. Im Team wird sie gejagt. Dabei verfolgen Jäger (*Chaser*) die Beute. Andere Schimpansen (*Blocker*) verhindern, dass die Antilope entkommt, während andere (*Ambusher*) der Antilope auflauern, sie packen und töten. Daraufhin teilen sich die Schimpansen die Mahlzeit.

**Mittag**

### Ein Imbiss

Schimpansen suchen während des ganzen Tages Nahrung. Mit Stöckchen angeln sie Termiten aus ihren Nestern. Wie Menschen benutzen sie verschiedene Werkzeuge und wie bei uns steht der Daumen den anderen Fingern gegenüber. Sie können deshalb greifen und Gegenstände geschickt bewegen.

**Früher Nachmittag**

### Toben und Spielen

Schimpansen verbringen täglich viele Stunden damit, sich gegenseitig zu kitzeln und miteinander zu rangeln. Sie kommunizieren unter anderem durch Grimassen und lachen, wenn sie etwas lustig finden. Schimpansenbabys spielen anfangs nur mit ihrer Mutter. Später spielen die jungen Schimpansen zusammen.

**Später Nachmittag**

### Entspannung

Schimpansen entfernen sich gegenseitig Parasiten und Schmutz aus dem Fell. Dieses Verhalten sorgt für Entspannung und stärkt die Freundschaft zwischen den Tieren. Rangniedrigere Tiere lausen oft ranghöhere Gruppenmitglieder, um ihre Zuneigung zu gewinnen.

**Abend**

### Zeit fürs Bett

Wenn es Abend wird, klettern die Schimpansen auf Bäume, wo Feinde wie Leoparden sie nicht finden. In den Baumkronen bauen sie Nester aus Ästen und Blättern, in denen sie nachts acht bis neun Stunden lang schlafen.

# So leben Makaken

Japanmakaken, die man auch Schneeaffen nennt, kommen auf den japanischen Inseln Honshu, Shikoku und Kyushu vor. Weil es dort im Winter kalt ist, haben sie gelernt, in heißen Quellen zu baden, um sich aufzuwärmen. Makaken sind sehr soziale Tiere. Sie bilden Gruppen, die entweder nur aus Weibchen oder nur aus Männchen bestehen. Die Jungen bleiben einige Jahre bei ihrer Mutter und schließen sich dann einer anderen Gruppe an.

*Der junge Affe ahmt das Verhalten seiner Mutter nach.*

**Tag 1**

### Paarungszeit

Von März bis September paaren sich die Tiere. Erwachsene Makaken verbringen dann zwei Wochen getrennt von ihrer Gruppe. Die Männchen und Weibchen fressen und schlafen gemeinsam und paaren sich.

**5,5 Monate später**

### Geburt

Wenn die Geburt bevorsteht, geht das trächtige Weibchen meistens an einen ruhigen, abgelegenen Ort, wo es auf dem Boden ein Junges zur Welt bringt. Es wiegt ungefähr 550 g, also so viel wie ein kleiner Laib Brot, aber es wächst schnell.

*Das Weibchen ist trächtig.*

**Woche 0–3**

### Fürsorge

Die Mutter trägt ihr Baby in den ersten Wochen am Bauch mit sich herum. Sie beschützt es gut und zupft Läuse und Flöhe aus seinem Fell. Das Junge wird mit Milch gesäugt.

**Woche 4**

### Huckepack

Das Junge bleibt bei der Mutter und reitet auf ihrem Rücken. Mit den Fingern und Zehen klammert es sich an ihrem Fell fest. Manchmal passt auch der Vater auf das Junge auf, aber nur wenige Männchen verhalten sich so.

*Das dichte Fell wärmt im Winter optimal.*

## Lernen durch Nachahmen

Wenn ein Affe bei einem Menschen ein nützliches Verhalten beobachtet – dass man z. B. Süßkartoffeln vor dem Essen wäscht oder wie man Fische fängt –, ahmt er es nach. Auch andere Mitglieder der Gruppe lernen es bald. Wenn die meisten Tiere in der Gruppe ein Verhalten zeigen, wird es an die nächste Generation weitergegeben.

**Woche 5–6**

### Feste Nahrung

Das Junge wird noch mit Milch gesäugt, aber es frisst auch bereits Blätter und Früchte. Noch sucht die Mutter die Nahrung für ihr Kind, aber ungefähr eine Woche später beginnt es selbst mit der Futtersuche.

**Monat 3–4**

### Zusehen und lernen

Das Junge bleibt zwar weiterhin bei seiner Mutter, aber es beobachtet die älteren Gruppenmitglieder, um von ihnen zu lernen. Es kann schon schnell laufen und auf Bäume klettern, um Früchte, Blätter, Samen und Insekten zu suchen.

**Monat 7**

### Heranwachsen

Der junge Affe ist verspielt und wirft Schneebälle auf andere Mitglieder der Gruppe. Wie die erwachsenen Tiere ist er sehr laut. Kleine Makaken werden mit Milch gesäugt, bis sie ungefähr zwei Jahre alt sind.

**Jahr 4–5**

### Die Gruppe verlassen

Junge Weibchen bleiben in der Gruppe ihrer Mutter, während Männchen die Gruppe verlassen, wenn sie etwa fünf Jahre alt sind. Manchmal schließen sie sich einer Gruppe junger Männchen an. Ab diesem Alter paaren sie sich.

# Jahr eines Alpensteinbocks

Alpensteinböcke leben in den Alpen und klettern bis zu 3300 Meter hoch. Im Winter müssen diese Ziegen mit extremen Bedingungen wie eisiger Kälte und viel Schnee zurechtkommen. Auf der Suche nach Pflanzen erklimmen sie steile Felswände. Wenn der Schnee im Frühjahr schmilzt, ziehen sie auf die grünen Bergwiesen und fressen dort. Im Sommer bringen die Geißen ihre Jungen zur Welt.

*Die Hörner der Böcke können 1 m lang werden.*

### Die Brunft

Die Paarungszeit dauert etwa sechs Wochen. Die Böcke streifen umher und heben die kurzen Schwänze, sodass das weiße Fell an der Unterseite sichtbar wird. Sie rammen sich mit ihren Hörnern und die stärksten Böcke dürfen sich mit den Geißen paaren.

**Dezember**

### Fester Halt beim Klettern

Alpensteinböcke können mit ihren paarigen Hufen fast senkrechte Hänge emporklettern. Unter jedem Huf befindet sich ein weicher Ballen mit einer gummiartigen, rutschfesten Oberfläche, die gegen den Felsen gepresst wird. Unter dem Gewicht des Steinbocks stülpen sich die Hufe und die weichen Ballen über Unebenheiten, sodass das Tier nicht abrutscht.

**Huf von der Seite**

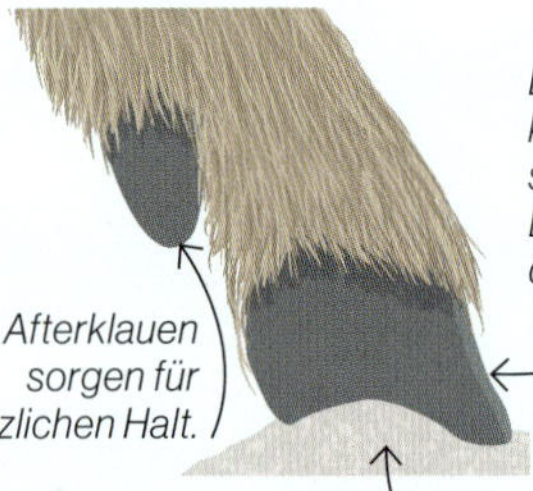


**Huf von unten**

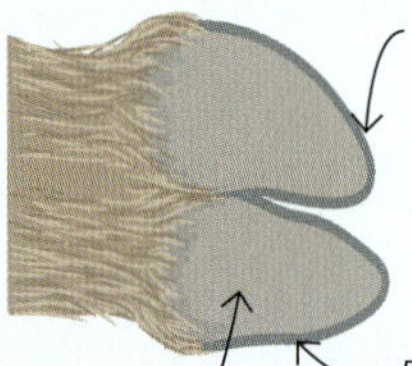


**Dezember–Januar**

*Trächtige Geiß*

### Paarung

Wenn eine Geiß einem Bock erlaubt, sich mit ihr zu paaren, wird sie trächtig und bringt fünf Monate später ein Junges zur Welt. Das Kitz wird im Sommer geboren, wenn die Mutter viel Nahrung findet.

### Neue Gruppen

Obwohl der Winter noch nicht vorbei ist und Schneestürme noch immer toben, naht der Frühling. Die Tiere bilden wieder Herden aus Böcken und Geißen.

**Februar–April**

## Energiereserven

Alpensteinböcke leben in Herden, die entweder aus Böcken oder aus Geißen bestehen, im Hochgebirge. Die Gruppen der Geißen sind meistens größer. Die Tiere fressen im Sommer Flechten, Moose und Gräser und nehmen für den Winter an Gewicht zu.

**August**

## Das Winterfell

Die Tiere bekommen jetzt ein dichtes Fell, das sie vor den Winterstürmen und der eisigen Kälte schützt. Es ist lebenswichtig, denn Alpensteinböcke halten keinen Winterschlaf.

**September**

## Die Herden teilen sich

Zu Beginn der sechswöchigen Paarungszeit teilen sich die Herden der Böcke in kleinere Gruppen auf und machen sich auf die Suche nach Geißen. Die Geißen interessieren sich nur wenige Tage im Jahr für die Böcke.

**Oktober–November**

*Mit seinen speziellen Hufen kann der Steinbock steile Felsen emporklettern.*

**November–Dezember**

*Ein Bock verfolgt eine Geiß.*

## In tiefere Lagen

Zum Winteranfang wandern Steinböcke zu tiefer gelegenen Hängen, weil dort weniger Schnee liegt. Sie bevorzugen die sonnigen Südhänge, an denen sie sich am Morgen schneller aufwärmen können.

## Kletternde Kitze

Im Alter von nur drei Tagen klettert das Kitz schon die Felsen empor. Die Mütter suchen mit den Kitzen an fast senkrechten Felsen Nahrung, denn dort sind sie sicher vor Raubtieren. Die Kitze bleiben mindestens ein Jahr lang bei ihren Müttern.

## Geburt

Im Juni oder Juli bringt die Geiß Junge zur Welt. Meistens ist es nur ein Kitz, aber etwa jede fünfte Geburt ist eine Zwillingsgeburt. Der kleine Steinbock ist gleich aktiv und trinkt die Milch seiner Mutter.

## Fellwechsel

Der Steinbock reibt sich an Felsen und kratzt sich mit den Hörnern, um das Winterfell loszuwerden. Ein dünneres, kürzeres Sommerfell wächst nach.

**Mai**

**Juni–Anfang Juli**

**Juli**

### Jagd im Schnee

Schneeleoparden müssen auch in den kältesten Wintermonaten Beute machen. Ihr dichtes Fell wärmt sie hervorragend und mit den breiten Pfoten können sie leicht über den Schnee laufen.

**Januar**

### Winterwanderung

Asiatische Esel, die man auch Khulans nennt, fressen im Winter die Blätter von Sträuchern und Pflanzenzwiebeln. Auf Nahrungssuche legen sie oft in wenigen Wochen Tausende Kilometer zurück. So durchwandern sie im Jahr manchmal ein Gebiet von 70 000 km².

**Februar**

# Ein Jahr in der Wüste Gobi

Die Wüste Gobi in Ostasien ist die fünftgrößte Wüste der Erde. Mit ihren langen, kalten Wintern und den relativ milden Sommern gehört sie zu den Kältewüsten. Das mongolische Wort *gobi* bedeutet „Ort ohne Wasser“. Obwohl die Bedingungen extrem sind, leben hier überraschend viele Tiere. Viele Arten bleiben während des ganzen Jahres in der Wüste aktiv, andere wandern umher und einige halten Winterschlaf oder Winterruhe.

**September**

### Die Falken ziehen fort

Die jungen Sakerfalken sind flügge. Nun ziehen die Greifvögel in feuchtere Gegenden im Süden. Sie fliegen nicht in großen Schwärmen, sondern meistens einzeln.

### Fellwechsel

Der Manul bekommt ein längeres, dichteres Fell, das ihn in den eisig kalten Wintermonaten wärmt, wenn er im Schnee jagt. Er ist jetzt nicht mehr orangegelb, sondern grau gefärbt.

**Oktober**

## Paarungszeit

Die Brunftzeit der Zweihöckrigen Kamele ist im Winter. Die Männchen verspritzen ihren Urin, der Hormone enthält, mit dem Schwanz über den ganzen Körper. Er soll Weibchen anlocken.

**März**

## Aufgewacht

In der Wüste steigt die Temperatur auf über 0 °C und der Gobibär, ein Verwandter des Braunbären, erwacht aus seiner fünfmonatigen Winterruhe. Er frisst Wurzeln, Beeren und Insekten.

**April**

## Jagd nach Beute

Wenn die zentralasiatische Grubenotter aus der Winterstarre erwacht ist, jagt sie Nagetiere. Sie hat Wärmesinnesgruben am Kopf, mit denen sie feinste Temperaturunterschiede wahrnehmen kann. Auch nachts findet sie deshalb Beute.

**Mai**

## Sommerblumen

Wilder Lauch öffnet rosafarbene Blüten. Die Pflanzen sind eine wichtige Nahrung für viele Tiere wie Kamele, Khulans, Tolai-Hasen und Gobibären. Alle Teile der Pflanze sind essbar, auch die unterirdische Zwiebel.

**Juni**

## Es regnet

Es hat mehrmals geregnet und in der Wüste haben sich Wasserlöcher gebildet. Tiere kommen im warmen Sommer oft zu den Wasserstellen, um zu trinken. Der Regen bringt Farbe in die Wüste und junge Pflanzen keimen jetzt.

**Juli**

## Wasseraufnahme

Der robuste Saxaul trägt gelbe Blüten. Sein Wurzelsystem reicht 5 m tief in den Boden und breitet sich weit aus. So kann er möglichst viel Wasser aufnehmen, wenn es regnet.

**August**

## Wintervorräte

Pfeifhasen sind mit den Kaninchen verwandt. Im Winter sind die Familiengruppen in ihrem Bau aktiv. Sie sind dann auf eingelagerte Moose, Zweige und Nüsse angewiesen, die sie im Sommer gesammelt haben.

**November**

## Immer aktiv

Wolfsrudel jagen auch im Winter. Sie fressen vor allem kleine Säugetiere wie Pikas. In einem oder zwei Monaten paaren sich das Alphamännchen und das Alphaweibchen und eine neue Welpengeneration wird zur Welt kommen.

**Dezember**

## Steinige Wüste

In der Wüste Gobi gibt es keine Sanddünen. Nur 5 % der Fläche sind mit Sand bedeckt. In der vielfältigen Landschaft gibt es Ebenen (Steppen), Täler und Gebirgszüge, Salzmarschen, Seen und Flüsse. Der größte Teil der Wüste besteht aber aus blanken Felsen und Kies, und es gibt nur wenige Pflanzen.

# Tag eines Erdmännchens

Erdmännchen sind soziale Säugetiere. Sie leben in den Wüsten im südlichen Afrika in Familiengruppen aus bis zu 50 Tieren. Ein dominantes Weibchen (die Matriarchin) führt die Gruppe an, in der eine strenge Hierarchie herrscht. Erdmännchen sind Frühaufsteher, die während des Tages Nahrung suchen und nachts gemeinsam in einem unterirdischen Bau schlafen.

*Das Erdmännchen ist immer wachsam. Es stellt sich auf, um nach Feinden Ausschau zu halten.*

**Früher Morgen**

### Erste Jagd

Erdmännchen verzehren vielfältige Nahrung wie Insekten, Skorpione, kleine Reptilien und Eier. Sie graben im Sand nach Beute und verbringen mindestens fünf Stunden täglich mit der Nahrungssuche. Sie jagen am frühen Morgen und am späten Nachmittag, denn sie meiden die heißeste Zeit des Tages.

**Früher Morgen**

### Wache halten

Während einige der Erdmännchen Nahrung suchen, stehen andere abwechselnd an den Eingängen des Baus Wache. Aufgerichtet halten sie nach Feinden wie Adlern Ausschau. Bei Gefahr bellen sie zur Warnung, sodass alle Erdmännchen in den Bau fliehen können.

**Vormittag**

### Sich aufwärmen

Wenn Erdmännchen aus dem Bau kommen, um zu jagen und zu spielen, strecken sie sich oft in der Sonne aus, um sich aufzuwärmen. Dabei sind sie immer wachsam. Wenn es zu heiß wird, suchen sie sich ein schattiges Plätzchen.

**Mittag**

### Zeit für ein Nickerchen

Erdmännchen schlafen jeden Tag 10 bis 12 Stunden lang. Oft halten sie während der heißesten Zeit des Tages ein Nickerchen an einer schattigen Stelle oder im Bau. Nachts bleiben sie im sicheren Bau, wo angenehme Temperaturen herrschen.

**Früher Nachmittag**

### Gegenseitiges Putzen

Erdmännchen jedes Alters und Rangs putzen einander und entfernen dabei Parasiten aus dem Fell. So bleibt ihr Fell sauber und außerdem stärkt das Verhalten die Bindung zwischen den Tieren. Rangniedrigere Tiere putzen ranghöhere Gruppenmitglieder, damit sie von ihnen besser anerkannt werden.

**Später Nachmittag**

### Das macht Spaß!

Während ältere Erdmännchen jagen und Wache halten, verbringen die Jungen die meiste Zeit mit Kampfspielen. Sie springen sich an und drücken sich zu Boden. Dabei schließen sie Freundschaft und schaffen Bindungen oder haben einfach nur Spaß.

# Leben der Löwen

Afrikanische Löwen leben in einem Rudel. Sie streifen durch riesige Grasländer wie die Masai Mara in Kenia. Ein Rudel kann aus bis zu 40 Mitgliedern bestehen: einem dominanten Männchen und jüngeren Männchen und Weibchen, die zusammen leben und jagen. Wo während vieler Monate im Jahr Beute nur schwer zu finden ist, ist das Leben hart.

**Die Trockenzeit**

Zu Beginn des Jahres ist es trocken und Pflanzenfresser wie Warzenschweine und Zebras müssen auf der Suche nach frischem Gras weit umherstreifen. Auch die Löwen legen weite Entfernungen zurück, wenn sie ihre Beute verfolgen.

*Beute ist in dieser Jahreszeit knapp und die Löwen müssen genau planen, wann sie angreifen.*

**Januar**

**Abwandern**

Männchen, die zwei oder drei Jahre alt sind, verlassen ihr Rudel. Sie wandern in eine andere Gegend und versuchen ein anderes Rudel zu übernehmen.

**Februar**

**Im Kindergarten**

Die jungen Löwen wachsen rasch. Erwachsene Löwinnen bilden gemeinsam „Kindergärten", in denen die Jungen auch von Weibchen gesäugt werden, die nicht ihre Mütter sind. So können einige der Mütter jagen, während ihre Jungen in Sicherheit sind.

**Ende August**

**Allein zurückbleiben**

Weil die hungrigen Jungen jetzt Fleisch fressen, verbringen die Löwinnen mehr Zeit mit der Jagd. Oft lassen sie ihre Jungen lange Zeit im Gras zurück. Das ist eine gefährliche Zeit für sie, denn hungrige Hyänen haben es auf sie abgesehen.

**September**

**Jagen lernen**

Wenn die Jungen ein paar Monate alt sind, gehen sie mit ihren Müttern auf die Jagd. Sie lernen, wie man sich an Beute heranschleicht und sie tötet. Die jungen Löwen nehmen aber erst mit ungefähr einem Jahr aktiv an der Jagd teil.

**Oktober–November**

## Zeit des Überflusses

Die Regenzeit beginnt. Das Gras wächst jetzt schnell und hungrige Pflanzenfresser kommen herbei. Die Löwen können viele Büffel und andere Tiere erbeuten. Vor allem die Löwinnen jagen für das Rudel, aber manchmal helfen auch die Löwen.

**März–April**

## Viel Regen

Jetzt regnet es täglich. Wenn das Revier des Rudels in der Regenzeit überschwemmt wird, müssen die Löwen ein trockeneres Gebiet finden, wo sie besser jagen können.

**April–Mai**

## Paarungszeit

Die Regenzeit geht zu Ende. Die Weibchen paaren sich jetzt mit den dominanten Männchen, aber das passiert nur jedes zweite Jahr. Im Rudel werden mehrere Löwinnen gleichzeitig trächtig, damit auch die Jungen zur gleichen Zeit zur Welt kommen.

**Mai–Juni**

## Neue Rudelmitglieder

Mehrere Löwinnen bringen nach etwa 3,5 Monaten Tragzeit gleichzeitig Junge zur Welt. Zunächst sind die Augen der Jungen noch geschlossen und sie werden von ihren Müttern gesäugt.

## Die große Wanderung

Hunderttausende Gnus und andere Pflanzenfresser ziehen auf der Suche nach frischem Gras durch die Serengeti in Tansania und die Masai Mara in Kenia. Löwen lauern hinter Bäumen und an Flussufern und schlagen zu, wenn die Herden vorbeikommen.

**Juli**

**Anfang August**

*Die Mutter bleibt bei ihren Jungen, wenn sich das Rudel teilt.*

*Die erwachsenen männlichen Löwen verlassen das Rudel, wenn sie älter und stärker werden.*

## Das Rudel teilt sich

Die Trockenzeit beginnt und die Gnus sind weitergezogen. Weil die Löwen nun weniger Beute finden, teilen sie sich in kleinere Gruppen auf, um in der bevorstehenden Trockenzeit eine größere Überlebenschance zu haben.

**Dezember**

## Bei der Wasserstelle

Im Etosha-Nationalpark in Namibia verändert sich die Landschaft im Jahreslauf völlig. In der Regenzeit von November bis April bilden sich Wasserstellen, bei denen sich viele Säugetiere und Vögel versammeln. Die Pflanzen wachsen jetzt rasch und die Landschaft färbt sich grün. Für alle gibt es Nahrung im Überfluss. Während der regenarmen Monate trocknen einige der Wasserstellen völlig aus und die Landschaft ist braun und staubig. Zebras, Elefanten, Springböcke und viele andere Tiere kämpfen dann um ihr Überleben.

# Wanderung der Gnus

Der Erdboden erzittert unter den Hufen von mehr als 1 Million Gnus, Zebras und Gazellen, die von der trockenen Serengeti in Tansania zu üppigeren Weidegebieten in Kenia ziehen. Es ist die größte Tierwanderung an Land. Die Gnus ziehen alljährlich den Regenfällen hinterher und fressen deshalb niemals ein ganzes Gebiet kahl.

**Geburt der Kälber**

Ungefähr 80 % der Kälber kommen innerhalb von zwei bis drei Wochen zur Welt. Die Kälber können schon Minuten nach der Geburt stehen und Milch trinken. Kurze Zeit später laufen sie mit der Herde mit.

Januar

**Raubtiere abwehren**

Geparde, Löwen, Hyänen und Wildhunde haben es auf die Kälber abgesehen. Die Gnu-Mütter sind wachsam und stellen sich zwischen den Feind und ihr Kalb. Mit den Hörnern wehren sie die Raubtiere ab. Die Herden drängen sich zusammen und nehmen die Kälber in ihre Mitte, um sie zu schützen.

Februar

**Gras fressen**

Die Gnuherden verteilen sich über die Ebenen und weiden die Gräser ab. Dabei sind sie immer wachsam. Die Kälber sind jetzt weniger von der Milch ihrer Mütter abhängig, denn sie fressen mehr Gras.

März

**Massenwanderung**

Die Serengeti trocknet aus und es gibt nicht mehr viel Gras. Die Gnus bilden eine riesige Herde aus ungefähr 1,5 Mio. Tieren. Plötzlich brechen sie auf und der Boden erbebt unter den unzähligen Hufen.

April

**Riesige Herden**

Die Gnus wandern in das Zentrum und den Westen der Serengeti. Zebras und Gazellen schließen sich den Herden an. Etwa 3000 Löwen leben hier, aber die Herden bieten den Pflanzenfressern Schutz.

Mai

Juni

## Paarungszeit

Die Bullen kämpfen miteinander um die Weibchen und brüllen dabei laut. Die Kühe entscheiden, mit welchem Bullen sie sich paaren. Einige Bullen sind in dieser Zeit so erschöpft, dass sie kaum mehr vor Feinden fliehen können.

Juli

## Krokodile lauern

Die Gnus, die die Herden anführen, halten an, wenn sie das Ufer des Flusses Mara erreichen. Sie müssen nun in den Fluss springen, in dem Nilkrokodile lauern. Plötzlich springt ein Gnu, und die restlichen Tiere folgen ihm. Die meisten schaffen es, aber Tausende Gnus kommen ums Leben.

August

## Selbstständigkeit

Die Kälber sind jetzt fast ausgewachsen und brauchen ihre Mütter nicht mehr. Die jungen Bullen schließen sich zu eigenen Herden zusammen. Weibliche Tiere bleiben in der Herde ihrer Mütter.

September

## Grünere Weiden

Die Herden teilen sich in kleinere Gruppen auf. Einige bleiben in der nördlichen Serengeti. Die restlichen Gnus ziehen in das Masai-Mara-Schutzgebiet in Kenia, um dort frisches Gras abzuweiden.

Oktober–Dezember

## In den Süden

Der Regen hat die trockenen Ebenen wieder ergrünen lassen. Die Gnus ziehen erneut in den Süden, um das frische Gras zu fressen. Die großen Herden wandern durch die nördliche und östliche Serengeti und die Tiere legen sich Energiereserven für das kommende Jahr zu.

## Die Gnu-Herde

Die Herde besteht aus 1,2 Mio. Gnus. Sie legen täglich etwa 40 km zurück und wandern im Jahr bis zu 2000 km weit. Auf ihrer Wanderung überqueren sie Flüsse (den Mara und den Grumeti), in denen Krokodile lauern. Sie fressen sehr viel, denn sie brauchen jede Menge Energie. Eine solche Herde vertilgt jeden Tag etwa 4000 Tonnen Gras.

# Flusspferd-Leben

Flusspferde leben in Afrika südlich der Sahara und sind zusammen mit den Elefanten die schwersten Landtiere. Ein Flusspferd-Bulle kann 4,5 Tonnen schwer werden. Die sozialen Tiere verbringen die meiste Zeit in Herden aus bis zu 30 Männchen, Weibchen und Kälbern. In Seen und Flüssen kühlen sie sich während des Tages ab und nachts fressen sie Pflanzen. Sie verschlingen riesige Mengen Gras.

**Milch trinken**

Das Kalb ist während der ersten Lebenswochen auf die Milch seiner Mutter angewiesen. Es bleibt im Wasser, während die Mutter Nahrung sucht. Nach einem Monat weidet es schon gemeinsam mit der Mutter Pflanzen ab.

**Monat 1**

**Gras abweiden**

Nun verbringt das Kalb mehr Zeit außerhalb des Wassers. Es trinkt aber auch noch die Milch seiner Mutter.

**Monat 5–6**

**Entwöhnung**

Wenn das junge Flusspferd ungefähr acht Monate alt ist, frisst es mehr Pflanzen und trinkt kaum noch Milch. Die meisten Kälber sind entwöhnt, wenn sie rund ein Jahr alt sind.

**Monat 8**

*Die Kiefer sind 65 cm breit. Wenn das Tier gähnt, öffnet es sein Maul unglaublich weit.*

**Teenager**

Junge Flusspferde wachsen schnell. Trotzdem werden sie erst spät selbst Eltern. Weibchen sind dann mindestens fünf Jahre alt und Männchen sieben Jahre.

**Jahr 5–7**

*Madenhacker picken Zecken und andere Parasiten von der dicken Haut.*

## Paarungszeit

In der Trockenzeit sucht das dominante Männchen der Flusspferdherde ein Weibchen. Hat es eine Partnerin gefunden, paaren sich die beiden im Wasser. Das Männchen paart sich mit mehreren Weibchen.

**Trockenzeit**

## Rückzug

Wenn ein Weibchen trächtig wird, bleibt es bis etwa zwei Wochen vor der Geburt in der Herde. Dann verlässt es die Herde und zieht sich an einen ruhigen Ort zurück.

**7,5 Monate nach der Paarung**

## Geburt im Wasser

Die Kälber kommen meistens in der Regenzeit und im Wasser zur Welt. Die Mutter schiebt ihr Neugeborenes zur Wasseroberfläche, damit es atmen kann. Ein Kalb kann unter Wasser nur 40 Sekunden überleben. Erst als erwachsenes Flusspferd kann es den Atem fünf Minuten lang anhalten.

**Tag 1**

## Zurück zur Herde

Die Mutter und ihr Kalb schließen sich nach einer oder zwei Wochen wieder der Herde an. Der Vater beschützt die beiden in der Gruppe. Er greift Tiere an, die gefährlich werden können, wie Krokodile, Hyänen, Löwen und Leoparden.

**Woche 1–2**

## Ausgewachsen

Flusspferde können über 40 Jahre alt werden. Die Weibchen werden nicht jedes Jahr trächtig, sondern meist jedes zweite Jahr. Oft bekommen sie noch Junge, wenn sie schon mehr als 30 Jahre alt sind.

**Jahr 30–40 oder älter**

## Schutz vor der Hitze

Um sich unter der heißen Sonne Afrikas abzukühlen, verbringen Flusspferde die meiste Zeit in Seen und Flüssen oder suhlen sich im Schlamm. Ihre Augen, Nasenlöcher und Ohren sitzen weit oben am Kopf, sodass sie sehen, atmen und hören können, während sie unter Wasser sind. Flusspferde schwitzen eine ölige Flüssigkeit aus, die ihre Haut wie eine Sonnencreme schützt und Infektionen verhindert.

# 24 Stunden in der Wüste

Die riesige Wüste Sahara in Nordafrika ist eine der extremsten Gegenden der Erde. Sie erstreckt sich über mehr als 9 Millionen Quadratkilometer und in ihr leben viele verschiedene Pflanzen und Tiere. Diese Arten haben sich daran angepasst, dass jedes Jahr nur wenig Regen fällt. Während des Tages ist es sehr heiß und in den Nächten kühl.

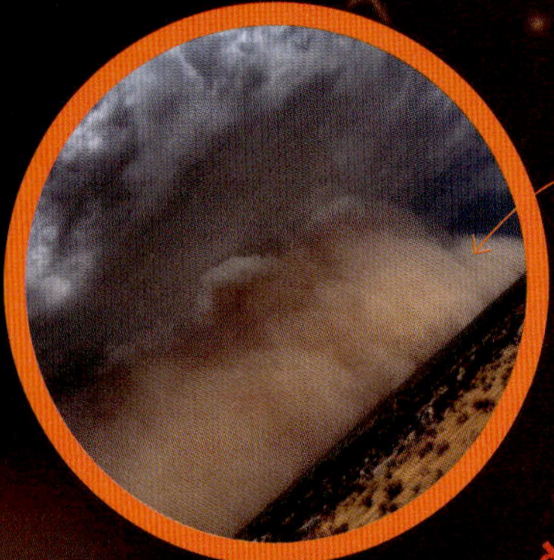

*Sandstürme können 15 m hoch werden.*

**Ein Sandsturm**
Plötzlich kommt ein Sturm auf und der Sand wird in alle Richtungen verweht. Er wird nur etwa 3 m hoch aufgewirbelt, aber die Tiere müssen Schutz suchen. Bald ist der Sandsturm vorüber.

02:00

**Frühstück**
Ein Wüstenwaran hält morgens nach Schlangen, Echsen und Nagetieren Ausschau. Er jagt sehr früh. Den Rest des Tages verbringt er in seinem Bau, wo es kühler ist.

03:00

04:00

**Morgentau**
Mendesantilopen wachen früh auf. Sie trinken Tau, der sich nachts auf den Blättern gesammelt hat, und müssen dabei auf der Hut vor Raubtieren wie Afrikanischen Wildhunden sein.

05:00

06:00

**Nächtliche Jagd**
Ein Gelber Fünfstreifenskorpion hält nach Hundertfüßern und anderen Beutetieren Ausschau. Der nachtaktive Jäger pumpt mit dem Stachel Gift in sein Opfer. Es ist so stark, dass es sogar einen Menschen töten kann.

01:00

00:00

**Kältewüsten**
Die Sahara ist die berühmteste Wüste, aber die größten Wüsten der Erde sind die Antarktis und die Arktis. Die weiten, öden Gegenden gehören zu den Wüsten, weil dort kaum Regen und Schnee fällt und nur wenige Pflanzen wachsen. Man nennt sie auch Kältewüsten.

23:00

22:00

**Riesige Ohren**
Ein Wüstenfuchs verlässt den Bau, um Nahrung zu suchen. Mit seinen großen Ohren kühlt er sich während des Tages ab und nachts wärmt ihn sein dichtes Fell. Der Fuchs dreht den Kopf hin und her, während er lauscht, wo Beutetiere im Sand vergraben sind.

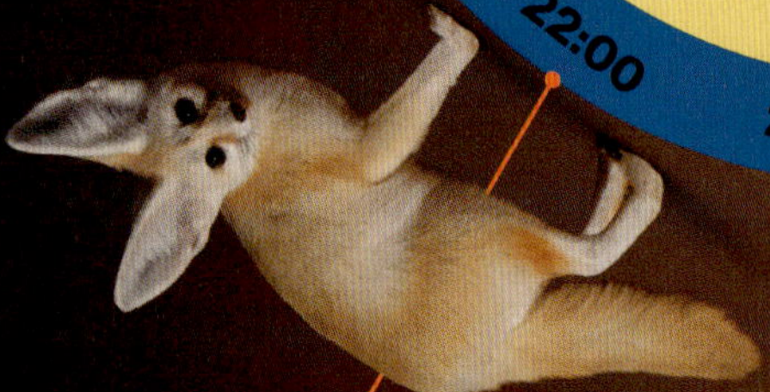

21:00

**Es wird dunkel**
Im Schutz der Dunkelheit verlässt eine Springmaus ihren Bau, um Pflanzen, Samen und Käfer zu fressen. Sie lauscht mit den großen Ohren, und wenn ein Räuber hinter ihr her ist, kann sie 17-mal so weit springen, wie ihr Körper lang ist.

20:00

19:00

**Gefahr im Sand**
Die Sonne geht unter. Eine Wüsten-Hornviper wartet halb im Sand vergraben regungslos darauf, dass kleine, nachtaktive Nagetiere sich ihr nähern.

## Schattiges Plätzchen

Es wird wärmer und die Euphorbie spendet der Fetten Sandratte Schatten. Das Nagetier knabbert den Spross und die Blätter nicht an, denn der giftige Pflanzensaft ist ein Schutz gegen Pflanzenfresser.

## In der Sonne

Das Siedleragamen-Männchen wärmt sich in der Sonne auf, denn es braucht Energie für die Insektenjagd. Seine auffällige blau-rote Färbung lockt Weibchen an und vertreibt Rivalen.

## In der Hitze

Der Sand ist jetzt 70 °C heiß und die Silberameisen kommen hervor, um tote Insekten zu fressen. Die Ameisen laufen mit 85 cm pro Sekunde über den heißen Sand – das ist, als würdest du 644 km/h schnell laufen.

07:00 08:00 09:00 10:00 11:00 12:00 13:00 14:00 15:00 16:00 17:00 18:00

*Die Augenbrauen und die langen Wimpern verhindern, dass Sand in die Augen des Dromedars gerät.*

## Kühlende Haare

Silberameisen rennen nicht nur sehr schnell, um keine heißen Füße zu bekommen, sondern sie sind auch mit speziellen Haaren bedeckt, die die Sonnenstrahlen reflektieren, sodass sich der Körper nicht aufheizt. Wie ein Spiegel werfen sie das Licht zurück, sodass die Ameise silbrig aussieht.

*Der Kopf ist mit Haaren bedeckt.*

*Die Haare sind hohl und im Querschnitt dreieckig.*

*Die Gazelle kann 96 km/h erreichen, aber der Gepard ist ein wenig schneller.*

## Jagd am Abend

Ein Gepard jagt am frühen Abend eine Dorkasgazelle. Die Raubkatze erreicht bei der Jagd eine Spitzengeschwindigkeit von 100 km/h. Das Blut der Gazelle ist ihre einzige Flüssigkeitsquelle, sonst trinkt sie nichts.

## Akazien spenden Schatten

Eine kleine Gruppe Dromedare sucht im Schatten einer Akazie Schutz. Der Baum wirft seine Blätter in einer langen Trockenzeit ab, um Wasser zu sparen, bis es wieder regnet.

### Koalas schlafen viel

Ein Koala und sein Junges sitzen am Morgen auf dem Ast eines Eukalyptusbaums. Koalas schlafen täglich bis zu 22 Stunden und sind meistens in der Morgen- und Abenddämmerung aktiv. Nur wenn sie tagsüber gestört werden, bewegen sie sich fort. Sie brauchen so viel Schlaf, denn ihr Futter besteht aus nährstoffarmen Eukalyptusblättern, die außerdem giftig sind. Ihr Verdauungssystem benötigt viel Energie, um mit der Nahrung fertig zu werden.

## 1,5–2 Stunden Pottwal

Diese Wale schlafen nur 7 % des Tages. Sie halten etwa 15-minütige „Power-Naps“. Dann atmen sie nicht und stehen senkrecht unter der Wasseroberfläche, sodass ihre Schwanzflosse nach unten weist.

## 2 Stunden Giraffe

Eine Giraffe schläft nur etwa 8 % der Zeit, und ihre Schlafphasen dauern nur 5 bis 10 Minuten. Sie kann im Stehen schlafen und deshalb sofort fliehen, wenn sich ein Raubtier nähert.

## 2–3 Stunden Elefant

Afrikanische Elefanten schlafen im Stehen oder im Liegen. Meist dösen sie in Gruppen. Einige bleiben wach und halten nach Raubtieren Ausschau, während andere schlafen. Sie können 46 Stunden lang wach bleiben.

## 10–12 Stunden Eule

Die meisten Eulen schlafen tagsüber und jagen nachts nach Mäusen und Wühlmäusen. Sie schlummern aufrecht sitzend auf einem Ast oder Felsvorsprung und halten in Abständen viele kurze Nickerchen.

## 9,5–11,5 Stunden Schimpanse

Wie Menschen schlafen Schimpansen nachts lange Zeit am Stück. Am Abend bauen sie sich meist Baumnester aus Ästen und Blättern. Manche Schimpansen schlafen aber lieber auf dem Erdboden.

## 8–12 Stunden Bartagamen

Diese Echsen schlafen, wenn es in der Wüste dunkel ist. Im Winter schlafen sie länger und im Sommer kürzer. Dabei liegen sie auf dem Erdboden oder sie sitzen senkrecht an einem Baumstamm.

## 16 Stunden Tiger

Tiger schlafen, wann immer sie können. Sie verbrauchen nie mehr Energie als nötig. Wenn ein Tiger ein Tier getötet hat, schläft er lange Zeit neben der Beute, bevor er sich ans Fressen macht.

## 17 Stunden Krokodil

Krokodile schlafen auf die gleiche Weise wie viele Vögel: Eines ihrer Augen bleibt immer offen. Vielleicht bedeutet das, dass eine Gehirnhälfte wach ist, während die andere schläft.

## 19 Stunden Riesengürteltier

Riesengürteltiere graben Baue, in denen sie tagsüber schlafen. Die Säugetiere sind vor allem nachts aktiv. In der Morgen- und Abenddämmerung jagen sie Termiten, Ameisen und Würmer.

**2,5–5 Stunden**
**Pferd**

Pferde können im Stehen schlafen. Ihre Beingelenke sind so gebaut, dass das Stehen keine Kraft kostet. Während der ersten drei Lebensmonate schlafen Fohlen etwa die Hälfte des Tages im Liegen.

**4–5 Stunden**
**Ameise**

Auch die emsigen Ameisen schlafen. Eine Arbeiterin hält täglich etwa 250 Nickerchen, die nur etwa eine Minute dauern. Das bedeutet, dass immer die meisten Ameisen der Kolonie wach sind.

**5–8 Stunden**
**Honigbiene**

Die meisten Honigbienen schlafen nachts, wenn sie keinen Nektar und Pollen sammeln können. Während des Tages schlafen sie manchmal in Blüten oder im Bienenstock.

**8–12 Stunden**
**Großer Panda**

Pandas schlafen meist je 2 bis 4 Stunden am Stück, im Sommer manchmal länger. Sie liegen auf der Seite, dem Rücken oder dem Bauch. Ungewöhnlich ist, dass sie im Schlaf Kot abgeben können.

**8–12 Stunden**
**Papageifisch**

Man kann nicht immer erkennen, wenn ein Fisch schläft, aber Papageifische sind eine Ausnahme. Sie sondern einen Kokon aus Schleim ab. Dieser Schlafsack bietet ihnen Schutz vor Fressfeinden.

**8–10 Stunden**
**Faultier**

Faultiere bewegen sich sehr langsam, denn ihre Blätternahrung liefert ihnen nicht viel Energie. Sie schlafen, während sie an einem Ast hängen.

**20 Stunden**
**Kleine Braune Fledermaus**

Im Sommer schlafen die fliegenden Säugetiere den ganzen Tag und nachts fangen sie einige Stunden lang Insekten. Während der Wintermonate halten sie Winterschlaf.

# Schlaf ist wichtig

Wenn Tiere nicht genug schlafen, sind sie geschwächt, und viele können ihre Körpertemperatur nicht mehr aufrechterhalten. Die Schlafdauer ist sehr unterschiedlich. Einige schlafen lange, andere nicken mehrmals am Tag nur wenige Minuten ein. Manche schlafen nur mit dem halben Gehirn, während die andere Hälfte wach bleibt. Es ist schwierig, den Schlaf in der Natur zu erforschen und die Wissenschaft weiß deshalb vieles noch nicht.

### Sehen trotz Dunkelheit

Nachts sind nicht so viele Feinde unterwegs, aber bei wenig Licht sieht man auch nicht viel. Koboldmakis haben deshalb riesige Augäpfel, die so viel Licht wie möglich einfangen. Jedes ihrer Augen ist so groß wie ihr Gehirn. Die Tiere können diese enormen Augen nicht in den Augenhöhlen bewegen, aber dafür den Kopf fast in einem Halbkreis drehen. Dank dieser Anpassungen können sie im Dunkeln jagen und sind dann sicherer vor Fressfeinden.

**Jagd in der Dunkelheit**
Die Vogelspinne jagt Frösche, Insekten und Eidechsen. Sie schlägt ihre giftigen Kieferklauen in das Opfer. Wenn sie selbst angegriffen wird, feuert sie zur Abwehr Brennhaare ab.

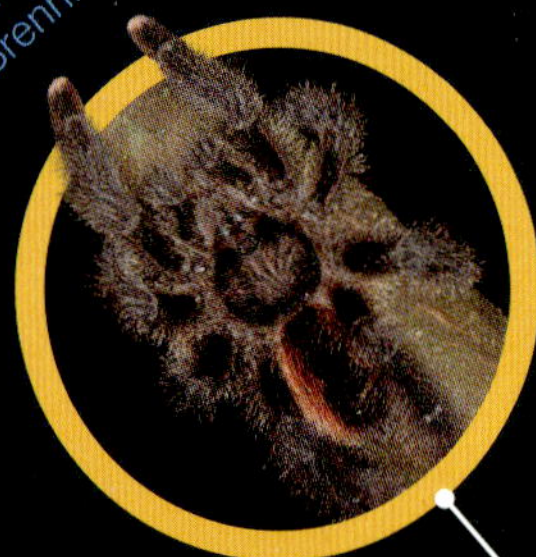

**Noch immer wach**
Vor Sonnenaufgang schwimmt eine Pakafamilie durch einen Bach. Nachdem die Nagetiere die Nacht mit der Suche nach Samen und Früchten auf dem Waldboden verbracht haben, wollen sie zurück in ihren Bau. Tagsüber schlafen sie.

**Laute Weckrufe**
Wenn die Sonne aufgeht, rufen die Brüllaffen-Männchen. Ihr Chor wird schließlich so laut, dass er die anderen Geräusche des Waldes übertönt. Man hört die Rufe noch in 16 km Entfernung.

03:00 04:00 05:00 06:00

02:00 01:00 00:00 23:00 22:00

# 24 Stunden im Regenwald

Tropische Regenwälder haben sich in der Nähe des Äquators ausgebildet. Sie gehören zu den vielfältigsten Lebensräumen der Erde, in denen viele Millionen von Pflanzen- und Tierarten vorkommen. Bei Tag und bei Nacht sind unzählige Tiere aktiv. Sie fressen, jagen oder verstecken sich. Der größte tropische Regenwald ist der Amazonas-Regenwald in Südamerika.

**Schrei um Mitternacht**
In der Nacht rufen Brillenkäuze nach Weibchen. Das klingt, als würde jemand mit einem Hammer gegen einen Baumstamm schlagen. Die Weibchen antworten mit einem Kreischen.

## Stockwerke des Regenwalds

In den oberen Kronen der Urwaldriesen ist es sonnig und windig, während es am Waldboden dunkel, feucht und still ist. Die dichte Kronenregion lässt das Licht nicht bis zum Boden vordringen. Der Waldboden ist deshalb ein völlig anderer Lebensraum als die Kronenregion.

***Urwaldriesen***
*Wenige Urwaldriesen überragen alle anderen Bäume.*

***Kronenregion***
*Hier leben die meisten Tiere und Pflanzen des Regenwalds.*

***Unterwuchs***
*Weniger als 5% des Sonnenlichts dringen bis hierhin vor.*

***Waldboden***
*Nur 2% des Sonnenlichts gelangen auf den Waldboden.*

21:00 20:00 19:00

**In der Nacht**
Man hört einen schmatzenden Laut in den Baumkronen. Es ist der Ruf eines Wickelbären. Das nachtaktive Säugetier hat viele Feigen gefressen und wandert jetzt rund 1,6 km weit. Mit seinem Kot gelangen die Feigensamen anderswo auf den Waldboden.

**Es wird dunkel**
Im dunklen Regenwald verlassen Zwerg-Rundohrfledermäuse ihr Versteck in einem Termitennest hoch in einer Baumkrone. Sie jagen nachts Insekten, die sie mit Echoortung aufspüren.

## Frühstück

Die ersten Kolibris besuchen die leuchtend roten und gelben Blüten der Affenbürste. Diese Pflanze ist einen hohen Baum emporgeklettert, um zum Sonnenlicht zu gelangen.

## Jagd am Morgen

Ein Jaguar geht auf die Pirsch. Obwohl seine Augen an die Dunkelheit angepasst sind, kann er auch tagsüber jagen. Jaguare sind nicht heikel – sie fressen mindestens 85 verschiedene Tierarten.

## Nahrhafte Paranüsse

Ein Schwarm hungriger Aras landet in der Krone eines 50 m hohen Paranussbaums. Die harten Früchte des Baums können 2 kg wiegen. Im Inneren befinden sich die leckeren Samen, die wir Paranüsse nennen.

## In der Mittagshitze

Weil es jetzt sehr warm ist, müssen sich die Tiere abkühlen. Der Königsgeier bedeckt deshalb die Beine mit seinem eigenen Kot. Beim Verdunsten des darin enthaltenen Wassers wird das Blut in den Beinen gekühlt.

## Gemäßigte Regenwälder

Nicht alle Regenwälder befinden sich nahe des Äquators. Einige liegen auch in kühleren Regionen in den gemäßigten Breiten. Auch in diesen Wäldern ist die Kronenregion dicht und es regnet viel und regelmäßig. Statt der lauten Rufe von Brüllaffen hört man dort aber eher das Geheul von Wölfen.

## Am Abend

Am Äquator geht die Sonne schnell unter. Auf dem Regenwaldboden ist es bereits dunkel, bevor sie hinter dem Horizont verschwindet. Einige Tiere suchen sich jetzt Verstecke für die Nacht, während andere erwachen.

## Nach dem Regen

Es regnet heftig. Der Regen sammelt sich in den Blatttrichtern der Bromelien, die als Aufsitzerpflanzen hoch in den Baumkronen wachsen. Diese kleinen Teiche bilden den Lebensraum vieler Baumfrösche.

# Tag eines Tigers

Der Königstiger ist die größte Raubkatze. In Südostasien wandert er auf der Suche nach Beute durch Wälder und Sümpfe, wo er mit seinen Streifen zwischen den Gräsern und Sträuchern gut getarnt ist. Obwohl er auch tagsüber aktiv ist, jagt er meistens in der Nacht, denn dann kann er sich besser an seine Beute heranschleichen.

**Früher Morgen**

### Das Revier markieren

Der Tiger durchstreift sein großes Revier und markiert es mit Geruchsstoffen aus speziellen Drüsen. Er verspritzt Urin, setzt Kot ab und kratzt an Baumstämmen. Das ist eine Warnung an andere Tiger, die nicht in sein Revier eindringen sollen.

**Vormittag**

### Deutliche Botschaft

Meistens ist der Tiger allein unterwegs. Während er am Morgen durch sein Revier streift, knurrt er tief und bedrohlich, sodass man ihn noch in weiter Ferne hören kann. Andere Tiger sollen aus seinem Wald verschwinden.

**Mittag**

### Im Schatten ruhen

Um die Mittagszeit ruht der Tiger und verdaut die Mahlzeit, die er in der Nacht gefressen hat. Er sucht sich einen schattigen Platz, oft auf einem niedrigen Ast, wo er döst, wenn es warm wird. Tiger schlafen bis zu 20 Stunden täglich, um Energie zu sparen.

**Früher Nachmittag**

### Abkühlung

Der Tiger nimmt ein kurzes Bad, um sich während der heißesten Zeit des Tages abzukühlen. Anders als die meisten Katzen liebt er das Wasser. Er hat Schwimmhäute zwischen den Zehen und ist mit seinem muskulösen Körper ein guter Schwimmer.

*Mit seinen Streifen ist der Tiger zwischen den hohen Gräsern für Beutetiere nicht gut zu sehen.*

**Später Nachmittag**

### Körperpflege

In der Hitze liegt der Tiger auf dem Boden und schleckt sein Fell, um es zu reinigen. Mit den harten Papillen auf der Zunge kämmt er Schmutz, Zecken und Läuse heraus. Im Speichel sind Stoffe enthalten, die Bakterien töten, sodass sich Wunden nicht infizieren.

**Später Nachmittag**

### Beute erlegen

Wenn es dunkler wird, macht sich der Tiger auf die Suche nach der nächsten Mahlzeit. Mit seinem feinen Gehör und dem guten Geruchssinn verfolgt er einen Hirsch. Er schleicht sich an und springt auf die Beute, um sie zu überwältigen. Nur etwa jeder zehnte seiner Angriffe ist erfolgreich.

**Abend**

### Abendessen

Der Tiger jagt und tötet seine Beute mit einem einzigen Nackenbiss, der die Luftröhre und die Wirbelsäule durchtrennt. Wenn er ein großes Tier erbeutet hat, braucht er eine Zeit lang kein Futter mehr. Er kann 40 kg auf einmal verschlingen.

**Spät in der Nacht**

### Nächtliche Pirsch

Die Nacht bricht an, aber der Tiger ist noch wach. In der Dunkelheit sucht er mit seinen hervorragenden Sinnen nach mehr Nahrung. Er knurrt leise, um andere Tiger zu warnen, denn sie sollen seinem Revier fern bleiben.

## Paarungszeit

Panda-Weibchen sind nur wenige Tage im Jahr fruchtbar, deshalb müssen die Männchen sie in dieser Zeit finden. Das Weibchen sitzt auf einem Baum, während meistens mehrere Männchen miteinander um das Recht kämpfen, sich mit ihr zu paaren. Männchen und Weibchen bleiben nach der Paarung nicht beisammen.

**Tag 1**

## Ein sicheres Nest

Ein trächtiges Pandaweibchen sucht sich eine Felshöhle, in der es ein Nest aus Bambus, Blättern und Rinde baut. Es braucht einen sicheren Ort, wo das Junge zur Welt gebracht und gesäugt werden kann.

**Kurz vor der Geburt**

## Das Junge

Meistens kommt nur ein Panda-Junges zur Welt, das eher aussieht wie eine rosafarbene Maus und 900-mal kleiner ist als ein ausgewachsener Panda. Es kann weder sehen noch hören und auch nicht krabbeln. Das hilflose Junge muss zunächst die Milch seiner Mutter trinken und ordentlich wachsen.

**3–5 Monate nach der Paarung**

## Wachstum

Während der ersten Wochen seines Lebens bekommt das Junge ein Fell und öffnet schließlich die Augen. Mit etwa drei Wochen hat es die typische schwarz-weiße Fellzeichnung.

**Die ersten Wochen**

### Schutz der Pandas

Große Pandas gehören bereits seit etwa 1970 zu den gefährdeten Arten. Damals gab es in freier Natur nur noch 1000 Tiere. In den letzten Jahren hat die Zahl der Pandas jedoch wieder zugenommen. Projekte wie die Forschungs- und Aufzuchtstation in der Stadt Chengdu (Provinz Sichuan) schützen nun die Lebensräume der Bären, sodass sie sich vermehren können. Dieses Junge, das in Chengdu zur Welt kam, ist 10 Tage alt.

**Erste Erkundungen**
Nach einigen Monaten, in denen das Junge nur Muttermilch getrunken hat, ist es so kräftig, dass es krabbeln kann. Bald wird es aktiver und beginnt, die Umgebung zu erkunden und zu spielen. Die Augen und das Gehör werden besser und es bekommt kleine Zähne.

**Monat 2–5**

**Weiter wachsen**
Das Junge frisst jetzt Bambus wie die Mutter, aber es kann eine Weile dauern, bis es sich daran gewöhnt hat. Es lernt laufen, schwimmen und klettern. In diesem Alter haben die Jungen viele Feinde wie Wildhunde, Schneeleoparden und Adler. Die Mutter ist deshalb immer wachsam.

**Monat 6–18**

**Selbstständig werden**
Der junge Panda wird von seiner Mutter unabhängig und sucht sich ein eigenes Revier, das 8 bis 18 km² groß ist. Er muss noch wachsen und verbringt deshalb jeden Tag 10 bis 16 Stunden beim Fressen. Ein Panda braucht jeden Tag 40 kg Bambus!

**Monat 18**

**Erwachsener Panda**
Wenn Große Pandas ausgewachsen sind, pflanzen sie sich fort. Aber da die Bambuswälder, in denen sie leben, oft von Straßen und Eisenbahnschienen durchschnitten werden, ist es für sie schwierig, einen Partner zu finden.

**Jahr 4–6**

# Der Große Panda

Pandas sind Bären, die in abgelegenen Bambuswäldern in China leben. Ihr wasserdichtes, schwarz-weißes Fell hält sie in den kühlen, nebligen Gebirgsregionen dort warm. Sie sind Einzelgänger und verbringen den größten Teil des Tages damit, Bambus zu fressen. Sie müssen sehr viel davon verzehren, denn die Pflanzen enthalten nur wenige Nährstoffe. Mit ihren großen Zähnen und den kräftigen Kiefermuskeln zermalmen sie zähe Pflanzenstängel.

# Jahr eines Braunbären

Der Braunbär ist eines der größten Landraubtiere. Er kommt auf der ganzen Nordhalbkugel dort vor, wo es große, unberührte Wälder gibt. Braunbären haben keine natürlichen Feinde und verbringen einen großen Teil des Jahres in Winterruhe.

### Winterruhe

Hoch im Gebirge hält ein trächtiges Braunbärenweibchen in ihrer Höhle Winterruhe. Draußen liegt tiefer Schnee. Die Bären fressen und trinken in dieser Zeit nichts und zehren nun von ihren Fettreserven.

**November**

**Dezember**

### Geburt der Jungen

Ende Januar bringt die Bärin zwei Junge zur Welt, während sie noch schläft. Die Jungen sind im Vergleich zu ihrer Mutter winzig. Sie wachsen schnell, denn die Milch der Mutter enthält sehr viel Fett.

**Januar**

**Februar**

### Frische Nahrung

Im Sommer wandert der Braunbär ins Hochland, wo es viel Nahrung gibt, wie Pilze und Honig. Er jagt auch kleine Tiere.

**August**

### Gewichtszunahme

Wenn es im Hochland im Herbst kühler wird, kehren die Bären in tiefer gelegene Gebiete wie Flusstäler zurück. Sie müssen möglichst viel fressen und eine dicke Speckschicht aufbauen, um den Winter zu überleben. Fische, Beeren und Nüsse sind ihre Hauptnahrung.

**September**

### Warme Höhle

Der Winter naht. Die Bären ziehen ins Hochland und graben zwischen Baumwurzeln eine Höhle. Sie wird mit einer Schicht aus trockenem Laub und Moos ausgelegt.

**Oktober**

## Aktiv werden

Die Bärin beendet ihre Winterruhe im April, wenn der Schnee langsam schmilzt und die Tage länger und wärmer werden. Die Jungen bleiben in der Nähe der Höhle, während die Mutter Nahrung sucht. Bären sind Allesfresser, die Pflanzen und Tiere verzehren.

## Erste Ausflüge

Ende Mai sind die Bärenjungen so kräftig, dass sie die Höhle verlassen und draußen leben. Die Familie zieht in eine tiefer gelegene Gegend, wo die Bärenmutter den Jungen beibringt, wie man Nahrung sucht.

**März**

**April**

**Mai**

## Paarungszeit

Im Juli beginnt die Paarungszeit, in der zunächst die Männchen um die Weibchen kämpfen. Der Sieger verbringt ein paar Tage mit dem Weibchen, bevor die beiden wieder getrennte Wege gehen.

## Spielend lernen

In diesem Alter spielen die Jungen viel und üben dabei, wie man kämpft. So entwickeln sie die Fähigkeiten, die sie bei der Jagd brauchen. Die Mutter meidet andere Bären. Sie paart sich erst im nächsten oder übernächsten Jahr wieder.

**Juni**

**Juli**

## Winterruhe

Wenn die ersten Winterstürme tosen, fallen die Bären in der Höhle in tiefen Schlaf. Deshalb überleben sie die Zeit, in der es kaum Nahrung gibt. Trächtige Weibchen beginnen mit der Winterruhe früher als die Männchen.

**November**

*Das dicke Fell hält den Braunbären das ganze Jahr über warm. Die Farbe variiert von Hellbraun bis Tiefschwarz.*

## Der Lauf der Jahreszeiten

An den Rändern der kalten Polargebiete erstreckt sich die Tundra. Dort ist der Boden unter der Oberfläche immer gefroren. Der Winter ist in diesen Regionen lang, dunkel und kalt, aber im Sommer schmilzt der Schnee und die Landschaft wird bunt. Viele Tiere sind dann aktiv. Der Polarfuchs gehört zu den Arten, die an diese Umgebung angepasst sind. Im Winter wechselt er sein braunes Fell und bekommt einen dichten weißen Pelz. So ist er vor der Kälte geschützt und im Schnee perfekt getarnt.

**Ein Polarfuchs im Winterfell**

Ein Polarfuchs im Sommerfell

### Schneeschmelze

Es ist Frühling und nach dem dunklen Winter werden die Tage wieder länger. Es wird wärmer und Eis und Schnee schmelzen. Die Nadelbäume werfen ihre Nadelblätter im Winter nicht ab. Nun können sie wieder wachsen und Zapfen bilden, die die Samen enthalten.

### Überschwemmung

In vielen Gegenden ist der Waldboden jetzt feucht und sumpfig vom Schmelzwasser. Der Erdboden kann es nicht aufnehmen, da er nicht tief reicht und im Untergrund außerdem das ganze Jahr über gefroren bleibt.

**Frühjahr**

# Ein Jahr im borealen Wald

Mehr als ein Viertel aller Bäume der Erde wachsen in den borealen Wäldern. Dieses Band aus dunklen Wäldern erstreckt sich unterhalb der Arktis über Teile Nordamerikas, Skandinaviens und Russlands. Hier sind die Sommer kurz und die Winter hart. Sowohl die Tiere als auch die Bäume müssen sehr widerstandsfähig sein.

### Sommergäste

Der Dreizehenspecht hat für seinen Nachwuchs eine Höhle in einen Baumstamm gehämmert. Er lebt während des ganzen Jahres im Wald. Im Sommer ziehen mehr als 1 Milliarde Vögel zum Brüten in die nördlichen Wälder, darunter verschiedene Gänse und Singvögel.

**Herbst**

### Herbstfarben

Es wird kühler und die Tage werden kürzer. Unter den Bäumen reifen jetzt Preiselbeeren, Moosbeeren, Krähenbeeren und Blaubeeren an ihren Sträuchern.

### Zeit der Pilze

Das ganze Jahr über zersetzen Pilze im Boden tote Pflanzenteile. Im Herbst erscheinen ihre Fruchtkörper. Sie verbreiten Sporen, damit anderswo neue Pilzhyphen heranwachsen können.

### Rückkehr der Karibus

Wenn der Winter naht, wandern Zehntausende Karibus 3200 km weit durch die Wälder. Sie haben den Sommer weiter im Norden in der baumlosen Tundra verbracht und ihre Kälber geboren, weil es dort nicht so viele quälende Steckmücken gibt.

## Neues Leben

Nachdem das Luchsweibchen zwei Monate lang trächtig war, sucht es sich eine Mulde unter einem Strauch, in der es Junge zur Welt bringt. Sie sind bei der Geburt blind und völlig von ihrer Mutter abhängig, bis sie 12 Wochen alt sind.

## Waldbrände

Etwa alle 50 bis 150 Jahre wüten Brände in den borealen Wäldern, oft nach einem Blitzeinschlag. Dabei verschwindet die Schicht aus toten Pflanzenteilen am Waldboden, sodass neue Pflanzen heranwachsen können. Einige Nadelbäume wie die Schwarz-Fichte sind auf die Brände angewiesen, denn nur nach einem Feuer öffnen sich die Zapfen und entlassen die Samen.

## Mückenschwärme

Überall summt es, weil Millionen Mücken durch die Luft schwirren. Sie legen im sumpfigen, nassen Boden ihre Eier ab. Mücken sind für viele Vögel und Fische eine wichtige Nahrung.

## Sonnentage

Im borealen Wald sind die Sommer kurz und es gibt nur 50 bis 100 frostfreie Tage im Jahr. Pflanzen und Tiere nutzen jetzt die langen Tage, um Nahrung zu suchen und sich fortzupflanzen.

**Sommer**

## Der kalte Winter

Jetzt beginnt der Winter. Die Tage werden kürzer und es kann bis –60 °C kalt werden. Der Boden ist mit Schnee bedeckt. Im nördlichen Teil des borealen Waldes geht die Sonne Mitte November unter und erst im Frühling wieder auf.

## Schnee rutscht ab

Viele Bäume in den borealen Wäldern haben eine spitze Form, sodass der Schnee nicht auf den Ästen liegen bleibt. Unter der Schneelast würden die Äste sonst abbrechen.

## Wärme in der Gruppe

Gleithörnchen drängen sich in alten Spechthöhlen oder aufgegebenen Vogelnestern dicht aneinander. Sie gehen jetzt nur frühmorgens und abends auf Nahrungssuche.

## Winterstarre

Der Waldfrosch bereitet sich auf seine Winterstarre vor. Er stellt Atmung und Herzschlag ein. Ein Teil seines Körpers gefriert, aber weil in seinen Zellen viele Zucker eingelagert sind, stirbt er nicht. Im Frühling taut er wieder auf.

**Winter**

# Ein Walrossleben

Mit seinen langen Stoßzähnen und dem massigen Körper ist das Walross unverwechselbar. Es dauert bis zu 15 Jahre, bis dieses Säugetier 1,5 Tonnen schwer wird, und dann hat es bereits Unmengen Muscheln gefressen. Wenn Walrosse nicht nach Nahrung tauchen, ruhen sie sich auf dem Eis aus.

**Januar–März Jahr 1**

### Die Bullen kämpfen

Die Bullen bilden in der Nähe der Weibchenherden Gruppen und rangeln lautstark um das Recht, sich mit den Weibchen zu paaren. Sie bellen, schnauben und kämpfen mit ihren langen, spitzen Stoßzähnen.

**Januar–März Jahr 1**

### Paarungszeit

Wenn eine Walrosskuh fortpflanzungsbereit ist, folgt sie einem Bullen und paart sich mit ihm. Die erfolgreichsten Bullen paaren sich mit mehr als 20 Kühen. Die Tragzeit dauert 15 bis 16 Monate.

**April–Juni Jahr 2**

### Geburt

Im Frühjahr oder Frühsommer bringen die Kühe Junge zur Welt. Meistens wird nur ein Junges geboren, das bereits 45 bis 75 kg wiegt und schnell wächst. Es trinkt die Milch der Mutter, die viel Fett und Eiweiß enthält.

**2 Monate später**

### Die Jungen wachsen

Bis zu 50 Kühe und ihre Jungen bilden Herden, die den Bullen und anderen Kühen fernbleiben. Die Jungen wachsen jeden Monat 10 bis 15 cm. Wenn sie zwei Monate alt sind, können sie gut schwimmen.

## Walrosskolonien

Wegen des Klimawandels bedeckt im Sommer immer weniger Meereis den Arktischen Ozean. Die Walrosse ruhen sich deshalb oft auf dem Festland aus. Eine der größten Kolonien mit etwa 4000 Walrossen sammelt sich im Sommer an einem Strand bei dem russischen Dorf Ryrkaipij. Der Lärm und der Geruch der Kolonie lockt Eisbären an, die die Feinde der Walrosse sind.

*Die Stoßzähne wachsen während des ganzen Lebens.*

**Monat 6**

### Fürsorgliche Mütter

Die Jungen fressen zum ersten Mal feste Nahrung, wenn sie etwa sechs Monate alt sind, aber zusätzlich trinken sie noch Muttermilch. Die Mütter beschützen ihre Kinder zwischen den Vorderflossen. Im Wasser lassen sich die Kleinen oft von ihren Müttern tragen.

**Jahr 0–2**

### In Mutters Nähe

Die Jungen begleiten ihre Mütter bei der Suche nach Muscheln, Würmern und Kalmaren. Wenn sie älter sind, fressen sie mehr feste Nahrung und trinken immer weniger Milch.

**Jahr 2**

### Neue Gruppen

Junge Walrosse fressen nur noch feste Nahrung, wenn sie etwa zwei Jahre alt sind. Dann bringen die Mütter erneut Junge zur Welt. Junge Weibchen verlassen die Herde ihrer Mutter, während die jungen Männchen länger in ihrer Nähe bleiben.

**Jahr 6–7**

### Fortpflanzungsbereit

Walrosskühe bringen zum ersten Mal Junge zur Welt, wenn sie sechs oder sieben Jahre alt sind. Junge Bullen müssen vor der Paarung mit älteren, kräftigeren Bullen kämpfen. Die meisten können sich deshalb erst paaren, wenn sie ungefähr 15 Jahre alt sind.

*Männliche Eisbären können bis zu 3 m lang werden, etwa doppelt so lang wie die weiblichen Eisbären.*

**Paarungszeit**

Es ist Sommer und die Tage sind lang. Nachdem der Eisbär mehrere Wochen lang eine Partnerin gesucht hat, wittert er ein Weibchen und folgt ihm. Wenn es fortpflanzungsbereit ist, paart es sich mit ihm.

**Anfang Mai**

# Leben in der Arktis

Eisbären leben während des ganzen Jahres in der klirrend kalten Arktis. Sie sind gut an die Kälte angepasst. Ihre großen Pfoten mit Schwimmhäuten funktionieren ähnlich wie Schneeschuhe, sodass sie sowohl auf dem glatten Eis als auch im Tiefschnee Robben jagen können. Mit ihren scharfen Krallen fangen sie auch Fische, wenn sie keine andere Beute finden, und ihr dichtes Fell wärmt sie das ganze Jahr über.

**Die Geburt**

In der Höhle bringt die Bärin ein oder zwei Junge zur Welt, manchmal sogar drei. Sie wiegen etwa 500 g und sind 30 cm lang. Die Jungen sind zunächst nackt und können weder sehen noch hören.

**Dezember–Januar**

*Weil die Körper der Bären Wärme abgeben, ist es auch in der Höhle warm.*

**Heranwachsen**

In den ersten Monaten öffnen die Jungen ihre Augen, bekommen ein Fell und Zähne und lernen laufen. Die Mutter kümmert sich gut um ihre Jungen und wärmt sie mit ihrem Körper.

**Dezember–März**

**Ausflüge**

Die Mutter und ihre Jungen machen Ausflüge auf dem Eis und gewöhnen sich an die Kälte. Oft bleibt die Mutter stehen und säugt ihre Jungen. Sie trägt sie auf dem Rücken, wenn der Schnee sehr tief ist.

**April**

### Baldige Trennung

Das Paar bleibt nach der Paarung noch ein paar Tage zusammen. Dann wandert das Männchen fort und kommt nicht wieder zurück. Das Weibchen ist acht Monate lang trächtig und bleibt in dieser Zeit allein.

**Ende Mai**

*Die Fellhaare eines Eisbären sind hohl und durchsichtig. Sie fangen Sonnenlicht ein, sodass sich die schwarze Haut des Bären erwärmt.*

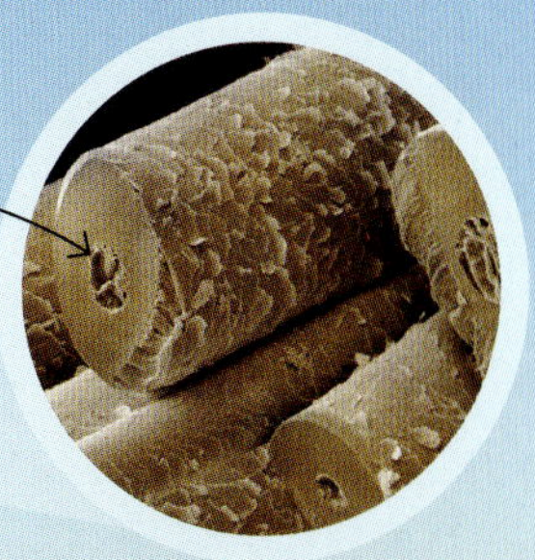

### Eine Höhle

Die Bärin gräbt eine Höhle, in der sie im Winter ruht und sich auf die Geburt der Jungen vorbereitet. Sie frisst dann monatelang nichts, sondern verbraucht die Fettreserven, die sie im Sommer angelegt hat.

**Oktober–November**

### Jagd auf dem Eis

Die Bärin jagt im Sommer. Sie fängt Robben bei ihren Atemlöchern im Eis. Die Jagd ist lebenswichtig, denn sie muss für den kommenden Winter Energiereserven anlegen, um die Jungen säugen zu können.

**Mai–Oktober**

### Die kleine Familie

Nun muss die Mutter wieder selber jagen und viel fressen. Die Jungen kommen mit und fressen zum ersten Mal Fleisch, aber sie werden noch zwei Jahre lang gesäugt. Erst im Alter von drei Jahren verlassen sie ihre Mutter.

**Mai**

### Gute Schwimmer

Eisbären schwimmen oft zwischen den Eisschollen und legen bis zu 100 km im Meer zurück. Ihre dicke Speckschicht wärmt sie im kalten Wasser. Sie tauchen bei der Robbenjagd und paddeln beim Schwimmen mit den Pfoten. Die Bären können bis zu drei Minuten lang unter Wasser bleiben.

## Jagd auf dem Eis

Ein einsamer Eisbär jagt nördlich des Polarkreises bei der norwegischen Inselgruppe Spitzbergen auf dem Meereis. Eisbären sind die größten Landraubtiere. Sie wittern Beutetiere, die viele Kilometer entfernt sind, und schwimmen weite Strecken im eiskalten Wasser. Ihr Lebensraum ist wegen des Klimawandels bedroht. Weil sich die Erde erwärmt, schmilzt das Eis immer weiter ab. Tierarten, die auf das Meereis angewiesen sind, müssen neue Überlebensmöglichkeiten finden, sonst sterben sie aus.

# Glossar

**Aas** Das Fleisch toter Tiere.

**Aasfresser** Ein Tier, das sich von anderen Tieren ernährt, die bereits tot sind.

**Achse** Eine gedachte Linie durch die Mitte eines Planeten oder Sterns, um die sich der Himmelskörper dreht.

**Adern** Die Leitgefäße, die das Blatt einer Pflanze durchziehen. In den Adern werden Wasser und Nährstoffe transportiert und sie stützen das Blatt außerdem.

**Akkretionskeil** Sediment, das sich während eines Subduktionsprozesses am Rand einer kontinentalen Platte ablagert.

**Algen** Einfach gebaute, pflanzenähnliche Lebewesen, die im Wasser leben und Fotosynthese betreiben, um Nährstoffe herzustellen.

**Allantois** Eine Blase am Embryo von Reptilien, Vögeln und Säugetieren. Bei Reptilien und Vögeln spielt sie für die Entwicklung eine wichtige Rolle, beim Menschen dagegen bildet sie sich wieder zurück.

**Allesfresser** Ein Tier, das sowohl Pflanzen als auch andere Tiere frisst.

**Alphamännchen/Alphaweibchen** Ein dominantes Tier in einer Tiergruppe.

**Ammonit** Ein Weichtier mit einer spiralförmigen Schale. Diese Meerestiere waren Verwandte der Tintenfische und im Mesozoikum häufig.

**Anlage** So nennt man ein Organ oder eine Struktur in einem sehr frühen Entwicklungszustand.

**Anpassung** Tiere und Pflanzen entwickeln im Lauf der Evolution Merkmale, die ihre Überlebenschancen in ihrer Umwelt steigern. So werden sie älter und können diese günstigen Merkmale an ihre Nachkommen weitervererben.

**Anthocyane** Diese Farbstoffe werden von Pflanzen gebildet und sorgen für rote, violette, blaue und blauschwarze Färbung.

**Äon** Ein langer Abschnitt der Erdgeschichte, die man in vier Äonen unterteilt. Ein Äon besteht aus Ären, und jede Ära wird wiederum in Perioden unterteilt.

**Äquator** Die gedachte Linie um die Mitte der Erde, die sich zwischen dem Nord- und dem Südpol befindet.

**Art** Eine Gruppe von Lebewesen mit ähnlichen Merkmalen, die sich miteinander fortpflanzen und fruchtbare Nachkommen haben.

**Asteroid** Ein Gesteinsbrocken im Sonnensystem, der die Sonne umkreist.

**Atmosphäre** Die Gasschicht, die einen Planeten umgibt. Auch die äußerste Gasschicht der Sonne oder eines Sterns nennt man so.

**Atomkern** Der zentrale Teil eines Atoms.

**Ausgestorben** Eine Tierart ist ausgestorben, wenn kein einziges Exemplar mehr auf der Erde lebt.

**Ausgewachsen** Ein anderes Wort für erwachsen: So alt, dass man sich fortpflanzen kann.

**Außenskelett** Die robuste, panzerähnliche Körperbedeckung vieler wirbelloser Tiere. Insekten, Spinnen und Krebse haben ein Außenskelett.

**Bakterien** Einzellige Lebewesen ohne Zellkern. Bakterien sind die häufigsten Lebewesen auf der Erde.

**Bau** So nennt man eine Höhle in der Erde, in der manche Tiere (wie z. B. Kaninchen) leben.

**Bedecktsamer** Eine Blütenpflanze mit einem Fruchtknoten, der Samenanlagen enthält. Der Fruchtknoten entwickelt sich zur Frucht, in der sich die Samen befinden.

**Befruchtung** Bei Tieren und Pflanzen verschmelzen bei der Befruchtung eine Eizelle (weiblich) und eine Spermazelle (männlich) miteinander. Daraus entwickelt sich ein Embryo.

**Bestäuber** Ein Insekt oder ein anderes Tier, das den Pollen von den männlichen Blütenteilen zu den weiblichen Teilen einer anderen Blüte transportiert.

**Beute** Ein Tier, das von einem Räuber gejagt, getötet und gefressen wird.

**Blizzard** Bei diesen heftigen Stürmen wird Schnee durch die Luft gewirbelt.

**Blubber** Eine dicke Fettschicht, die einige Tiere (wie Wale und Robben) vor der Kälte schützt.

**Blütenstand** Viele Blüten, die an einer Achse sitzen. Es gibt verschiedene Blütenstände, je nachdem, wie die Blüten angeordnet sind.

**Brüten** Ein Ei warm halten, sodass sich der Embryo darin entwickeln kann. Viele Vögel brüten ihre Eier aus, bis die Küken schlüpfen.

**Brutparasit** Ein Vogel, der einen anderen Vogel dazu bringt, seine Jungen großzuziehen. Viele Kuckucksarten sind Brutparasiten. Sie legen ihre Eier in die Nester anderer Vogelarten.

**Caldera** Ein großer Krater in einem Vulkan. Eine Caldera entsteht, wenn eine Magmakammer einbricht, oder bei einem explosiven Ausbruch, bei dem der obere Teil des Vulkans abgesprengt wird.

**Chemische Stoffe** Alle Stoffe, die aus Elementen zusammengesetzt sind, wie z. B. Wasser, Eisen, Salz und Sauerstoff.

**Chlorophyll** Dieser grüne Farbstoff ist in Pflanzenzellen enthalten. Er nimmt Lichtenergie auf, die bei der Fotosynthese benötigt wird.

**Chloroplasten** Winzige Gebilde in Pflanzenzellen, in denen sich Chlororphyll befindet.

**Cyanobakterien** Einzellige Organismen, die mit der Energie des Sonnenlichts und Kohlendioxid Zucker herstellen können.

**Damm** Ein Bauwerk in einem Fluss, das das Wasser anstaut.

**Dämmerungsaktiv** Tiere, die in der Morgen- und Abenddämmerung jagen.

**Desertifikation** Ein anderes Wort für Wüstenbildung: Wenn eine fruchtbare Region austrocknet und zu einer Wüste wird.

**DNA (Desoxyribonukleinsäure)** Die chemische Struktur, in der genetische Information gespeichert ist.

**Domestizieren** Ein anderes Wort für zähmen oder züchten: Tiere und Pflanzen werden durch gezielte Zucht so verändert, dass sie den Menschen nützlich sind.

**Dominant** So nennt man es, wenn Tiere in ihrer Gruppe die Anführer sind.

**Echoortung** Manche Tiere senden Schallwellen aus und fangen deren Echo auf. So nehmen sie wahr, wo sich Dinge im Raum befinden.

**Eiszeit** Eine Periode, in der die Temperaturen auf der ganzen Erde niedrig waren und Eis und Schnee einen großen Teil der Erdoberfläche bedeckte.

**Elektron** Ein negativ geladenes Teilchen in der Hülle eines Atoms. Elektronen sind die Ursache von Elektrizität und Magnetismus.

**Embryo** Ein sehr frühes Entwicklungsstadium eines Tiers oder einer Pflanze.

**Epoche** Ein Abschnitt der geologischen Zeitskala, der kürzer als eine Periode ist, z. B. das Pliozän.

**Erdhalbkugel** Eine Hälfte der Erde. Der Äquator unterteilt die Erde in die Nord- und die Südhalbkugel.

**Erdkern** Der innerste, heißeste Teil der Erde, der aus Eisen und Nickel besteht.

**Erdkruste** Die dünne, feste äußere Schicht der Erde.

**Erdmantel** Die Schicht aus heißem, zähflüssigem Gestein zwischen dem Erdkern und der Erdkruste.

**Erosion** Der Prozess, bei dem die Erdoberfläche vom Wind, dem Wasser oder Gletschern abgetragen wird.

**Eukaryoten** So nennt man Lebewesen, die aus Zellen aufgebaut sind. Die Zellen enthalten Zellkerne und andere Strukturen, die in Membranen eingeschlossen sind. Alle Tiere, Pflanzen und Pilze sind Eukaryoten.

**Evolution** Die allmähliche Veränderung von Arten im Lauf vieler Generationen. Sie passen sich an eine Umwelt an, die sich verändert. Die Menschen haben sich z. B. im Lauf der Evolution aus Affen entwickelt.

**Farbstoff** Ein chemischer Stoff, der anderen Stoffen ihre Farben verleiht.

**Fellwechsel** Wenn Säugetiere ihre Haare verlieren,

sodass ein neues Fell nachwachsen kann.

**Feuchtgebiet** Ein Gebiet, in dem der Boden ständig nass ist, wie ein Sumpf oder ein Watt.

**Flechte** Ein pflanzenähnliches Lebewesen, das aus einer Lebensgemeinschaft aus einem Pilz und einer Alge oder einem Cyanobakterium besteht. Die meisten Flechten wachsen an Felsen und Baumstämmen.

**Fleischfresser** Ein Tier, das sich fast nur von Fleisch ernährt.

**Flügelspanne** Der Abstand von einer Flügelspitze zur anderen.

**Flussaufwärts** Die Gegenrichtung zu der Richtung, in die ein Fluss oder Bach fließt, zur Quelle hin.

**Fortpflanzung** So nennt man den Vorgang, bei dem Tiere oder Pflanzen Nachwuchs bekommen.

**Fossilien** Die Überreste oder Abdrücke urzeitlicher Pflanzen oder Tiere, die zu Stein geworden sind.

**Fotosynthese** Bei diesem Prozess stellen Pflanzen mit der Energie des Sonnenlichts, Wasser und Kohlendioxid aus der Luft Nährstoffe (Zucker) her.

**Frucht** Der befruchtete, reife Fruchtknoten einer Pflanze, in dem sich ein oder mehrere Samen befinden. Beeren, Schoten, Nüsse und Kapseln sind z. B. Früchte. Unwissenschaftlich verwendet man die Bezeichnung für essbares, süßes Obst.

**Fruchtknoten** Der weibliche Teil einer Blüte, in dem sich eine oder mehrere Samenanlagen befinden. Nach der Befruchtung entwickeln sich aus den Samenanlagen Samen und der Fruchtknoten wird zur Frucht.

**Fühler** Mit diesen Anhängen am Kopf nehmen wirbellose Tiere ihre Umgebung wahr.

**Gasriesen** Große Planeten, die vor allem aus Helium und/oder Wasserstoff bestehen. Jupiter, Saturn, Uranus und Neptun sind Gasriesen.

**Gebärmutter** Ein Organ der Säugetierweibchen, in dem sich die befruchtete Eizelle zu einem Embryo und dann zum Fötus entwickelt.

**Gemäßigtes Klima** Das Klima der gemäßigten Breiten, in denen es weder sehr heiß noch eiskalt ist.

**Gen** Ein Abschnitt auf einem DNA-Molekül, der die Informationen speichert, mit denen ein bestimmtes Eiweiß aufgebaut wird. Dieses hat eine bestimmte Aufgabe im Körper. Gene werden von einer Generation an die nächste vererbt.

**Generation** Alle Mitglieder einer Tier- oder Pflanzenart, die etwa zur gleichen Zeit zur Welt gekommen sind.

**Genetisch** Von den Genen abhängig.

**Geologie** Die Wissenschaft von der Entstehung der Erde und ihrem Aufbau. Geologinnen erforschen die Erdgeschichte und die Prozesse, die noch immer ablaufen.

**Geysir** So nennt man eine Stelle, an der kochendes Wasser und Wasserdampf in bestimmten Abständen aus dem Erdinneren aufsteigen. Es handelt sich um Grundwasser, das von heißem Gestein erhitzt wird.

**Gletscher** Eine langsam fließende Masse aus Eis, die sich an Land aus angesammeltem Schnee gebildet hat.

**Globale Erwärmung** Die durchschnittlichen Temperaturen auf der Erde steigen, weil mehr Kohlendioxid und andere Treibhausgase in der Erdatmosphäre vorhanden sind. Treibhausgase werden z. B. beim Verbrennen von fossilen Brennstoffen frei.

**Glukose** Ein Zucker, den Pflanzen bei der Fotosynthese herstellen. Glukose liefert den Lebewesen Energie.

**Hierarchie** Die Rangfolge der Tiere in einer Gruppe. Die dominanten Tiere (auch Alphatiere genannt) stehen ganz oben in der Hierarchie.

**Hochblatt** Eine blattähnliche Struktur an der Basis mancher Blütenstände. Hochblätter können Laubblättern ähneln.

**Homininen** Sehr nahe Verwandte der Menschen wie die Schimpansen und die gemeinsamen Vorfahren von Schimpansen und Menschen, nicht aber die Gorillas und andere Affen.

**Hyphen** Lange, fadenförmige Zellen, die gemeinsam das Myzel eines Pilzes bilden.

**Immergrüne Pflanzen** Pflanzen, die ihre Blätter während des ganzen Jahres nicht abwerfen.

**Industrielle Revolution** Dieser Abschnitt der Geschichte begann im 18. Jh., als neue Maschinen und Brennstoffe die Industrie ankurbelten. Viele Städte in den USA und in Europa wuchsen damals schnell.

**Infektion** Bakterien oder andere Krankheitserreger dringen in eine Pflanze oder ein Tier ein, vermehren sich und verursachen damit eine Krankheit.

**Jahreszeiten** Regelmäßige Klimaveränderungen im Jahreslauf, die sich auf Tiere und Pflanzen auswirken. Die vier Jahreszeiten sind Frühling, Sommer, Herbst und Winter.

**Jungtier** Ein junges Tier, das sich noch nicht fortpflanzen kann.

**Kätzchen** Ein unverzweigter Blütenstand, der herabhängt.

**Keimblätter** Spezielle Blätter, die sich zusammen mit einem Embryo im Samen befinden. In ihnen sind Nährstoffe gespeichert, die beim Keimen die Entwicklung des Embryos ermöglichen.

**Keimen** So nennt man es, wenn aus einem Samen eine junge Pflanze heranwächst.

**Kernfusion** Ein Prozess, bei dem zwei Atomkerne verschmelzen und einen schwereren Kern bilden. Dabei werden enorme Mengen Energie freigesetzt.

**Klima** Die Wettermuster während des Jahres in einer bestimmten Region.

**Klimawandel** Langfristige Veränderungen der Durchschnittstemperatur und des Wetters auf der Erde, die natürlicherweise stattfinden können. Die Ursachen des momentanen Klimawandels sind jedoch die Aktivitäten der Menschen.

**Klon** Ein Lebewesen, das genetisch mit den Eltern und Geschwistern identisch ist.

**Kokon** Die Hülle, in der sich eine Larve in das nächste Lebensstadium entwickelt.

**Kolonie** Eine Gruppe von Tieren (wie Pinguinen), die gemeinsam leben.

**Komet** Ein Himmelskörper aus Staub und Eis, der die Sonne auf einer elliptischen Umlaufbahn umkreist. Wenn der Komet sich der Sonne nähert, verdampft das Eis, sodass er einen Schweif aus Staub und Gas hat.

**Kontinent** Eine der großen Landmassen der Erde. Es gibt sieben Kontinente: Nordamerika, Südamerika, Europa, Asien, Afrika, Ozeanien und Antarktika.

**Korallen** Kleine Meerestiere, die in Kolonien am Meeresgrund leben und harte Kalkskelette abscheiden. Die Korallenskelette bilden im Lauf der Zeit ein Korallenriff.

**Krater** Eine schüsselförmige Mulde an der Oberfläche von Planeten, Monden, Asteroiden und anderen Himmelskörpern.

**Krebstier** Ein Tier mit einem harten Panzer, zwei Gliederfüßen an jedem Körperabschnitt und zwei Fühlerpaaren.

**Küste** Der Bereich, in dem das Meer auf das Festland trifft.

**Lagune** Ein seichtes Gewässer, das vom Meer abgetrennt wurde, z. B. von einem Korallenriff.

**Landmasse** Ein großes, zusammenhängendes Festland, z. B. ein Kontinent.

**Landwirtschaft** Der Anbau von Nutzpflanzen und die Haltung von Nutztieren.

**Larve** Ein Jugendstadium eines Tiers, das aus einem Ei schlüpfte. Die Jugendstadien von Insekten, Krebsen und Weichtieren nennt man z. B. Larven.

**Laubbäume** Diese Bäume werfen im Herbst oder zu Beginn der Trockenzeit ihre Blätter ab und bekommen im Frühjahr oder zu Beginn der Regenzeit neues Laub.

**Lava** Heißes, geschmolzenes Gestein, das aus einem Vulkan an die Oberfläche tritt.

**Lebenserwartung** Das Alter, das ein Tier, eine Pflanze oder ein anderes Lebewesen erreichen kann.

**Lebensraum** Ein Ort, an dem bestimmte Pflanzen und Tiere natürlicherweise leben.

**Lithosphäre** Die feste äußere Gesteinsschicht von Planeten oder Monden.

**Magma** Eine heiße Gesteinsschmelze tief in der Erdkruste. Lava wird zu magmatischem Gestein, wenn sie abkühlt und aushärtet.

**Magnetfeld** Ein Kraftfeld, das von einem Planeten, Stern oder einer Galaxie ausgeht und sich ins Weltall erstreckt.

**Magnetismus** Eine unsichtbare Kraft, die bewirkt, dass sich bestimmte Gegenstände, vor allem aus Eisen, gegenseitig anziehen.

**Mastjahre** Einige Bäume und Sträucher bilden in solchen Jahren mehr Früchte oder Nüsse als in normalen Jahren. Mastjahre finden etwa alle 5 bis 10 Jahre statt.

**Matriarchin** Ein dominantes Weibchen, das die Gruppe anführt.

**Mehrjährig** Eine Pflanze, deren Lebenszyklus nach einigen Jahren abgeschlossen ist.

**Metamorphose** *siehe* Verwandlung.

**Mikroorganismen** Lebewesen (auch Mikroben genannt), die man nur unter einem Mikroskop sieht. Bakterien sind die häufigsten Mikroorganismen.

**Mineralien** Natürlich vorkommende chemische Feststoffe. Mineralien bestehen aus fest miteinander verbundenen Molekülen.

**Molekül** Ein Teilchen, das aus zwei oder mehr Atomen besteht, die miteinander verbunden sind.

**Monsun** Ein Windmuster, das vor allem im südlichen Asien vorkommt. Der Wind weht ungefähr ein halbes Jahr lang aus einer Richtung und in der anderen Jahreshälfte aus einer anderen Richtung. Der Begriff bezeichnet auch die starken Regenfälle, die diese Winde zu bestimmten Jahreszeiten bringen.

**Muschel** Ein Weichtier mit einer Schale, die aus zwei Teilen besteht.

**Mutualismus** Wenn zwei verschiedene Lebewesen sich gegenseitig helfen – wie z. B. Bienen und Pflanzen.

**Myzel** Der größte Teil eines Pilzes, der aus einem Netzwerk feiner fadenförmiger Zellen (Hyphen) besteht.

**Nachkommen** So nennt man bei Tieren die Jungen und bei Pflanzen die Keimlinge.

**Nachtaktiv** Wenn ein Tier in der Dunkelheit aktiv ist und tagsüber schläft.

**Nacktsamer** Pflanzen, deren Samen sich nicht in einem Fruchtknoten entwickeln. Die meisten Nacktsamer sind Nadelbäume, ihre Samen entwickeln sich in Zapfen.

**Nährstoffe** Chemische Stoffe, die Pflanzen und Tiere zum Leben und Wachsen brauchen.

**Narbe** Der weibliche Teil einer Blüte, die den Pollen auffängt.

**Natürliche Selektion** Der Prozess, bei dem sich Tiere und Pflanzen im Lauf der Zeit an ihre natürliche Umgebung anpassen, indem sich ihre Merkmale verändern.

**Neutron** Ein Teilchen, das keine elektrische Ladung hat. Neutronen kommen in allen Atomkernen außer in Wasserstoff vor.

**Ökosystem** Eine Gemeinschaft aus Tieren und Pflanzen und die Umgebung, in der sie leben.

**Paarung** Wenn ein Männchen und ein Weibchen gemeinsam für Nachwuchs sorgen. Dabei befruchten die Spermien des Männchens die Eizellen des Weibchens.

**Parasit** Ein Lebewesen, das in oder auf einem anderen Lebewesen (dem Wirt) lebt.

**Parasitoid** Ein Insekt, das in einem anderen Lebewesen lebt und es schließlich tötet.

**Periode** Ein Zeitabschnitt der Erdgeschichte. Eine Ära unterteilt man in Perioden. Die Periode der Trias ist z. B. ein Abschnitt des Mesozoikums oder Erdmittelalters.

**Pflanzenfresser** Tiere, die sich von Pflanzen ernähren.

**Pflanzensaft** Eine wässrige Flüssigkeit in Pflanzen. Bei Bäumen enthält der Saft gelöste Minerale. Er wird in dünnen Leitgefäßen von den Wurzeln bis in die Blätter transportiert.

**Pilze** Pflanzenähnliche Lebewesen wie z. B. Schimmel- oder Fliegenpilze. Pilze stellen keine eigenen Nährstoffe her, sondern leben von abgestorbenen Pflanzen und Tieren.

**Planetesimal** Ein kleiner Brocken aus Gestein oder Eis, der sich gebildet hat, als das Sonnensystem entstand. Planetesimale verbinden sich zu größeren Asteroiden und Planeten.

**Plankton** Winzige Lebewesen, die in den oberen Schichten der Meere und Seen treiben.

**Plateau** Ein anderes Wort für Hochebene: ein großes, flaches Gebiet, das über seiner Umgebung aufragt.

**Polarlichter** Diese Lichterscheinungen kann man in den Polarregionen einiger Planeten beobachten. Teilchen des Sonnenwinds werden vom Magnetfeld des Planeten in die Atmosphäre gezogen, wo sie mit Atomen zusammenprallen, sodass ein Lichteffekt entsteht.

**Pollen** Die kleinen Körner, die sich in den Staubbeuteln von Samenpflanzen bilden. Sie enthalten die männlichen Fortpflanzungszellen.

**Population** Ein anderes Wort für Bevölkerung: alle Mitglieder einer Tierart, die in einer bestimmten Region leben.

**Primordie** Die Anlage eines jungen Pilzes in einem frühen Entwicklungszustand.

**Proton** Ein Teilchen in einem Atomkern mit positiver elektrischer Ladung.

**Protostern** Ein Stern in einem frühen Entwicklungsstadium.

**Puppe** Ein Entwicklungsstadium eines Insekts, in dem es sich vollständig verwandelt, wie z. B. bei einem Schmetterling. In der Puppenhülle bildet sich die Larve vollständig um.

**Quarks** Aus diesen Elementarteilchen bestehen Protonen und Neutronen.

**Räuber** Ein Tier, das andere Tiere jagt, tötet und frisst.

**Raupe** Das Jugendstadium eines Schmetterlings.

**Regenwald** Ein dichter Wald, in dem es regelmäßig und viel regnet.

**Reptilien** Eine Gruppe der Wirbeltiere, die Luft atmen und ihre Eier an Land legen. Die meisten sind wechselwarm. Beispiele sind Schlangen, Krokodile, Schildkröten und Echsen.

**Revier** Ein Gebiet, das von einem Tier oder einer Tiergruppe verteidigt wird.

**Rinde** So nennt man die äußerste Schicht von Baumstämmen, Ästen und Wurzeln. Sie umgibt das Holz und schützt die Pflanze vor Wasserverlust, Kälte, Verletzungen und Krankheitserregern.

**Rodung** Wenn Bäume gefällt werden, damit Landwirtschaft betrieben oder Häuser oder Straßen gebaut werden können.

**Rudel** So nennt man eine Gruppe von Raubtieren, wie Löwen oder Wölfe.

**Rüssel** Eine bewegliche Verlängerung der Schnauze eines Tiers. Elefanten haben z. B. einen Rüssel. Auch Schmetterlinge und einige andere Insekten haben einen Rüssel, mit dem sie Flüssigkeiten aufsaugen.

**Samen** Samen entwickeln sich aus den befruchteten Eizellen einer Pflanze. Die Samenschale umgibt einen Embryo und Nährstoffe. Sind die Bedingungen günstig, keimt der Samen, sodass eine neue Pflanze heranwächst.

**Samenverbreitung** Samen müssen von der Elternpflanze forttransportiert werden, damit sie nicht mit ihr um Nährstoffe und Licht konkurrieren. Sie werden vom Wind oder Wasser, von Tieren oder mechanisch transportiert (z. B. wenn eine Samenkapsel explodiert).

**Sauerstoff** Ein Gas, das in der Erdatmosphäre enthalten ist. Fast alle Lebewesen atmen Sauerstoff, weil sie ihn zur Energiegewinnung brauchen.

**Säugetiere** Eine Gruppe gleichwarmer Tiere, bei denen die Mütter ihre Jungen mit Milch säugen.

**Savannen** Weite, offene Grasländer in warmen, tropischen Regionen. In einigen Savannen wachsen einzelne Baumgruppen. Die größten Savannen befinden sich in Afrika und Südamerika.

**Schimmel** Diese Pilze wachsen z. B. auf Nahrungsmitteln und lebenden und toten Lebewesen. Bei feuchten, warmen Bedingungen gedeihen sie am besten.

**Schlucht** Ein tiefes Tal, durch das oft ein Bach oder Fluss fließt.

**Schwarm** Eine Gruppe von Tieren (z. B. Vögel oder Insekten), die gemeinsam leben und zusammen unterwegs sind.

**Schwerkraft** Die Kraft, durch die alle Dinge, die eine Masse und Energie haben, sich gegenseitig anziehen. Sie sorgt auch dafür, dass der Mond auf seiner Umlaufbahn um die Erde kreist und dass die Planeten in einem Sonnensystem die Sonne umkreisen.

**Sedimente** Gesteinsteilchen und Reste von Lebewesen, die vom Wasser, dem Wind oder Gletschern transportiert werden und die sich am Grund von Flüssen, Seen oder Meeren ablagern.

**Sonnenflecken**
Kühlere Regionen auf der Oberfläche der Sonne, die dunkler erscheinen als ihre Umgebung.

**Sonnenwende** Der Tag, an dem die Sonne direkt über dem am weitesten nördlich oder südlich vom Äquator entfernten Punkt steht. Zur Sonnenwende sind die Tage auf einer Erdhalbkugel am längsten, während sie auf der anderen Halbkugel am kürzesten sind.

**Sporen** Fortpflanzungszellen, aus denen neue Pflanzen (z. B. Farne, Moose) oder Pilze heranwachsen können. Sporen müssen nicht befruchtet werden.

**Stalagmit** Eine kerzenförmige Struktur am Boden einer Höhle. Stalagmiten bilden sich, weil Wasser auf den Boden tropft, in dem Mineralien gelöst sind.

**Stalaktit** Eine eiszapfenähnliche Struktur an der Decke einer Höhle. Stalaktiten bilden sich, weil Wasser, in dem Mineralien gelöst sind, herabtropft.

**Stärke** Eine geruch- und geschmacklose weiße Substanz, die in Pflanzen vorkommt. Getreide und Kartoffeln enthalten besonders viel Stärke. Pflanzen brauchen Stärke als Energiequelle.

**Staubbeutel** Die Teile der männlichen Staubblätter, in denen sich der Pollen bildet.

**Staubblatt** Die männlichen Blütenteile, die aus einem Staubfaden bestehen, an dessen Spitze ein Staubbeutel sitzt.

**Stoffwechsel** Alle chemischen Prozesse, die in den Zellen eines Lebewesens ablaufen.

**Stoßwellen** Eine Explosion, ein Erdbeben oder etwas, das sich schneller fortbewegt als Schall, löst solche heftigen Druckwellen aus.

**Stromatolithen** Diese Strukturen haben sich in seichten, warmen Gewässern aus Schichten von Cyanobakterien und Sedimenten gebildet. Versteinerte Stromatolithen liefern uns Hinweise auf die ersten Lebewesen der Erde.

**Subduktion** Wenn eine tektonische Platte an einer Plattengrenze unter eine andere Platte abtaucht.

**Subtropisch** So nennt man Regionen, in denen es etwas kühler ist als in den Tropen.

**Sukkulente** Eine Pflanze mit dicken, fleischigen Blättern oder Stängeln, in denen sie Wasser speichert.

**Superkontinent** Eine uralte Landmasse wie Pangäa, die aus mehreren Kontinenten besteht, die miteinander verschmolzen sind.

**Supernova** Die gewaltige Explosion eines Riesensterns.

**Tagaktiv** Wenn ein Tier während des Tages aktiv ist und nachts schläft.

**Tag-und-Nacht-Gleiche**
Der Tag, an dem die Sonne senkrecht über dem Äquator der Erde steht und Tag und Nacht überall gleich lang sind.

**Tarnung** Farben und Musterung der Haut oder des Fells, mit denen ein Tier in seiner Umgebung kaum zu sehen ist.

**Tektonische Platte** Eine der großen, sich langsam bewegenden Platten der Erdkruste.

**Treibhausgase** Gase in der Erdatmosphäre, die die Wärme festhalten wie in einem Treibhaus, sodass sich die Erde erwärmt.

**Trockenzeit** Eine Periode, in der kein oder wenig Regen fällt.

**Tropisch** Sehr warme, feuchte Regionen entlang des Äquators.

**Tsunami** Eine gewaltige Meereswelle, die in kurzer Zeit sehr hoch wird, wenn sie sich der Küste nähert. Tsunamis werden oft bei Erdbeben und Erdrutschen ausgelöst.

**Tundra** Kalte, baumlose Regionen in der Nähe des Nord- und Südpols, in denen der Boden in den tieferen Schichten während des ganzen Jahres nicht auftaut.

**Überriesen** Die größten und hellsten Sterne. Sterne, die mindestens 10-mal größer sind als die Sonne, wachsen zum Ende ihres Lebens zu Überriesen an.

**Umlaufbahn** Die Bahn, auf der sich ein Objekt im Weltall aufgrund der Schwerkraft um ein anderes Objekt bewegt. Die Umlaufbahnen der Planeten sind meistens elliptisch.

**Umwelt** Die natürliche Welt, die uns umgibt, mit dem Land und dem Wasser, der Luft und allen Lebewesen.

**Umweltverschmutzung**
Abfälle und giftige Stoffe im Wasser, in der Luft oder an Land.

**Unterriese** Ein Stern, der deutlich heller leuchtet als andere Sterne, die die gleiche Temperatur und Farbe haben.

**Unterwuchs** Büsche und kleine Bäume, die unter größeren Bäumen wachsen.

**Vegetation** Die Pflanzen, die in einem bestimmten Gebiet wachsen.

**Verdauungssystem** Die Organe eines Tiers, die die Nahrung und Flüssigkeiten zersetzen. Die Nährstoffe, die dadurch verwertbar werden, liefern dem Körper Energie.

**Verdunstung** Wenn sich eine Flüssigkeit in ein Gas verwandelt. Die Moleküle gehen dann in einen gasförmigen Zustand über.

**Verwandlung** Der Prozess, bei dem ein Tier in ein anderes Lebensstadium übergeht. Eine Raupe verpuppt sich z. B. und verwandelt sich in der Puppe in einen Schmetterling.

**Vielzellig** Aus mehr als einer Zelle bestehend.

**Vorfahre** Ein Tier, von dem ein heute lebendes Tier abstammt.

**Vulkan** Eine Struktur, die entsteht, wo heißes Magma aus dem Inneren der Erde an die Oberfläche dringt.

**Waldbrand** Auch Flächenbrand: Solche Brände kommen natürlicherweise in vielen Regionen vor. Wegen des Klimawandels werden sie verheerender und treten immer häufiger auf.

**Wanderung** Viele Tiere schwimmen, laufen oder fliegen zu bestimmten Jahreszeiten in andere Gebiete, wo sie mehr Nahrung finden oder sich besser fortpflanzen können.

**Watt** Ein schlammiges Gebiet an der Küste, das bei Ebbe frei liegt und bei Flut überschwemmt wird.

**Weichtiere** Wirbellose Tiere mit einem weichen Körper, der oft von einer harten Schale geschützt wird. Zu den Weichtieren gehören z. B. die Schnecken, Tintenfische und Muscheln.

**Wiederkäuen** So nennt man es, wenn Tiere noch nicht vollständig verdaute Nahrung wieder hochwürgen, um sie erneut zu kauen und danach ein zweites Mal zu verschlucken.

**Winterschlaf** Ein schlafähnlicher Zustand, in dem manche Tiere den kalten Winter überstehen. Während des Winterschlafs verbrauchen sie nur wenig Energie.

**Wirbelloses Tier** Ein Tier ohne Wirbelsäule und ohne Skelett aus Knochen.

**Wirbeltier** Ein Tier mit einer Wirbelsäule und einem Skelett aus Knochen.

**Wirt** Ein Tier, eine Pflanze oder ein anderes Lebewesen, auf oder in dem Parasiten leben, die sich vom Wirt ernähren.

**Wüstenbildung** Wenn eine fruchtbare Region zu einer öden Wüste wird. Man nennt diesen Prozess auch wissenschaftlich Desertifikation.

**Zelle** Die kleinste Einheit vielzelliger Lebewesen. Manche Lebewesen bestehen nur aus einer einzigen Zelle.

**Zersetzer** So nennt man Lebewesen, die sich von abgestorbenen Pflanzen und Tieren ernähren.

# Register

Die **fett** gedruckten Seitenzahlen verweisen auf Haupteinträge.

# QR



# S

# Dank und Bildnachweis

**Dorling Kindersley dankt folgenden Mitarbeitern für ihre Hilfe bei diesem Buch:**
Helen Peters für das Register; Edward Aves, Niki Dirnberger, Ben Morgan und Carol Usher für die Lektoratsassistenz; Joe Lawrence, Sammi Richiarde und Jacqui Swan für die Design-Assistenz; Sarosh Arif für das Lektorat der Doppelseite zur Evolution des Menschen; Isabel Thomas für zusätzliche Texte; Steve Hoffman für die Prüfung der Fakten; Usman Toansari für Arbeiten am Layout; Juhi Sheth und Vidushi Chaudhry für die Assistenz bei der Coverentwicklung.

**Der Verlag dankt folgenden Personen und Organisationen für die freundliche Genehmigung zum Abdruck von Fotos:**

(Abkürzungen: o = oben; u = unten; m = Mitte; g = ganz; l = links; r = rechts; Hg = HIntergrund)

**2 Alamy Stock Photo**: Jason Finn (mlu). **Dorling Kindersley:** 123RF.com: Ana Vasileva/ABV (m); Twan Leenders (um/Frosch). **Getty Images:** Peter Chadwick LRPS (mro). **Getty Images/iStock:** Derek Galon (ml). **naturepl.com:** Luiz Claudio Marigo (mru). **Shutterstock.com:** lewalp (um/Marienkäfer); Luca Nichetti (gor); Photoongraphy (ur). **9 Getty Images/iStock:** nikonphotog (um). **NASA:** Johns Hopkins University Applied Physics Laboratory/Southwest Research Institute (ml); JPL (gom). **Science Photo Library:** Ron Miller (mr). **10 NASA:** GSFC/CIL/Adriana Manrique Gutierrez (gor). **12-13 Science Photo Library:** Mark Garlick. **14 Science Photo Library:** Tim Brown (gor); Mark Garlick (m); Gregoire Cirade (ul). **14-15 Alamy Stock Photo:** Ryhor Bruyeu. **15 Science Photo Library:** Tim Brown (gor, mr); Mark Garlick (ml, mlu, ul). **16 Alamy Stock Photo:** Matteo Omied (m); Science Photo Library (mro). **ESO:** ALMA (ul). **NASA:** JPL-Caltech (mlu). **16-17 ESO:** L. Calçada. **17 Dorling Kindersley:** Dreamstime.com: Solarseven (ur); Getty: Photodisc/StockTrek (mru). **NASA:** Johns Hopkins University Applied Physics Laboratory/Southwest Research Institute (mu); JPL-Caltech (gol); JPL (mo). **Science Photo Library:** GEMINI OBSERVATORY/LYNETTE COOK (mlo). **Tim Wetherell – Australian National University**. **20-21 Dorling Kindersley:** Dreamstime.com: Doozydo. **20 Alamy Stock Photo:** Manuel Mata (ur); Science History Images (mu). **Science Photo Library:** Mark Garlick (go); Ron Miller (ul). **21 Dorling Kindersley:** 123RF.com: Boris Stromar/astrobobo (ur). **ESA:** (mu). **Science Photo Library:** Mark Garlick (gor, gol, m). **Shutterstock.com:** Michael Wyke/AP (um). **22-3 NASA**. **24 Dreamstime.com:** Diego Barucco (mru). **Getty Images:** All About Space Magazine (mu). **25 Dorling Kindersley:** Satellite Imagemap/Planetary Visions (mro). **NASA:** GSFC (mu). **Science Photo Library:** Mikkel Juul Jensen (mru); Walter Myers (mgru). **26 Getty Images/iStock:** marjorie anastacio (ur). **Science Photo Library:** Ron Miller (ul). **27 Dreamstime.com:** Aleks49 (gol); Danicek (mo); Photographerlondon (mu); Alexander Marko (ul); Planetfelicity (ur). **28-29 Shutterstock.com:** forestgraphic. **30-31 Shutterstock.com:** Artem Avetisyan. **32 Alamy Stock Photo:** Phil Degginger/Carnegie Museum (mr); Stocktrek Images, Inc. (um). **Science Photo Library:** JAMES KUETHER (m). **33 Alamy Stock Photo:** Esteban De Armas (gor); Science Photo Library (ml). **Science Photo Library:** Richard Jones (mr); JAMES KUETHER (m). **Shutterstock.com:** vchal (ur). **34-35 Dorling Kindersley:** Dreamstime.com:Evgeny Karandaev. **35 naturepl.com:** Alex Mustard (mro). **36 Getty Images/iStock:** nikonphotog (gol). **36-37 Getty Images:** hadynyah. **Getty Images/iStock:** mputsylo (u). **38-39 Science Photo Library:** TAKE 27 LTD. **38 Alamy Stock Photo:** World History Archive (ml). **Getty Images/iStock:** Elena Batkova (mlu); Mimadeo (mu). **39 Dorling Kindersley:** Dreamstime.com: Adambowers (ur). **Shutterstock.com:** Ian Dewar Photography (mlu). **40-41 Dreamstime.com:** Amineah. **42-43 Dreamstime.com:** VanderWolfImages. **42 Alamy Stock Photo:** John Peter Photography (ul). **Getty Images/iStock:** Beboy_ltd (gor). **43 Dreamstime.com:** Albertoloyo (gor). **Getty Images/iStock:** alexey_ds (gol); farluk (gom). **44 Alamy Stock Photo:** World History Archive (gor). **Getty Images/iStock:** minoandriani (mr). **Forest Henderson. J. W. Valley, University of Wisconsin-Madison:** (mo). **44-45 Shutterstock.com:** Kues. **45 Alamy Stock Photo:** Keitma (gor); Alice Nerr (gol); Wirestock, Inc. (mlo). **Dorling Kindersley:** Getty Images: Jim Sugar (ur). **Dreamstime.com:** Photo263 (ul). **Science Photo Library:** Dirk Wiersma (mr). **Shutterstock.com:** ChWeiss (m). **46-47 Dorling Kindersley:** Dreamstime.com: Valentin Armianu/Asterixvs. **47 Alamy Stock Photo:** Sipa US (gor). **Getty Images/iStock:** PatrickPoendl (ul). **48-49 naturepl.com:** Luiz Claudio Marigo. **49 NASA:** (gor). **50-51 Getty Images/iStock:** trabantos. **52 Getty Images/iStock:** mputsylo (go). **Science Photo Library:** Dr. Juerg Alean (ul). **52-53 Getty Images/iStock:** guenterguni. **53 Alamy Stock Photo:** Angus McComiskey (ur); REUTERS (um). **54 Nicholas J. Butterfield/University of Cambridge:** (um). **NOAA:** P. Rona, OAR/National Undersea Research Program (NURP) (gol). **Shutterstock.com:** Tagliaferri Photography (ml). **54-55 Dorling Kindersley:** Dreamstime.com: Andreykuzmin. **55 Alamy Stock Photo:** Martin Habluetzel (mlu). **Dorling Kindersley:** Dreamstime.com: Corey A Ford (gol). **Adrian Gonzalez/Eidorian Art** (mru). **Science Photo Library:** Sinclair Stammers (gor, m). **56-57 Dreamstime.com:** Domnitsky (m). **57 Alamy Stock Photo:** Zoonar GmbH (m). **Dorling Kindersley:** 123RF.com: madllen (mgru); Dreamstime.com: Alexander Potapov (um). **Getty Images/iStock:** Anagramm (mru). **Shutterstock.com:** Svetlana Zhukova (ul). **58 Dorling Kindersley:** Dreamstime.com: Callistemon3 (gor). **Dreamstime.com:** Delstudio (mro). **59 Prague National Museum:** (gol). **Professor Deming Wang:** (mr). **60 Alamy Stock Photo:** Nigel Cattlin (gom); Nature Photographers Ltd (gol); Lena Ivanova (mr). **Dreamstime.com:** Iva Vagnerova (gol). **Shutterstock.com:** RachenArt (gor). **60-61 123RF.com:** meenna (mu). **Dorling Kindersley:** Dreamstime.com: Zoom-zoom (go). **Getty Images/iStock:** RamCreativ (u). **61 123RF.com:** nataliia2910 (mo). **Alamy Stock Photo:** Nature Picture Library (gol). **Getty Images/iStock:** blusezhou (gor); smirart (m). **Shutterstock.com:** Ethan Daniels (gom). **62-63 Alamy Stock Photo:** Susana Guzman. **64 Alamy Stock Photo:** Nigel Cattlin (um); Zoonar GmbH (mr). **Science Photo Library:** Cordelia Molloy (ml). **Shutterstock.com:** Quang Ho (m); Juan M. Portillo (ur); Tatiana Volgutova (m/Blätter). **64-65 Shutterstock.com:** ElemenTxD (mo/Hügel); Roman Sigaev; Gizmort (u/Boden); Kolonko (m/Gras); SergW 72 10 (mo/Bäume); Kancerina (m/Bäume). **65 Alamy Stock Photo:** BigJoker (m); Hans Stuessi (mro); Washington Imaging (mro/Samenkapseln); Deborah Vernon (mgr). **Dreamstime.com:** Kazakovmaksim (mro/Samen). **Garden World Images:** Trevor Sims (gom). **naturepl.com:** Mark Moffett/Minden (gor). **Shutterstock.com:** Tamara Kulikova (ml); I. Rottlaender (gol); Juan M. Portillo (mlu/Wurzeln, mu/Wurzeln, mru/Wurzeln). **66-67 MerlinTuttle.org. 66 MerlinTuttle.org:** (mlu). **68-69 Shutterstock.com:** domnitsky (go/Schale, m). **68 Alamy Stock Photo:** Carl Newman (mr). **Shutterstock.com:** domnitsky (m); GETSARA (gol); Ella Girsang (um). **69 Alamy Stock Photo:** Tatiana Terekhina (mlu). **Dreamstime.com:** Laupri (gor). **naturepl.com:** Nigel Cattlin (gol). **Shutterstock.com:** gresei (ur/Blatt); Svetlana Zhukova (m); Maria Kazakova1 (mu); V.S.Anandhakrishna (gur); Photoongraphy (mru). **70 Alamy Stock Photo:** Vedat Kandemir (mlo). **Tory Gordon-Harris:** (mo). **naturepl.com:** Phil Savoie (mro). **71 naturepl.com:** Holger Duty/BIA/Minden (mr). **72 Alamy Stock Photo:** Tomasz Klejdysz (mu); Tetiana Kolubai (m); Dario Sabljak (mlu). **Getty Images:** Ed Reschke (ml). **72-73 Dreamstime.com:** Extezy. **73 Science Photo Library:** JACK K. CLARK/AGSTOCKUSA (mro). **74 Alamy Stock Photo:** Martin Shields (mro). **naturepl.com:** Mark Moffett/Minden (mr). **Shutterstock.com:** Joseph Jacobs (mo); Shulevskyy Volodymyr (ur); papi8888 (mglo); Aedka Studio (mlo); Narit13 (go/Blüten).

**74-75 Shutterstock.com:** Chatchai.J; Javier Volcan (Blätter). **75 Shutterstock.com:** BBstockimage (gor); nnattalli (gom); Kaiskynet Studio (mlo); ImagoPhoto (ml); NIKCOA (mu); LIKIT SUPASAI (u/Blatt). **76-77 Dorling Kindersley:** Dreamstime.com: Zoom-zoom; Dreamstime.com: Mahira (m). **Shutterstock.com:** Ksena Shu (u). **76 Alamy Stock Photo:** Rick Lewis (mo). **Dreamstime.com:** Bimal Sarkar (gor). **Shutterstock.com:** PRASANNAPIX (mlu). **77 Alamy Stock Photo:** Design Pics Inc (gom). **Dreamstime.com:** Vkarafill (ur). **Shutterstock.com:** Thanakorn Hongphan (gol); wasanajai (gor); Natural_p (mo). **78 Dorling Kindersley:** 123RF.com: Karol Czinege/kayco (gor). **Getty Images/iStock:** Bobbushphoto (ur); seven75 (gol); Mantonature (gom); evenfh (mr); Toshihiro Nakajima (m); mtcurado (ml); jeu (ul). **naturepl.com:** Jiri Lochman (um). **79 Alamy Stock Photo:** FLPA (m). **Getty Images/iStock:** chuck (mr); JasonCordell (gol); KathrynWillmott (gom); JanJBrand (gor); RelaxFoto.de (ml); nplion (ul). **80-81 Alamy Stock Photo:** willy matheisl. **80 Alamy Stock Photo:** blickwinkel (mlo); wonderful-Earth.net (gor); David Chapman (ml); Steve Bloom Images (mu); Gaertner (mru). **Getty Images/iStock:** artenex (mu/Orchidee); Piotr Krzeslak (gol). **81 Alamy Stock Photo:** blickwinkel (mlu); Giedrius Stakauskas (mru). **Dorling Kindersley:** Dreamstime.com: Matthijs Kuijpers/Mgkuijpers (mu/Siebenschläfer). **Getty Images/iStock:** Andyworks; MichaelJay (gom). **82-83 Alamy Stock Photo:** Mint Images Limited. **84 Alamy Stock Photo:** Jenny Bailey (gor); mauritius images GmbH (mru); Zoonar GmbH (mr). **Dorling Kindersley:** 123RF.com: madllen (ml); iStock: Andyworks (mgl); 123RF.com: Oksana Tkachuk (m). **84-85 Getty Images:** ninochka. **85 Alamy Stock Photo:** FLPA (m); Photo Central (gom); imageBROKER (mr). **Getty Images:** Peter Chadwick LRPS (ml). **naturepl.com:** Ross Hoddinott (gol). **86 Alamy Stock Photo:** Nigel Cattlin (mro); C. J. Wheeler (mglu); Julian Eales (mlu); Frank Teigler/Hippocampus Bildarchiv (mru, ur); Richard Griffin (mgru); Nature Photographers Ltd (um). **Dreamstime.com:** Robert309 (ul/Knospe). **86-87 Shutterstock.com:** Faith Forrest (Rinde); Magenta10. **87 Dreamstime.com:** Domnitsky; Valery Prokhozhy (mlo); Irina Kryvasheina (mlu); Volodymyr Scherbak (ul). **Shutterstock.com:** Duncan Andison (gol); Madlen (gor,mo); Veniamin Kraskov (mr). **88 Alamy Stock Photo:** David Hosking (ur); Natural History Archive (mr). **Getty Images:** Darrell Gulin (gom). **Mit freundl. Genehmigung des National Park Service, USA:** (ul); Jennifer Jerrett (um). **naturepl.com:** Jeff Vanuga (gol). **89 123RF.com:** fishbgone (gom). **Dreamstime.com:** Harry Collins (m). **Getty Images/iStock:** Ericliu08 (ur); Stuartb (mlo). **naturepl.com:** Steven Fuller (mr); Jeff Vanuga (ul). **Jason Rothmeyer.** **90 Alamy Stock Photo:** Linda Johnsonbaugh Arizona (mu); John Cancalosi (m); Jason Finn (mlu). **Shutterstock.com:** Richard Trible (mru). **91 Alamy Stock Photo:** blickwinkel (mo); Jennifer Wright (mlu); Martin Shields (mu). **Getty Images/iStock:** David Arment (mr); Foto4440 (gom); Matthew Jay Hartshorn (mru). **naturepl.com:** Tom Vezo (gor). **92-93 Getty Images/iStock:** abriendomundo. **93 Alamy Stock Photo:** Eleni Mavrandoni (ur). **94 Dreamstime.com:** Lawrence Wee (gor). **95 Science Photo Library:** Pete Oxford/Nature Picture Library (gor). **96-97 Dreamstime.com:** Seadam. **98 Alamy Stock Photo:** Bob Gibbons (mu); Genevieve Vallee (mru). **99 Shutterstock.com:** Cre8 design (mu); Top Photo Corporation (mru). **100-101 naturepl.com:** Chris Mattison. **102-103 Getty Images/iStock:** Lemon_tm (mu). **Shutterstock.com:** Stephane Bidouze; stockvit (go). **102 Alamy Stock Photo:** Simon Burt (mru). **naturepl.com:** Michael Pitts (gor). **Royal Botanic Garden Edinburgh:** (mglu). **Shutterstock.com:** Wayne Lunn (mlu). **103 Alamy Stock Photo:** Kevin Britland (mu); REUTERS (mlu); Florapix (mru); Les Gibbon (mgru). **Shutterstock.com:** Jamil Bin Mat Isa (mr); Samsujosssss (gor); suriya9999 (mo). **104-105 Dreamstime.com:** Vvoevale (m/Blätter). **Getty Images/iStock:** Chet_W (m). **104 Dorling Kindersley:** Dreamstime.com: Alexander Potapov (m); iStockphoto.com: TomekD76 (gor). **Dreamstime.com:** Edmongin (mu); Valery Kraynov (ur). **Getty Images/iStock:** Anagramm (mo). **105 Alamy Stock Photo:** IMAGES@ARTIST-AT-LARGE (mo). **Dreamstime.com:** Christian Weinkötz (gor); Wirestock (mro). **Getty Images/iStock:** Uum Nursihanto (mr). **Shutterstock.com:** Protasov AN (m). **106 Alamy Stock Photo**: Laura Romin & Larry Dalton (mlu). **Dreamstime.com:** Gerald Deboer (m, mu). **Getty Images/iStock:** Gucio_55 (mr, mru). **naturepl.com:** Mark Moffett/Minden (ul); George Sanker (ur). **107 Alamy Stock Photo:** All Canada Photos (m, mo); Henri Koskinen (gol); Christine Whitehead (mlu); Naturepix (ul); Nature Picture Library (mu); Michelle Gilders (um, um/Wurm); Ernest Cooper (mru). **Dorling Kindersley:** Dreamstime.com: Steve Byland (gor). **108-109 Roman Uchytel. 109 Alamy Stock Photo:** Nature Picture Library (ur); robertharding (m). **Dorling Kindersley:** (gom, mr); Dreamstime.com: Jean-edouard Rozey/Jeanro (ml). **Getty Images/iStock:** CathyKeifer (mo). **Shutterstock.com:** Patrick K. Campbell (ul); Jan Martin Will (mu). **110 Alamy Stock Photo:** Mohamad Haghani (ul). **Science Photo Library:** ANIMATE4.COM (um); Friedrich Saurer (gom). **111 Alamy Stock Photo:** Panther Media GmbH (ul); Science Photo Library (gol). **Dorling Kindersley:** Dreamstime.com: Corey A Ford (gom). **Science Photo Library:** Roger Harris (ur); Sebastian Kaulitzki (mr). **112-113 Shutterstock.com:** 7ynp100. **112 Dreamstime.com:** Mr1805 (gom). **113 Alamy Stock Photo:** Universal Images Group North America LLC (mr). **Dorling Kindersley:** 123RF.com: Mark Turner (mlo). **Shutterstock.com:** Don Madden (mgr). **114 Alamy Stock Photo:** devi (ur); Science Photo Library (ul). **115 Alamy Stock Photo:** MasPix (ul). **Science Photo Library:** Jaime Chirinos (ur); Mark Garlick (mo). **Roman Uchytel:** (mr). **Naturepl.com:** Alan Murphy (mgro). **116 Dorling Kindersley:** Dreamstime.com: Corey A Ford (gom); Jon Hughes (gol). **Shutterstock.com:** Martial Red (m, mro). **116-117 Shutterstock.com:** vectortatu (go). **117 Shutterstock.com:** Alex Coan (gom); Martial Red (mlo, mru). **118-119 Alamy Stock Photo:** Björn Wylezich. **119 Alamy Stock Photo:** Björn Wylezich (mro). **120 Alamy Stock Photo:** Corey Ford (mru); Friedrich Saurer (mr). **Dorling Kindersley:** James Kuether (gor); Harry Taylor/Royal Museum of Scotland, Edinburgh/Harry Taylor/Trustees of the National Museums Of Scotland (mlo/Ichthyostega). **Getty Images:** Schafer & Hill (mlo). **Science Photo Library:** Richard Jones (gogl, gol, gom); John Sibbick (mo). **121 Alamy Stock Photo:** FLPA (um); Paralaxis (gor); IanDagnall Computing (m); FORGET Patrick/SAGAPHOTO.COM (mr); Panther Media GmbH (mru). **Science Photo Library:** Mark Garlick (gol); Roger Harris (Baum). **Roman Uchytel:** (mro). **122 Roman Uchytel:** (gol, gor, m, mru). **123 Roman Uchytel:** (gom, gor, ml, mr, ul, ur). **124 Dorling Kindersley:** Dreamstime.com: Giovanni Gagliardi (go). **Getty Images/iStock:** Craig Lambert (ul). **Roman Uchytel:** (mlo, mo, m, mr). **124-125 Dorling Kindersley:** 123RF.com: Jakub Gojda (u). **125 Getty Images/iStock:** evenfh (um). **Roman Uchytel:** (ml). **126 Dorling Kindersley:** Dreamstime.com: Yobro10 (ul). **Roman Uchytel:** (mgl, ml, m/Phiomia, m, mr, mgr). **126-127 Dreamstime.com:** Alexei Averianov (go). **Roman Uchytel:** (m). **127 Alamy Stock Photo:** BIOSPHOTO (mro, mgru). **Getty Images/iStock:** abadonian (ugr). **Shutterstock.com:** Dotted Yeti (mo, mru/Mammut). **Roman Uchytel:** (mlu, ml, ul/Phosphatherium, ul/Barytherium, um/Phiomia, um/Palaeomastodon, um/Mammut, um/Gomphotherium, um/Anancus, um/Primelephas). **128 Getty Images/iStock:** SashaFoxWalters (ul). **129 Getty Images/iStock:** chubbyspud (ul). **130-1 John Gurche**. **132 Alamy Stock Photo:** BIOSPHOTO (gom); blickwinkel (gol); Image Professionals GmbH (m). **BluePlanetArchive.com:** Saul Gonor (ul); David Wrobel (mr); Masa Ushioda (ur). **Getty Images:** Sandra Standbridge (gor). **Minden Pictures:** Steve Trewhella (um). **naturepl.com:** Tony Wu (ml). **133 Dorling Kindersley:** Dreamstime.com: Sam D'cruz/Imagex (mr). **Getty Images:** Ignatius Tan (ml). **naturepl.com:** Brandon Cole (ul); Pete Oxford/Minden (gom); Michael & Patricia Fogden/Minden (gor); Hans Christoph Kappel (m). **Shutterstock.com:** GUDKOV ANDREY (gol). **134-135 Getty Images/iStock:** AsherDB. **134-135 Alamy Stock Photo:** Prisma by Dukes Presseagentur GmbH. **134 Alamy Stock Photo:** Chronicle (mu); Nature Photographers Ltd (gol). **naturepl.com:** Alex Hyde (ul, ur). **135 Alamy Stock Photo:** Allan Cash Picture Library (ul); Chronicle (gom). **naturepl.com:** Kim Taylor (ur). **136 Alamy Stock Photo:** blickwinkel (um); mauritius images GmbH (ul); Nature Picture Library (ur). **Dwight Kuhn:** (gul). **136-137 Alamy Stock Photo:** Richard Becker (m). **Getty Images:** Sandra Standbridge (Hg). **naturepl.com:** Kim Taylor (gom). **Shutterstock.com:** Allexxandar (u); H. Elvin (mu). **137 naturepl.com:** Wild Wonders of Europe/Radisics (gom, gor); Solvin Zankl (ur). **138 Alamy Stock Photo:** John Cancalosi (mo); B. Mete Uz (mlu). **138-139 Getty Images/iStock:** Dimitris66 (go); mashuk (m); RamCreativ (u). **139 Alamy Stock Photo:** Tony Campbell (mru); Grant Heilman Photography (mro, ml). **Getty Images/iStock:** Kare (mu). **Getty Images:** Chip Somodevilla (gol). **140-140 Alamy Stock Photo:** Kim Karpeles. **140 Alamy Stock Photo:** All Canada Photos (ml, mu). **142-143 Getty Images:** Sylvain Cordier. **144-145 Alamy Stock Photo:** imageBROKER (m). **Getty Images/iStock:** Chainarong Prasertthai. **144 Alamy Stock Photo:** Archive PL (mlu). **Shutterstock.com:** Henrik Larsson (um). **144 Dreamstime.com:** Tomatito26. **Getty Images/iStock:** Henrik_L (mlu). **naturepl.com:** Premaphotos (ur); Christian Ziegler/Minden (um). **145 Alamy Stock Photo:** Imagebroker (m). **naturepl.com:** Nigel Cattlin (um); Barry Mansell (gol); Mark Moffett/Minden (gom, mlu); Piotr Naskrecki/Minden (gor); Martin Dohrn (ogr); Kim Taylor (mru). **147 Alamy Stock Photo:** Arterra Picture Library (gor). **148 Alamy Stock Photo:** Agencja Fotograficzna Caro (mo); unpick (gol, gor); Konstantin Nechaev (mlu). **Dreamstime.com:** Verastuchelova (gom). **naturepl.com:** Ingo Arndt (mu); Stephen Dalton (um); MD Kern/Palo Alto JR Museum (ul). **148-149 Getty Images:** Ed Peeters/EyeEm (m). **149 Alamy Stock Photo:** dpa picture alliance (mo, um); Papilio (gom). **Getty Images/iStock:** Henrik_L (mro). **Getty Images:** Paul Starosta (ul). **naturepl.com:** Heidi & Hans-Juergen Koch/Minden (mu); Solvin Zankl (gol). **150 Alamy Stock Photo:** Nick Greaves (mu); Christopher Scott (gor); Nadine Klose (m); Travel South Africa - Chris Ridley (ur). **naturepl.com:** Tony Heald (mlu). **Shutterstock.com:** MR.PRAWET THADTHIAM (ul). **151 Alamy Stock Photo:** Roger Eritja (mru). **naturepl.com:** Nick Garbutt (mu); Linda Pitkin (gor); Nature Production (mlo, mo). **Shutterstock.com:** AlexussK (um); gaga.vastard (ul). **152 Alamy Stock Photo:** Andia (mro); Bob Gibbons (gom). **Dreamstime.com:** Palex66 (ul). **Science Photo Library:** CLAUDE NURIDSANY & MARIE PERENNOU (um). **Shutterstock.com:** Martin Fowler (mu); lewalp (gol, ur); Keith Hider (ml); guy42 (mr); Yellowj (ul/Blatt). **153 Alamy Stock Photo:** Dorling Kindersley ltd (mlo); Derek Mitchell (gol); F1online digitale Bildagentur GmbH (ul). **Dreamstime.com:** Palex66 (mu). **Dean Heinze:** (ur). **Science Photo Library:** CLAUDE NURIDSANY & MARIE PERENNOU (gor, m). **Shutterstock.com:** guy42 (mro); lewalp (mo, mr); Macronatura.es (mgr). **154-155 Shutterstock.com:** Yellowj. **154 Alamy Stock Photo:** Dirk Rueter (gol). **Dorling Kindersley:** original image (C) Tor Andreas Bakke (um). **Studio Lindalu e.K.: Linda Lubbersen** (m). **155 Alamy Stock Photo:** Frank Blackburn (gor); blickwinkel (um). **Alex Two Khek Teck:** (gol). **156-156 Alamy Stock Photo:** FLPA. **156 Alamy Stock Photo:** FLPA (gor). **naturepl.com:** Ripan Biswas (mo); James Dunbar (ml). **157 Alamy Stock Photo:** FLPA (gom). **naturepl.com:** Emanuele Biggi (gol). **158 naturepl.com:** Solvin Zankl (mlo). **158-159 Dreamstime.com:** Tomatito26. **160 Alamy Stock Photo:** cbimages (gol); Stocktrek Images, Inc. (mo/Fischeier); Dominic Romer (mlu); Tom Stack (mro). **Getty Images/iStock:** Divepic (um); f9photos (gom). **naturepl.com:** Nature Production (ur). **Shutterstock.com:** BlueRingMedia (mru); RLS Photo (ml); Rich Carey (mo). **160-161 Getty Images/iStock:** NatuskaDPI. **161 123RF.com:** grafner (ml). **Alamy Stock Photo:** BIOSPHOTO (mo). **Dorling Kindersley:** Linda Pitkin (gol); Jerry Young (ul). **Dreamstime.com:** Fredweiss (mr). **Getty Images/iStock:** Lingbeek (mgr); RibeirodosSantos (gom); slavadubrovin (mru). **naturepl.com:** David Fleetham (mu). **Shutterstock.com:** Porco_Rosso (gor). **162-163 Alamy Stock Photo:** Peter Adams Photography. **162 Alamy Stock Photo:** Erik Schlogl (mlu). **Dorling Kindersley:** iStock: vlad61 (gor); iStock: strmko (mu). **naturepl.com:** Georgette Douwma (mru). **163 Alamy Stock Photo:** Juergen Freund (ml); Nature Picture Library (mu). **164-165 Dorling Kindersley:** Getty Images: Hal Beral. **164 BluePlanetArchive.com:** Tobias Friedrich (ul). **Daniel Zupanc:** (gol, ml). **166 Alamy Stock Photo:** Marli Wakeling. **naturepl.com:** Alex Mustard (m, um). **Natacha Roux:** (ur). **166-167 Shutterstock.com:** Adrien Ledeul (Hg). **167 Alamy Stock Photo:** blickwinkel (ur); Underwater (gol). **naturepl.com:** Georgette Douwma (mru). **Natacha Roux:** (ul, um). **168-169 123RF.com:** rhgdesign. **Getty Images/iStock:** sergio34 (Sand); Dmitry Volkov (Steine). **168 Alamy Stock Photo:** Design Pics Inc (ml); F1online digitale Bildagentur GmbH (ur). **Getty Images/iStock:** seamartini (mlo). **naturepl.com:** Alex Mustard (mo). **169 Alamy Stock Photo:** Minden Pictures (gom). **Dorling Kindersley:** Dreamstime.com: Moose Henderson (mro). **Dreamstime.com:** Lisaalisaill (u/Sand). **naturepl.com:** Sergey Gorshkov/Minden (gol, gor). **Shutterstock.com:** CharacterFamily70 (ur); topseller (ul). **170-171 Getty Images:** Rebecca Harding. **172 Alamy Stock Photo:** FLPA (mru); Minden Pictures (ul); imageBROKER (um). **Getty Images/iStock:** John Adinolfi (gol). **Getty Images:** Jeff Foott (gor). **172-173 123RF.com:** nubephoto (go); rhgdesign (Bäume). **Getty Images/iStock:** Dmitry Volkov (Steine). **173 Alamy Stock Photo:** mauritius images GmbH (mru); meanderingemu (gol). **Dorling Kindersley:** Dreamstime.com: Jean-edouard Rozey/Jeanro (um); Chris Gomersall (go); Dreamstime.com: Ivan Kmit (ur). **Dreamstime.com:** Miloslav Doubrava (ul). **Getty Images/iStock:** Derek Galon (m); seamartini (u). **Getty Images:** Mark Ralston/AFP (gom); Stefan Wackerhagen (mr). **174-175 Science Photo Library:** Dante Fenolio. **174 naturepl.com:** Magnus Lundgren (ml); Tony Wu (gor, um). **175 Dorling Kindersley:** Dreamstime.com: Richard Carey/Richcareyzim (gur). **naturepl.com:** Tony Wu (gom, m, ul, ur). **176 123RF.com:** vadimmmus (gor). **BluePlanetArchive.com:** Jonathan Bird (ul). **naturepl.com:** Doug Perrine (mo). **Shutterstock.com:** allex wijaya (m). **176-177 Shutterstock.com:** Nong Amory (m); Tom Fricker Design (Hai); kareemov (Baum, Blätter). **177 Alamy Stock Photo:** ArteSub (gor); WaterFrame (ur). **Getty Images/iStock:** yfhishinuma (mr). **naturepl.com:** Shane Goss (gol). **Shutterstock.com:** tetiana_u (mgr). **178-178 BluePlanetArchive.com:** Alvaro E. Migotto. **180-181 Shutterstock.com:** Damsea; ND700 (m). **180 Alamy Stock Photo:** Andrey Nekrasov (gom). **naturepl.com:** Fred Bavendam/Minden (gor); David Hall (gol); Brandon Cole (mro). **181 naturepl.com:** Fred Bavendam/Minden (mlo, gol, gom); David Hall (ul); Tony Wu (ur, gor). **182 Alamy Stock Photo:** Scenics & Science (mro). **Science Photo Library:** CHOKSAWATDIKORN (mru). **183 BluePlanetArchive.com:** Doc White (m). **Science Photo Library:** CHOKSAWATDIKORN (mo). **184 naturepl.com:** Doug Allan (gom). **185 Henk-Jan Hoving/GEOMAR:** (gor). **186-187 BluePlanetArchive.com:** Michael Valos. **187 Shutterstock.com:** Sergey Uryadnikov (ur). **188-189 naturepl.com:** Ingo Arndt. **188 Alamy Stock Photo:** Auscape International Pty Ltd (ul); mauritius images GmbH (mro). **naturepl.com:** Ingo Arndt (m); Juergen Freund (ml, gor). **189 Alamy Stock Photo:** mauritius images GmbH (gom); WaterFrame (gor). **naturepl.com:** Juergen Freund (gol). **190 Alamy Stock Photo:** GFC Collection (ur); Minden Pictures (gor). **naturepl.com:** Lucas Bustamante (gom); Pete Oxford/Minden (mr, mu). **Shutterstock.com:** kzww (mo). **191 Alamy Stock Photo:** GFC Collection (mu); Minden Pictures (m). **Getty Images:** Chaithanya Krishnan (gom). **naturepl.com:** Pete Oxford/Minden (gor); Mark Moffett/Minden (mro). **Shutterstock.com:** ittisak boonphardpai (ur). **192 Alamy Stock Photo:** Anton Sorokin (ul). **192-193 Alamy Stock Photo:** Chris Mattison (m). **Shutterstock.com:** Kichigin (Hg). **193 Alamy Stock Photo:** Images & Stories (gom); Scubazoo (gor). **Shutterstock.com:** Ernie Cooper (gor). **194-195 Dreamstime.com:** Kvasay (Silhouette). **194 Alamy Stock Photo:** Doug Perrine (um). **Dreamstime.com:** Balloon18 (l/Textur); Lisaalisaill (l). **naturepl.com:** Sean Crane/Minden (mru); Juergen Freund (mro); Pascal Kobeh (m). **Shutterstock.com:** Agami Photo Agency (gor). **195 123RF.com:** agamiphoto (mr). **Alamy Stock Photo:** anthony grote (ml); Scubazoo (gol, gor). **naturepl.com:** Juergen Freund (gom); Doug Perrine (gol); Mike Perry/Minden (ul). **196-197 naturepl.com:** Adrian Davies (go). **Shutterstock.com:** Fahkamram. **196 Alamy Stock Photo:** blickwinkel (mro). **Getty Images:** Bob Elsdale (mu); Simon Lindley/EyeEm (mlu). **197 Getty Images/iStock:** CathyKeifer (mru). **naturepl.com:** Edwin Giesbers (mlu). **Shutterstock.com:** Vaclav Sebek (mu). **198-199 Alamy Stock Photo:** Sandra Standbridge. **198 Alamy Stock Photo:** blickwinkel (ml); dpa picture alliance (mo). **naturepl.com:** John Cancalosi (ul); Andy Sands (mu). **199 Alamy Stock Photo:** Joe Blossom (mr); imageBROKER (gol). **Getty Images:** Gary Chalker (ur). **naturepl.com:** Sylvain Cordier (mo); Stephen Dalton (mu). **200-201 Warren Photographic Limited**. **202-203 Alamy Stock Photo:** imageBROKER. **202 Alamy Stock Photo:** Nick Greaves (mo, gor). **Shutterstock.com:** Sergey Uryadnikov (gol). **203 Alamy Stock Photo:** Nature Picture Library (gol). **Dorling Kindersley:** Dreamstime.com: David Havel (gor). **Dreamstime.com:** Andrey Gudkov (ur). **Shutterstock.com:** Kareen Broodryk (mr); Catchlight Lens (mo). **204 Alamy Stock Photo:** Arterra Picture Library (gol). **Dreamstime.com:** Sergey Uryadnikov (gor). **naturepl.com:** Michael Pitts (mr, ul); Cyril Ruoso (mu). **205 Dreamstime.com:** Andamanse (gol). **naturepl.com:** Mark MacEwen (mr); Tui De Roy/Minden (gor); Michael Pitts (m). **Shutterstock.com:** Sergey Uryadnikov (u). **206 Dreamstime.com:** Callum Redgrave Close (um/Schale); Elena Elisseeva (ur). **naturepl.com:** David Tipling (mlu). **206-207 Alamy Stock Photo:** Nature Picture Library. **Dreamstime.com:** Antonio De Azevedo Negrão (u/Beeren); Photoka (u/Blätter). **207 Dreamstime.com:** Alexmax (mru); Melinda Fawver (ul). **208 Alamy Stock Photo:** Arterra Picture Library (gol); Steve Proctor (ul); David Hosking (mro). **Shutterstock.com:** Vishnevskiy Vasily (mo). **208-209 Shutterstock.com:** aPhoenix photographer (go); Artiste2d3d (u). **209 Alamy Stock Photo:** imageBROKER (l); Nature Picture Library (m). **naturepl.com:** Pete Oxford/Minden (ur). **Shutterstock.com:** Artiste2d3d (l/Schilf); xpixel (gol); iliuta goean (mro). **210-211 Getty Images:** Cavan Images. **210 Alamy Stock Photo:** Kevin Elsby (mu); Brian Pollard (mlu). **naturepl.com:** Roger Powell (mru). **211 Alamy Stock Photo:** Papilio (mru). **naturepl.com:** Lynn Stone (mlu). **Shutterstock.com:** Gerald A. DeBoer (mu). **212 Alamy Stock Photo:** Shravan Sundaram (ur). **Dorling Kindersley:** Asia Orlando 2022 (mro). **Dreamstime.com:** Brix24 (mlu); Calv6304 (gor); Rck953 (m). **Getty Images/iStock:** Anastasiia_M (mu). **Shutterstock.com:** Evgenii Panov (gol); Vlad Siaber (ul). **212-213 Shutterstock.com:** vectortatu (mu). **213 Alamy Stock Photo:** agefotostock (mlu); Larry Geddis (gom); Gabbro (mro); Ivan Kuzmin (ml); Dennis Frates (mru). **Dreamstime.com:** Roman170976 (mr). **Getty Images/iStock:** MicrovOne (gol). **Shutterstock.com:** AP (mo); Agnieszka Bacal (mu). **214 Dorling Kindersley:** Dreamstime.com: Jessamine (mgl/Nest). **Shutterstock.com:** Albert Beukhof (mro). **214-215 Getty Images/iStock:** ivanastar (Zweige); vtorous (Federn). **Shutterstock.com:** Piotr Krzeslak (u). **215 Dorling Kindersley:** Peter Chadwick/Natural History Museum, London (mgr); Dreamstime.com: Tommason (ur). **Shutterstock.com:** Henk Bogaard (gom). **216 Dreamstime.com:** Andrian Muhamad Yusup (gor). **Getty Images:** Education Images (mo, mr); Mark L, Stanley (gol). **naturepl.com:** Andy Rouse (ul, m). **Shutterstock.com:** barka (gom). **217 Alamy Stock Photo:** Derren Fox (m); robertharding (mo). **Dreamstime.com:** Ekaterina Elkina (gom). **Getty Images:** Education Images (ur); Michael Nolan (gor). **Science Photo Library:** Peter Chadwick (ml). **218 Alamy Stock Photo:** Chris Gomersall (gom); Janet Sheppardson (gor). **Shutterstock.com:** Tony Brindley (ml); Luca Nichetti (mlo). **218-219 Alamy Stock Photo:** imageBROKER (Hg). **Shutterstock.com:** Tony Brindley (m); Elenamiv (m/Himmel); Luca Nichetti (mu). **219 Alamy Stock Photo:** ap-photo (ur). **Shutterstock.com:** BMJ (mo); Jukka Jantunen (gol); Philip Pilosian (mr). **220-221 Shutterstock.com:** Sergey Tarasenko. **220 Alamy Stock Photo:** Danita Delimont Creative (gol); Raimund Linke (mlo). **naturepl.com:** Stefan Christmann (mr, mru); Roland Seitre (mu); Frederique Olivier (um). **Shutterstock.com:** Roger ARPS BPE1 CPAGB (gol); Jan Martin Will (ul); Leksele (ul); f11photo (ul); Danita Delimont (gom); Mario_Hoppmann (gor). **221 Alamy Stock Photo:** Samantha Crimmin (ur); Michel & Gabrielle Therin-Weise (gor); Steve Bloom Images (mlo); Nature Picture Library (mo). **naturepl.com:** Tui De Roy/Minden (m). **Shutterstock.com:** Charles Bergman (ul); Risto Raunio (mro). **222-223 naturepl.com:** Michael & Patricia Fogden/Minden. **224 Alamy Stock Photo:** Octavio Campos Salles (gom, mro). **Shutterstock.com:** Charles Bergman (gor); Rini Kools (ul); Uwe Bergwitz (gol); Split Second Stock (mu). **225 Alamy Stock Photo:** dpa picture alliance (mr); Michael Patrick O'Neill (mlu); Octavio Campos Salles (um); Pulsar Imagens (ur). **Shutterstock.com:** Uwe Bergwitz (mo); Ondrej Prosicky (gol); Patrick K. Campbell (ml); Gurkan Ozturk (gom); Ammit Jack (gor). **226 Alamy Stock Photo:** imageBROKER (gol); Robert McGouey/Wildlife (m, mro, mr); William Ragosta (mru). **Dorling Kindersley:** Dreamstime.com: Musat Christian (mgl). **Dreamstime.com:** Petar Zigich (ml). **Getty Images/iStock:** yenwen (mo). **Shutterstock.com:** Sketchart (gor). **227 Alamy Stock Photo:** Nick Upton (ur). **Dorling Kindersley:** Dreamstime.com: Jnjhuz (mgl, ml). **Dreamstime.com:** Mikelane45 (mu); Zeninaasya (mlu). **Shutterstock.com:** Anna in Sweden (mo); KHilderbrand (gol); Ghost Bear (gor); New Africa (mr); Randy Bjorklund (um). **228-229 naturepl.com:** Doug Gimesy. **228 naturepl.com:** D. Parer & E. Parer-Cook/Minden (ul). **229 naturepl.com:** Juergen Freund (um); D. Parer & E. Parer-Cook/Minden (ur). **230 Alamy Stock Photo:** FLPA (gom); Anan Kaewkhammul (mr). **Getty Images:** Jami Tarris (ul). **naturepl.com:** Theo Allofs/Minden (ur). **Shutterstock.com:** Mo Afridha (m); electra (gol); shaineast (ml); Kayocci (mgl). **231 Alamy Stock Photo:** Auscape International Pty Ltd (m). **naturepl.com:** Mitsuaki Iwago/Minden (mro); Joel Sartore/Photo Ark (mlo/Kängurujunges). **Shutterstock.com:** Craig Dingle (ul); electra (gom, mgl); Kayocci (gor); totajla (mlo/Sand); Ken Griffiths (um); shaineast (ur). **232-233 naturepl.com:** Suzi Eszterhas/Minden. **234-235 naturepl.com:** Anup Shah (go). **Shutterstock.com:** Fahkamram (Hg). **234 naturepl.com:** Juergen & Christine Sohns/Minden (mru); Anup Shah (mlu, mu). **235 naturepl.com:** Cyril Ruoso (mru); Anup Shah (mlu, mu). **236 Alamy Stock Photo:** Elizabeth Cole (ul). **naturepl.com:** Aflo (um); Yukihiro Fukuda (ugl); Ingo Arndt/Minden (ur). **236-237 Getty Images/iStock:** BlackJack3D (Wellen); Lemon_tm (go); structuresxx. **naturepl.com:** Mitsuaki Iwago/Minden (gor). **237 Alamy Stock Photo:** AGB Photo Library (um). **naturepl.com:** Hiroya Minakuchi/Minden (gor); Anup Shah (ul); Yukihiro Fukuda/Minden (ur); Cyril Ruoso/Minden (mru). **238-239 Alamy Stock Photo:** volkerpreusser (gom). **238 Alamy Stock Photo:** Arterra Picture Library (mu); Paolino Massimiliano Manuel (ur). **naturepl.com:** David Pattyn (mro, m). **239 Alamy Stock Photo:** Andrea Battisti (mr); Manuel Lacoste (mo); FLPA (mlu); blickwinkel (um, ur). **naturepl.com:** David Pattyn (ml). **Shutterstock.com:** Massimiliano Paolino (m). **240 Alamy Stock Photo:** BIOSPHOTO (ur); Nature Picture Library (um). **Getty Images/iStock:** Andyworks (gol); Elena Istomina (ul). **naturepl.com:** Eric Dragesco (gor). **241 Alamy Stock Photo:** Sirio Carnevalino (mru); Natural Visions (ml); olandsfokus (mr). **Dreamstime.com:** Dennis Donohue (mu). **Getty Images/iStock:** cookedphotos (gol); oleg7799 (mro); ekolara (um). **naturepl.com:** Gertrud & Helmut Denzau (ul); Daniel Heuclin (gor); Eric Dragesco (mo). **Shutterstock.com:** istorsvetlana (m). **242-243 Alamy Stock Photo:** imageBROKER. **Shutterstock.com:** Fahkamram (u). **242 naturepl.com:** Klein & Hubert (mu, mru); Ann & Steve Toon (mlu). **243 naturepl.com:** Will Burrard-Lucas (mu); Ann & Steve Toon (mlu); Charlie Summers (mru). **244 Alamy Stock Photo:** Michele Burgess (ur); Mark Levy (gor); KJELL SANDVED/SYLVIA CORDAIY PHOTO LIBRARY LTD (mr). **Getty Images/iStock:** MogensTrolle (gol); UfimtsevaV (mlo). **naturepl.com:** Denis-Huot (ml). **245 Alamy Stock Photo:** blickwinkel (um); Media Drum World (mlo). **Dreamstime.com:** Frankandre (gom). **Getty Images:** Paul Souders (mr). **Getty Images/iStock:** Utopia_88 (ur); WOLFAVNI (mro). **Shutterstock.com:** Henk Bogaard (ml); Bambang Prihnawan (mru). **246-247 Getty Images/iStock:** Gerald Corsi (u); Pawel Gaul (go). **248-249 Getty Images:** Martin Harvey. **248 Alamy Stock Photo:** Laura Romin & Larry Dalton (mlu); André Gilden (gor); Martin Harvey (mr). **Shutterstock.com:** Kiki Dohmeier (mu); Paul Tessier (ml). **249 Alamy Stock Photo:** Martin Harvey (gol). **naturepl.com:** Theo Allofs/Minden (mru). **Shutterstock.com:** Danita Delimont (mu); Serge Goujon (m); Sergey Uryadnikov (mlu); Jurgen Vogt (um). **250 Alamy Stock Photo:** Brian Gibbs (ml). **Shutterstock.com:** Little Things Abroad (m); Madelein Wolfaardt (mlu); RovingPhotogZA (mu); sirtravelalot (um). **251 Alamy Stock Photo:** blickwinkel (gor); Nature Picture Library (gol); robertharding (ml). **naturepl.com:** ZSSD/Minden (mr). **Shutterstock.com:** ArCaLu (ur); Stu Porter (um). **252 Alamy Stock Photo:** Carl Corbidge (mo); John Sirlin (gol); Nature Picture Library (ml, mlu); Panther Media GmbH (gor); Nick Rule (mlu); imageBROKER (mu); Natalia Kuzmina (ur). **253 123RF.com:** alexandere17 (mru). **Alamy Stock Photo:** Mauricio Abreu (mglo); Saverio Gatto (mlo); Jim Varley Photography (mo). **Getty Images:** Munish Palaniappan (mu). **Pierre Landmann:** (gor). **Shutterstock.com:** Wolfgang Zwanzger (ml). **N. N. Shi, R. F. Foelix, N. Yu, and R. Wehner:** (mr, mgr). **254-255 naturepl.com:** Suzi Eszterhas/Minden. **256 Alamy Stock Photo:** Blue Planet Archive (gol, mlo); Y Kumar (mlu); Hemis (um); Micha Klootwijk (ur). **Getty Images:** Richard Wilbourn (gom). **naturepl.com:** Andy Rouse (ul); Anup Shah (mu). **Shutterstock.com:** BLUR LIFE 1975 (mru); Rudi Hulshof (gor). **257 Alamy Stock Photo:** Helmut Corneli (mu). **Getty Images:** sdominick (mru). **naturepl.com:** Gerrit Vyn (ul). **Shutterstock.com:** Pavel Krasensky (gom); Plotitsyna NiNa (gol); Nicola Simoncini (gor); Ko Sei (mlu). **258-259 naturepl.com:** Ch'ien Lee/Minden. **260 Alamy Stock Photo:** Danita Delimont (gom); John Sullivan (gol/Spinne); David Tipling Photo Library (gor). **Getty Images:** keithsutherland (ml). **naturepl.com:** Guy Edwardes (ur); Tui De Roy/Minden (um). **261 Alamy Stock Photo:** Nature Picture Library (gor); Photomecan (mgr). **BluePlanetArchive.com:** Doc White (ur). **Dorling Kindersley:** (u); 123RF.com: Ana Vasileva/ABV (gom). **Dreamstime.com:** Chesampson (gol); Vitor Hugo Artigiani Filho (mro); SI Photography (mlu); Dekanaryas (mr). **Getty Images/iStock:** R.M. Nunes (m); sdbower (mu/Frosch). **Shutterstock.com:** Photoongraphy (um). **262-263 naturepl.com:** Andy Rouse. **262 Alamy Stock Photo:** Julianna Funk (mru). **Getty Images/iStock:** Jurgita_Zuk (mu). **naturepl.com:** Sergey Gorshkov (mlu); Andy Rouse (mglu). **263 Alamy Stock Photo:** Dinodia Photos (um); imageBROKER (mlu); Aditya "Dicky" Singh (mru). **naturepl.com:** Yashpal Rathore (mgru). **264-265 123RF.com:** rhgdesign (Bäume). **Shutterstock.com:** HNK (go). **264 Alamy Stock Photo:** Lou Linwei (ul); Minden Pictures (gol); Nature Picture Library (mo). **naturepl.com:** Edwin Giesbers (ur); Mitsuaki Iwago/Minden (gor). **Shutterstock.com:** enmyo (mlo). **265 Dorling Kindersley:** Dreamstime.com: Emir Hodzic (mlo/Steine). **naturepl.com:** Klein & Hubert (mo); Gerry Ellis/Minden (gor). **Shutterstock.com:** Hung Chung Chih (mlo); Ondrej Prosicky (gol). **266 123RF.com:** cattallina (m). **Alamy Stock Photo:** Imagebroker (mru); Mira (mu). **Getty Images/iStock:** JMrocek (mr); Remus86 (gol). **Science Photo Library:** Leonard Lee Rue III (gor). **Shutterstock.com:** SZBDesign (ur, ul). **266-267 123RF.com:** rhgdesign (Bäume). **267 123RF.com:** byrdyak (gom). **Dreamstime.com:** Dalia Kvedaraite (m); Khmarskyi Maksym (gor); MartinBergsma (ur/Bäume). **Getty Images/iStock:** Byrdyak (ur); ErikMandre (ml); oktaydegirmenci (mo). **268 Getty Images:** DmitryND (ur). **Shutterstock.com:** Troutnut. **269 Alamy Stock Photo:** mauritius images GmbH. **naturepl.com:** Danny Green (ul). **270 Alamy Stock Photo:** Frank Fichtmueller (mr). **Dreamstime.com:** Artenz (gor). **Getty Images/iStock** Binnerstam (ur); miralex (gom); Robert Winkler (um). **Shutterstock.com:** Lasse Johansson (ul). **271 Alamy Stock Photo:** Design Pics Inc (gol). **Dorling Kindersley:** Twan Leenders (ul). **Getty Images/iStock:** Olga Kurbatova (mo). **Shutterstock.com** Maximillian cabinet (mru); Viesinsh (gor); Hans Verburg (ml); valleyboi63 (m). **Janet M. Storey:** (ur). **Paul Sundberg:** (mlu). **272-273 Alamy Stock Photo:** Juniors Bildarchiv GmbH. **272 Alamy Stock Photo:** agefotostock (um); Juniors Bildarchiv GmbH (ugl); Andrew Woodward (ul); Minden Pictures (ur). **273 Alamy Stock Photo:** Nature Picture Library (ul, ugr); WaterFrame (ur). **Dreamstime.com:** Slowmotiongli (gor). **naturepl.com:** Eric Baccega (um). **274 Alamy Stock Photo:** robertharding (mlu). **Shutterstock.com:** evaurban (mu); Alexey Seafarer (gol); FloridaStock (gor); Eric Isselee (ugr, ur). **274-275 Shutterstock.com:** Africa Studio (Drift); r2dpr (Eisstücke); sirtravelalot (Eis); Christopher Wood (m/Schnee); Andrei Stepanov (Tundra). **275 Alamy Stock Photo:** Gillian Lloyd (ml); Sergey Uryadnikov (gom); robertharding (gor). **Dorling Kindersley:** Dreamstime.com: Mirage3 (ur). **Science Photo Library:** POWER AND SYRED (gor). **Shutterstock.com:** Belovodchenko Anton (mlu); MyImages - Micha (m); Alexey Seafarer (mr). **276-277 naturepl.com:** Ole Jorgen Liodden